국 회 의 원 학

-신의성실정치-

국 회 의 원 학

–신의성실정치–

한 만 봉 지음

KSI 한국학술정보[주]

머 리 말

이 책은 국회의원에 진출하는 사람과 현재 재직하고 있는 의원들, 그리고 통치지도력에 대한 안내와 정치 안내서로서 길잡이가 되고자 저술하였다. 즉 실질적인 도움을 주기 위해 알기 쉽게 만들고자 하였다. 현재 의원에 대한 관심과, 수요가 많았음에도 이러한 국회의원학은 아직까지 단 한 권도 나오지 않았다. 아마 최초가 될 것이다. 그만큼 부담을 갖고 집필하게 되었다. 선거에 의하여 당선된 의원들이 어떤 일을 하여야 하고 어떤 정치를 하여야 하는지를 모르는 채 회의를 들어가고, 감사 및 회기에 들어가다 보니 많은 문제점을 안고 있다. 무대포식이거나 목소리 크면 다라는 식으로 큰소리만 오가며, 우격다짐으로 일을 처리하거나, 감정적으로 처리하기가 대부분이다. 이에 의원들도 교육이 이루어져야 한다는 목소리가 흘러나오고 있다. 정치학 책에서 약간 다루고 있지만, 대부분의 책들은 원론적 수준을 뛰어넘거나, 내용이 방대하여 읽는 순간부터 지루함과 부담을 느끼는 책들이 대부분이다. 국회의원의 질이 그 나라 민주주의의 질과 연관이 돼 있다. 국회의원들이 소신 있게 정치하지 못하고 분위기에 편승하거나 권력에 아부하고, 시녀 노릇을 한다면 그 나라는 썩은 국가가 될 것이다. 또한 비리와 편법으로 재물에만 눈이 어두워 착복을 일삼는다면 그 또한 나라가 발전하기 힘들 것이다.

그리고 개인적인 도덕 불감증과 윤리의식, 인간성, 인품이 결여된다면 그 국회의원을 뽑아준 국민들까지 수치스럽게 만드는 일이다. 한마디로 성품이 있는 사람을 뽑고 성품이 있는 사람이 국회 일을 하여야 할 것이다. 역사적으로 수없이 많은 위인들이 이 지구에서 살다 갔다. 그들의 모습 속에서 한 가지 분명한 것은 됨됨이가 된 사람은 후대에까지 이름을 남긴다는 것이다. 이러한 온전한 품성을 지닌 사람을 국회의원으로 뽑아야 하며, 당선된 후에도 이런 품성이 안 된 사람이 있다면 교육을 통하여 변화시키고 의식 함양을 시켜야 할 것이다. 이에 이 책 저술의 필요성을 느낀다. 이 책은 정치학, 경제학, 행정학, 교육학을 두루 넘나드는 포괄적인 교재이다.

한마디로 희망의 국회의원학, 국회의원경제학, 희망의 국회의원행정학, 희망의 국회의원교육학, 희망의 국회의원정치학이라고 할 수 있다. 젊은이들에게 비전과 꿈과 소망을 심어주며 학문으로서만의 책이 아니라 현장교육, 현실적용의 살아 있는 책인 것이다. 이 책은 학문의 기본적인 내용을 포괄적으로 다루는 데 중점을 두고 있다. 전공분야를 전공하지 않은 사람들까지 이 책을 읽음으로서 어렵지 않게 전문가가 될 수 있게 배려를 하였다. 다만 내용을 개괄적으로 다루다보니 각 학문에서 필히 다루어야 할 부문들을 누락시킨 부문들이 없진 않다. 내용 및 전개상 여러 부분들을 국내외 학계, 전문가의 이야기들을 요약 발췌한 부문이 있다. 그러나 독창적인 아이디어로 예화, 적용을 통해 재미있게 접근함은 필자의 독창성임을 밝혀둔다.

끝으로 이 책이 출판되기까지 물심양면으로 도움을 주신 분들께 감사를 표합니다. 특히 세밀하게 살펴봐주신 연 선생님과, 상희 선생님에게 감사를 드린다. 그리고 늘 격려와 지적 도전을 주신 고려대학교 김동규 은사님과 성균관대학교 정덕희 지도교수님께 감사의 뜻을 전하고 싶다. 또한 모든 면을 챙겨주신 강태우 선생님과 한국학술정보 사장님께 감사하다. 아무쪼록 본 책을 통하여 국민 모두가 하나가 되어 보다 재미있고, 활기차며 그리고 크게 배우는 효과적인 국회의원교육의 좋은 결실이 이 책을 통하여 이루어졌으면 하는 바이다.

2007년 1월 저자 씀

목 차

Ⅰ.
국회의원학의 개념

국회의원학이라 함은 국회에서 의원의 자격을 가지고 일하는 것을 연구하는 학문이다. 국가중대사를 의결하고 결정하는 일을 한다. 이러한 국회의원은 선거에 의한 즉 투표에 의한 선출로 되어 있다. 국회의원의 권리와 책임도 법으로 정하여져 있다. 국회의원은 국민의 대표로 구성한 입법 기관 안에서. 민의(民意)를 받들어 법치 정치의 기초인 법률을 제정하며 행정부와 사법부를 감시하고 그 책임을 추궁하는 등 여러 가지 국가의 중요 사항을 의결하는 권한을 행사하기도 한다.

국회의원이 된다는 것은 제대로 된 민주주의에 동참하는 것이 된다. 우선 이해를 돕기 위해 국회의원을 대상으로 의원의 자격발생과 소멸을 살펴보면 다음과 같다.

국회의원의 자격은 국민의 직접·비밀·보통·평등선거에 의한 당선인의 결정에 의하여 발생하며, 다음과 같은 사유에 의하여 자격이 소멸된다.

① 임기만료: 임기란 의원으로서의 자격을 가지는 일정한 기간을 말하며, 임기만료는 이 기간이 무사히 모두 끝나는 것을 말한다. 의원은 이 일정기간의 임기를 경과함으로써 법적으로 당연히 그 신분을 상실한다. 국회의원의 임기는 4년이다(42조). 이 임기는 전체로서의 임기를 말하기 때문에 보궐선거에 의한 당선자는 전임자의 잔임 기간만 재임한다.

② 사직: 본인이 서명·날인한 사직서를 의장에게 제출하고 국회의 허가를 받아야 한다. 국회가 폐회 중에는 의장이 허가할 수 있다(국회법 128조).

③ 퇴직: 광의로는 특별한 행위 없이 법적으로 당연히 의원의 지위·신분을 상실하는 경우를 말하는데, 의원의 사망이나 임기만료도 넓은 의미의 퇴직에 속한다. 협의로는 의원이 헌법 및 법률에 의하여 겸직할 수 없는 직에 취임하거나 또는 형벌의 확정 등에 의하여 피선거권이 상실되어 퇴직하는 경우를 말하는데(국회법 129조), 당선무효소송에 의해 당선무효판결이 난 경우도 포함된다. 헌법 제43조의 겸직금지조항에 위배되는 겸직사유가 있는 경우에도 국회의장이 그 겸직사유를 확인함으로써 당연히 퇴직된다는 것이 법제사법위원회의 해석이고 관례이다.

④ 제명: 제명이란 그 의사에 반하여 의원의 자격을 박탈하는 것을 내용으로 하는 국회의 일방적 행위이다. 국회는 그 의결로써 의원을 제명할 수 있고 의원을 제명하려면 국회재적의원 3분의 2 이상의 찬성이 있어야 한다(64조 3항). 국회의원의 제명은 국회법 징계절차에 의한다. 이와 같이 의원의 제명에 있어서 그 정족수를 가중하게 한 것은, 의원은 국민에 의하여 선출된 국민의 대표를 의미할 뿐만 아니라, 또한 여당의 견제에 대하여 야당의원을 보호하기 위한 것이다. 의원의 제명에 대해서는 국회의 자율성을 존중하여 이것을 최종적인 것으로 보고, 법원에 제소할 수 없게 하였다(64조 4항).

⑤ 자격심사: 국회는 의원의 자격을 심사할 수 있는데(94조 2항), 여기에서 그 자격이란 그 피선자격을 말한다. 의원은 국회의 법제사법위원회의 심사를 거쳐 본회의에서 재적의원 3분의 2 이상의 찬성으로 무자격자로 결정되면 의원자격을 상실한다(국회법 135조 3항). 여기에서의 결정은 제명의 경우와 달라서 그 자격의 유무만을 판정하는 하나의 확인 행위이다. 그러나 그 결정은 장래에 대해서만 효력이 발생하게 되는 데 불과하고, 그때까지의 의원으로서의 지위와 권리에는 아무런 영향이 없다. 또한 의원이 형사사건에 관하여 유죄판결이 확정되었을 때는 그것을 이유로 당연히 그 지위를 상실한다. "본인은 법사위원회와 본회의에서 스스로 변명하거나 다른 의원으로 하여금 변명하게 할 수 있다"(국회법 135조·153조). 이 결의에 대해서도 제명의 경우와 같이 국회의 자율성을 존중하여 법원에 제소할 수 없게 하고 있다(64조 4항).

⑥ 당적변경과 의원직: 현행헌법에서는 국회의원이 재임 중 소속정당을 이탈하거나 당적을 변경하거나 소속정당이 해산되더라도 의원의 자격이 상실되지 않는다. 그러나 정당명부에 따른 비례대표제 당선의원의 경우에 당적 이탈변경이나 위헌정당 해산 시 의원직을 상실하도록 선거법이나 다른 법률에서 정할 수 있다.

근대에 있어서의 국회는 교양과 재산을 가진 자유시민계급을 대표하는 의회주의에 입각하고 있었으나, 민주주의가 발달함에 따라 선거권이 일반화되고 국민의 정치의식이 고양되는 등의 변화가 일어나 정당이 대두되고 의회가 정당을 중심으로 운영됨으로써 현대의 여러 국가는 정당국가화하는 경향이 있다.

이러한 사실은 의회제도의 변모를 초래하고 있으며, 의회의 구성원인 국회의원의 지위에도 깊은 영향을 끼치고 있다.

한국의 헌법은 국회의원의 헌법상 지위에 관하여 바이마르헌법과 같은 직접적인 규정은 없지만, 제7조 1항의 "공무원은 국민 전체에 대한 봉사자이며 국민에 대하여 책임을 진다"라는 규정과, 제45조의 의원의 발언과 표결의 면책특권과 제44조의 불체포특권 등에 의하여 국회의원은 국민의 대표자로서의 지위를 가진다고 할 수 있다. 국회가 국민의 대표기관이라 할 때에도 국회가 구체적으로 국민의 의사를 대표한다는 것을 의미하는 것은 아니다.

국회가 국민의 대표기관이라는 데 대한 첫 번째 의의는 국회가 비록 선거구민의 선거에 의하여 선출되는 의원으로써 구성되지만, 그 국회의원은 선거구민의 위임에 구속되지 않고 오로지 자기의 양심에 따라서 국민의 이익을 위하여 행동하여야 한다는 데 있다. 진실로 현대의 국회가 그 모체인 중세 신분제회의와 다른 점은 바로 여기에 있는 것이다. 국회가 국민의 대표라고 할 때의 대표는 대표자가 피대표자의 강제위임의 구속을 받는 민법상의 관념이 아니고, 민법적으로는 법인체로서 조직되지 않는 국민을 구체적 형태로 표시하는 사명을 가진 헌법상의 개념이며, 법률상 국회의 의사는 국민의 의사로서 간주되는 결과를 가지는 것이다. 한편 국회의 지위가 상대적으로 약화됨에 따라 국회의원의 지위가 그만큼 약화되기도 하였다.

제4공화국 체제하의 헌법은 대통령은 국회를 해산할 수 있다고 규정(당시 헌법 59조)하였고, 제5공화국 때는 명분을 세워 대통령은 국가의 안정 또는 국민 전체의 이익을 위하여 필요하다고 판단할 상당한 이유가 있을 때는 국회의장의 자문 및 국무회의의 심의를 거친 후 그 사유를 명시하여 국회를 해산할 수 있다고 하였다(당시 헌법 57조). 제6공화국 헌법개정에서 국회해산권은 삭제되었다. 그리고 폐기되었던 국정감사권이 부활되면서 의원의 지위는 격상되었다. 그러나 격상이라기보다는 영역이 환원되었다고 하여야 옳다. 대통령중심제가 채택되고 있는 가운데 이와 같은 변화가 이루어진 것은 민주화의 국민의지가 수용되고 있다 할 것이다.

국회의원에 있어서 정당에 소속된 의원도 있고 무소속으로 활동하는 사람도 있다.

간단히 정당에 대해서 살펴보도록 하겠다.

정당의 조직은 중앙당, 지구당, 당지부 및 당연 락소로 구성된다. 중앙당과 지구당은 정당법의 규정에 따라 국민의 정치적 의사형성에 참여하는 데 필요한 조직으로 반드시 설치하여야 하는 필수조직이며, 당지부와 당 연락소는 정당 활동의 편의를 위해 설치할 수 있는 임의조직이다. 중앙당은 수도(서울)에, 지구당은 국회의원지역선거구에 둔다. 그리고 당지부는 서울특별시, 광역시, 도에 당 연락소는 국회의원지역선거구가 아닌 구, 시, 군과 읍, 면, 동마다 다 설치할 수 있다. 우선 이해를 돕기 위해 서울을 기점으로 알아보도록 하겠다.

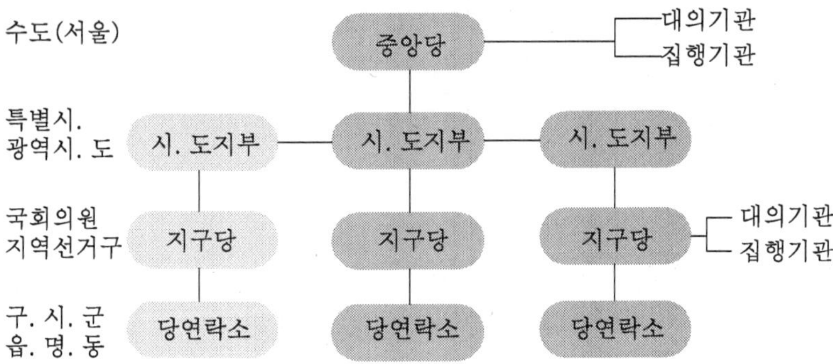

정당의 창당은 그러면 어찌하는 것인가.

정당을 창당하기 위해서는 중앙당 창당준비위원회를 결성하고, 정당으로서의 체제를 갖추기 위한 일정한 요건, 즉 법정지구당수(정당은 국회의원지역구총수(227개)의 10분의 1에 해당하는 수(23개)의 지구당을 가져야 함), 지구당의 법정당원수를 확보한 후, 선거관리위원회에 등록하는 절차를 거쳐야 한다. 법정지구당수 확보 등 일정요건을 갖추도록 한 이유는 국민의 정치적 의사형성을 위해서는 최소한 갖추어야 할 조직을 갖도록 하기 위한 것이며, 아울러 지역정당을 배제하고 정당의 난립을 방지하기 위한 것이다.

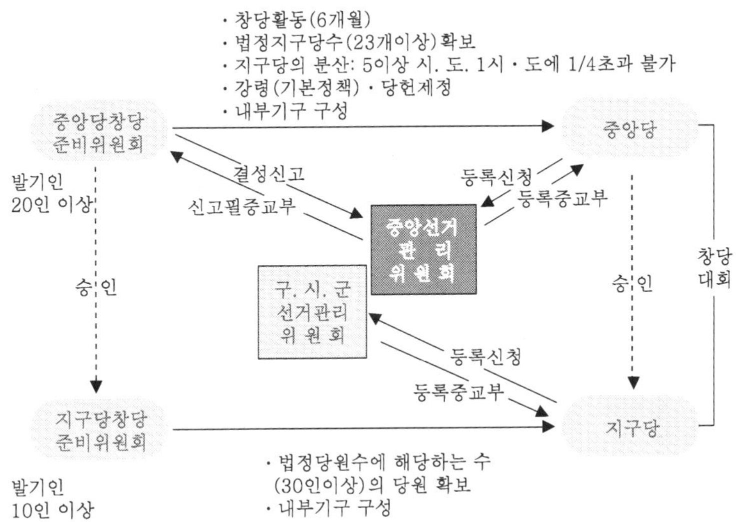

정당의 공직선거후보자 추천절차에 대하여 정당법에서는 "정당의 공직선거후보자의 추천은 민주적이어야 한다.", "공직선거후보자 추천에는 후보자를 추천할 공직선거의 선거구를 관할하는 해당 당부 대의기관의 의사가 반영되도록 하여야 하며, 그 구체적 절차는 당헌으로 정한다."라고 규정하고 있다. 정당법의 공직선거후보자 추천규정에 따라 우리나라의 정당은 당헌 및 당규에 공직선거후보자 추천절차를 상세하게 규정하고 있다.

1. 국회의원의 자격

의원의 자격은 국민의 보통·평등·직접·비밀선거에 의하여 당선인으로 결정되어(헌법 41 ①) 전임(前任) 의원의 임기만료 다음 날로부터 발생한다. 다만 국회의 해산으로 인한 총선거에 있어서는 총선거 후 국회의 최초의 집회일로부터 개시된다. 의원자격의 소멸은 임기만료·사직(辭職)·국회해산·퇴직·제명(除名)·자격상실 등에 의해 발생한다. 이 중 제명과 자격상실의 경우는 국회재적의원 3분의 2 이상의 찬성이 있어야 하며(헌법 64 ③), 이 처분에 대하여는 법원에 제소할 수 없다(헌법 64 ④).

2. 선출과정

1) 선거일:

임기만료일 전 50일 이후 첫 번째 수요일

2) 선거기간:

14일 (후보자등록 마감일의 다음날부터 선거일까지)

3) 선거권

선거일 현재 19세 이상의 국민

※ 선거권이 없는 자 (선거일 현재 다음 중 하나라도 해당될 경우)

㉠ 금치산선고를 받은 자

㉡ 금고 이상의 형의 선고를 받고 그 집행이 종료되지 아니하거나 그 집행을 받지 아니하기로 확정되지 아니한 자

㉢ 선거범,「정치자금법」제45조(정치자금 부정수수죄) 및 제49조(선거비용관련 위반행위에 관한 벌칙)에 규정된 죄를 범한 자 또는 대통령·국회의원·지방의회의원·지방자치단체의 장으로서 그 재임 중의 직무와 관련하여「형법」(「특정범죄 가중처벌 등에 관한 법률」제2조에 의하여 가중처벌되는 경우를 포함한다) 제129조(수뢰, 사전수뢰) 내지 제132조(알선수뢰)·「특정범죄 가중처벌 등에 관한 법률」제3조(알선수재)에 규정된 죄를 범한 자로서, 100만 원 이상의 벌금형의 선고를 받고 그 형이 확정된 후 5년 또는 형의 집행유예의 선고를 받고 그 형이 확정된 후 10년을 경과하지 아니하거나 징역형의 선고를 받고 그 집행을 받지 아니하기로 확정된 후 또는 그 형의 집행이 종료되거나 면제된 후 10년을 경과하지 아니한 자(형이 실효된 자도 포함한다)

㉣ 법원의 판결 또는 다른 법률에 의하여 선거권이 정지 또는 상실된 자

㉤ 선거범: 「공직선거법」제16장 벌칙에 규정된 죄와 국민투표법 위반의 죄를 범한 자

4) 피선거권

선거일 현재 25세 이상의 국민

※ 피선거권이 없는 자 (선거일 현재 다음 중 하나라도 해당될 경우)

㉠ 선거권이 없는 자
㉡ 금고 이상의 형의 선고를 받고 그 형이 실효되지 아니한 자
㉢ 법원의 판결 또는 다른 법률에 의하여 피선거권이 정지되거나 상실된 자
5) 후보자 등록

추천 (정당추천제와 선거권자 추천제 병행)

㉠ 정당추천제: 정당은 공직선거에 있어 그 소속당원을 후보자로 추천할 수 있음
㉡ 선거권자 추천제: 선거권자 추천 선거인수 (300명~500명)

6) 후보자등록기간

선거일전 15일 (2일간, 오전9시~오후5시)

7) 기탁금

1,500만 원
※ 반환기준 (기탁금 부담비용은 제외함)

-기탁금 전액: 후보자가 당선 또는 사망하거나 유효투표총수의 100분의 15이상을 득표한 경우

-기탁금의 100분의 50: 후보자가 유효투표총수의 100분의 10이상 100분의 15미만을 득표한 경우 (단, 비례대표국회의원선거는 당해 후보자명부에 올라 있는 후보자 중 당선인이 있는 때에는 기탁금 전액을 반환함)

8) 기호결정

후보자등록마감일 현재 국회에 의석을 보유한 정당은 다수의석순, 무 의석 정당은 정당명칭의 가나다순, 무소속은 후보자성명의 가나다순으로 정하며 1, 2, 3으로 표시한다. 단, 국회에 5인 이상의 소속 지역구국회의원을 가진 정당이나 직전 대통령선거, 비례대표국회의원선거 또는 비례대표지방의회의원선거에서 전국유효투표총수의 100분의 3이상을 득표한 정당으로서 국회에 의석을 보유한 정당은 전국적으로 통일된 기호를 부여한다.

9) 투 표

㉠ 투표시간

오전 6시~오후 6시

㉡ 투표개시

투표참관인의 참관하에 투표함·기표소 등 이상유무 검사 후 투표를 개시함

㉢ 투표절차

투표소입소⇒선거인명부에 의한 본인여부 확인⇒투표용지수령⇒기표소에서 기표⇒투표함 투입⇒퇴소

※ 신분증명서가 없으면 투표할 수 없으므로 주민등록증, 여권, 운전면허증, 공무원증이나 관공서 또는 공공기관이 발행한 국가유공자증·장애인등록증·자격증 기타 사진이 첩부된 신분증명서 중 하나를 꼭 가지고 가셔야만 합니다.

㉣ 투표종료

투표관리관은 투표마감시각(오후 6시)에 투표종료 선언

참관인 참관하에 투표함의 투입구와 자물쇠를 봉쇄·봉인

투표관리관은 후보자별로 투표참관인 1인(10인을 넘는 때에는 추첨하여 10인을 선정)과 경찰공무원 2인을 동반하여 투표함 및 관계서류를 관할 구·시·군위원장에게 인계

10) 개 표

㉠ 개표절차

투표구별로 투표함 이상유무 확인⇒개함⇒유·무효구분(개표기에 의한 개표)⇒후보자별 득표집계·공표

11) 당선인 결정

㉠ 지역구국회의원선거

유효투표의 다수를 얻은 자 (단, 최고득표자가 2인 이상인 때에는 연장자순)

투표마감시각 전까지 후보자가 1인이 될 경우 그 후보자를 당선인으로

결정한다.

㉡ 비례대표국회의원선거

유효투표총수의 100분의 3이상을 득표하였거나 지역구국회의원총선거에서 5석 이상의 의석을 차지한 각 정당 (이하 "의석할당정당")에 대해 비례대표국회의원선거에서 얻은 득표비율에 따라 비례대표국회의원의석을 배분한다.

(득표비율=각 의석할당정당의 득표수/모든 의석할당정당의 득표수의 합계)

비례대표국회의원의석은 각 의석할당정당의 득표비율에 비례대표국회의원 의석정수를 곱하여 산출된 수의 정수의 의석을 당해 정당에 먼저 배분하고 잔여의석은 소수점 이하 수가 큰 순으로 각 정당에 1석씩 배분하되, 그 수가 같은 때에는 당해 정당 사이의 추첨에 의한다.

3. 국회에서 하는 일

1) 입법에 관한 일:

ⓐ 헌법 개정안을 제안하고 의결한다.

ⓑ 법률 제정, 개정권

ⓒ 정부가 체결, 비준하는 일정한 조약에 대한 동의권

2) 재정에 관한 일:

ⓐ 예산안 심의, 확정권
ⓑ 결산 심사권
ⓒ 기금심사권
ⓓ 재정입법권 등

3) 일반 국무에 관한 일

ⓐ 일정한 헌법기관의 임명에 대한 동의권: 헌법재판소의 장, 대법원장, 대법관, 국무총리, 감사원장 등은 국회의 동의를 거쳐 대통령이 임명한다.
ⓑ 국정감사 및 국정조사권
ⓒ 탄핵소추권: 대통령, 국무총리, 국무위원(장관), 헌법재판소 재판관, 감사원장 등 법률이 정한 공무원을 탄핵소추할 수 있다.
ⓓ 국무총리, 국무위원의 해임건의권
ⓔ 대통령이 외국에 대하여 전쟁을 선전포고하거나 군대를 외국에 파병할 때에 동의권을 갖는다.
ⓕ 외국군대가 대한민국 영토에 주둔할 때에 이에 대한 동의권을 갖는다.
ⓖ 대통령이 발한 계엄선포의 해제요구 등

의원에 의한 의회가 이루어지기 위해서는 의회용어를 알아야 한다. 의회용어를 간략하게 설명하면 다음과 같다.

(1) 회의 공개의 원칙

국회는 물론 지방의회 또는 모든 회의는 공개함을 원칙으로 하고 있다. 이러한 원칙이 생긴 이유는 의회정치란 국민이 직접 참여하는 정치이기 때문에 국민의 감시하에 공공연하게 해야 하기 때문이다. 참정권을 가진 국민이 직접 회의하는 광경을 감시함으로써 그 일을 처리하는 데 공정을 기할 수 있기 때문이다.

(2) ※ 헌법 第50조

① 국회의 회의는 공개한다. 다만, 출석의원 과반수의 찬성이 있거나 의장이 국가의 안전보장을 위하여 필요하다고 인정할 때에는 공개하지 아니할 수 있다.
② 공개하지 아니한 회의 내용의 공표에 관하여는 법률이 정하는 바에 의한다.

(3) 정족수(定足數)의 원칙

어떤 회의에 있어서나 의안을 심의하고 그것을 의결하는 데 있어서 일정한 수의 회의 참석자를 가리켜 정족수라고 한다. 정족수에는 재적의원 수(실제 숫자)를 기본으로 하여 산출하는 재적 정족수와 법으로써 일정한 숫자를 미리 규정해 놓는 법정 정족수 두 가지가 있다. 개회할 수 있는 정족수를 의사정족수(議事定足數)라 하고 표결할 수 있는 정족수를 의결정족수(議決定足數)라 한다.

(4) 일의제(一議題)의 원칙

의제를 하나씩 처리하는 것이 원칙으로 되어 있다. 만일 두 개 이상의 의제를 한꺼번에 심의하게 되면 어떤 회원은 갑안에 대하여 찬성하는가 하면 다른 회원은 을안에 대하여 반대하는 등 번잡하여 도저히 결론을 얻을 수가 없을 것이기 때문이다. 그러나 수정동의는 그 성질상 원안(原案)을 떠나서 있을 수 없으므로 원안과 같이 토의하게 되고 때로는 같은 종류 또는 관련이 있는 의안이거나 제안자가 같은 때에는 몇 가지 안을 같이 심의할 수 있으나 그렇게 함으로써 어디까지나 편리하여야 하는 것이며 표결할 때에는 따로 하나씩 하여야 한다.

(5) 발언 자유의 원칙

언론의 자유는 헌법에 보장하는 기본적인 인권에 속한다. 따라서 모든 회의에 있어서 발언의 자유가 보장되어야 함은 상식에 속하는 문제이다. 그러나 이것을 악용 또는 남용해서 의사의 진행을 방해하는 행위가 있어서는 안된다.

(6) 폭력 배제의 원칙

폭력은 여하한 경우에도 배제되어야 한다. 이성을 잃은 행동은 회의를 망치게 된다. 따라서 폭력으로 어떠한 의안이 채택되거나 또는 부결될 수 없다. 폭력은 자기 부정적 행위이며 집단윤리의 파괴를 의미한다. 그러나 종종 언론에 비친 국회에서의 난동은 폭력수준을 넘어 일반국민이 이해하기 힘든 단계까지 가고 있는 안타까운 실정이다. 폭력을 행한 정당과 의원은 단호하게 처리해야 한다. 감봉 또는 정직을 두는 것이 좋을 듯하다.

(7) 평등 보장의 원칙

모든 회원은 누구나 똑같은 권리와 책임을 갖기 때문에 평등하게 대우하여야 한다는 원칙이다.

(8) 과반수, 다수결의 원칙

표결에 의하여 문제의 가부를 결정하는 데는 과반수의 찬성이나 혹은 다수의 찬성으로 가결함이 원칙인데, 이것을 과반수의 원칙, 다수결의 원칙이라고 한다.

(9) 소수의견 존중의 원칙

다수결의 원칙은 소수의 의견을 존중한다는 정신이 선행되어야 비로소 힘을 발휘할 수 있다. 민주주의에서 다수결의 원칙이 사용됨은 그것이 비교적 소수의 의견이 존중되지 않는 다수정치는 일종의 폭력지배가 된다. 소수의 의견일지라도 아량을 가지고 받아들여 주는 양식을 각 회원이 간직함으로써 민주적인 회의를 원만히 진행시킬 수 있다.

(10) 일사부재의(一事不再議)의 원칙

일단 의결이 끝나면 같은 회기에서는 그 문제를 다시 토의할 수 없는 것이다. 만일 결정된 문제를 다시 토론하게 된다면 한 가지 문제 결정에 많은 시일을 보낼 뿐만 아니라 도저히 결말을 짓지 못할 것이므로 무익한 번잡을 피하기 위한 것이다. 단, 번안동의로 재토의할 수 있지만 번안동의는 출석회원 3분의 2 이상의 찬성이 있어야 하고, 동의를 제안하고 찬성한 다수측에서만 낼 수 있고 반대한 소수 측에서는 낼 수 없다.

(11) 회기불계속(會期不繼續)의 원칙

국회나 지방의회에서는 그 회기 중에 의결되지 않은 것은 다음회기에는 하등 관련 없이 전부 소멸된다. 이것은 회기불계속의 원칙을 취하기 때문이다. 이 원칙을 적용하는 이유는 의안의 가치는 시기적인 것으로 그때그때 처리해야 할 문제가 의안으로 나오는 것인데 회기가 달라지면 시일이 오래 경과되어 애초에 의안을 제출할 때의 의의가 감소되고 필요 없게 되는 경우가 생기기 때문이다.

일반적으로 회의에서는 회기불계속을 원칙으로 하지만 회기계속을 규정하는 경우도 있다. 우리나라 국회는 회기계속의 원칙을 헌법으로 정해 앞 회기에서 처리하지 못했을 경우 다음회기에 다시 제안하지 않아도 그 안건을 처리할 수 있도록 하고 있다. 대한민국 국회는 회기계속의 원칙을 적용하고 있다.

(12) 원상유지의 원칙

의장이 결정권을 행사하는 데 있어서 상습적으로 부(否)편에만 가담하는 나라가 있다. 그 이유는 원상유지의 원칙 때문인데, 어떤 문제가 가결된다는 것은 현대까지 내려오는 상태를 변경하는 것이므로, 그 결과가 좋지 못할 때도 있지만 부결시키면 원상이 그대로 유지되므로 더 나빠질 염려가 없다. 그러므로 의장은 공정하게 한다는 견지에서 늘 부편에 가담하여 부결을 선언한다는 것이다.

회의(會議): (여럿이) 모여 의논함, 또는 그 모임. 어떤 사항을 평의하는 기관.

회기(會期): 의회활동기간, 의회가 집회되면 반드시 회기를 결정함

개회(開會): 의회가 집회되어 한 회기 동안의 회기를 시작하는 것(제○회 ○의회가 개회됨)

개의(開議): 회기 중에 당일의 본회의를 여는 것(제○차 본회의를 개의함)

폐회(閉會): 의회의 활동기간, 즉 회기가 종료되는 것

산회(散會): 그날의 의사일정을 모두 처리하여 회의를 끝내는 것(1일 1차 회의의 원칙)

정회(停會): 회의를 진행하다가 회의를 중단하는 것

휴회(休會): 회기 중 일정한 기간을 정하여 본회의를 열지 않는 것

유회(流會): 개의시간 1시간이 지나도록 의사정족수에 미달될 경우 당일 회의를 열지 못하게 되는 것

동의(動議): 회의에서 의사결정을 위해 안을 맨 처음 제안(발의)하는 것. 1인 이상의 찬성이 있어야 동의가 성립됨(구두 발의)

우선동의(優先動議): 회원의 권리와 특권에 관한 동의.

수정동의(修正動議): 국회법 또는 각 지방의회회의규칙상 수정동의는 의안에 대하여 수정한 내용으로서 안을 갖추고 이유를 붙여 의원 30인 이상(지방의회는 재적의원 4분의 1이상 또는 13인 이상)의 찬성자가 연서하여 사전에 의장에게 제출한 동의이다. 일반적으로 동의에는 안을 갖출 필요가 없는 것이 많으나 수정동의는 안을 갖추고 동의와 같이 의제가 되는 것이다. 수정동의는 그 성격이 동의(動議)인 점에서 의안과 구별된다. 또, 안을 갖추어 사전에 제출된다는 점에서 의안이나 안건과 그 성격이 같다.

선결동의(先決動議): 의제에 직접 관련이 있거나 없거나 간에 심의 중에 있는 의제보다 먼저 의결할 필요가 있는 동의. 우선동의 〉 부수동의 〉 보조동의 〉 원동의

대안(代案): 원안의 범위 밖에서까지 내용이 바뀌는 것

재청(再請): 남의 동의를 찬성하여 거듭 청함.

상정(上程): (의안을) 회의에 내놓음.

부의(附議): (의논해야 할 일을) 회의에 붙임.

의사일정(議事日程): 그날의 회의할 안건을 미리 정해 놓은 차례.

의사통칙(議事通則): 공통적으로 적용되는 규칙. 통칙(通則). 통법(通法)

의사방해(議事妨害): 국회에서 소수파 의원들이 다수파의 독주를 막거나 기타 필요에 따라 합법적인 방법과 수단을 이용하여 의사 진행을 고의로 방해하는 행위

국회의원의 개념은 한마디로 말해서 국가를 위해 중추적인 일을 하고, 때로는 심의 조정, 견제의 역할을 하는 것을 알 수 있다. 이러한 국회의원의 기능이 활성화된 나라일수록 민주주의가 바로 정착된 나라라고 할 수 있다.

현대사회 정치 경제 문화 왜 이리 문제가 많은가? 무엇 때문에 문제가 있는가? 그것의 해답은 변화하는 사회와 문화, 의식을 제대로 이해하지 못하기 때문이다. 의원들도 변화하는 사회를 인식해야 한다. 과거의 사고로 문제를 바라보고 해결하려는 태도에서 불협화음과 세대차이가 나고, 거기에 이익의 권리가 어느 곳에 집중되느냐에 따라 움직이기 때문이다.

그러므로 국회의원은 효과적인 관리자로서의 자질을 갖추어야 한다.

1. 업무영역을 이해하는 전문가라야 한다. 만약 지금까지 전문가가 아니라면 애프터교육을 통하여서라도 그 분야에 대해서 공부하고 전문가가 되어야 한다.

2. 자아인식을 하여야 한다. 즉 기본적인 통제와, 조절을 할 줄 알아야 한다. 우선 자기 마음의 통제와 감정의 조절을 할 줄 알아야 한다. 무슨 일을 처리하더라도 감정적인 대응보다는 합리적이고 효과적인 대안이 무엇이 있는지를 이성적으로 판단하고 조절할 수 있는 사람이어야 한다.

3. 학습자여야 한다. 끊임없이 배우는 자라야 한다. 타 분야도 배워야 한다. 자기 분야만의 고립은 일을 그르칠 경우가 많다.

4. 변화 속에서 즐거워해야 한다. 변화를 두려워해서는 안 된다.

5. 비전가여야 한다(Visionary). 국민들에게 꿈과 희망을 주어야 한다.

6. 눈앞의 현실에 대한 완전한 인식을 하여야 한다.

7. 윤리와 가치를 제대로 아는 의원이 되어야 한다. 권력의 힘만 휘두르려는 잘못된 굴레를 벗어나야 한다.

8. 체계적 사고를 하여야 한다. 즉 구체적이어야 한다.

9. 원활한 커뮤니케이션을 하여야 한다.

10. 긍정적 사고를 가지고 있어야 한다. 매사에 부정적이면 문제가 많다. 검은 안경을 끼고 세상을 바라보면 모두가 검게 보이고, 빨간 안경을 끼고 세상을 바라보면 모두가 빨갛게 보이는 사실을 인지하여야 한다.

11. 열정이 있어야 한다. 국가의 녹을 먹고사는 의원들이기에 그 일에 열정이 있어야 한다. 그래야 나라가 잘 된다.

12. 실제적이어야 한다. 국회의원은 현장에 민감한 실제적인 것에 중요한 의미를 두고 처리해야 한다. 뜬구름 잡는 식이거나 공상과학적인 일에 매진하면 국민은 그만큼 더 힘들어진다.

13. 다른 사람들을 지원하는 어시스트하는 사람이 되어야 한다. 군림이 아닌 일꾼 개념으로 바뀌어야 한다. 대개 선거 때는 종이 되어 일꾼이 되겠다고 장담하고 다니지만 일단 군림하면 언제 그랬느냐는 식으로 남 앞에 높아지기만을 하려는 국회의원들은 문제가 많다. 이런 국회의원은 반드시 다음번에 떨어뜨려야 한다. 그래서 정치판에 발 못 붙이게 해야 할 것이다.

14. 동기부여자가 되어야 한다.

15. 카운슬링 및 코칭자가 되어야 한다. 먼저 배우고 먼저 알고 있는 의원들이 지도해 줄 수 있고 상담해 줄 수 있는 사람이 되어야 한다.

16. 전체를 조망할 줄 아는 국회의원이 되어야 한다. 고립하지 않아야 한다.

Ⅱ.
선거와 국회의원

1. 선거의 필요성

1) 선 거

(1) 선거의 의미

① 선거는 대표자를 선출하여 필요한 부분을 맡아 일을 하는 것이다. 대표자의 선출과정에서의 정치참여 및 정치교육을 생각할 수 있다.
② 선거를 통하여 국민 주권 행사의 구체적 방법을 실행하는 것이다.
③ 사회 속의 이해관계를 의회 속의 당파적 대립으로 전환시키는 기회라 할 수 있다.
④ 정부정책에 관한 비판과 견제를 한다.
⑤ 국민 의사의 합리적이고 효율적인 통합을 이룬다.

(2) 선거의 등장 이유

① 대규모의 공동체 인구가 많고 지역이 넓어 직접민주정치가 불가능할 때 선거가 등장한다. 이는 다수의 의견을 반영하는 매개체가 필요한 경우이다.

② 전문성의 필요 사회구조의 세분화로 정치에 있어 전문성을 갖춘 사람이 필요해짐에 따라 선거가 등장하게 된다.

(3) 선거와 정치참여

① 국민의 적극적이고 책임 있는 선거참여→민주정치의 성패가 결정된다.

② 정치적 무관심과 선거 불참→독재와 부패 출현

(4) 선거의 4대 원칙

① 보통선거↔제한선거

: 재산 · 납세액 · 수입 · 성별에 관계없이 모든 성인 남녀에게 선거권이 부여되는 선거

② 평등선거↔차등선거

: 선거권을 모든 유권자에게 똑같이 배분하여 투표의 가치에 차등을 두지 않는 제도로 절대적 평등을 지향한다.

③ 직접선거↔간접선거

: 선거권자가 선거인단 등 대리인을 거치지 않고 후보자에게 직접 투표하는 제도로 현대정치에서는 선거인단을 구성하여 간접선거방식을 취하기도 한다.

④ 비밀선거↔공개선거

: 기명(記名)이나 구두에 의해 공개되지 않고 남에게 자신의 투표를 공개하지 않을 권리가 있는 선거

종 류	내 용
다수대표제	득표수가 가장 많은 자를 당선자로 하는 제도로, 사표(死票)가 가장 많이 생기며, 소선거구와 결합
소수대표제	일정한 득표수를 차지한 자를 당선자로 하는 제도로, 소수당에 유리하고, 중·대선거구와 결부
직능대표제	선거구를 직업별로 나누고 이에 따라서 대표를 선출하는 방법으로 직업적 이익을 대표
비례대표제	정당의 득표수에 따라서 대표자를 배분하는 방식으로 사표(死票)를 없애고, 국민의 의사를 골고루 반영할 수 있음→소수당에 유리하여 소수당 난립 가능

(5) 선거구의 종류와 선거구 법정주의

① 소선거구 1선거구에서 1인을 뽑는 제도

② 대선거구 1선거구에서 다수의 대표를 뽑는 제도로서 소선거구의 장점과 단점을 반대로 하면 장점과 단점이 된다.

③ 중선거구 1선거구에서 2~5명의 대표를 선출하는 제도

④ 선거구 법정주의(選擧區 法定主義) 선거구를 임의로 정함으로써 생길 수 있는 폐단을 막기 위해 선거구를 법률로써 정하는 것→게리맨더링의 방지

장 점	단 점
•선거의 관리 간편, 비용 절약 •후보자 파악이 용이 •다수당에 유리, 양당제 확립에 용이	•신인 진출 곤란, 지방적 명사 당선가능 •선거인 매수, 관권 선거의 가능성 •사표가 많이 나고, 소수당에 불리

2. 정치의 착각

정당착각: 이 정당에 가입하여 활동하면 모든 것이 잘 될 것이란 착각
모든 당의 착각: 아직도 국민들이 바보인 줄 안다
국민들의 착각: 모든 책임이 국민들인 시민의 책임이란 착각
학생들의 착각: 커닝하는 나는 교수 눈에 안 보일 거라는 착각
교수의 착각: 답안지 작성한 것이 그 학생의 수준이라는 착각
의원의 착각: 나만 의로운 정치인으로 지역과 국가발전에 노력한다는 착각

3. 선거제도의 기원과 발달

1) 서구의 선거제도 기원

(1) 고대의 선거제도

민주주의(Democracy)라는 말의 어원이 그리스어의 인민의 지배(Demos 인민+Kratia지배)라는 말에서 유래되었듯이 민주주의가 시작된 나라로 볼 수 있는 고대 그리스에서 선거의 기원을 찾을 수 있다. 그리스 시대의 도시국가의 정치형태는 성인남자시민에 의한 직접민주제였고, 관직의 선임이나 해임방법으로 선거가 실시되었다. 아테네의 경우 공직의 선임을 신의에 의한 '추첨'으로 정하다가 민회에서 선출하는 방법으로 선발하였으며 위험인물을 공직에서 추방하기 위한 도편추방(패각투표, 오스트라시즘이라고도 함)제도

가 있었다. 스파르타에서는 환호성의 고저, 찬·반 인원수의 다소, 다수결 등의 선거방법이 있었으며 로마공화정의 선거방법은 현대의 투표방법에 가까운 다수결에 의하여 중요한 관리를 선출하는 방법이었으며, 그 관리의 승진도 선거를 통하도록 하였다.

(2) 중세의 선거제도

중세의 선거제도로는 로마제국의 멸망 후 서구를 지배하여 봉건국가를 이룩한 튜튼족의 장로회의에 의한 왕과 고관의 선출 및 자유인장로회의의 결정에 대한 찬·반 투표가 있었으며, 콘스탄틴 황제가 교회조직을 공인한 이후 크게 발달한 기독교의 교구대표자 선거제도가 있었다. 그 후 등족회의에 도시대표자들이 참여하였으며, 1295년에 이르러 영국에서는 비로소 특권의 주체로서 도시의 시민과 주의 기사대표자의 모범회의 참여가 이루어졌다.

(3) 근대의 선거제도

시민권의 인정과 천부인권사상을 바탕으로 성립한 근대국가에서는 인격의 평등이론에 의하여 종래 특권적이고 보상적 특혜로 인민에게 허용된 선거권이 인민의 본질적·불가적 권리로 인정됨으로써 오늘날 선거의 4대원칙과 같은 선거제도의 이론적·제도적 기반이 확립되었다.

4. 고대의 선거제도

1) 패각투표(도편투표) <오스트라키스모스>

고대 민주주의의 발상지인 그리스에서 위험인물이나 독재자를 아테네의 모든 시민에 의한 비밀투표에 의해 6천 표 이상이면 5~10년간 국외로 추방한 제도이다. 평민지도자이며 장군인 페이시스트라토스가 참주가 되었을 때 클레이스테네스가 설치하여 B.C 487~485년에 처음으로 실시되었다.

투표방법은 조개껍질(貝殼)이나 오스트라콘이라는 도자기 조각(陶片)에 특정인물의 이름을 적도록 하였으며 아테네의 아고라 광장을 발굴해 보니까 B.C 5세기에 발생했던 페르시아전쟁의 영웅이었던 테미스토클레스의 이름이 압도적으로 많았다.

이 제도는 민주적 대개혁의 하나로 시작되었지만, 나중에는 참주(僭主)와는 관계도 없는 유력한 정치가를 추방하기 위한 정쟁의 도구로 이용되었다.

아테네의 오스트라키스모스(ostrakismos)제도는 아르고스에서도 실시되었고 시라쿠사에서는 똑같은 목적의 엽편추방(葉片追放)이 실시되었다.

그러나 B.C 417년 히페르보로스를 마지막으로 이 제도는 사라졌다.

조선 초기 왕자의 난 당시 이방원 측이 작성한 살생부나 계유정난 당시 수양대군 측이 작성한 살생부는 지도층이 정적을 제거하기 위해 만든 것인 데 비해 오스트라키스모스는 시민들이 투표로 대상인물을 결정했다는 점이 다르다.

2) 정사암회의(政事巖會議)

백제시대의 귀족연합회의로서 사비성(지금의 부여 근교) 부근에 있던 정사암에서 귀족들이 주요한 국사를 논하고 재상을 뽑았다.

3) 화백제도(和白制度)

신라시대에 나라의 중요한 정책을 결정하던 귀족의 대표기관. 그 기원은 원시집해소에서 연유한 것으로, 국가체제의 성립과 더불어 발전하였다.

처음에는 6촌(村) 사람들이 모여 나라의 일을 의논하다가 나중에는 군신합동회의 · 귀족회의 · 백관회의의 성격을 띠게 되었다. 중국의〈신당서(新唐書)〉에 기록이 보이며 만장일치가 의결원칙이었던 것으로 추정된다.

4) 천하우락재선거(天下憂樂在選擧)

조선 순조 때의 실학자 최한기(1803~1875)의 저서 '인정(人政)'의 선인문편(選人門篇)에 나오는 글귀로서 『세상의 근심과 즐거움은 선거에 달려 있다』는 뜻이며, 어진 자를 뽑아 바른 정치를 하면 세상 모든 백성들이 평안하게 되나 그른 자를 뽑아 정치를 잘못하면 세상 모든 백성은 근심과 걱정으로 지내게 된다는 것이다.

5. 선거권 사상의 발전 배경

1) 신의 계시적 선거권 사상

(1) 아테네

아테네에서의 선거에 관한 사고는 원시적이고 부족적인 것이었다.

아테네인들은 민주국가에서는 추첨에 의한 선거만이 가능한 것으로 믿었다. 시민화의 초기단계에서 추첨은 신과의 협의로 간주되었고, 관직은 추첨에 의해 특별한 신성을 가진 자들에게 부여하는 것으로 생각하였다. 그리스에서는 남성들에게 선거권이 주어졌다.

(2) 로 마

가. 평민회의 대두

B.C 5세기 초 이후의 로마에서는 그리스라는 다른 측면에서 근대와 아주 흡사한 과정으로 그들의 관리를 선출하였다. B.C 509년에는 도시국가에서 귀족공화정을 시작하였고 평민들은 B.C 477년에 평민회를 만들어 그들의 권리를 옹호할 2명의 양민관을 선출하는 데 성공하였다.

나. 공화정의 탄생

양민관은 원로원의 승인하에 임명되었고, 평민의 권리도 계속 침해되었으므로 평민들이 다시 투쟁하여 유명한 '십이동권법'을 제정하게 하였다. 그 후 평민회의의 결의는 원로원의 승인 없이도 법적 효력을 갖게 되어 공화정이 확립되었다.

다. 로마시민의 선거권

모든 로마 시민들은 선거권을 가졌고, 투표절차는 기사(Knights)부터 시작하여 추첨에 의하여 결정된 100인조가 줄 이어 투표를 하였고 투표결과는 포고자(전령관)에 의하여 알려졌다.

(3) 게르만

게르만 인들은 부족의 모든 구성원이 참여하는 투표를 하였다. 노인들과 귀족의 주장은 그들의 신분보다 그들이 현진들(wise men)이라는 데서 더 중요시되었다.

(4) 선거권의 파급

시민의 실체는 상대적으로 소수의 전통적 가정에서 계승되었지만 선거권이 필수적인 시민자격의 하나였다는 이론은 고대국가에서부터 그 직계계통, 즉 이탈리아와 남부 프랑스의 중세도시로 전달되었다. 그들 몇 가지 중에서 추첨은 가장 많이 적용되었으며, 특히 위원회·집회 등에서 지속되었다.

2) 재산권적 선거권 사상

(1) 토지소유자에 대한 특전

중세봉건국가에 접어들면서 선거권은 시민자격자의 당연한 행동이 아니라 한정된 경제적 신분, 일반적으로 토지소유자에게 주어진 특권이었다.

(2) 상인계급의 출현

1세기부터 13세기에 걸쳐 도시들은 상인계급에 의해 독점되었다.

이 당시 선거권은 출생이 정당한 남자와 빚이나 질병이 없는 사람에게만 확대되었다.

중세의 길드(Gild)는 직접적인 선거방식에 의해 위원회위원을 선출하기도 하였으나 도시위원회가 몇몇 부유한 상인가족의 소유로 오랫동안 있었던 것은 주로 비민주적인 선거방식에 문제가 있었기 때문이었다.

귀족적 도시(commun)에서 시장은 대개 위원회를 통하여 선출되었으며, 인민 집회에 의한 직접선거는 거의 존재하지 않았다. 의원들은 대상인(大商人) 가족 중에서 돌아가며 선출되었다.

(3) 평민과 미숙련 노동자 계급

중세에 미숙련 노동자들인 제4계급들은 선거권을 갖지 못하였다. 12~13세기 제3계급인 평민은 때때로 대표의 자격을 가졌으나 1300년 이후에나 안정적으로 확보되었다.

(4) 성직자에 대한 선거

로마교황은 초기 로마 성직자들에 의하여 선택되었고, 그들의 지명은 시민들의 만족과 관련되었다.

교황의 선거는 한때 주교단에 주어지기도 하였으며, 이상적인 교회국가에서 교황과 위원회는 기독교국민에 의하여 간접적으로 선출되었다.

(5) 유럽의 하원선거

13~14세기 유럽과 영국에서 하원이 출현하였을 때 하원에 투표할 권리는 사실 토지의 소유나 최소한 집의 소유에 기초되었다. 부여된 특권으로서의 토지제도는 영국의 제도로 도입되어 미국 식민지에 이식되었고, 19세기까지 선거법에 영향을 미쳤다.

3) 자연권적 선거권 사상

(1) 개인의 가치 중시

인간은 인간존재로서의 권리 때문에 투표하여야 한다고 믿는 사상의 형성에 영향을 받은 사람들은 토지의 전능한 힘에 대한 반대와 함께 개인의 가치를 중시하였다.

(2) 주권재민 사상

중세 스콜라철학의 실현자인 아퀴나스(Thomas Aquinas)는 주권이 전체국민에게 있다고 하여 인민의 투표할 권리를 추상적으로 암시하였다.

프랑스의 몽테스큐(Montesquieu)도 추상적인 주권에 동의하였으나 역시 자신들의 의사를 갖지 않은 것과 마찬가지인 비천한 사람들에게는 선거권을 박탈해야 한다는 생각을 가졌다.

(3) 평등권 사상

1789년의 급진파들은 자연권으로서의 선거권에 대해 완전한 평등을 요구하며, 개인적이든 자유롭게 선출된 대표에 의해서든 공통이익을 위한 선거권이 되어야 한다는 생각을 가졌다.

또한 여성을 포함한 모든 사람은 똑같은 권리를 가져야 한다는 주장이다.

이러한 매우 간명한 논리는 19세기 동안 유럽의 자유주의(liberalism)가 중요한 요소로 되었으며 오늘날의 선거권에 대한 대중의 신념이다.

1789년 이후 민주주의에 대한 상당한 진전은 인간의 권리에 대한 인민대중의 강력한 신념에서 주로 기인된 것이다.

6. 현대의 선거권

1) 선거권의 이론적 근거

(1) 선거권의 의의

민주정치를 국민에 의한 지배로 정의할 때 국민이 할 수 있는 지배는 결국 국민이 선거에 참여하여 대표를 선출하는 것이다.

그러나 모든 국민이 선거에 참여하는 것은 아니고 일정한 '선거권'이라는 자격과 형식적 요건을 필요로 한다.

오늘날의 선거권은 정치적 투쟁과 타협의 결과로 도입된 것으로써 일반국민에게 보편적으로 주어져야 한다는 논리적 근거는 자연권(natural right)

과 특전 또는 책임(privilege or responsibility)으로 요약된다.

(2) 권리로서의 선거권

가. 보편적 권리

국가는 모든 성인들 및 자유롭게 결사된 성인집단들의 만족에 기초하므로 선거권은 보편적이며 동등해야 한다는 것이다.

나. 재산권적 권리

국가는 재산에 기초하고 있어서 선거권은 기본적으로 재산의 소유자에게 속한다는 것이다. 이것은 18~19세기 초의 영국적인 특징이다.

다. 특별한 사회집단의 이익보호

국가는 특별한 계급이나 인종 혹은 사회집단의 이익을 보호하기 위하여 존재한다는 것이다.

구 러시아에서 무산계급, 농민, 혁명적 지식인에게만 투표자격이 있고, 남아프리카나 옛 미국의 남부에서 백인에게만 투표권을 부여한 경우이다.

(3) 특전으로서의 선거권

국가이익을 중요시하는 관점에서 나온 주장이다.

가. 행복 최대화 도구

국가의 목적은 국민의 행복을 최대화하는 데 있고 그 행복은 모든 개개인의 행복의 총체이다.

개개인의 행복을 확보할 유일 무기로 선거권을 부여한다는 것이다.

나. 공공의 이익 추구

투표자가 자신뿐만 아니라 공공에 대하여 스스로 책임이 있다는 인식이 국가이익보호로 연결될 수 있다는 것이다.

선거권자들은 투표를 통한 공공업무수행이 자신과 전체의 이익이라고 본다는 것이다. 이때 투표자는 자신이 가진 가치로 인해 선거권이라는 자격을 인정받게 될 것이다.

이 사상의 줄기는 특별한 선거권의 자격에 관한 주요한 정당화 논리였다.

다. 이익의 우선적인 대변자

투표자들과 그들의 대표는 이익의 우선적인 대변자라는 것이다.

유권자들이 의회에 대해 바라는 것은 대표들의 지혜나 이타적 활동보다는 국민의 다양한 모든 이익을 효과적으로 대변하는 능력으로 여긴다.

라. 현대의 보통·평등선거권

20세기에 들어와 보통·평등선거권에 대한 논쟁은 사실상 무의미하게 되었다. 그러나 이러한 보편성은 오랜 역사적 산물이다.

선진민주의 국가의 선거권 개시시기를 보면, 프랑스는 1850년, 대부분의 서유럽 국가는 1900년, 영국은 1918년, 한국은 1948년(제헌의원선거)이었다.

한편 여성의 선거권은 이보다 훨씬 늦어 미국 전역은 1920년, 영국은 1928년, 프랑스는 1944년에야 실현되었다.

20세기 말 남아프리카 공화국에서 흑인에 대한 선거권 제한이 철폐되면서 이제 지구상의 모든 나라들은 일반적인 보통선거권을 확보하게 되었다.

2) 선거권의 제한

(1) 제한근거

선거는 정치적 공동체(political community) 안의 정부수립의 기초가 되므로 그 공동체 구성원을 어떻게 정의하느냐에 따라 선거권의 부여기준은 달라진다. 그러므로 보통선거권이라도 연령, 거주, 범죄전과 등의 기준에 따라 어떤 제한이 따라야 한다. 선거권의 자격은 민주주의 역사와 함께 변천해 왔다.

(2) 시민권

어느 지역의 시민이 그 지역구성원의 합의로 정해진 그 공동체 성원의 자격요건에 합치됨으로써 갖는 권리이다.

우리나라의 경우는 아주 엄격하여 대한민국의 국민이어야 한다.

(3) 연 령

일정한 연령에 도달해야 선거권을 부여하는 것이며 그 연령의 기준은 선거법으로 정하게 된다.

연령제한은 나라마다 보통 18세~25세까지로 다양한데 서구선진국일수록 낮은 편이다.

(4) 무자격자

시민권과 연령 등의 형식적 요건을 구비한 경우에도 선거권을 부여하지 않는 경우에는 엄격한 기준이 요구된다.

이 기준은 정상적으로 선거권을 행사하기 어려운 신체적 조건하에 놓여 있는 금치산자, 법에 의하여 공민권이 제한되는 범죄로 인해 형을 받은 자(수형자)로서 일정기간 자격을 박탈하는 경우가 있다.

3) 투표권

(1) 선거권과의 관계

선거권은 시민권과 연령의 조건을 갖추고 법에 의해 제한되지 않는 한 부여받는 것이다. 그러나 선거권자가 실제로 투표를 하기 위해서는 선거인명부에 등재됨으로써 투표권을 확보하게 된다.

(2) 선거인명부 등재

선거인명부는 선거의 관리를 위하여 선거인 거주지별로 등재하는 공증절차이다.

선거인명부등재에는 우리나라와 유럽처럼 선거관련 공무원이 주민등록명부를 토대로 작성하거나 미국처럼 유권자의 신고에 의한 등록에 의하는 방법이 있다.

선거인명부에의 누락이나 잘못 기재된 경우에는 투표권자로서 인정되지 않으므로 사전에 열람 및 공람절차와 이의신청 등 권리구제절차를 마련해 놓고 있다.

4) 선거와 선거공약

(1) 공약(公約)의 의미 후보자들의 정책 실천 약속

(2) 선거공약의 기능

① 후보자의 정견과 신념의 표출 기능: 그러나 공개적인 약속이기보다는 공갈약속이 대부분 되어가는 정치적 문제를 안고 있다. 성숙된 정치가 이루어져야 한다.

② 국민여론의 표집 기능: 때로는 편협함이 될 수도 있다. 여론조작 등

5) 공약과 대표자의 선택

(1) 공약의 평가기준

① 공약이 바람직한 것인가? 객관적, 공평성을 판단하여야 한다.

② 공약이 합리적인 것인가?

③ 공약이 실천 가능한 것인가? 장밋빛 공약만을 남발할 경우도 있다.

6) 선거공약과 정치 책임

(1) 당선자의 의무

국민은 선거공약의 실천여부를 감시하고 이를 다음 선거에서 평가할 의무가 있다.

(2) 공약의 실천 평가

① 처음부터 공약(空約)인 공약(公約)
② 불가피한 공약(空約)
③ 성공적인 공약(公約)

(3) 공약(公約)에서의 정치적 책임

① 국민은 이의 평가를 다음 선거에서 반영하거나, 직접 항의할 수 있음
② 인기도의 하락
③ 다음 선거에서의 책임

(4) 선거공약의 이행 여부

① 금융 실명제의 실시 공약 1993년 긴급 재정·경제 처분 및 명령권을 발동하여 전격 실시→공약의 이행
② 쌀 수입 금지의 공약 1993년 특별 담화 '쌀 수입 개방의 불가피성 및 대(對)국민 사과'→공약의 불이행

7) 유권자의 권리

유권자는 어떤 권리를 갖고 있는가? 유권자의 가장 기본적인 권리는 투표권의 행사이다. 이 밖에 유권자는 선거인 명부의 열람 및 공람, 자원봉사자로 선거운동 참여, 각종 연설회에 참여, 무소속후보자의 추천권, 각종 선전물의 내용 중 허위사실에 대한 이의 제기, 선거비용의 수입 및 지출 보고

서의 열람과 이의 제기, 개표과정의 관람 등의 권리를 갖고 있다.

(1) 투표권의 행사

투표권의 행사에 1인 1투표제와 투표의 비밀 원칙이 철저히 보장되고 있다. 투표방식으로는 직접 또는 우편에 의한 방법을 선택할 수 있게 하여 일반 투표 이외에 부재자 투표소에서의 부재자 투표, 기관 시설 안에서의 부재자 투표, 거소투표자의 부재자 투표, 순회 투표 등의 부재자 투표제도가 있어 투표권 행사를 보장하고 있다.

(2) 선거인 명부의 열람 및 공람

선거를 하기 위해서는 선거인 명부에 이름이 올라 있어야 한다. 선거인 명부에 이름이 없으면 선거권이 있어도 투표를 할 수 없으므로 반드시 선거인 명부를 열람하여야 한다. 만일 이름이 빠져 있을 때에는 이의신청이나 불복 신청을 해서 고쳐야 한다. 선거권자는 누구든지 선거인 명부를 자유로이 열람할 수 있으며 이를 방해하면 처벌을 받는다. 그리고 선거인 명부 열람을 하기 위해서는 직장에 신청하여 시간을 낼 수 있다.

(3) 자원봉사자로 선거운동 참여

선거와 관련된 자원봉사는 선거관리위원회의 선거관련 업무 및 공명선거 촉진활동을 위한 자원봉사와 정당 및 입후보자의 선거운동을 돕는 자원봉사가 있다. 선거관리위원회의 자원봉사는 만 18세 이상이면 누구든지 가능하며, 신분증을 발급하고 교통비를 지급하며, 자원봉사 확인증명을 떼어준다. 선거부정을 감시하는 공명선거 촉진활동은 선거법으로 제한된 사회단체가 아니면 할 수 있다.

(4) 각종 연설회에 참여

각종 연설회에 참여하는 것은 유권자의 중요한 법적 권한이다. 따라서 어떤 형태로든 연설회 참여를 방해하는 것은 선거법 위반이다.

(5) 무소속후보자 추천권

무소속 후보는 유권자의 추천을 받아야 한다. 이때 유권자는 후보에 대한 추천을 최소하거나 변경할 수 없다. 만일 같은 선거에 두 명 이상을 추천해서는 안 되며, 이런 경우 먼저 등록신청한 후보에 대한 추천만 유효로 한다.

(6) 각종 선전물의 내용 중 허위에 대한 이의 제기

유권자는 각종 선거 홍보물의 내용 가운데 경력, 학력, 학위 또는 상벌 등에 관한 거짓 사실에 대해 서면으로 이의 제기를 할 수 있다. 이 경우 선거관리위원회는 후보에게 그 증명서류의 제출을 요구할 수 있으며, 그 요구를 한 날로부터 3일 이내에 증명서류를 제출하지 않거나 거짓임이 밝혀졌을 때에는 그 사실을 공고하여야 한다.

(7) 선거비용의 수입 및 지출 보고서의 열람과 이의 제기

선거가 끝나면 모든 후보는 선거비용의 수입과 지출 보고서를 영수증 및 기타 증빙 서류와 함께 선거관리위원회에 제출하여야 한다. 선거관리위원회는 그 사본을 3개월 동안 누구든지 볼 수 있게 해야 한다. 이 기간 중 유권자는 누구나 비용만 부담하면 그 명세서의 사본을 요구할 수 있다. 그 내용에 대하여 이의가 있으면 증빙 서류를 붙여서 열람 기간 중 언제든지 선거관리위원회에 이의신청을 할 수 있다.

(8) 개표과정의 관람

유권자는 누구든지 선거관리위원회가 발행하는 관람증을 받아 개표 상황을 관람할 수 있다.

8) 유권자 행동수칙

선거가 공정하게 치러지기 위해서는 유권자의 노력이 필요하다. 투표는 그저 나한테 주어진 한 표를 던진다는 단순한 의미가 아니다. 그것은 올바른 한 표를 찍는 것을 말한다. 유권자들이 후보가 돈을 뿌릴 것을 기대하고, 또 돈을 받고 표를 판다든지, 출신지역이나 혈연을 따져서 찍는다든지, 불법이나 부정을 보고서도 못 본 체 한다면 깨끗한 선거는 절대 이루어지지 않는다. 그렇다면 유권자들은 어떻게 행동해야 할까? 깨끗한 선거를 위해 유권자가 현재의 법과 제도 아래서는 다음과 같은 일들을 할 수 있다.

(1) 빠짐없이 투표

유권자가 할 수 있는 가장 중요한 행동은 투표하는 것이다. 모든 유권자는 어떤 일이 있어도 선거에 참여해야 한다. 투표는 유권자의 기본적인 권리이자 의무이다. 유권자가 성실하게 투표하여 선거권을 행사(통합선거법 제6조 제3항)할 것과 유권자가 투표하는 데 필요한 조건을 국가가 만들어 줄 것(제6조 제1항)을 통합선거법에 규정하고 있는 것도 투표권이 기본적인 권리(참정권)이기 때문이다.

투표하러 갈 때에는 혼자 가지 말고 가족이나 친지들과 함께 가도록 하고, 혹시 놀러 가는 경우에도 반드시 투표하고 나서 가도록 하자. 어쩔 수 없는 사정으로 투표일에 집을 떠나 있거나 신체에 중대한 장애가 있어 움직일 수 없는 유권자도 반드시 투표에 참가해야 한다. 부재자 투표(제38조)는 바로 이런 사람들을 위한 제도이다.

(2) 정책과 능력 보고 투표하기

투표할 때 지연이나 혈연 또는 학연이 있는 후보를 무조건 지지해서는 안 된다. 투표할 때 연고를 따지는 것이 지난날 우리 정치를 비틀거리게 했던 주요 원인 가운데 하나이다. 각 후보의 공약을 비교하고 토론하여 후보를 선택하도록 하자. 또 선심공약이라든가 도저히 실현할 수 없는 공약을 마구 내세우는 것에 속아서도 안 된다. 텔레비전 토론을 보면서 외모나 말솜씨를 보고 결정해서는 안 된다. 능력이나 정책을 보고 결정해야 한다.

(3) 돈 뿌리는 후보

불법 선거운동 가운데 가장 심각한 문제는 돈을 마구 쓰는 것이다. 돈이 없으면 선거를 치르기 힘든 상황이다. 철저한 공영제가 아니므로 선거에는 어차피 돈이 들게 마련이다. 문제는 꼭 돈만 쓰는 것이 아니라 돈으로 표를 팔고 사는 일이 일어난다는 것이다. 돈으로 표를 사려는 태도는 당선을 위해서는 수단과 방법을 가리지 않는 당선지상주의이다. 금권선거는 반드시 금권정치를 낳을 수밖에 없다.

선거에 들어가는 천문학적인 비용을 마련하는 과정에서 검은 돈에도 손을 내밀게 되고, 각종 이권에 개입하게 되는 것이다. 이렇게 금권정치가 이루어지게 되면 가장 커다란 피해를 받는 것은 바로 그 돈을 받고 뽑아준 유권자 자신이 된다는 사실을 잊지 말자. 금권정치는 정경유착, 부정부패, 빈부격차 등을 심화시킨다.

선거에서 돈으로 표를 사려는 후보자를 떨어뜨리고 민주주의에 대한 소신과 능력을 갖춘 후보들을 지지한다면 타락한 선거풍토는 개선될 것이다. 후보자가 돈을 뿌리거나 선심접대를 하려 하면 단호히 거절하거나, 그 돈을 받아서 선거관리위원회나 민간 공명선거추진운동기구에 갖다 주어야 한다.

(4) 선거법 위반행위

불법선거부정선거는 철저하게 거부하자. 깨끗한 선거는 유권자의 적극적이고도 자발적인 노력 없이는 이루어질 수 없다. 타락선거는 사실은 유권자의 동조 내지는 방임 없이는 불가능하다. 그런 점에서 지난날 일어났던 타락선거에 유권자들의 책임이 전혀 없었다고 할 수 없다. 선거부정을 보고도 못 본 체하는 것은 유권자의 권리와 의무를 포기하는 것이다. 선거부정을 보면 그대로 넘어가지 말고 반드시 선거관리위원회나 민간선거감시단체에 고발하여야 한다. 고발의 경우 물증이 있거나 그 정황이 정확하면 더욱 좋다. 또 그같이 불법을 저지르는 후보에게는 절대로 표를 주지 말자. 선거분위기를 흐리는 흑색선전에 넘어가지 말자. 특히 투표일 며칠 전에 후보를 비판하는 이야기가 나오는 것은 그 후보에게 변명할 기회를 주지 않는 것인데 거의 대부분 흑색선전일 경우가 많다. 선거 며칠 전에 들리는 이야기는 신경을 쓰지 않는 것이 좋다.

(5) 지역감정에서 벗어나기

다소 약화되기는 하였지만 이번 선거에서도 우리나라 정치의 뿌리 깊은 고질병 가운데 하나인 지역감정에 의한 투표가 나타날 것으로 보인다. 지역주의는 우리 정치가 반드시 뛰어넘어야 할 역사적 과제이다.

(6) 후보에 대해 관심 갖기

투표는 여러 후보 가운데 누가 더 좋은 후보인가를 판단해서 선택하는 행위이다. 올바른 선택을 위해서는 먼저 후보에 대해 잘 알아야 한다. 후보에 대해 올바른 판단을 내리기 위해 가장 먼저 해야 할 일은 선거 홍보물이나 신문광고를 꼼꼼히 챙겨 읽어보는 것이다. 그리고 후보의 연설을 들어보는 것도 후보를 잘 알 수 있는 방법 가운데 하나이다.

(7) 자원봉사활동

좀더 적극적으로 선거에 참여하고 싶은 유권자는 자원봉사활동을 하자. 자원봉사는 각 시민단체의 공명선거 감시활동이나 선거관리위원회의 선거관리 업무에 자원봉사자로 참여할 수 있다. 선거법에 보면 모든 선거에서는 등록된 사람만 공명선거감시단 활동을 할 수 있으며 국가에서 재정적 지원도 하도록 되어 있다. 자신이 지지하는 후보를 지원하는 자원봉사활동도 할 수 있다. 선거법은 "누구든지 자유롭게 선거운동을 할 수 있다."(제85조 제2항)고 규정하고 있다.

다만 후보에 대한 자원봉사를 할 때 돈을 받거나 하는 불법을 거부해야 한다. 자원봉사자는 통상적 범위 안에서만 다과와 음료 대접을 받을 수 있기 때문이다. 일당(돈) 등을 주거나 주기로 하고 봉사활동을 요구하면 거부하도록 해야 한다. 돈 안 드는 선거문화 정착을 위해 활용한다는 자원봉사자가 후보와 은밀한 돈거래로 오히려 부정선거의 당사자가 되어서는 안 된다.

위와 같은 제대로 된 의원을 만들기 위해서는 정보에 뛰어난 인재로 만들어야 한다. 의원 당선된 후에 일정기간 동안 교육할 수 있는 연수원을 만들어 국가에서 지원하여 교육을 시켜야 한다. 회사에서 신입사원을 채용해도 교육을 하는데 국가의 일을 맡겨 놓은 의원을 교육하지 않는다는 것은 말이 안 된다. 자기 당에서 연수하는 그런 교육을 말하는 것이 아니다. 그

것은 편협되고 이해득실을 따지는 세뇌교육이 될 것이니까 국가에서 연수원을 운영하고 교육하는 프로그램이 지원되어야 한다.

7. 선거와 후보자의 선택기준

1) 우리나라 선거행태의 문제점

우리나라는 제헌의회의원선거 이후 수많은 선거를 치러 왔다. 그러나 고무신·막걸리선거로 대표되는 제1공화국시절의 선거부터 21세기 들어 처음 실시한 제16대 국회의원선거에 이르기까지 수단과 방법은 달라져 왔지만 아직도 금품·향응제공, 연고주의 투표행태 등 구시대적인 선거문화가 잔존하고 있다. 다음과 같은 대표적인 저해요인으로 공명선거가 정착되지 못하고 있는 것이 우리의 현실이다.

유권자들은 정당과 후보자들이 혼탁한 선거를 주도하고 있기 때문이라고 하고, 반면에 후보자들은 손을 벌리는 유권자들의 의식을 탓하고 있으나 어떻든 금권선거는 공명선거를 저해하는 가장 큰 요인으로 작용하고 있으며 선거법을 강화하는 가장 큰 요인으로 작용하고 있으며 선거법이 강화되면서 후보자들의 금권선거행태가 많이 억제되고 있고 또한 과거와 같이 공공연하게는 발생되지 않는 반면 유권자들이 금품을 요구하는 사례는 폭넓고 다양하게 나타나고 있어 금권선거에 관한 유권자들의 의식개선이 보다 크게 요구되고 있다. 선거문화는 국가나 민족성에 따라 또 시대적 상황에 따라 다르게 나타날 수 있고 선거의 주체인 정당·후보자와 유권자들의 의식과도 깊은 관계를 가지고 다양한 형태로 형성된다. 우리나라에서의 공명선거를 저해하는 선거문화 형태를 찾아보면 유교주의적 전통을 바탕으로 하여 인간관계를 중시한 나머지 합리적인 선택을 그르치게 하는 학연·혈연중심의 투표행태를 들 수 있다. 유권자의 개인적인 성향이나 이념보다는 어떤 상황에 대한 반응이 선거에 그대로 반영되는 형태로써 과거선거 때마다 나타나는 소위 북풍·총풍·용공시비 등이 그것이다. 때때로 정견이나 정책보다는 유언비어나 흑색선전에 더 많은 관심을 보임으로써 나타나는 선거쟁점에 대한 합리적인 평가의 부족현상이다. 별도의 설명이 필요하지 않을 정도로 뚜렷한 경향을 나타내고 있는 지역주의투표성향은 많은 이들의 노력에도 불구하고 선거 때마다 계속되고 있다. 과거선거사범에 대한 관대한 처분, 특히 당선인에 대한 처벌을 관대하게 함으로써 당선만 되면 그만이라는 생각과 함께 선거법 경시풍조가 반복되어 왔다. 끝으로, 정당이나 정치인들의 역할에 대한 국민들의 부정적인 시각을 들 수 있다.

2) 선거참여의 의미

민주사회의 주인은 시민이므로 시민들이 주인의식을 가지고 정치에 참여할 때 정치는 시민에 의한, 시민을 위한, 시민의 것이 될 수 있다. 시민들이 참여하지 않을 경우는 단지 지배의 대상이 될 뿐 정치의 주체가 될 수는 없다. 정부에 다양한 요구를 하고 감시를 할 때 정부는 특정계층이나 집단을 위한 자의적인 결정을 하지 못하고 전체 시민들을 위한 책임성 있는 정책을 만들게 된다. 시민들의 참여 활성화는 민주정치 실현의 출발점이자 종착점이라 할 수 있다. 특히 선거는 정치참여의 핵심적인 수단으로서 민주주의의 성패를 좌우하는 매우 중요한 의미를 가지고 있다.

3) 선거참여의 필요성

선거권은 국민의 권리이자 의무로서 주권자인 국민은 선거에 적극 참여하여 자기에게 주어진 권리와 의무를 행사하여야 한다. 그러나 선거가 거듭될수록 유권자의 투표참여율이 급격하게 낮아지는 추세를 보이고 있다. 일부 보궐선거의 경우 유권자의 10%미만이 투표에 참여하는 아주 저조한 투표율을 보임으로써 당선자의 대표성 문제까지 제기되는 정도이다.

4) 한 표의 가치

다음 두 사례는 유권자가 행사하는 1표의 가치가 얼마나 중요한지 실감할 수 있는 사례다.

〈사례 1〉

1991. 3. 26 실시한 구·시·군 의회의원선거 시 충북 중원군 의회의원을 뽑는 중원군 살미면 선거구에는 4명의 후보자가 출마하였다. 4명의 후보는 치열한 접전을 벌이며 선거운동을 전개하였고 개표결과 각각 김영휘 후보: 548표, 이복덕 후보: 548표, 성의재 후보: 468표, 김영기 후보: 404표를 득표하여 최고득표자가 2인이 됨으로써 선거법에서 정하고 있는 당선자 결정방법에 따라 연장자인 김영휘 후보가 당선되었다.

〈사례 2〉

2000. 4. 13 실시한 제16대 국회의원선거의 경기도 광주군 선거구에서 한나라당 박혁규 후보는 16,675표, 새천년민주당 문학진 후보는 16,672표를 각각 득표함으로써 1·2위의 표차는 불과 3표 차이였으며, 따라서 후보

자별 17,000표에 가까운 득표를 하는 선거에서 단 3표를 앞선 한나라당 박혁규 후보가 국회의원으로 당선되었다.

5) 올바른 참여자세와 후보자 선택기준

진정한 민주정치는 유권자가 한 표의 가치를 자각하고 그 한 표를 올바르게 행사할 때에 실현 가능할 것이다. 또한 선거권자는 소중한 한 표를 행사함에 있어서도 후보자의 인품이나 정견 등 대표자로서의 자질을 판단기준으로 삼아야 하며, 금전이나 물품 등에 현혹되어서는 안 되겠다. 나아가 금전이나 물품 또는 혈연·지연·학연 등의 연고주의나 온정주의에 호소하는 후보자는 단호하게 배격할 수 있는 성숙된 민주시민의식을 보여주어야 하겠다.

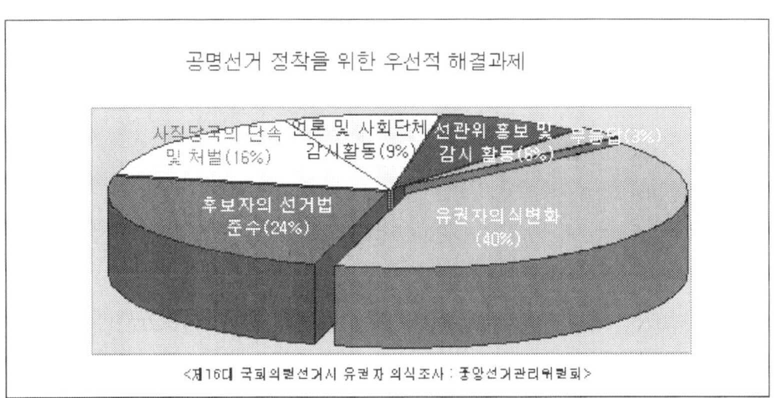

<제16대 국회의원선거시 유권자 의식조사 : 중앙선거관리위원회>

6) 국회의원 선정기준(인물/공약/당)

유권자가 후보를 선택하는 기준은 정책, 정당, 인물, 지역, 연고 등등으로 다양할 것이다. 개별 유권자가 후보를 선택할 때에는 하나의 기준만으로 선택할 수도 있고 여러 가지 기준들의 다양한 결합을 통하여 선택할 수도 있을 것이다. 또한 상황적 변동에 따라 후보자 선택기준을 바꿀 수도 있다. 그간의 각종 선거에서 지지할 후보를 찾지 못한 부동층이 많았고 투표율이 점차 낮아졌다. 그 이유는 첫째로, 유권자들이 후보자 선택의 기준을 명확히 세우기 어렵고 그 기준들이 상황변동에 따라 상당히 유동적이기 때문이다. 둘째로, 설령 유권자가 기준을 세웠더라도 기준을 충족시키는 후보자가 없다는 것이다.

우리나라 유권자들은 바람직한 후보선택의 기준은 무엇이라는 것은 알지만 그러한 기준을 충족시키는 후보자가 없으므로 투표에 불참하거나 부동층으로 남게 되는 경향이 있다. 거기에다 이번 선거는 낙선운동을 중심으로 이른바 네거티브 캠페인으로 선거운동이 이루어졌으므로 유권자의 후보선택 기준은 '최악을 피하기'였다. 무세(無稅), 무병(無兵), 무전과(無前科)를 피하다보니 남은 기준이 지역내지는 연고였다고 볼 수 있다.

7) 선택의 기준

의원학의 출발은 선택의 문제이다. 의식주, 진학, 취업, 결혼, 출산 등 개인적인 문제와 정치지도자를 선택하는 사회적 문제에 이르기까지 실로 다양한 선택을 우리는 해야 한다. 선택을 함에 있어서 중요한 문제는 합리적으로 선택해야 한다는 것인데 경제학에서 합리적으로 선택한다는 것은 최소의 비용으로 최대의 효과를 창출하는 선택 즉, 경제원칙에 부합되는 선택을 말한다. 따라서 개인적인 문제에서의 선택뿐만 아니라 정치지도자를 선택하는 선거에서도 우리는 합리적인 선택을 해야 한다. 그러나 현재 우리나라가 안고 있는 고비용 저효율의 정치구조를 고려해 볼 때 해방 이후 치른 55번의 각종 선거에서 우리는 합리적인 선택을 해 왔다고 볼 수 없다. 우리가 계속 경험하고 있듯이 정치지도자를 잘못 선출할 경우 국민들이 부담해야 할 경제적 비용은 엄청나게 커진다. 따라서 다가오는 지방선거와 대통령선거에서 유권자들은 다음과 같은 선택의 기준으로 후보자를 걸러 가는 합리적인 선택을 해야 할 것이다.

첫째, 자격미달인 후보는 절대로 선출하지 말아야 한다. 각종 흑색선전을 퍼뜨리는 비방형, 허풍공약을 남발하는 공약 부실형, 돈으로 표를 사는 금품·향응 제공형, 각종 전과와 부정축재를 한 파렴치형, 지연·학연·혈연으로 표를 구걸하는 연고의존형 등 소위 선거 오적(五賊)은 선거를 통해 완전히 청산해야 한다. 둘째, 21세기가 요구하는 지도자를 선출하자. 기업경영에서도 수익성을 최우선으로 여기든 경영방식에서 도덕성을 최우선으로 하는 '가치경영'으로 바뀌고 있듯이 시대에 따라 바람직한 지도사상이 바뀌고 있다. 경제발전단계에서는 경제·경영마인드를 가진 지도자가 필요했다면 개방화·세계화의 시대에는 도덕성을 갖춘 지도자가 필요하다.

선거권	피선거권	임기	의원정수
만 19세 이상	만 25세 이상	4년	000인(지역구 000인, 비례대표 00인)

지역구국회의원: 당해 국회의원지역구에서 유효투표의 다수를 얻은 자를 당선인으로 결정

비례대표국회의원: 지역구국회의원총선거에서 얻은 득표비율에 따라 정당별로 배분

(1) 국회의원의 특권

국회의원은 현행범인인 경우를 제외하고는 회기 중 국회의 동의 없이 체포 또는 구금되지 아니한다.

국회의원이 회기 전에 체포 또는 구금된 때에는 현행범인이 아닌 한 국회의 요구가 있으면 회기 중 석방된다.

(2) 국회의원의 면책특권

국회의원은 국회에서 직무상 행한 발언과 표결에 관하여 국회 외에서 책임지지 아니한다.

(3) 국회의원의 의무

의장과 부의장은 무기명투표로 선거하되 재적의원 과반수의 득표로 당선된다.

1차 투표에서 과반수의 득표자가 없을 때에는 2차 투표를 한다.

2차 투표에서도 과반수의 득표자가 없을 때에는 최고득표자가 1인이면 최고득표자와 차점자에 대하여, 최고득표자가 2인 이상이면 최고득표자에 대하여 결선투표를 하되, 재적의원 과반수 출석과 출석의원 다수득표자를 당선자로 한다.

의장 또는 부의장이 궐위된 때는 지체 없이 보궐선거실시한다.

(4) 의장과 부의장의 임기

의장과 부의장의 임기는 2년으로 한다.

보궐선거에서 당선된 의장 또는 부의장 임기는 전임자의 잔임 기간으로 한다.

(5) 의장의 당적보유 금지

의원이 의장으로 당선된 때에는 당선된 다음 날부터 그 직에 있는 동안은 당적을 가질 수 없다. 당적을 이탈한 의장이 그 임기를 만료한 때에는 당적을 이탈할 당시의 소속정당으로 복귀한다.

(6) 의장의 권한

국회대표권 · 의사정리권 · 질서유지권 · 사무감독권을 갖는다.

(7) 의장직무대리

위원회의 심사를 거치거나 위원회가 제안한 의안 중 정부조직에 관한 법률안, 조세 또는 국민에게 부담을 주는 법률안 등 주요의안에 대하여 본회의 상정전이나 본회의 상정 후에 재적의원 4분의 1이상의 요구가 있는 때한다.

그러나 의장은 주요의안의 심의 등 필요하다고 인정하는 경우 각 교섭단체대표의원의 동의를 얻어 전원위원회를 개회하지 아니할 수 있다.

(8) 발언시간

국회의 의사를 최종적으로 결정하는 본회의는 재적의원 전원으로 구성되고, 재적의원 5분의 1이상의 출석으로 개의되며, 헌법 또는 국회법에 특별한 규정이 없는 한 재적의원 과반수의 출석과 출석의원 과반수의 찬성으로 의결한다.

본회의에서는 의안에 대한 심의와 함께 대통령의 예산안 시정연설, 각 교섭단체의 대표연설 및 대정부질문 등 국정전반에 대한 토론의 장으로서의 역할을 하고 있다.

(9) 회의 원칙

회의는 법률이 정하는 바에 따라 이루어진다. 정기회의, 임시회의, 특별회의 등이 있다.

(10) 정족수 원칙

정족수란 회의를 열고 진행하거나 안건을 의결하는 데 필요한 최소한의 인원수를 말한다.

의사정족수: 회의를 진행하는 데 필요한 최소한의 의원 수 (재적의원 5분의 1이상)

의결정족수: 의결을 하는 데 필요한 최소한의 의원 수

(11) 회의 공개의 원칙

국회의 회의는 공개가 원칙임.

* 국회의 안건처리과정을 외부에 공개하는 것으로서 방청의 자유, 회의기록의 공표, 보도의 자유 등을 그 구체적인 내용으로 한다.

(12) 회기계속의 원칙

국회에 제출된 법률안 기타의 의안은 회기 중에 의결되지 못한 이유로 폐기되지 아니함

다만, 국회의원의 임기가 만료된 때에는 그러하지 아니한다.

국회가 회기 중에 한하여 활동할 수 있지만 매 회기마다 독립된 별개의

국회로서가 아니라 국회의원의 임기 중에는 일체성을 갖는 국회로 존재한다는 뜻이다.

(13) 일사부재의 원칙

부결된 안건은 같은 회기 중에 같은 내용의 안건에 대하여 다시 발의 또는 제출하지 못한다.

이미 결정된 안건에 관하여 동일회기 중에 거듭 발의 또는 심의하게 되면 회의의 원활한 운영을 방해한다는 것을 그 근거로 하며, 특히 소수파에 의한 의사방해 배제가 주된 목적이다.

8. 후보자 선택기준

1) 인물, 자질

인물중심 투표란 후보자와의 개인적인 친분이나 후보자의 특성(교육수준, 연령 등)에 기초한 투표를 의미한다. 유권자들이 인물중심의 투표를 하는 이유는 정당의 역사가 짧아서 오래된 정당일체감을 발전시킬 수 없었기 때문이라고 하였다. 정당의 잦은 이합집산, 당명변경 등으로 우리나라에서는 정착된 정당일체감이나 정견선호의식이 정착될 수 없었던 반면, 동일한 정치주역들이 오랜 기간 동안 변함없이 등장함으로써 인물일체감이 더 강하게 영향을 미친다고 하였다. 투표의사의 결정요인으로서는 선거실시 시기에 관계없이 입후보자 자신의 인적요인이 절대시된다는 것이다. 후보자 선택 다른 한편으로는 대가족제도와 공동체적인 전통으로 인해 개인적인 자질이나 조직, 후보자와의 지연과 혈연 등이 선거에 결정적인 영향을 미치기 때문이라고 한다. 실제로 다양한 경험적 접근방법에 의한 조사결과에 나타난 응답 비율도 후보자 선택기준으로 인물이라고 응답한 응답자가 정당이나 정책을 선택한 응답자보다 두 배 이상 높게 나타나고 있어서 인물중심의 투표를 해왔다는 결론에 도달하고 있다. 인물본위 투표에서 말하는 인물이란 무엇을 의미하는가. 각종 선행연구들은 인물에 대한 다소 모호한 개념을 무비판적으로 수용하여 사용하고 있는 것으로 보인다. 선행연구들은 후보자의 자질과 능력으로 대표되는 인물에 대한 평가를 학력, 경력, 도덕성 등을 예시하고 이에 대한 응답을 요구하고 있는 것이다. 유권자는 왜 인물을 투표의 첫 번째의 기준으로 삼았는가 하는 점이 중요하다. 지금까지의 연구는 수치의 많고 적음에 대하여 보다 효과적인 분석을 제시하지 못하였다. 이는 인물이라는 개념이 가진 다양한 범주들을 밀도 있게 구분하고 분석하려는 노력이 부족했기 때문이다. 인물과 정당은 같은 투표의 선택기준으로서 제시되었지만 하나는 태도라는 성격이 강하고 다른 하나는 제도라는 성격이 강하다. 이 양자를 비교하고 선택의 기준으로 제시하기 위해서는 인물이라는 태도와 정당이라는 제도가 보다 심층적으로 연구되어야 함을 의미하는 것이다.

2) 선거공약

선거공약이 공갈약속이 되어서는 안 된다. 대부분 정치하는 사람들이 내건 선거기간 동안의 공약은 공갈약속이 된 경우가 많다. 이것이 제대로 지켜지는 사회가 되어야 할 것이고, 이를 위해 국회의원들이 노력해야 할 것이다.

선거공약의 구체성 정도와 선거급 및 당락을 교차분석한 결과를 살펴보기로 하면, 선거공약의 구체성과 선거급 및 당락 간에는 매우 높은 수준의 유의미한 결과를 도출해내고 있다. 먼저 선거급과의 관계를 보면 국회의원선거와 기초지방자치단체장의 선거의 경우가 상대적으로 다른 선거급에 비해 선거공약을 많이 제시하는 경향을 보여주고 있다. 예를 들어 가장 많은 공약을 제시한 국회의원선거후보자는 58건이었으며, 기초지방자치단체장선거에서는 87건, 90건, 최고 99건을 제시한 후보자가 각각 1명씩 있었다. 상대적으로 지방의원선거의 경우에는 33건과 34건이 가장 많이 제시한 선거공약빈도 수치이다. 그리고 국회의원선거의 경우 추상적인 공약의 제시빈도가 높게 나타나고 있다.

구체성과 당락과의 관계를 보면, 공약 전체 합계와 당락 간에도 높은 상관관계가 나타나고 있다. 특히 구체적인 공약과 추상적인 공약의 합계와 당락 간에는 높은 상관관계가 나타나고 있다. 선거공약을 많이 제시한 후보자일수록 당선될 비율이 높게 나타나고 있다. 각 분야별로 선거급 및 당락과의 교차분석결과를 보면, 선거급에 있어서는 높은 유의적인 수준을 보여주고 있지만 당락과는 유의적인 관계를 보여주고 있지 않았다. 도로·건설 분야 공약합계와 재정·경제 분야 공약합계와 유의적인 관계를 나타내고 있을 뿐이다. 정치·행정 분야는 지방자치단체장 이상의 선거급에서 추상적인 공약의 빈도가 더 높게 나타나는 경향을 보이고 있다. 재정·경제 분야는 추상적인 공약을 많이 제시한 후보자가 낙선될 가능성이 많은 것으로 나타났다. 그리고 상급의 선거에서 추상적인 공약의 빈도가 높게 나타나고 있음을 알 수 있다. 선거공약별 분석을 하여보면, 주거환경 분야의 선거공약은 기초지방자치단체장 이상의 상급 선거에서 추상적인 공약의 빈도가 높게 나타났으며, 구체적인 공약의 합계의 경우 국회의원선거와 기초지방자치단체장선거에서 매우 높은 빈도를 나타내고 있지만 지방의원들의 경우는 구체성을 띤 공약의 제시빈도가 상대적으로 낮게 나타났다.

도로·건설 분야에서는 선거급 및 추상적인 공약합계와 당락 간의 관계를 제외하고 높은 유의미한 관계를 나타내고 있다. 도로·건설 분야 공약의 합계에서는 국회의원선거와 기초지방자치단체장 및 기초의원선거에서 상대적으로 더 구체성을 띤 것으로 나타났으며, 선거공약의 빈도가 높을수록 당선 비율이 높게 나타나고 있다. 교통문제 분야에서는 선거급과 높은 유의미한 관계를 보여줄 뿐 당락과는 상관관계가 유의적이지 않았다.

교육·문화 분야에서는 선거급과 높은 유의미한 관계를 보여주고 있다. 먼저, 추상적인 공약의 합계와 선거급 간의 관계를 보면 기초의원선거를 제외하고 상급으로 갈수록 추상성이 높게 나타나고 있다. 그리고 구체적인 공약의 합계의 경우는 국회의원선거와 기초지방자치단체장 선거 및 광역의회의원선거에서 더 많은 빈도를 보여주고 있다. 교육·문화 분야 공약합계와 선거급 간의 관계를 보면 국회의원선거와 기초지방자치단체장선거의 경우 다른 군에 비해 많은 공약빈도수를 보여주고 있다. 복지문제 분야에서는 선거급과 높은 상관관계를 나타내고 있다. 당락 간의 관계는 복지문제 분야 공약합계에 대해서만 상관관계를 나타내고 있다. 추상적인 공약합계와 선거급의 관계에서 기초의원선거를 제외하고 상급으로 갈수록 추상적인 공약의 빈도가 높게 나타나고 있다. 구체적인 공약의 합계와 선거급 간의 관계에서는 기초지방자치단체장선거가 가장 높은 빈도를 보여주고 있고 그 다음이 국회의원선거였으며, 나머지군은 평균을 웃돌고 있다. 복지문제 분야 공약합계와 선거급 및 당락 간의 관계에서는 지방의원선거를 제외하고 상급으로 갈수록 추상적인 공약의 제시 비율이 높았으며, 당락 간의 관계를 보면, 당선자들의 합계빈도가 낙선자들에 비해 더 높게 나타나고 있음을 알 수 있다. 환경문제 분야에서는 선거급과 높은 상관관계를 보여주고 있다. 기초의원선거를 제외하고 상급으로 갈수록 추상적인 공약의 제시빈도가 높게 나타나고 있으며, 구체적인 선거공약의 경우에서는 국회의원선거와 기초지방자치단체장선거에서 빈도가 높았다. 환경문제 분야 공약합계에서는 국회의원선거와 기초지방자치단체장선거에서 빈도가 높았다.

3) 올바른 후보자의 선택기준

유권자라 함은 말을 그냥 그대로 풀이해 보면 권리를 가진 사람이란 뜻이다. 단적으로 보면 선거권을 가진 사람을 유권자라 할 수 있다. '선거 때 후보자에게 투표할 권리'를 가진 사람을 말하는 것이죠. 또 다른 쪽으로 유권자를 보면……만 19세 이상의 성인을 유권자라고 볼 수 있습니다. 만 19세가 되면 여러 가지 의무가 붙죠. (병역 의무 같은 -_-;)

의무라는 것이 국민이 국가에 대해 권리를 행사하는 대신 국가를 위해 해야만 하는 일이라고 보게 되면 성인은 모두 권리를 가진 사람이라고 볼 수 있습니다. 그 권리들은 중학교 사회책에도 자세히 나와 있습니다. 그렇다고 미성년자는 아무것도 아니냐? 그것도 아닙니다.

일단 법적으로 미성년자는 성인에게 보호되어야 하는 존재입니다. 따라서 미성년자는 자신도 모르게 자신의 부모 혹은 지인을 통하여 권리를 행사하게 된다. 선거는 고대 그리스·로마의 도시국가나 게르만 부족사회에서도 실시되었으나, 근대 민주주의가 발달하여 의회제도가 보급됨에 따라 국민의 대표기관인 의회를 구성하기 위한 불가결의 수단으로서 그 중요성을 가지게 되었다. 그러나 오늘날 선거는 의회제도가 올바른 기능을 발휘할 수 있도록 하기 위한 수단이 되기보다는 오히려 민의를 대표하고 있다는 구실하에 지배를 정당화시키는 조작도구가 되어버리는 경향이 있다.

(1) 후보자의 현재 능력

제일 먼저 보는 점은 후보자의 현재 능력이라고 할 수 있습니다. 여기서의 능력은 단순히 물질적인 능력만 말하는 것이 아니다. 개인적인 지도력, 창의력, 추진력, 시민에게 도움을 주려는 능력, 봉사정신을 모두 말한다. 그 이유는 후보가 능력이 없다면 공약이 아무리 뛰어나다고 하더라도 그것들을 실천할 수 없기 때문이다. 아무리 공약이 마음에 와 닿고 좋으면 뭐 하겠는가 실천을 할 수 있어야 하지 않겠는가. 공약을 실천하려고 할 때 시대 상황이 어렵다면 실천 못 할 수도 있겠지만 비슷한 상황이라고 하면 능력이 뛰어난 사람이 실천할 확률이 더 높아지기 때문이다. 진짜 불가피한 상황이 아니라면 능력이 뛰어난 사람이 더욱더 똑똑하게 일처리를 할 것이다. 그 능력을 가늠할 때 지적인 능력과, 성품적인 능력, 도덕적인 능력, 인품적인 능력 등 다양하게 보아야 한다. 단순하게 어느 한 면만의 전문성을 보고 능력이 있다고 본다면 오류에 빠지는 것이다.

(2) 후보자의 선거공약

두 번째로 확인하는 것이 후보자가 내건 선거공약이다.

대통령, 국회의원, 시의원 등 모두들 선거에서 공약을 내건다. 그런데 공약은 혼자의 생각에서 나오는 것이 아니라 후보자 밑의 참모들이 여러 시민들을 만나 의견을 들어보고 정하게 된다.

그런데 우리나라의 모든 후보자들은 선거공약을 지킨 적이 별로 없는 거 같다. 그래서 사람들은 이제 공약을 잘 확인하려고도 하지 않는다. 그러나 후보자 선택에 중요한 점 중 하나는 공약이라는 것을 피할 수 없다.

공약은 얼마나 실현 가능하느냐? 이것이 관건인 거 같다. 그리고 얼마나 많은 사람에게 이익이 되고 많은 사람이 참여할 수 있는가.

그리고 요즘은 20~30대가 선거하러 많이 간다. 그래서 요즘은 그 세대를 겨냥해서 공약들을 많이 만든다. 시대가 변해 가는 것을 파악하여 공약을 만들어야 한다.

(3) 후보자의 과거 경력

세 번째로는 후보자의 과거 경력을 들 수 있다.

후보자가 과거에 전과 경력이 있는지, 아니면 세금을 포탈한 적이 없는지, 그리고 아들이나 본인이 군대에 안 가고 민방위나 면제로 빠지지 않았는가 등을 확인해 봐야 한다.

그런데 우리나라는 그런 것을 확인하기가 쉽지 않다. 후보자의 상대방이 비방하지 않는 이상 확인할 만한 자료가 없다. 그렇다고 비방을 사실대로 다 믿을 수도 없지 않는가. 특히 우리나라는 후보자 등록할 때 범죄 경력이나 세금 포탈에 관하여 자세히 확인하지 않기 때문에 더욱더 그런 사람인지 확인할 수 없다. 요즈음은 시민단체에서 그런 기록들을 찾아서 인터넷에 띄어놓고 확인할 수 있게 해주고 있다.

솔직히 범죄자나 세금 포탈경력이나 군 면제를 받았다면 뽑아보았자 국익을 위해 일하지 않을 것이다. 그런 사람은 자기 배불리기 바쁠 것이기 때문에 더욱더 그런 자료를 확인하고 그런 사람을 배제해야 한다. 이런 것을 제대로 할 수 있는 프로그램이 개발되어 그 기준 잣대를 얼마라도 댈 수 있는 것이 필요하리라 본다.

(4) 후보자의 소속정당과 정당의 정책방향

네 번째로는 후보자의 소속정당을 들 수 있다. 후보자의 소속정당도 꽤 중요한 정보 중 하나이다.

그 이유는 후보자가 아무리 좋은 공약을 내걸고 공약을 실천할 능력이 뛰어나다고 하더라도 혼자서 모든 일을 하기에는 무리가 따른다. 국회는 모든 것이 반 이상이나 2/3이상이 통과되어야 실행할 수 있다. 그러므로 아무리 후보자가 공약을 실천하려고 해도 과반수가 찬성을 해야 가능하다. 그리고 후보자의 공약도 소속정당의 정책방향에 따라 바뀔 수도 있고 실천하지 못할 수도 있기 때문이다. 정당에 소속해 있는 이상 당이 정책에 위배되는 공약을 실천할 수는 없기 때문이다.

그리고 우리나라는 지역주의 때문에 경상도는 한나라당, 전라도는 민주당, 충청도는 국민중심당 등으로 갈라져 있다. 그래서 어느 지역에서 어떤 당으로 출마하는지 꽤 중요한 일이 되고 있다. 사실 당을 보고 무작위로 뽑아주는 것이 아닌 실질적으로 일할 수 있는 사람인지를 보고 뽑는 시스템이 아쉽다.

(5) 후보자의 부패 정도

다섯 번째로 후보자의 부패 정도를 확인해 봐야 한다.

지금 우리나라는 지도층의 부패로 진통을 겪고 있다. 대통령 측근이 어느 기업에 돈을 얼마 받았다느니 최대 여당, 야당이 대선 때 어느 기업으로 100억이니 더 얼마니 등 많은 일들이 벌어지고 있고 많은 기업들이 검찰에게 조사받았다. 우리나라는 아직 정경유착이 뿌리 뽑히지 않고 있다. 그리고 논문복제, 연구비착복, 대학원생과의 연결 고리로 인한 착복 등 지도급에 있는 사람들의 문제가 너무 많다.

일반 사람들은 그렇다 치더라도 지도자는 부패와 먼 청렴한 사람이 필요한 것이다.

(6) 후보자의 애국심

여섯 번째는 후보자의 애국심을 들 수 있다. 사람들은 태어난 모국에 애국심이 있다고 생각한다. 그러나 현실은 그렇지 않나보다. 요즘은 산모들이 미국 가서 애들을 낳기를 원하고 미국에 많이 가는 형편이다. 그 이유는 미국 시민권을 얻어서 아들이라면 군대를 면제받고 미국에서 편하게 살게 할 수 있게 하기 위해서란다. 솔직히 이런 얘기를 들으면 이 사람들이 애국심이 있을까? KBS 사장 아들, 어느 대학 교수 아들, 어느 은행 총장 아들 등 미국 시민권을 얻어 구설수에 오른 인물들이 생각 외로 높은 자리를 차지하고 있다. 국회의원들도 그런 사람이 있을 것이다. 그런 사람들이 애국심이라는 것이 있을까? 애국심을 이야기하는 이유는 나라를 사랑하는 마음이 없다면 나라 국익에 도움이 되는 일만 하지 않을 것이다. 자기이익이 우선으로 챙길 것이므로 그러면 나라의 상황은 혼란으로 빠져들 것이고 그것은 서민들의 생활과 직접적으로 연관되어 살기 힘들어질 것이기 때문이다.

그러므로 나라를 사랑하고 자기이익보다 나라의 이익, 국민의 이익을 우선하는 후보자를 뽑아야 할 것이다.

우리나라 보궐선거 때 투표한 사람이 얼마나 될까? 절반이 되지 않는다. 우리나라 총선 때 얼마나 많은 사람들이 투표를 할까? 그것도 절반이 되지 않는다.

그 이유로는 이제는 우리나라 국민들이 정치를 포기했기 때문일 것이다.

앞으로는 선거후보자는 뽑힌 사람 모두들 자신의 이익이나 당의 이익보다는 국민의 이익, 나라의 이익을 위해 더 열심히 일하고 자신들이 내건 공약들을 다 실천할 수는 없겠지만 되도록 실천하도록 노력해야 할 것이다.

그리고 국회의원들은 국외에서 싸우고, 욕하고 비방하는 모습보다는 서로의 논리를 이야기하고 무엇이 국민을 위한 것인지 나라를 위한 것인지 생각하여 더 이익이 되는 것을 선택해야 할 것이다. 그리고 당의 정책에 위배되더라도 국익이 되는 것이라면 자신의 신념을 가지고 추진해야 할 것이다.

여기에 국민의 의사를 어떻게 의회의 의사로 대표시킬 것인가 하는 수단으로서의 선거의 중요성이 있다. 따라서 의회제도 운용의 성패는 선거의 방법 여하에 달려 있다. 애국심은 밖으로부터의 애국심과 안으로부터의 애국심이 있는데 이 두 가지가 상호 연합된 애국심이어야 할 것이다.

가. 선 거

선거는 다수인(多數人)이 일정한 직(職)에 취임할 사람을 선출하는 행위이다. 이것은 반드시 국가기관의 선임에만 국한되는 것이 아니라 노동조합·교회·회사·학교 기타 여러 사회조직이나 집단에서도 널리 행하여진다. 그러나 그중 가장 중요한 것은 국회의원·대통령 등 국가기관을 선임하는 선거이다.

이 경우 선거는 ① 국민의 대표자를 직접 선택하고, ② 간접적으로는 정부·내각 또는 정치를 선택하며, ③ 국가권력의 정당성을 뒷받침하는 기초로서의 기능을 수행한다. 그리고 선거에 참가하는 다수인의 전체를 선거인단(選擧人團)이라 하는데, 선거인단은 합의체(合議體)이므로 선거는 합의체에 의한 지명이라고 할 수 있다. 개개의 선거인이 선거인단의 한 사람으로서 지명에 참가하여 행하는 의사표시(意思表示)를 투표(投票)라고 한다. 투표는 보통 서면으로 이루어지지만 반드시 그런 것은 아니다. 선거인단이 지명한 사람, 즉 당선자(當選者)는 지명을 승낙함으로써 일정한 직의 신분을 얻는 것이므로 선거는 선거인단과 당선자의 합의(合意)로 이루어지는 행위라고 할 수 있다. 선거는 민주주의의 기본적 행위인 것이다.

나. 기본원칙

현대 민주국가에서 선거의 기본원칙은 보통·평등·직접·비밀선거의 네 가지이다. 한국 헌법도 국회의원선거나 대통령선거에서 이 원칙에 따르도록 규정하고 있다(41조 1항·67조 1항).

㉠ 보통선거(universal suffrage): 사회적 신분·교육·재산·인종·신앙·성별 등에 의한 자격요건의 제한 없이 일정한 연령에 달한 모든 국민에게 원칙적으로 선거권을 인정하는 것으로서, 제한선거에 대응되는 말이다. 오늘날에는 보통선거가 선거의 기본원칙으로 되어 있으나, 연혁적으로 보면 그 발달과 확립은 점진적이었고, 이 원칙이 전세계적으로 완전히 확립된 것은 제2차 세계대전 후의 일이다. 특히 재산 또는 성별에 의한 제한선거가 철폐된 것은 최근의 일이다.

예컨대 재산에 의한 제한선거는 미국의 각주(各州)가 1820~1850년, 프랑스가 1848년, 스웨덴이 1907년, 이탈리아가 1912년, 영국이 1918년에 철폐되었고, 성별에 의한 제한선거는 미국이 1920년, 영국이 1928년, 일본이 1945년, 프랑스가 1946년에 철폐되고 여성참정권이 인정되었다. 한국은 1948년 제헌헌법에서 보통선거를 채택하였고, 현행헌법에서도 대통령·국회의원 등의 모든 선거에서 보통선거를 시행하도록 규정하고 있다.

㉡ 평등선거(equal suffrage): 불평등선거(unequal suffrage)에 대립하는 말로, 선거인의 투표가치를 평등하게 취급하는 것이다. 불평등선거는 신분에 따라 특권층에 2표의 투표권을 주는 '복수투표제(複數投票制)' 또는 재산의 다과(多寡)에 따라 선거인을 몇 등급으로 나누어 각각 같은 수의 의원을 선출하는 '등급별선거제(等級別選擧制)'를 채택하여 선거권자의 선거권에 차별을 두는 것이다. 이에 반하여 평등선거는 모든 유권자에게 동등하게 1인 1표의 투표권을 인정하는 것이다. 불평등선거는 시민민주주의시대에 많이 볼 수 있었던 제도이며, 평등선거는 현대 대중민주주의의 소산이다.

평등선거는 개인마다 능력이나 정치의식의 차이가 있음에도 불구하고 각 개인의 정치의사를 1표로 환원시키는 것이므로 정치의식을 가지고 행사한 1표와 매수된 부패표를 같은 가치로 취급하는 모순이 있다는 비판을 받기도 한다. 그러나 이 모순은 평등선거에 문제가 있는 것이 아니라 국민의 정치의식에 문제가 있는 것이다. 그리고 선거권의 실질적 평등을 보장하기 위해서는 각 선거구의 선거인수와 그 선거구의 의원정수(議員定數)의 비례를 선거구 조정을 통하여 균형 있게 할 것이 요구된다. 또, 정당의 득표수와 그 정당의 당선의원의 수가 정당 간에 균형을 이룰 수 있어야 한다.

㉢ 직접선거(direct vote): 선거권자가 중간선거인을 선정하지 않고 직접 피선거권자를 선출하는 것으로, 간접선거에 대응하는 말이다. 일반적으

로 직접선거가 간접선거에 비하여 국민의 의사에 직결되어 있다는 점에서 민주적인 제도라고 할 수 있다. 유럽에서는 19세기에 간접선거가 널리 채용되었는데, 그 후 국민의 정치의식이 높아지자 점차 직접선거로 전환, 오늘날에는 직접선거가 선거법의 공리(公理)로 되어 있다. 미국의 대통령선거는 오늘날까지도 간접선거인데, 선거인이 누구를 대통령으로 선출할 것인가가 미리 정해져 있어서 실제로는 선거인선거가 대통령선거 그 자체이기 때문에 직접선거와 다를 바 없다. 한국의 대통령선거는 이와는 달리 국민이 직접선거한다.

㉣ 비밀선거(secret vote): 공개선거(公開選擧: open vote)에 대립되는 말로, 선거인이 어느 후보자를 선출하는지 알 수 없게 하는 것이다. 공개선거는 선거인의 투표내용을 공개하는 것으로서, 호명(呼名)·거수(擧手)·기립(起立)·기명(記名) 등에 의한 방법이 있다. 공개선거는 투표의 책임을 명백히 한다는 뜻에서 채용되기도 하지만, 자유로운 의사표시를 방해할 위험이 크기 때문에 선거의 공정성이나 자유로운 분위기를 보장할 수 없다는 결점이 있다.

따라서 대부분의 현대 민주국가는 무기명투표(無記名投票)·투표용지관급주의(投票用紙官給主義) 등에 의하여 선거인의 비밀선거를 보장하고 있다. 이상의 4가지 원칙 이외에 '자유선거(自由選擧)'를 선거의 원칙으로 삼는 경우도 있다. 이것은 제재가 따르는 '강제선거'에 대립되는 것으로, 유권자의 자유로운 의사표현을 보장하는 선거이다. 강제선거는 기권방지의 효과는 있으나, 선거의 취지에는 오히려 어긋나는 것이다.

다. 선거구

선거구는 지역과 연관을 갖는 바람직한 방향으로 이루어져야 한다. 힘겨루기식의 선거구는 영원히 퇴출되어야 한다.

라. 당선결정방법

선거구(選擧區: constituency)는 독립하여 선거를 할 수 있는 단위구역(單位區域)을 말한다. 선거구는 지방선거구·전국선거구 또는 다 같은 지역선거구인 것이 대부분이지만, 때로는 1948년까지의 영국에서와 같은 대학선거구(大學選擧區)도 있었다. 그러나 일반적으로 선거구를 기준으로 선거제도를 구분하면 크게 소선거구제와 대선거구제로 나누어진다.

㉠ 소선거구제(小選擧區制: single-membered constituency): 한 선거구에서 1인의 당선자를 선출하는 선거제도. 대선거구제에 대응하는 제도이다. 선거인은 후보자 중 1인에게만 투표하는 단기투표(單記投票)를 하며, 따라서 최고득점자만이 당선된다. 그 결과 다수대표(多數代表)의 성격을 띠게 된다.

소선거구제의 장점은 다음과 같다. ① 대정당에 유리하고, 소정당의 진출을 억제하여 군소정당의 난립을 방지하므로 정국안정을 도모할 수 있다. ② 선거인이 후보자를 잘 알 수 있어 적당한 인물을 선출할 수 있다. ③ 선거단속을 철저하게 할 수 있으므로 공정선거를 도모할 수 있다. ④ 지역이 비교적 좁기 때문에 선거비용이 적게 들며, 금권선거가 행하여질 위험도 없다.

반면에 단점은 다음과 같다. ① 사표(死票)가 많이 발생한다. ② 지방이익에 집착하는 지방인사에게 유리하므로 전(全) 국민의 대표로서 알맞은 후보자를 선택할 수 있는 범위가 좁아진다. ③ 지역이 좁기 때문에 선거간섭과 정실·매수 등으로 부정선거가 이루어질 위험성이 많다.

㉡ 대선거구제(大選擧區制: multi-membered constituency): 한 선거구에서 2인 이상의 당선자를 선출하는 선거제도. 그중 2인 이상 5인 이하를 선출하는 제도를 중선거구제라고도 하지만, 이것도 넓은 의미의 대선

거구제이다. 한 선거구에서 1인의 당선자만을 선출하는 소선거구제에 대응하는 말이다.

대선거구제는 ① 사표를 적게 할 수 있으며 소수대표를 가능하게 하고, ② 선거구가 넓어 전국적으로 지명도가 있는 인물을 선출하는 데 유리하며, ③ 지연·혈연과 같은 비합리적 요소에 의한 당선 가능성을 줄일 수 있는 장점이 있다.

대신에 ① 소수당의 난립으로 정국의 불안정을 초래하기 쉽고, ② 대표와 선거인과의 유대관계가 긴밀하지 못하며, ③ 선거비용이 많이 든다는 단점이 있다. 그러나 이것은 일반적인 대선거구제에 대한 평가일 뿐이다. 실제로 대선거구제는 한 선거구에서 2인 이상을 선출하기 때문에 비례대표제를 택할 수 있고, 그렇지 않는 경우에는 대표의 정수만큼 기표(完全連記記票制)하게 하거나, 대표정수의 일부만 기표(制限連記記票制)하게 할 수 있으며, 또 1인만을 기표(單記記票制)하게도 할 수 있어 이 중 어떠한 제도를 택하는가에 따라서 많은 차이가 있다. 일반적으로 비례대표제·제한연기기표제(制限連記記票制)·단기기표제(單記記票制)의 경우는 소수파가 유리한 반면에, 완전연기기표제(完全連記記票制)의 경우는 다수파가 유리하다.

【당선결정방법】 현대 국가에서 국민 전체가 정치에 참가하는 직접민주제는 사실상 불가능하므로 간접민주제·대의제가 불가피하다. 따라서 이 경우에 국민의 의사를 어떻게 의회에 반영시킬 것인가 하는 대표제의 문제가 중요한 문제로 대두된다. 선거에서 다수결제도를 처음으로 채용한 것은 15세기의 영국이고, 미국·프랑스의 혁명을 거쳐 근대 선거제도로서 확립되었다. 이 제도는 국민평등의 원리에 따른 당연한 결과이지만, 때로는 소수파를 무시한다는 비판을 받기도 하였다. 그러므로 이 제도를 인정하면서도 비합리성을 극복하기 위하여 여러 가지 제도가 논의되었다.

(1) **다수대표제**(多數代表制: majority representation): **다수표를 획득한 자를 당선인으로 하는 제도이다.** 유권자의 다수파에게 그 선거구에서 선출되는 의원의 전체를 독점할 수 있는 가능성을 부여하므로 다수파에 절대 유리하다. 이 제도는 19세기 중엽까지 널리 채택되었으나, 사표가 많아지고 다수당이 전제적 지배를 하는 경향이 있어 현재에는 많이 채용되지 않고 있다. 영국이 오랜 세월에 걸쳐 다수대표제를 채용하고 있는 것은 양대 정당이 기능을 잘 발휘하고 정권교체의 가능성이 있어 오히려 탄력 있는 의회정치가 가능하기 때문이다. 이 제도에서는 소선거구제나 대선거구연기투표제(大選擧區連記投票制)를 취하는데, 정국의 안정을 가져오는 장점이 있는 대신 소수파에 지나치게 불리하다는 결점이 있다.

(2) **소수대표제**(少數代表制: minority representation): **다수대표제의 결점인 소수의견의 무시를 보정(補正)하여 유권자의 소수파에게도 득표수에 알맞은 수의 의원을 낼 수 있게 하려는 선거제도이다.** 이 제도는 대선거구제를 전제로 하는데, 그 주요 방법으로는 한 사람에게만 투표하는 단기명투표제(單記名投票制), 2명 이상의 후보에게 투표할 수 있는 연기명투표제(連記名投票制), 여러 장의 투표권을 가지고 한 후보에게 누적적으로 투표할 수 있는 누적투표제(累積投票制) 등이 있다. 이 제도는 소수의견을 존중하고 사표를 방지한다는 장점이 있는 대신, 절차가 복잡하고 집권여당의 동반당선을 쉽게 만든다는 등의 단점이 있다.

(3) **비례대표제**(比例代表制: proportional representation): 2개 이상의 정당이 있는 경우 그들 정당의 득표수에 비례하여 당선자의 수를 공평하게 배정하려는 선거제도이다. 소수대표제는 다수파에게 그 선거구에서 선출되는 의원을 독점시키지는 않으나, 공정한 비율로 대표된다는 보장이 없다. 그래서 다수와 소수의 의사를 반영하여 의석을 되도록 정확히 배분하기 위하여 이 제도가 고안되었다. 사표를 방지하여 소수대표를 보장하는 동시

에 득표수와 당선수의 비례관계를 합리화하려는 것으로서, 역시 대선거구제를 전제로 한다.

이 제도의 대표적인 방법으로는 단기이양식(單記移讓式)과 명부식(名簿式)이 있다. 단기이양식은 유권자의 선택에 중점을 두고, 명부식은 정당중심의 선거에 중점을 두지만, 투표의 전귀성(轉歸性)을 인정하고 당선표준수(當選標準數)의 합리화를 기하는 점에서는 공통된다. 비례대표제의 장점으로는 다수파의 의석과점(議席寡占)을 방지하고, 여론을 공평하게 반영할 수 있다는 점 등을 들 수 있다. 반면에 단점으로는 소당분립으로 인한 정국의 불안정과 정당간부의 후보자 지정에서의 정폐(情弊) 등이 논의된다. 따라서 현재는 과거만큼이나 널리 채용되고 있지는 않지만, 국민의 의사를 의회에 재현시킨다는 비례대표제의 이념만은 높이 평가되고 있다. 한국의 현행헌법에서는 국회의원선거에서 비례대표제의 근거규정을 두고 있다(헌법 41조 3항).

(4) 직능대표제(職能代表制: functional or occupational representation): 다수대표제·소수대표제·비례대표제는 모두 지역대표제이나, 직능대표제는 직업별로 선거인단을 조직하여 의회에 그 대표자를 내보내는 선거제도이다. 사회계층이나 직업을 고려하지 않고 지역을 기초로 선거인단을 조직하여 대표자를 선출하는 지역대표제는 진정한 국민대표일 수 없다는 입장에서 이 제도가 주장되었다. 20세기에 각종 직능단체가 확대되고 그 규모도 커지자 지역보다는 동일 직능 내에서의 공동이익이 강하게 제기되고 노사대립이나 단체 상호간의 경쟁이 격화되면서 근대 대의제를 수정할 필요성이 대두되었다.

바이마르헌법하의 독일과 제2차 세계대전 후의 프랑스 '국가경제회의'가 직능대표제의 한 전형이다. 그러나 어떠한 합리적인 방법으로 직능대표를 선출할 것인가가 문제가 된다. 또한 완전히 이해관계가 대립된 대표자들이 어떻게 타협하여 의견의 일치를 볼 수 있는가도 문제이다. 따라서 현실적으로 직능대표제는 한계를 가지고 있다.

일단 유권자의 올바른 후보자 선택의 기준은 일단 정당일체감, 정책과 공약, 자신과의 관계, 후보자 인물 등이 있겠죠. 현대정치에서 정당은 매우 중요한 역할을 수행하고 있고, 유권자들에게도 큰 영향력을 행사합니다. 만약 유권자가 특정 정당에 강한 일체감을 가지고 있다면, 그 후보자 개인보다는 그가 속한 정당을 믿고 투표하게 되는 경우가 많습니다. 가장 바람직한 경우는 후보가 내세우는 정책과 공약을 보고 그 타당성과 실현 가능성을 가늠해 본 다음 투표하는 것이죠. 물론 이상적인 경우입니다만. 다음으로 자기에게 얼마나 실질적인 도움이 될 것인가를 고려하여 투표하는 경우가 있습니다. 잘 아는 사람이라거나 집안사람 혹은 같은 학교를 다녔던 사람을 찍는 경우가 이런 경우죠. 마지막으로 그 후보자 개인의 인물됨을 보고 찍는 경우죠. 이 사람이 얼마나 전문성이 있느냐, 청렴하냐, 얼마나 배웠느냐, 혹은 마음에 드는 인상이냐 등을 두고 판단하는 경우입니다.

정당이 선거에서 자기 당 소속후보자를 세울 때 가장 크게 고려하는 것은 역시 당선 가능성입니다. 후보자의 당선 가능성에 대해서 판단할 때도 여러 가지 기준이 있을 수 있습니다. 지망자의 경력, 재력, 직업, 인지도, 지역사회와의 연관성 등이 고려 기준이 될 것입니다. 우선 경력 면에서 전현직 국회의원이라거나, 정부정책에 참여한 경력이 있다거나 하면 좋은 점수를 받을 것입니다. 그 자체의 경험만으로도 유권자들에게 내세울 게 있는 셈이니까요. 그리고 후보자의 재력도 보아야 하는데, 당에서 어느 정도 지원을 한다고 하더라도 후보자 자신이 쓰는 선거비용에 따라 당락에 큰 영향이 있기 때문입니다. 그 사람의 직업과도 연관이 있는데, 만약 후보가 시간적 여유를 많이 낼 수 있는 직업에 속해 있다면 좀더 선거기간 동안 열성적으로 움직일 수 있을 것이고, 혹시 특정 직능에 속해 있는 후보라면 같은 직능의 유권자들로부터 좋은 반응을 얻을 수도 있기 때문이죠. 인지도도 매우 중요합니다. 만약 원래부터 유명인이라면 선거에서 승리할 가능성이 매우 높아지니까요. 그리고 지역사회와의 연관성도 중요합니다. 지역구의원으로 입후보하면, 그 지역에 대해 잘 알고 있고, 익히 알려진 사람일수록 선거에서 유리하기 때문입니다.

선출에 있어 고정관념을 배제해야 한다. 이것은 올바른 인물 선출의 기본이다.

우리는 얼마나 많은 선견을 갖고 있는가를 단적으로 간단히 표현해 보도록 하겠다.

갈등에서 오는 편견-선견, 고정관념, 선입견, 외견상에서 풍기는 느낌

한국인은 일본인에 대해 편견을 갖고 있다.-왜놈, 쪽발이

북한은 한국에 대해 편견을 갖고 있다.-미제 앞잡이, 승냥이

백인은 흑인에 대해 편견을 갖고 있다.-무식한 사람, 더럽다, 추하다.

한국인은 후진국에 대해서 편견을 갖고 있다.-무식하다. 더럽다.

돈 많은 사람이 선거에 출마하면 갖는 편견-뇌물을 받지 않고 정치할 것이다.

여자가 출마하면 갖는 편견-힘들고 어려운 일은 못 할 것이다.

이러한 편견을 없애야 한다. 편견은 곧 자기의식의 고립인 것이다.

9. 선거문화[1)]

1) 선거의 의의

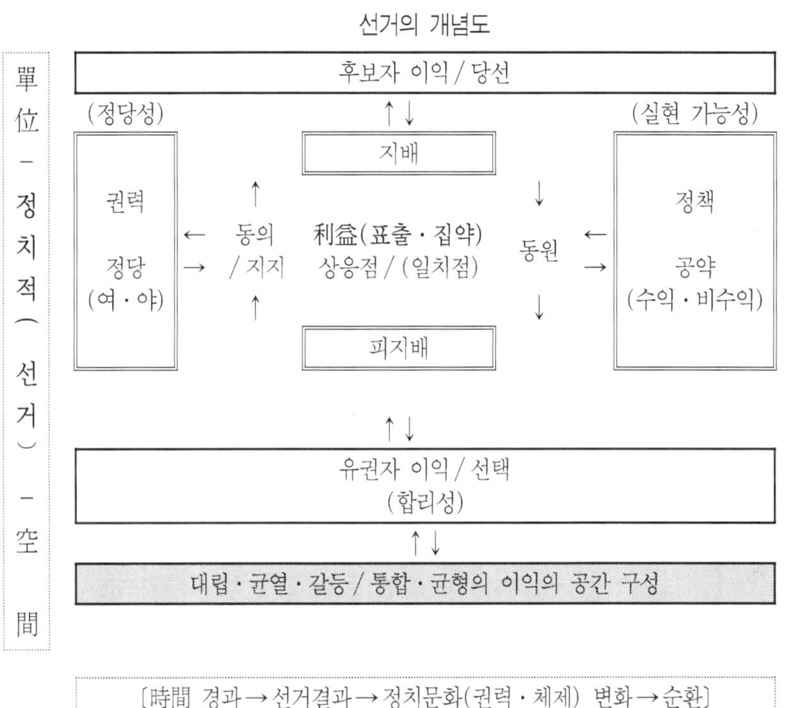

1) 선거문화 쳅터는 강의를 위해 인터넷상의 자료를 다운받아 기재한 것입니다. 저자의 양해를 구합니다. 지난 자료이지만 강의를 위해 알아두면 좋을 것 같아 삽입하였습니다. 시기별로 예전 자료입니다.

2) 선거문화의 개념

(1) 정치문화와 선거문화

어떤 사회집단을 막론하고 그곳에는 구성원이 인지하고 느끼고 평가하며 행동하는 방식, 내지 양식을 규제하는 일정한 문화가 존재한다. 그런데 문화는 학자에 따라 다양한 개념이 정의될 수 있는 다의적인 개념이다. 문화인류학에서는 문화를 인간이 사회의 성원으로서 획득한 일체의 생활양식이라고 정의한다. 어느 사회이건 그 사회집단에 공통된 생활방식, 즉 공통된 사고나 행동의 방식, 공통의 생활양식을 갖고 있다는 것이다. 일반적으로 학계에서는 문화를 의식 또는 태도(또는 의식)와 행태의 결합으로 인식되고 있다. 따라서 문화란 주어진 자연조건 속에서 사람들이 정신적 가치나 이상을 추구하는 행위와 그러한 인위적 노력에 의해서 얻어진 성과로 이해할 수 있을 것이다. 한 사회 내의 일반문화의 하위문화로서 정치문화[2]는 어떤 사회의 구성원이 그 사회가 지니고 있는 문화 속에서 특히 정치에 대하여 품고 있는 사고방식(태도 또는 의식)이나 행동양식(행태)을 가리키는 말이다.[3] 그런 의미에서 정치문화의 개념 정의는 의식과 행태의 관계를 어떻게 조작적 개념 정의할 것인가의 문제라고 할 수 있다. 먼저, 태도(의식)란 지식, 감정, 의지의 모든 활동을 내포하는 정신작용을 총칭하는 동시에, 그 모든 것의 근저에 존재하는 것으로 이해하는 것이 일반적 경향이다. 의식이란 실제로 체험하는 모든 경험 내지 정신현상, 혹은 물리적 또는 신체적 과정 등에 대립되는 심리적, 정신적 과정이라고도 한다.[4] 그런 의미에서 정치의식 또는 정치적 태도란 정치적 대상에 대한 정신작용이며, 정치행태란

---

2) 정치문화의 개념은 사회 일반문화의 정치적 부문이라고 간단히 설명할 수 있다. 김재영 외 공저, 정치문화와 정치사회화(서울: 형설출판사, 1990), p.7.

3) 김우태, 정치학(서울: 형설출판사, 1983), p.137.

4) 대표적인 견해로 김광웅의 견해가 있다.

일정한 정치적 행위의 유형 및 패턴이라고 할 수 있다.

정치문화에 대한 선행연구 가운데 여러 학자들의 견해를 보면 정치문화를 정치적 태도 및 정치의식과 같은 맥락에서 파악하고 있는 학자들의 견해[5]와 정치문화를 정치적 태도와 함께 행태적 측면을 동시에 언급하고 있는 학자들의 견해[6]로 분류할 수 있다.[7] 전자는 정치문화란 기본적으로 정치체

5) 정치문화란 개념은 1956년 아몬드(G. A. Almond)에 의해 처음으로 사용되었다. 행태 주의적 접근방법의 효시로 알려진 그는 정치문화와 정치제도 사이에 상합 여하에 따른 정치안정을 행태론적・경험적 연구로 설명하고 있다. 시민문화〔Gabriel A. Almond and Sidney Verba, *The Civic Culture* (Boston: Little, Brown & co Inc., 1965), p.12〕의 저서에서 정치문화란 정치체계와 그의 여러 부문에 대한 태도, 정치체계에 있어서 자아의 역할에 대한 태도로 구성되어 있다고 밝히고 있으며, 비교정치론〔Gabriel A. Almond and G. Bringham Powell, Jr., The Comparative Politics: A Developmental Approach (Boston: Little Brown & Co., 1966).〕에서는 정치체계 구성원 개개인이 정치체계에 대하여 갖는 태도 및 정향성의 유형이라고 말하였다.〔아몬드와 버바(Almond & Verba)는 정치문화를 정치체제 일반에 대한 정향, 투입, 산출 그리고 적극적인 참여자로서의 자아라는 네 개의 차원으로 파악하고 있다. 이러한 정치문화의 차원에 대해 개인이나 집단이 어느 정도의 지식을 갖고 있으며, 어떠한 감정과 가치판단을 표시하고 있는가를 분석하여 그들의 정치의식구조를 체계적으로 분석할 수 있다. G. A. Almond & Sidney Verba, *The Civic Culture: Political Attitudes and Democracy in Five Nations*(Boston: Little, Brown, 1963). 참고.〕 매크리디스(Roy Macridis)는 정치문화를 상호간에 공유하고 있는 공통된 목표와 용인된 규범으로 보고 있다.〔Roy Macridis, "Interest Groups in Comparative Analysis," *journal of Politics*, XXⅢ(1961), p.40.〕 파이(Lucian W. Pye)는 신생국가에 있어서 정치발전과 관련을 맺고 있는 정치문화의 양상에 대해 연구하면서 특정국가의 정치문화의 지표를 정치의 범위, 정치에 있어서 목표와 수단이 이루고 있는 관계방법, 정치행위에 대한 평가기준, 정치행위와 관련을 맺고 있는 주된 가치관의 네 가지를 들고 있다.〔Lucian W.. Pye, *Politics, Personality and Nation-Building* (New Haven, 1962), pp.122-124.〕 비어(S. H. Beer)는 정치문화의 구성요소로 정부는 어떻게 관리되어야만 하는가에 대한 가치관, 신념체계, 그리고 감정적 태도 등으로 구성된다고 하였다.〔S. H. Beer and Adam Ulam, *Patterns of Government* (New York, 1958), p.32.〕 한편, 파이너(S. E. Finer)는 특정국가에 대한 정치문화의 개념을 통치자에 대한 정통성과 정치제도 및 정치과정상의 합리성 쪽에 주로 관심을 두고 사용하고 있다.〔S. E. Finer, *The Man on Horseback* (London, 1962), 7-9장.〕 김영문・정준표・박형은 공동의 글〔김영문・정준표・박형, "한국정치문화와 세대", 대구・경북정치학회, 대구・경북정치학회보, 제6집 제1권(1998), p.2.〕에서 사회구성원들의 정치에 대한 의식과 태도의 분포상황이라고 정의하고 있다.

계에 관련된 태도의 집합 혹은 유형화된 가치체계로서 가치, 신념, 상징에 대한 태도 등을 중요시하고 있다.[8)]

연구자는 정치문화란 정치적 태도와 행태의 결합물로써 받아들이고자 한다. 인간의 정치적 행위는 결국 그의 정치의식과 태도의 표출이라고 볼 때 특정 사회구성원들의 정치의식들의 집합과 무관하지 않기 때문이다. 따라서 정치문화는 정치현상에 대한 관심, 인지, 태도(의식, 감정·판단), 행태(행위패턴) 등으로 구성된다고 본다. 그리고 정치문화는 '의식 또는 태도'와 '행태'의 차원에서 괴리감을 보일 수도 있지만 대개의 경우 의식의 변화는 곧 행태적 변화로 이어진다고 볼 수 있다. 즉, 심리적 정향은 바로 정치행태의

---

6) 페이젠(Richard Fagen)은 쿠바의 정치문화 변화과정을 설명하고자 분석하면서 정치적 태도뿐만 아니라 행동적 요소까지를 포함한 접근방법의 필요성을 주장하고 있다.〔Richard Fagen, *The Transformation of Political Culture in Cube* (Stanford, 1969), p.5.〕 김선종은 정치문화를 한 사회의 구성원 간에 분포되어 있는 정치적으로 의미 있는 대상물에 대한 독특한 정향패턴으로 개념화하고 있다.〔김선종, "선거문화와 정치참여", 김광웅 외, 한국의 선거정치학(서울: 나남, 1990), p.92.〕 김우태 교수는 일반문화 속에는 정치적 인식·감정·평가 및 행동과 관련된 정치문화가 존재한다고 보고 있다.〔김우태, 정치학원론(서울: 형설출판사, 1992), p.141.〕 김선종은 정치참여에 대해 개념 정의하면서 정부나 정치체제에 대한 태도와 같은 정태적 차원에서 구체적인 정치행태와 같은 동태적 차원으로 전이되었을 때만이 정치참여라고 정의하고 있다.〔김선종, "선거문화와 정치참여", pp.108-110.〕

7) 그 밖에도 서구학자들에 의해 다양하게 정치문화에 대한 개념 정의가 내려지고 있다. Talcott Parsons and Edward Shils, *Toward a General Theory of Action* (New York, 1962).; G. A. Almond, "Comparative Political System," *The Journal of Politics*, vol. 18(1956), pp,391-409., from *Introductory Readings in Political Behavior* edited by Sidney Ulmer (Chicago: Rand McNally & Co., 1961), pp.147, 150, 157.; Lucian W. Pye, "Political Culture," David L. Sills (eds.), *International Encyclopedia of the Social Science*, Vol.12(New York: The Macmillan Co. and The Free Press, 1968), p.218.; Samuel H. Beer, "The Analysis of Political System," Samuel H. Beer and Adam B. Ulam (eds.), *Patterns of Government: The Major Political Systems of Europe* (New York: Random House, 1958), p.32.; D. Kavanagh 저, 정재욱 역, 정치문화론(서울: 도서출판 이진, 1989). 참고.

8) 김재영 외 공저, 앞의 책, p.8.

동인으로 작용하고 있으며 정치의식구조와 정치행태는 밀접한 관련이 있기 때문이다.

앞서 이미 다룬 이익갈등의 논의를 종합해 보면 정치문화는 한 사회(단위공간) 내에서 균열·갈등관계에 있는 이익이 (정치사회를 유지하기 위해) 결집·통합된 형태로 전환되는 정치의식과 행위의 결합이 빚어내는 결과물[9]이라고 할 수 있다.

(2) 선거문화의 개념 정의

정치문화의 하위문화로서 선거문화는 선거과정에서 나타난 유권자와 후보자의 태도(의식)와 행위의 결합물로 이해할 수 있다.[10] 선거에 대한 의식과 행위로서는 선거에 대한 관심, 후보자를 선택하는 데 있어서 필요한 인지, 감정, 평가적 차원의 태도 및 투표참여 및 후보자 선택(투표행태)이라는 요소들에 의해 구성된다고 할 수 있다. 선거태도는 선거과정에 대한 태도, 의식 또는 신념이다. 구체적으로는 선거에 대한 관심도, 인지도, 투표참여와 기권(부동층), 투표효능감, 후보자나 정당 및 정책에 대한 호감도, 지지도 및 평가 정향 등이 포함된다. 그리고 투표행태는 정치의식의 변화에

9) 다음의 시각에 의해서도 뒷받침된다. 정치문화란 각 부분을 합한 집성체는 그들 부분들이 서로 간에 비슷한 특성을 가지고 있는 경우에 유효한 것이며 즉, 너무 다른 각 개인들의 태도를 평균한 총체는 의미가 없다. 가치관과 행동은 같은 동전의 이면관계와 같다고 보는 그와 같은 식의 가정에 대해서도 경계할 필요가 있다. 조사연구자들이 직면할 현안 임무는 개인들의 태도와 행동 간의 연계관계를 설정하는 것이 될 것이다.【D. Kavanagh 저, 정재욱 역, 앞의 책, pp.116-117.】

10) 김재온·고승철 등은 선거행태라는 용어를 사용하고 있다. 김재온·고승철, "선거행태와 사회발전", 김광웅 외, 한국의 선거정치학(서울: 나남, 1990). 한편, 이갑윤은 선거행태라는 용어 속에 정당경쟁, 투표행태, 선거제도 등을 포함시키고 있다. 이갑윤, "투표행태와 민주화", 김광웅 외, 한국의 선거정치학(서울: 나남, 1990). 그리고 이남영은 선거행태를 선거과정에서 유권자들이 보이는 행위 및 태도의 총합으로 정의한다. 이남영, "성별이 투표에 미치는 영향-제14대 대통령선거결과를 중심으로-", 경남대학교 국제문제연구소, 한국과 국제정치, 제11권 제1호 (1995년 봄·여름호), p.34.

의해 구체적으로 표출되고 있는데, 투표 시 유권자의 투표의사의 결정요인을 살펴보면, 후보자의 지도자로서의 자질과 인격을 중요시하는 인물본위 정향(personal identification), 후보자의 소속정당을 중요시하는 정당본위 정향(party identification), 후보자의 정책이 유권자의 정책선호와 유사한지를 중요시하는 정책본위 정향(issue identification)으로 구분된다.[11] 또한 선거문화는 성별, 연령, 교육수준, 직업, 소득, 인종, 종교 등과 같은 사회경제 배경변수들(또는 사회경제적 환경으로 분류되기도 한다)이 제도 등에 관한 신념, 의식 또는 태도에 영향을 미치고 이러한 태도에 의해 후보자 결정이라는 행위로 이어지거나 직접적으로 영향을 미칠 수도 있다. 그리고 투표의사결정요인 중에 어느 것이 보다 합리적, 근대적, 세속적인 시민의 정치의식을 잘 반영하고 있는지를 분석하기 위해서는 그 사회의 정치체계와 이를 둘러싼 정치적 환경을 반드시 고려할 필요가 있다.[12]

(3) 선거과정과 선거문화

정치과정은 정치문화(스크린)와 분리될 수 없는 성질을 갖고 있다. 정치문화는 정치과정에서의 스크린[13]에 해당된다. 이러한 근거로서, 사회과학사전에 의하면 정치문화는 정치과정에 대하여 질서와 의미를 부여하고 정치체계에 있어서 행동을 지배하는 기본적인 전제와 규칙을 제공하는 태도, 신념 및 감정의 집합으로 정의되고 있다. 개인이나 집단의 복잡하고 다양한 이해관계에서 생기는 요구나 지지는 정치문화의 스크린을 통하여 정치과정에 등장한다. 어떤 요구가 어느 정도, 그리고 어떠한 형태로 정치과정에 등장하는지는 스크린 장치의 기능에 의존한다. 권력과 정책의 순환과정에서 정치

---

11) A. Campbell, Converse P. E., Miller W. E. AND Stock D. E., *The American Voter*(New York: John Wiley & Sons, 1960).
12) 김선종, "선거문화와 정치참여", p.117.
13) 김우태, 정치학[증보판](서울: 형설출판사, 1994), pp.113-114.

문화는 그것을 개인이나 집단이 구체적으로 받아들이고, 여기에 대해 느끼고 반응하는 방식, 내지 양식으로 스크린화하는 역할을 담당한다.

정치문화의 스크린을 통해 정치의 수평면으로 부상해 오는 입력도 그대로의 형태로 출력되지는 않으며 일정한 처리가공을 거쳐 출력으로 전환시키는 과정이 불가피하다. 정치과정의 다이내믹한 순환구조도 이러한 과정 없이 이루어질 수 없다. 정치체계가 가용할 수 있는 모든 권력수단과 기술적 효용성을 총동원하여 입력된 가치를 배분하여 출력하는 전환(처리가공)의 역할을 담당하는 메커니즘이 마련되어 있다. 이러한 메커니즘의 구조가 달라지면 정치과정의 내용도 달라지고 그것은 또한 정치문화의 내용과도 밀접한 관계를 가진다. 정치과정이 사회의 단순한 반영에 그치지 않고, 또 그 각각이 독자적인 존재로 나타나는 것은 이와 같은 이유에 의한 것이다. 한편 대의정치과정은 그 사회가 위치한 상황에 따라 독특한 이익균열 및 통합구조를 통해 역사성과 상대성을 특징으로 나타나게 되었는데, 예를 들어 미국의 선거결과는 미국 고유의 제도와 독특한 문화에 의해 형성되는 정치과정이 결합되어 생긴 산물이라고 할 수 있다는 조기숙의 주장도 이와 맥을 같이한다.[14]

예를 들어 투표행위가 한 나라의 정치문화 속에서 그 나라 국민이 공유하고 있는 정치적 성향이나 정향의 구체적인 표현수단이라 한다면, 투표행위는 한 나라의 정치문화 수준을 측정할 수 있는 척도가 될 수 있다.[15] 정치문화는 변화에 대한 경험적 정향과 지배자와 피지배자 사이의 조건적 관계로서 정치공동체의 성장에 있어서 동의와 효과성의 균형을 제공하는 정치제도화에도 일정 기여해 왔다.[16]

이처럼 정치문화의 하위단위로서 선거문화 역시 선거과정과 분리될 수 없다. 선거과정이 유권자와 후보자 사이의 이익상응(일치)점에서 권력과 정책

14) 조기숙, "미국 선거연구의 경향과 쟁점", p.177.
15) 김덕주, "역대 대통령선거의 투표행태와 정치의식 분석-13대 대통령선거의 지역대립적 투표행태 성향 분석을 중심으로-", 경희대학교 대학원, 고황논집, 제5집(1989), p.50.
16) 김수진 외 공편역, 앞의 책, pp.134-135.

의 순환이 이루어지는 것이라면 이러한 과정은 스크린에 통합(응집)된 모습으로 나타날 것이다. 즉, 선거과정에서 발견되는 이익균열구조는 이의 통합된 형태로 스크린에 나타나게 될 것이다. 따라서 선거과정과 선거문화의 관계는 균열·갈등관계에 있는 이익들이 일련의 정치과정(선거)의 메커니즘(권력과 정책의 순환)을 통해 표출되어 결집·통합된 문화의 형태로 순환되는 관계로 이해할 수 있다.

정치개혁이 더딘 이유는 정치인의 거짓말 때문이다. 이런 거짓말이 우리사회에 계속 통용되는 이유는 "정치인"이라는 직업 거짓말쟁이의 인정 문화 때문이다.

한국사회가 한 단계 나아가기 위해서는 직업 거짓말쟁이를 추방해야 하는데, 자기 신념의 대변인으로, 자신의 이익을 대변할 대변인으로 무조건 두둔하는 고착화된 투표문화를 개선해야 하는데, 그것은 "공명선거"가 문제가 아니라 "합리성"이 문제이다. 정치인의 거짓말을 비판하고, 감시하고, 선거기간 동안 검증을 해서 적극적으로 알릴 필요가 있고, 이런 기능이 제대로 작동하도록 선거법 개정이 반드시 필요하다. 소신과 신념을 가졌다고 말하는 정치인 가운데 소신대로, 신념대로 약속을 지킨 인물은 찾기가 어렵고, 그런 약속을 지키지 않아도 아무도 탓하지 않는 엉터리 정치문화 풍토부터 걷어내야 하는 것이다. 그 사회의 정치인 수준은 국민의 정치의식의 반영으로 볼 때 우리 국민의 정치의식과 수준을 대폭 개혁할 필요가 있고, 이런 일에 우리사회가 발 벗고 나서야 희망이 있다. 즉 선거문화가 바뀌어야 한다.

선거문화도 바뀌어가고 있다. 기존의 선거에서 인터넷과 전자 매체를 활용한 선거이다. 앞으로의 선거는 다양하게 이루어질 것이다.

의, 선거 및 문화의 관계

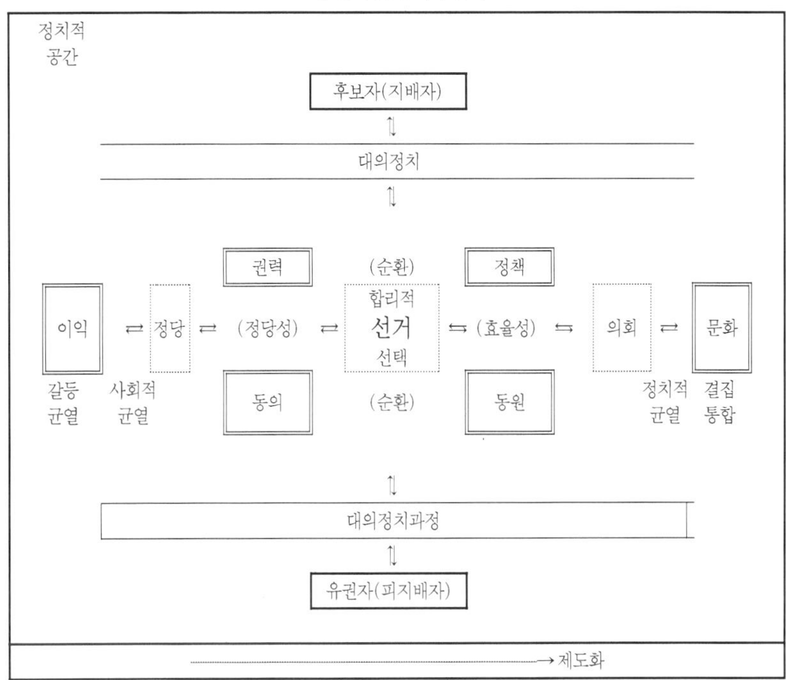

* 선거: 권력과 정책의 순환 / 지지와 동원의 균형화 과정
* 선거문화=이익균열(갈등)구조의 통합
* 제도화된 이익의 통합(응집)력의 증가〔유권자 · 후보자이익의 일치=유권자 · 후보자의 지지 · 동원의 효율성 제고=사회적 통합(응집)력 제고〕≒민주화
* 단위 정치적 공간 내의 표출된 이익구조⇄집약된 이익구조로서 선거문화(결과)

선관위는 3개년간 민간선거와 위탁선거, 공직 재, 보궐선거에 전자투표를 시범 실시하고 오는 2008년 제18대 국회의원 총선거에서 유권자가 전국 어느 곳에서나 자유롭게 투표소를 선택하여 투표할 수 있도록 하되 현행의

종이투표와 터치스크린 방식의 전자투표를 병행 실시하는 한편, 거소투표자와 해외거주자는 인터넷을 통해 투표권을 행사할 수 있도록 하는 내용의 전자투표 로드맵을 확정하여 발표했다.

이 같은 방식이 도입되면 투표문화는 혁신적인 변화를 겪을 전망이다.

선관위의 방식에 따르면 유권자들은 주소지의 투표소뿐 아니라 전철역, 백화점, 유원지 등에 설치되는 임시투표소나 이동식 투표소를 통해서도 투표가 가능해진다. 또한 오는 2012년 19대 총선부터는 유권자가 개인 컴퓨터와 PDA, 휴대전화 등을 이용, 투표를 할 수 있게 돼 투표율이 급상승할 전망이다. 특히 젊은층의 투표율이 늘어날 것으로 보인다.

선관위는 "2008년 국회의원 총선거에서 터치스크린 방식의 전자투표시스템이 전면 도입되면 선거인명부가 전국망으로 공유되어 유권자들은 주소지를 벗어나 전국 어디에서나 투표할 수 있게 되고 특히 임시투표소나 이동식 투표소를 운영하게 되면 백화점, 시장, 전철역은 물론 산간오지 등에서도 투표를 할 수 있게 된다"면서 "다만 현행 투표방식에 익숙하거나 전자투표에 거부감을 가진 사람들을 위해 기존의 종이투표방식도 병행 실시할 계획이며 특히 노인이나 장애인 등도 쉽고 간편하게 투표를 할 수 있도록 하는 데 중점을 둬 전자투표기를 개발하고 국내-외에 특허도 출원할 계획"이라고 밝혔다. 이처럼 전자투표 시스템이 도입되면 우선 지난 17대 총선 때 소요된 400억 원에 비교할 때 절반도 되지 않는 160억 원 정도의 투-개표 관리 비용이 소요될 것으로 추산된다. 또 민주주의의 위기로까지 지적되고 있는 낮은 투표율을 높이는 데도 크게 기여하고, 투표마감 후 한두 시간 안에 당선자를 알 수 있을 뿐만 아니라 정보통신 산업의 발전 촉진 및 첨단 투표시스템의 해외수출 등의 효과도 거둘 수 있을 것으로 기대된다.

문제점이 없는 것은 아니다.

우선 전자투표의 도입은 해킹의 위험에 노출될 수 있다는 문제점이 지적되고 있다. 또한 일부 세력 등에 의한 선거조작의 위험도 배제할 수 없다.

이와 함께 전자기기의 다운 등으로 인한 혼란을 막을 수 있는 대책도 마련되어야 한다는 지적이다. 선관위는 이에 대한 대책도 설명하고 있다.

해킹과 관련, 선관위는 "전자투표기 시스템은 온라인망으로 형성되어 있지 않으므로 각각의 투표소에서 투표가 완료되면 온라인으로 자동 집계되지 않고 전자기록 디스켓을 개표장소로 갖고 와 현재와 같은 방법으로 개표하게 된다"면서 "따라서 외부로부터 망을 통한 침입은 원천적으로 불가능하다"고 설명하고 있다.

3) 선거에 대한 연구경향

선거연구에서 학자들이 가장 많은 관심을 갖는 주제는 유권자의 후보자에 대한 선택의 결정요인이다. 여기에는 유권자 및 후보자 요인, 선거상황 또는 환경적 요인 등으로 크게 분류해 볼 수 있다.

일반적으로 유권자의 후보자 선택기준으로는 캠프벨(A. campbell)의 연구 이후 소속정당, 정책(정견, 정강 및 이슈), 그리고 후보자 개인의 이미지 등이 활용되어 왔으며,[17] 우리나라에서도 이러한 기준은 보편적으로 받아들여지고 있다.

선거에 관한 선행연구들의 분석수준은 전통적으로 두 갈래로 나누어진다. 하나는 유권자집단을 분석의 단위로 하는 것이고 또 다른 하나는 유권자 개인을 분석의 단위로 삼는 것이다. 전자는 유권자집단을 분석단위로 하기 때문에 유권자 개개인의 투표동기 대신에 투표결과(유권자집단의 집합적 투표성향)와 그들의 사회경제적 배경이나 정치적 환경 간의 관계를 규명하는 데

---

17) A. Campbell, P. Converse, W. Hillert & D. Stokes, *The American Voter* (N. Y.: John Wiley & Sons, Inc., 1960).; N. Nie, S. Verba & J. etrocik, *The Changing American Voter* (Cambridge: Harvard Univ. Press, 1976).; Hans D. Klingemann & Charles Taylor, "Partisanship, Candidates, and Issues," in M. Kasse et. al., eds., *German Political Studies* (London: Sage, 1978).

초점을 맞추고 있다. 이러한 분석은 선거결과의 특징상의 변화를 통시적으로 밝혀내려는 의도에서였다. 후자는 유권자들을 개인적으로 접촉하여 투표에 대한 관심이나 선호도를 알아내고 동시에 개개인의 사회경제적 내지는 사회심리적 정향 등을 파악하는 것이다. 이와 같은 연구는 유권자들의 투표동기를 알아볼 수 있고 유권자들의 투표행태를 그들로부터 직접 설명들을 수 있다는 장점을 갖기 때문이다.[18]

선거연구에서의 주요 접근방법[19]은 사회학적 접근방법, 사회심리학적 접근방법(정당귀속의식모델), 경제학적 접근방법(합리적 선택론), 인지심리학적 접근방법 등으로 크게 구분해 볼 수 있으며,[20] 이러한 접근방법의 차이는 파슨즈의 사회학적 패러다임에 뿌리를 두고 있는 사회학적 접근방법, 사회심리학적 접근방법과 합리적 선택론으로 분류되기도 한다.

선거연구에 있어서 접근방법은 시기에 따라 그리고 기본적인 인식에서 커다란 차이를 보인다. 그러나 전체적으로 보면 모든 접근방법들이 선거연구에 있어서 완벽한 이론의 수준으로까지 발전하고 있지 못하며 경우에 따라서는 선행 접근방법에 보완적인 형태로 등장하는 경향성을 보여주고 있다. 즉, 선거에 관한 연구경향을 살펴보는 것은 각 접근방법들이 종합적으로 이해되어야 한다는 점을 밝히기 위해서이다.

4) 우리나라 선거문화의 선행연구분석

우리나라의 선거문화 선행연구는 서구 특히 미국에서 사용되었던 각종 접

18) 안병만, "12대 국회의원선거에 있어서 유권자들의 정당관여와 투표행태: 인지적 접근", 한국지역연구(1985), pp.50-51.
19) 학자들에 따라 접근방법, 모델(모형), 이론 등의 용어사용의 차이를 보이고 있다. 그러나 여기서는 접근방법의 용어를 사용하기로 한다. 왜냐 하면, 일부 접근방법이 하나의 이론으로 수용하기에는 부족하다는 비판을 받는 경우도 있기 때문이다.
20) 조기숙, "미국 선거연구의 경향과 쟁점", p.184.

근방법들을 소개하고 이를 통해 한국의 선거를 경험적으로 검증해 보려고 했던 것으로 평가할 수 있다.

선행연구의 분석단위는 유권자집단 즉, 집합적 선거결과를 이용하거나 유권자 개인의 투표행태를 분석하기 위해 인지행태적 접근방법을 통한 정량적 분석에 의존하는 경우가 많았다.

그런데 이들 경험적 분석 대부분은 후보자 중심의 연구라기보다 유권자 중심의 후보자 선택요인을 결정하는 중요 변수들을 발견하는 데 중점을 두어 왔다고 볼 수 있다. 즉, 여촌야도, 지역주의, 인물본위 투표행태 등 선거결과에 미치는 중요 변수들을 찾는 데 정력을 쏟았던 것으로 평가해 볼 수 있다.

그리고 앞의 2절에서 언급한 유권자의 후보자 선택기준으로서 후보자 개인의 자질이나 능력으로서 인물, 정당, 정책본위의 투표정향[21]에 대한 기본 인식을 공유하고 있으며 개별 혹은 변수들의 조합을 통해 선거태도와 투표행태에 대한 분석틀을 마련하여 사용하고 있다.

(1) 연구대상과 접근방법상의 특성

가. 연구대상의 특징

선거에 관한 선행연구의 주요 대상은 유권자가 왜 투표를 하는지 혹은 기권을 하는지, 투표선택을 결정하는 요인은 무엇인지[22] 즉, 정당일체감,

---

21) Hans D. Klingemann & Charles Talyor, "Partisanship, Candidates, and Issues," in M. Kasse et. al., eds., *German Political Studies* (London: Sage, 1978). 참고.

22) 최근의 연구결과들 가운데 대표적인 연구들의 예이다. 대통령선거의 분석으로는 〔안병만 · 김인철, "유권자의 정치정향과 투표행태", 한국정치학회, 한국정치학회보, 제27집 2호(1993), p.100.〕; 국회의원선거의 분석으로는 〔박찬욱, "유권자의 선거관심도, 후보인지능력과 투표참여의사: 제14대 총선전조사결과를 중심으로", 한국정치학회, 한국정치학회보, 26집 3호 (1993), p.154.〕, 〔안병만, "14대 총선에 있어서 유권자들의 정당관여와 투표행태", 한국정치학회, 한국정치학회보, 제26집 3호 (1993), p.176.〕, 〔이정복, "한국인의 투표행태: 제14대 총선을 중심으로", 한국정치학회, 한국정치학회보, 제26집 3호 (1993), p.114.〕, 〔최영훈, "제

정책, 후보자 요인 중에서 어떤 요인이 상대적으로 더 큰 영향력을 행사하는지,[23] 후보자 개인의 속성은 무엇인지,[24] 경제적 상황은 투표율이나 투표선택에 어떤 영향을 미치는지,[25] 유권자의 전략투표는 존재하는지[26], 어느 한 특정 변수만이 영향을 미치기도 하지만 유권자에 따라서는 몇 가지의 기준이 복합적으로 구성되어 투표행위로 이어지는지[27] 등으로 분류될 수 있다. 그리고 김형준·유성준의 지적처럼 유권자의 지지정당 선택에 영향을 미치는 요인으로 제시되는 유권자의 사회적 특성(예: 성별, 연령별, 학력, 소득, 출신지 등), 당파적 태도, 정견 등의 요인들을 들고 이들이 어떠한 역학적인 구조와 경로에 의해 유권자의 지지정당 선택에 최종 영향을 미치는가를 파악하는 데 집중되어 왔다.[28] 그리고 선행연구에서 흔히 사용되어 온 후보자 선택결정요인들[29]은 투표자의 정당일체감, 후보자의 인물 됨됨

13대 국회의원선거에 관한 연구분석-유권자의 정치인식 및 정치행태를 중심으로-", 현대사회연구소, 현대사회 (1988). p.251.〕; 지방선거의 분석으로는 〔김형준·유성모, "유권자의 정당지지 분석: 서울지역을 중심으로", 한국정치학회, 한국정치학회보, 30집 4호 (1996), p. 299.〕 등이 있다.

23) 앞서 언급한 바와 같이 컴프벨(Compbell) 이래 인물, 정당, 정책을 중심으로 한 후보자 선택기준은 우리나라에서도 일반적으로 받아들여져 왔다.

24) 권혁남의 연구에서는 유권자들이 이슈보다는 후보의 개인적 속성을 중심으로 한 인지구조를 갖고 있으며, 동시에 이를 중심으로 한 투표행위를 한다고 보고 있다. 따라서 이슈가 아닌 모두 후보의 개인적 속성과 관련된 인지구성체들을 사용하여 동화지각현상을 검증하였다.〔권혁남, "제13대 대통령선거에서 나타난 한국유권자의 정치인지구성체계 연구", 경남대학교 극동문제연구소, 한국과 국제정치, 제4권 2호 (1988년 가을호), p.258〕, 국회의원선거에서는 〔김광웅, "패자의 논리도 중요하다: 14대 총선의 당선자와 차점자의 비교연구"(1993)〕, 지방선거에서는 〔이재웅, "95년도 지방의원선거에 대한 주민의 투표성향 분석-부산·경남지역을 중심으로-", 동의대학교 행정대학원 지방의회연구소, 「지방의회연구」, 제5권(1995)〕 등이 있다.

25) 김재한, "제14대 대선과 한국경제", 한국정치학회, 한국정치학회보, 27집 1호 (1993).; 박경산, "제14대 대통령선거에 나타난 경제적 투표", 한국정치학회, 한국정치학회보, 제27집 1호 (1993) 등이 있다.

26) 대표적으로 김재한, "투표참여의 합목적성-14대 대선에서의 기권행태를 중심으로-", 경남대학교 극동문제연구소, 한국과 국제정치, 제9권 제1호 (1993년 봄·여름호). 의 논문 등이 있다.

27) 김종림·이남영, 앞의 논문.

28) 김형준·유성모, 앞의 논문, p.300.

이, 후보자의 공약과 정책, 투표자의 정치이념 등이 거론되어 왔다. 이 요인들을 독립변수(경우에 따라서는 매개변수)로 보고 투표선택행위에 어떻게 연결되는가의 문제가 연구의 초점이 되었다. 한편, 그간 논의된 선행연구의 주요 가설 또는 가정들은 여러 가지가 있다. 도시화와 여야 정당선택이 관련 있다는 여촌야도, 출신지역 변수가 투표선택에 결정적인 영향을 준다는 지역주의, 연령 또는 세대가 여야선택에 영향을 주는 여로야소(또는 세대차 연구의 효용성), 성별이 후보자 선택에 미치는 영향(성차연구), 경제상황이나 정부성과에 따라 여야를 선택하는 회고적 투표와 전망투표, 선호정당의 유무에 따라 기권여부가 결정된다는 소외, 후보자의 무차별성이 기권을 가져온다는 무차별성, 후보자 간에 박빙을 예상하는 것과 투표참여가 관계있다는 투표효능감, 도시화에 따라 투표율이 다르다는 도저촌고, 투표율에 따라 여야의 상대적 이점이 다르다는 저여고야 등이 한국선거의 주요 연구가설 또는 가정들이었다. 이처럼 많은 연구결과들은 선거결과에 영향을 미치는 요인으로서 인물, 정당, 지역성, 이슈(정책) 등을 들고 있다. 이 가운데에서도 인물투표, 정당투표, 그리고 인연, 지연, 학연, 매표 등의 비합리적 요인(근대화론)에 의한 동조투표에 관한 논의가 가장 많이 이루어졌고, 정책(이슈)투표에 관한 논의는 많지 않으나 합리적 선택으로서의 투표행태라는 관점에서 접근한 것(이갑윤, 1990; 조기숙, 1990)과 선거아젠다 짜임이라는 관점에서 본 송근원의 연구[30] 등이 있다. 그 밖에도 후보자와 유권

29) 김종림・이남영의 연구에서는, 그간 경험적 연구에서 발견된 투표선택결정요인들의 경향은 크게 두 가지 범주로 나눌 수 있다고 보고 있다. 첫째는 비교적 단순한 틀들로 후보자의 인물 됨됨이, 정책과 공약, 투표자가 지닌 여야성향, 지역정서, 연고, 주위 여론, 즉시성 혜택(향응, 선심성 관광, 금품) 수취 여부이며, 둘째 범주는 추지틀의 성격이 시공차원에서 더 복잡한 틀들로 구성된다. 예를 들면, 투표선택행위를 할 때 후보자의 과거업적을 중시하는지 아니면 앞으로의 업적에 대한 기대를 중시하는 지의 문제도 추지틀에 관련된 셈이다. 다른 한 가지는 유권자가 투표선택을 할 때 주로 정서적 요인에 근거하여 하는가 아니면 보다 실리적 요인에 근거하는가라는 구분이다. 유권자들 중에는 투표선택을 할 때 여러 가지 추지틀을 동시에 사용하는 비교적 세련된 층도 있는가 하면 반대로 한 가지 틀만을 항상 사용하는 층이 있다. 김종림・이남영, 앞의 논문, pp.163-164.

자를 연결해 주는 정치커뮤니케이션 요인을 들고 있다. 즉 여기에는 매스미디어가 가장 중심적인 역할을 하는데 매스미디어의 선거뉴스, 보도, 논평 및 사설, 정치광고, TV토론, 여론조사결과의 보도 등이 해당된다는 연구도 있다. 매스미디어는 후보자 요인, 유권자 요인, 정치커뮤니케이션 요인들에게 직접, 간접으로 영향을 주어 결과적으로 유권자의 투표결정에 영향을 미친다는 주장이다. 한편, 선거 당시의 정치, 경제, 사회적 요인(선거상황)들도 다루어지고 있다.[31]

나. 기본인식과 접근방법상의 특징

김종림・이남영의 평가에서처럼[32] 미시간학파의 전통과 모델은 우리나라의 선거연구에서도 큰 몫을 차지하고 있다.[33] 이들 연구에는 두 개의 명제가 주도해 왔다. 첫째, 투표선택행위를 결정하는 직접요인은 투표자가 지닌 정치적 가치관, 정치적 태도, 정치적 인식 등이라는 것이며, 둘째, 정치적 가치관, 태도, 인식을 결정하는 요인은 투표자의 사회적 위치, 즉 인구사회학적 변수군으로 파악되는 독립변수들이라는 것이다. 대부분의 경험적 연구는 이 두 개의 명제를 통계학적 모델로 재구성하여 변수들 간의 상관관계를 검증하는 과정으로 연결되었다[34]고 평가된다.

선행연구들 대부분은 사회・경제적 근대화가 대중매체의 증가 및 교육수

30) 송근원, "대통령선 선거아젠다 분석: 제14대 대통령선거 이슈를 중심으로", 한국정치학회, 한국정치학회보, 제28집 1호(1994), p.206.

31) 권혁남, "유권자의 투표결정요인에 관한 연구", p.192.

32) 김종림・이남영, 앞의 논문, p.158.

33) 이러한 연구들은 윤천주, "읍민의 투표행태", 고려대 아세아문제연구소 편, 아세아연구, 제4권 1호(1961); 길승흠・김광웅・안병만, 한국선거론(서울: 다산출판사, 1987); 이남영, 한국의 선거 I(서울: 나남출판사, 1993); C. L. Kim, *Political Participation in Korea: Democracy, Nationalization and Stability* (Santa Barbara, Calif: Clio Press, 1980) 등이 있다.

34) C. L. Kim, "Political Participation in Korea Democracy: The Quantity and the Quality Issue," *Korean Democracy Toward a New Horizon* (Seoul: The Korean Political Association).

준의 향상에 따라 국민의 투표의식의 향상과 투표참여를 증대시킨다는 근대화론의 논리를 배경으로 설명되고 있다. 따라서 주제와 상관없이 각 분야에서의 논점은 경험적으로 근대화론을 긍정 혹은 부정하는 데 있었다고 평가되고 있다.[35] 그동안 한국선거의 가장 뚜렷한 특징이라고 간주되었던 현상인 촌고 도저, 여촌야도, 인물본위투표, 지역주의투표 등은 근대화론에 의해서 전근대적이고 전통적인 문화의 소산이라고 이해되어 왔다. 그러나 여촌야도 현상은 오늘날 거의 사라져 발견되고 있지 않다. 많은 사람들은 여촌야도가 소멸된 것은 근대화의 자연스러운 결과라고 주장한다. 그러나 근대화와 함께 사라지거나 약화되어야 할 지역주의투표는 오히려 보다 정도가 심화되어 가고 있다. 뿐만 아니라 아직도 유권자들은 근대화와 함께 증가되리라고 기대되었던 정당본위의 투표보다는 여전히 인물중심의 투표를 한다고 설문조사에서 응답하고 있다.[36] 그런데 1980년대 중후반 이후 1990년대 들면서 합리적 선택론을 토대로 한 연구가 활발하게 진행되어 종래의 근대화론적 인식의 틀에 도전하면서 선거정치에 대한 연구의 새로운 지평을 열어가고 있다. 그러나 근대화론은 이론적 도전에도 불구하고 경험적 증거에 의해 지지받아 왔으며, 합리적 선택론은 이론적 체계의 논리성과 간결함이라는 매력에도 불구하고 확실한 경험적 증거에 의한 확증에는 실패했다는 비판[37]을 받기도 한다. 조기숙은 합리적 선택이론의 시각에서 대표적인 한국인의 투표성향인 여촌야도, 지역주의, 인물중심 투표성향의 재해석을 시도하였으며,[38] 우리나라 유권자들의 정당본위투표의 합리성에 대해서도 논하고 있다.[39] 정책(이슈)투표에 대한 논의 가운데서 이갑윤(1990), 조기

35) 길승흠・김광웅・안병만, 한국선거론(서울: 다산출판사, 1987), pp.80-96. 참고.

36) 조기숙, "한국유권자의 정당본위투표", 한국의회발전연구회 편, 의정연구, 제1권 제1호 (1995), pp.156-157.

37) 김재한, "한국정치외교연구의 형식모형적 접근의 현황", 김웅진 편, 방법, 방법론, 한국정치학(서울: 한울, 1994).

38) 조기숙, "합리적 유권자 모델과 한국의 선거분석: 여촌야도, 지역주의, 정당 대 인물본위투표를 중심으로", 한국정치학회, 선거와 한국정치[하계학술대회논문집] (1992).

39) 조기숙, "한국유권자의 정당본위투표", 한국의회발전연구회 편, 의정연구, 제1권 제

숙(1990), 송근원(1994) 등의 연구는 합리적 선택론에 입각하여 투표행태를 분석하고 있는 전향적인 예이다. 그러나 박찬욱[40], 조기숙 등에 의해 소개되고 분석된 합리적 선택론의 이론적 배경하에서 선거행태를 설명해 보려는 일부의 연구들이 아직은 시론적인 수준에 머물러 있다[41]고 평가되기도 한다. 뿐만 아니라 선행 경험적 연구들은 각 변수가 유권자 전체의 투표선택행위에 미치는 영향을 점검하고 어떤 변수가 더 많은 설명력을 갖고 있느냐를 밝히고 그 이유에 대해 가설적인 수준의 설명을 하는 것으로 진행되어 왔다[42]고 평가되기도 한다. 한편, 유권자 개인을 분석단위로 하여 투표동기를 밝히는 방법에는 선거 전과 선거 후에 따라 크게 인지행태학적 접근방법[43]과 선거결과 예측을 위한 접근방법(모델)[44]으로 구분된다. 선행연

1호 (1995), pp.158-167.

40) 박찬욱의 14대 국회의원선거분석에 사용된 가설은 "**다른 중요한 조건에 있어서 동일하다면**, 유권자가 갖고 있는 선거관심도, 정치효능감, 정치적 신뢰도가 높을수록 투표참여의사가 강하다"로 설정하고 있다. 그는 유권자가 개인의 이익실현이라는 목적에 부합하는 합리적 선택을 내리려면 일정 수준의 선거정보가 요구된다고 보고 있다. 박찬욱, "유권자의 선거관심도, 후보인지능력과 투표참여의사: 제14대 총선전 조사결과를 중심으로", 한국정치학회, 한국정치학회보, 26집 3호 (1993), p.173.

41) 이남영, 한국의 선거 I (서울: 나남출판사, 1993), p.402.

42) 김종림·이종림, 앞의 논문, pp.167-168.

43) 선거 후의 조사는 응답자가 이미 특정인에게 투표를 했거나 아예 투표를 하지 않은 경우를 전제로 하여 왜 그와 같은 행동을 했는가를 알아보는 것이 된다. 다시 말해 투표행태의 결과에 대한 원인규명이 되는 것이다. 그러나 선거 전의 조사는 유권자의 투표의향을 묻는 것이 되고 잠재적 투표자가 왜 그와 같은 투표의향을 가지게 되는가를 설명하는 것으로 분석의 방향이 결정되는 것이다. 이와 같이 행동의 결과가 아닌 행동의 의향에 분석의 초점을 맞추는 경우가 인지적 행태접근이다. 그러나 인지적 행태접근은 인지된 세계와 실제의 세계를 연결시키는 문제를 안고 있다. 즉, 투표에 대한 의향이 그대로 투표로 반영되느냐 하는 데 의문이 제기될 수 있고, 투표의향을 설명해 주는 요인들이 곧 투표행태로 설명될 수 있느냐는 문제도 제기될 수 있다. 이와 같은 문제점이 있음에도 불구하고 선거상황을 연구하는 데에는 인지적 행태접근을 택함으로써 얻는 이득이 크다. 투표 직전 우선 선거분위기가 유권자들을 매료시킬 것이며, 여타의 문제도 투표와 관련하여 생각할 가능성이 크다. 다시 말해, 선거 전 사회가 최대한 정치화된 상황에서 유권자들의 의식과 행태를 조사할 수 있는 장점을 가지고 있기 때문이다. 선거 후에는 이와 같은 선거열기가 식어지고 누구에게 왜 투표하느냐보다는 누가 당선되느냐를 바라보는 자세로 변하게 될 가능성도 크다는 것을 간과할 수 있다. 안병만, 앞의 논문,

구 가운데 정량적 분석의 경우 대부분 인지행태적 접근방법을 사용하고 있으며 최근 들어 선거 전후의 각종 조사가 이루어지고 있다. 그러나 이러한 다양한 경험적인 접근방법들의 사용에도 불구하고 대부분의 연구가 시계열 분석[45]이 이루어지지 못한 채, 어느 한 시점에서 여론조사나 집합적인 선거결과 분석을 통한 일회적인 평면적 분석[46]이 대부분을 차지하고 있다는 비판을 면하지 못하고 있다.

(2) 선거태도

본 연구는 앞서 언급한 바와 같이 선거문화의 구성요소로서 선거에 대한 태도와 행태 및 환경적 요인에 국한하여 선행연구를 분석하고 있다.[47] 따라서 논의의 전개도 이러한 순서에 입각하고 있다. 무엇보다도 본 연구에서

---

pp.50-52.

44) 선거예측모델이라는 용어를 사용한 글은 김재한, "한국선거예측의 방법론적 모색", 한국정치학회, 한국정치학회보, 제29집 1호, (1994).의 것 외에는 별로 다루고 있지 않다.

45) 대표적인 연구들로서 윤천주, 한국정치체계(서울: 서울대학교 출판부, 1979); 길승흠·윤천주, "제10대 국회의원선거에 있어서의 시·읍 및 면민의 투표행태에 관한 조사", 문교부 학술연구논문(1980); 정철수, "투표행태의 사회심리학적 연구", 경북대학교 문리학총, 제1권(1973); 길승흠, "한국의 정치의식구조변화: 1963~1993년", 한국정치학회, 한국정치학회보, 제26집 3호(1993) 등이 있다.

46) 이러한 연구결과물로서는 김규택, "선거와 투표행태", 한국정치학회, 한국정치학회보, 제2집(1967), pp.200-218.; 이경구, "도시민의 정치의식·투표행태 분석", 성균관대학교, 성균관대 논문집, 제13권(1968), pp.175-195.; 김명희·함의영·윤형섭, "한국의 투표행태와 정치정향에 관한 연구", 연세대학교, 연세논총, 제7권(1970), pp.381-409.; 안병민, "선거인의 정치의식의 조사분석을 통한 한국적 선거풍토의 개선방안", 부산대학교, 부산대논문집, 제15권(1972), pp.353-378.; 배성동·길승흠·김종림, "한국인의 정치참여형태와 그 특성", 한국정치학회, 제1회 합동학술대회 논문집(1975), pp.316-330. 등이 있다.

47) 선행연구의 대부분은 유권자에 대한 분석에 주종을 이루고 있다. 후보자에 대한 연구는 김광웅의 "14대 총선의 승자와 패자"와 지방선거 수준에서 부산시와 경남도를 대상으로 한 이재웅, 충남도를 중심으로 한 안병만, 대구와 경북지역을 대상으로 한 조현걸·박창규의 연구 등으로 일천하다고 하겠다.

는 선거문화의 구성 변수들 즉, 인물, 정당, 정책 등이 갖는 추상성에 비추어 이들 개념들에 대한 심층적인 분석의 필요성을 인식하고 있다. 즉, 그 개념들에는 여러 하위개념들이 존재하며 이들에 의해 선거문화 변수가 재구성되어야 한다는 점에 주목하고 있다.

선거문화 선행연구의 선거태도 변수는 여러 가지가 사용되고 있다. 선거에 관한 태도 변수로는 유권자 요인, 후보자 요인 및 선거상황 요인으로 크게 분류할 수 있다. 먼저, 유권자 요인에 대해 분석결과를 논하고 유권자 요인은 인물, 정당, 정책별로 세분하여 논하고자 한다. 그리고 각 요인들은 각급 선거별로 진술되며 기본인식에 따라 근대화론과 합리적 선택론으로 나누어 분석결과를 소개하기로 한다.

가. 유권자의 사회배경변수와 선거태도 형성 간의 관계[48)]

① 주요 연구경향

종래의 선거에 대한 경험적인 연구들은 성별, 연령 또는 세대, 교육수준(또는 학력), 직업 또는 (월가구평균)소득, 계층귀속의식(계급), 도시화, 종교 등의 사회배경적 변수들[49)]이 후보자 선택결정요인이라고 지적해 왔다.

선행연구의 분석결과는 전체적인 분석 개요와 함께 개별 연구에 대한 분석결과를 병행하여 살펴보기로 한다. 유권자의 사회경제적 배경에 따른 정

---

48) 그 밖에도 대부분의 연구들이 사회배경변수를 이용하고 있다. 한편, 한국정치연구소의 투표행태 조사결과는 유권자들(부동층)의 사회경제적 배경과 정당 및 후보자 선호 간의 관계를 분석하고 있다. 투표예정정당을 결정한 자와 결정하지 못한 자의 사회배경별 변수를 비교하고 있고 투표당일과 선거일 2-3일 전에 후보를 결정한 유권자의 선택을 분석하고 있다. 이정복, "한국인의 투표행태: 제14대 총선을 중심으로", 한국정치학회, 한국정치학회보 제26집 3호(1993). pp.120-122.참고.

49) 조기숙은 경험주의자들에게 있어서 한국의 선거를 연구한다면 도시와 농촌의 투표행태를 비교하거나, 연령이나 성별에 따른 비교를 필수적으로 할 것이라고 밝히고 있다. 조기숙, "여촌야도의 합리성: 불리언(Boolean) 비교방법의 적용을 위한 시론", 한국정치학회, 한국정치학회보, 제27집 2호 (1993), p.57.

치문화의 특징을 살펴본 김선종의 연구[50]에 의하면, 전통형에 비해 개인주의형과 도덕주의형이 나이가 젊고 교육수준이 높다고 분석하고 있다. 그의 연구에 사용된 사회경제적 변수로는 유권자들의 성, 연령, 학력, 가구소득, 직업, 거주지역, 거주지역의 도시화 정도의 8가지이다. 이 가운데 연령과 교육수준의 평균치를 통해 정치문화의 특징과 관계가 있음을 분석해내고 있다. 이정복[51]은 유권자들의 사회경제적 배경과 정치적 태도와 후보자 선택 간의 관계를 분석하고 있다. 연구결과에 의하면, 연령이 유권자들의 정치적 태도와 높은 상관관계가 있음을 나타내고 있다. 연령이 높은 유권자일수록 보수적 태도를, 연령이 낮은 유권자일수록 진보적 태도를 가지는 경향이 확연하게 나타난다. 학력의 경우에는 학력이 높은 유권자들, 즉 국졸 이하의 유권자들 중에 보수의 태도를 가지고 있는 유권자들이 많다는 것이다. 직업의 경우에는 진보적이거나 아주 진보적이라는 유권자들이 자영업자, 생산기능직, 서비스직, 농업종사자, 주부들보다는 학생, 행정경영전문직, 사무직 중에 보다 많다. 나머지 배경변수들 즉, 성, 가구소득, 지역, 도시화 수준은 정치적 태도에 큰 영향이 없다고 분석하고 있다. 다만 여자보다는 남자들이 가구소득이 150만 원 이상인 층이 그 이하의 층보다 조금 더 진보적인 성향을 보인다고 분석하였다. 이승희의 연구[52]에 의하면 사회인구학적 변수가 정치적 태도와 행태(정치적 관심, 정치적 효능감, 정치적 성향, 정치참

50) 김선종, "선거문화와 정치참여", p.96. 한편, 정치참여의 양태를 정치적 자극에의 노출, 투표행위, 정치적 토론 등과 같이 제도적 제약을 받지 않는 소극적 정치참여와 비교적 제약을 받는 선거활동, 정당 또는 사회경제조직에의 가입, 집단시위 등과 같은 적극적 정치참여로 구분한 다음, 사회경제배경변수와 정치참여의 상관관계를 측정하고 있다. 분석결과에 의하면, 소극적 정치참여는 개인의 사회경제적 배경과 긍정적인 상관관계를 보이는 반면, 적극적 참여는 개인의 사회경제적 배경과의 상관관계가 대단히 미약하거나 또는 양자 간에 부정적 상관관계를 보여주고 있다고 밝히고 있다. 김선종, "선거문화와 정치참여", p.122.

51) 유권자들의 사회경제적 배경과 정치적 태도. 이정복, 앞의 논문. p.123.

52) 사회인구학적 변수가 성역할 인식에 미치는 영향은 이승희, "한국인의 정치적 태도와 행태의 성차연구". 한국정치학회, 한국정치학회보 제26집 3호(1993). pp.222-223. 을 참고할 것.

여, 투표참여, 정치적 교류 등)에 미치는 영향은 남성과 여성의 정치적 태도와 행태에 연령, 교육, 직업, 결혼, 도시화 변수가 각기 다르게 영향을 미친다고 하였다. 합리적 선택론의 입장에서 분석한 선행연구의 결과들은 다음과 같다.

이남영[53]은 14대 대선에서 인구통계학적 변수와 투표성향을 결정하는 변수 사이의 관계는 출신지역이 김영삼 지지에 영향을 미친 가장 결정적인 영향력을 행사하고 있으며, 그 다음이 연령변수라고 분석하고 있다.

안병만·김인철의 14대 대통령선거에서 선거결과에 미치는 부동층의 존재의미를 파악하기 위해 그들을 개인적 및 사회경제적 배경변수로 구분하여 구성비율을 분석하고 있다. 여기에 사용된 변수들로는 성별, 세대, 월소득, 교육, 지역, 도시화 6가지가 사용되고 있다. 사용된 6개 변수 중 세대변수와 지역변수만이 후보자 선택에 영향을 미치는 주요 변수로 판명되었다.[54] 박찬욱의 14대 대통령선거분석[55]에서는 후보자의 지지에 영향을 미친 사회배경변수로는 출신연고지역이 가장 높은 영향을 미쳤고 그 밖에도 연령별, 학력별, 직업별 분포 등의 요소의 결합에 의한 지지분포를 분석해내고 있다. 김재한은 14대 대통령선거를 분석[56]하면서 기권행태를 사회경제지표

53) 이남영, "성별이 투표에 미치는 영향-제14대 대통령선거결과를 중심으로-", 경남대학교 국제문제연구소, 한국과 국제정치, 제11권 제1호 (1995년 봄·여름호), pp.47-48.

54) 안병만·김인철, "유권자의 정치정향과 투표행태", 한국정치학회, 한국정치학회보, 제27집 2호(1993), p.109. 분석결과에 의하면, 25세 이하의 청년집단 중 49.5%가 유보하였고, 소득이 낮은 계층이 고소득층보다 지지후보를 선택하지 못하고 있는 경향이 높았다. 학력이 낮거나 도시화가 덜 진척된 지역주민에 비해 학력이 높고 대도시지역에 사는 주민들이 지지할 후보자의 선택을 미루는 경향이 나타났다. 지역별로는 호남주민보다 영남주민의 부동층이 높게 나타나고 있다. p.107.

55) 박찬욱, "14대 대선의 승인과 패인: 실증조사결과를 중심으로", 고려대학교 노동문제연구소, 노동문제논집, 제10집(1993. 9.), pp.223-224.

56) 김재한, "투표참여의 합목적성-14대 대선에서의 기권행태를 중심으로-", 경남대학교 극동문제연구소, 한국과 국제정치, 제9권 제1호 (1993년 봄·여름호), p.97. 주요 분석결과로는 다음과 같다. 먼저, 연령의 경우, 청년층에게 시민적 의무감은 작은 반면, 장·노년층에게는 그 값이 상대적으로 크다고 볼 수 있다. 이는 한국에서의 여러 사회조사자료에서 확인되고 있는 것이다. 연령은 정치적 관심과도 관계

(성별, 연령, 교육수준, 소득수준, 도시화 정도 등)를 통해 분석하고 있다. 미국의 경우 고학력층보다 저학력층이, 고소득층보다 저소득층이 투표에 덜 참여적인 데 반해, 한국적 상황에서 연령을 제외한 교육수준, 소득수준, 성별, 도시화 등은 합목적성 틀로써 투표참여가 설명될 수 없다는 분석을 하고 있다.

김덕주는 13대 대통령선거에서의 정치의식과 투표행태 분석[57]에서 종래의 투표행태를 참고하여 일반적인 사회배경적인 요소들을 분석변수로 선정하여도 무방하다고 보고 성별, 연령, 도시화, 학력, 직업, 소득, 사회계층, 종교 등의 변수를 사용하고 있다. 교차분석결과에 의하면, 정치의식을 구성하는 정치관심도는 성별, 학력별, 성장지 규모별로 유의적인 결과를 얻고 있다. 한편, 정당가입여부는 성별, 학력, 사회계층의 변수와 유의적인 관계에 있다고 분석하고 있다. 안병민의 12대 국회의원선거연구[58]에서는 성별, 학력별, 연령별 변수를 사용하여 투표의사결정요인을 들고 있다. 정진민[59]은 세대요인의 영향력은 지역주의 요인과 비교한다면 약한 것이지만, 도시화 요인보다는 훨씬 높은 지지율을 보여주고 있다고 주장한다.

차종천의 13대 대통령선거기간 중 실시한 여론조사자료[60]에는 유권자의

가 있다고 볼 수 있다. 즉, 청년층에 비해 노년층은 사회적 참여 기회가 줄기 때문에 정치적 관심은 오히려 증가한다는 등의 연구결과를 내고 있다. 직업과 지지호소 여부도 동원이 되는 데에서 오는 이득의 증가와 비용의 감소로 설명할 수 있다. 즉, 비전문직은 전문직에 비해 시민적 의무감이 크거나 아니면 투표하러 가는 비용을 상대적으로 덜 느낄 수 있다. 또 지지호소를 받은 유권자가 지지호소를 받지 않은 유권자에 비해 선거결과에 관계없이 투표참여에서 오는 이득은 크다. 회고적 투표행위도 마찬가지다. 현 정부가 매우 잘하고 있다거나 매우 못하고 있다고 느끼는 유권자들은 그렇지 않은 유권자들보다 상대적으로 선거결과에 더 민감하기 때문에 투표함으로써 더 큰 효용을 느낀다. 따라서 투표할 가능성은 더 크다.

57) 김덕주, "역대 대통령선거의 투표행태와 정치의식 분석-13대 대통령선거의 지역대립적 투표행태 성향 분석을 중심으로-", 경희대학교 대학원, 고황논집, 제5집(1989), pp.62-68.

58) 안병민, "선거인의 정치의식 분석-제12대 총선을 중심으로-", 부산대학교 사회조사연구소, 사회조사연구, 제4권, 제1호 (1985), pp.40-41.

59) 정진민, "한국사회의 세대문제와 선거", 이남영 편, 한국의 선거Ⅰ(서울: 나남출판사, 1993).

대통령 후보지지에 영향을 미치는 요인을 거주지, 교육, 연령으로 나누어 분석되고 있다. 그 분석결과를 보면 지역, 연령, 교육이 모두 유의미한 영향을 미쳤다고 보고 있다.

염미경의 지방의회선거에서 여성후보자의 선거과정에 대한 연구[61]에서는 지역(또는 정당) 변수와 성 변수의 관계에 주목하여 여성후보자의 선거과정을 분석하고 있다. 신진의 6·27 지방선거의 부동층 연구[62]에서도 사회배경변수들이 사용되고 있다. 성별, 연령별, 학력별, 직업별, 소득별 변수들을 사용하고 있다. 이 가운데 40대 유권자층이 정치적 관심과 참여의식이 가장 높다고 분석하고 있다. 가장 사회적으로 기반이 잡힌 안정된 세대로서 어느 정도의 여유가 있으면서도 이들 40대 유권자층은 사회적으로 가장 왕성한 사회활동을 영위하고 있는 계층이라고 설명하고 있다.

조문부 등의 공동연구[63]에서는 제주지역 주민의 선거자세와 투표행태를 연구함에 있어서 성, 연령, 지역, 직업, 학력, 월수입 등의 변수가 사용되고 있다.

㉠ 성별 차이

선거에 관한 여러 연구들은 성별의 차이에 대해, 여성은 남성에 비해 정치적인 문제에 대해 관심이 적고, 덜 적극적이다. 여성들이 선거와 같은 정치문제에는 단지 피동적으로 접근한다. 여성은 남성보다 선거과정 전반에 걸쳐서 참여의 정도가 낮을 뿐 아니라 획득하는 정보의 양과 질에 있어서도 남성에 비해 상대적으로 뒤떨어진다는 것이다.[64] 이승희의 주장에 의하면

60) 차종천, "지역주의적 선거와 유권자: 제13대 대통령선거 후보지지에 대한 로짓분석", 한국사회학회 편, 한국사회학, 제22집 (1988), pp.143-160.

61) 염미경, "지방의회선거에서 여성후보자의 선거과정", 전남대학교 사회과학연구소, 현대사회과학연구, 제7권 (1996. 12).

62) 신진, "부동층의 투표행태분석-1995. 6. 27지방선거에서 충남도지사 선거를 중심으로-", 한국정치학회, 한국정치학회보, 30집 1호(1996), pp.188-191.

63) 조문부·양영철·김성준, "지방자치를 위한 선거행태에 관한 조사연구-제주도를 중심으로-", 제주대학교, 논문집(인문·사회과학편), 제30집 (1990.6.), p.311.

우리나라의 경우도 선거행태 연구가 시작된 1960년대에서부터 1980년대에 이르기까지 여성의 정치의식은 남성보다 뒤떨어지는 것이 이 분야 연구의 일반적인 결론이라고 소개하고 있다.[65] 또한 그의 연구에 의하면 정치현실에서 여성의 피선거권은 유명무실한 것이며 선거권조차도 남성과 비교한 여성의 낮은 투표율이 보여주듯 남성과 동등하게 행사되고 있지 못하다고 보고 정치적 태도(정치적 관심, 정치적 효능감, 정치적 성향, 여성정치참여)나 행태(정치적 행태의 성차: 투표참가, 선거참가, 지역정치활동, 정치적 교류의 측면)에 관한 성차연구들은 여성의 정치적 태도를 일반화할 수 있다고 주장한다.[66]

이남영의 1974년에서 1984년 10년 동안 한국인의 민주적 태도의 변화에 관한 연구[67]에서는 산업화되면서 한국인의 정치적 태도는 민주적으로 변화되어 왔으나 "성별의 차이가 민주의식에 미치는 영향력은 지난 10년 동안 오히려 증대되어 왔음"을 지적하고 있다. 즉, 남성의 태도는 민주적으로 발전해 왔으나 여성은 산업화에도 불구하고 남성보다 민주적 태도로의 발전이 더디다는 것이다.

신도철・민병원의 연구[68]에서는 1990년대에도 선거행태에 여전히 성차에 대한 분석에 관심을 기울이지 않지만 성차가 분석된 경우 "같은 연령층에서 같은 교육수준에서는 남자가 여자보다 언제나 정치적으로 더 성숙하며 성별에 의한 성숙도의 차이는 연령에 관계없이 대졸자 중에서 가장 적게 나

64) 송선희, "여성의 정치참여 형태에 대한 한국과 외국의 비교고찰", 여성연구, 통권 12호 (1986); 한국여성유권자연맹, 한국유권자의 정치적 태도와 행태의 남녀비교연구(서울: 한국여성유권자연맹, 1993).

65) 이승희, "한국인의 정치적 태도와 행태의 성차연구". 한국정치학회, 한국정치학회보 제26집 3호(1993), p.197.

66) 1) 여성의 정치적 행위는 남성에게 지배된다. 2) 여성은 보수적이다. 3) 여성은 정치를 개인화한다. 4) 여성은 도덕적이다. 5) 여성은 비정치적이다. 이승희, 위의 논문, p.196.

67) 이남영, "산업화와 정치문화: 민주의식 변화를 중심으로-1074년과 1984년의 비교분석", 한국정치학회, 한국정치학회보, 제19집(1985).

68) 이승희, 앞의 논문, p.197. 참고.

타난다"고 지적하고 있다. 여성의 정치의식은 여전히 남성보다 뒤떨어지고 있으나 교육수준이 높은 층에서 성차가 가장 적게 발견된다고 주장한다. 백영옥의 '여성후보에 대한 유권자들의 태도에 관한 연구'[69]에서는 여성후보에 대한 여성유권자의 태도가 남성보다 덜 배타적이며 여성들의 문제에 대한 인식은 높으나 집단으로 단결하여 사회개혁을 이룩하려는 여성 집단의식은 약하다는 점을 지적하였다. 그리고 여성들의 집단의식의 발달을 저해하는 제도적·구조적 요인도 여성후보자가 정치권으로 진입하지 못하는 중요한 장애 중의 하나로 보고 있다. 그러나 주준희의 연구[70]는 기존의 연구결과와 달리 여성들이 남성보다 정치적 관심이 높으며 서구의 경우와 같이 여성문제에 대한 남녀간에 인식의 성차가 나타나고 있어 우리도 정치의식의 새로운 성차현상이 발견된다고 보고 있다. 그는 일반화에는 한계가 있지만 여성은 정치의식이 낙후되어 있는 하나의 단일집단이 아니며, 도시의 고학력의 젊은 여성들의 정치의식은 아주 높으며 특히 여성문제에 대한 인식은 남성을 능가한다는 발견은 의미 있는 것이다. 정치적 태도와 행태에서의 성차를 설명하는 현재까지의 연구들을 검토해 보면 성차가 사회적 변수의 영향을 강하게 받는다는 것을 감증(減增)하는 단계에서 한 걸음 더 나아가 동일한 연령, 교육, 소득, 직업, 도시화 수준에서도 나타나는 성차라든가 1980년대에 나타나고 있는 새로운 성차에 주목하면서 이에 대한 설명을 성역할 변수로 설명하고 있다. 여성의 영역을 가정으로 규정하는 성역할과 여성의 정치적 행태는 강한 상관관계를 갖기 때문에 여성의 정치적 태도의 변화는 성역할의 변화와 맞물려 있다[71]

69) 백영옥, "여성후보자에 대한 유권자의 태도", 여성과 정치(한국여성정치문화연구소, 1992).
70) 주준희, "한국에서의 정치의식", 한국여성정치문화연구소, 제4회국제학술세미나(1992) 자료 참고.
71) 사회인구학적 변수가 성역할 인식에 미치는 영향은 이승희, "한국인의 정치적 태도와 행태의 성차연구". 한국정치학회, 한국정치학회보 제26집 3호(1993). pp.222-223. 을 참고할 것.

㉡ 세대차

정치세대에 대한 정의는 린탈라(M. Rintala)에 의하면, 가치관의 형성시기(formative period, 성년초기)에 동일한 역사적 경험을 하고 그러한 역사적 경험에 기초하여 뚜렷이 구별될 수 있는 정치관을 갖고 있는 연령집단(age cohort)으로 정의되고 있다.[72] 정치세대에 대한 관심은 주로 만하임 등(Mannheim, Ryder, Rintala, Keniston, 그리고 Lambert)의 이론적 업적에 기초하고 있다.[73] 세대이론가들은 각 세대가 상이한 상황하에서 성장하게 되는, 빠른 속도로 변화하는 사회에서 그렇지 못한 사회보다 세대 간의 균열이 심화되어 세대요인이 보다 강력한 영향을 미칠 수 있다고 보았다. 이런 입장에서 청년기가 서로 다른 20, 30, 40, 50대 등의 단순한 연령 구분은 그다지 큰 의미가 없으며 특히 투표행태에 대한 세대요인을 검토하는 데 있어 전후세대에 보다 주목할 필요가 있다고 주장한다. 정진민은 세대와 기권 사이의 관계는 연령과 기권 사이의 관계(이남영과 박찬욱의 연구결과)[74]를 구분할 필요가 있는데, 이남영과 박찬욱의 연령과 기권 간의 선형 또는 곡선형 관계에 관한 논의는 주로 연령주기효과와 관련되는 데 반해 여기에서는 정치행태에 대한 세대효과를 말하고 있기 때문

---

72) Marvin Rintala, "Political Generations," *International Encyclopedia of the Social Sciences*, Ⅳ (1968), pp.92-96.

73) 만하임(Mannheim)의 이론에 의거한 논자의 세대 간의 분류는 다음과 같다. 17세에서 25세 사이의 형성기 동안의 역사적 경험의 차이에 근거하여 전후세대를 1950년에서 1961년 사이에 태어난 '민주세대'와 1962년 이후에 출생한 '신세대'로 구분하였다. 두 세대는 권위주의정권으로부터 민주화 선언을 이끌었던 1987년에 그가 형성기에 있었는가의 여부에 의하여 구분하였다. 1962년에 출생한 이들은 1987년 현재 형성기의 마지막 시기인 25세의 나이에 있었다. 1962년 이전에 출생한 민주세대는 당시 이미 형성기를 거쳤는 데 반하여 신세대는 아직 형성기에 있거나 또는 그 후 형성기를 거치게 되는 자들로 구성하여 분석하였다. 정진민, "한국선거에서의 세대요인", 한국정치학회, 한국정치학회보 제26집 3호(1993). pp.153-166.을 참고할 것.

74) 이남영, "투표참여와 기권: 14대 국회의원선거분석", 한국정치학회, 선거와 한국정치〔하계학술대회 발표논문집〕(1992); 박찬욱, "유권자의 선거관심도, 후보인지능력과 투표참여의사", 한국정치학회, 한국정치학회보, 26집 3호(1993).

이라고 분석하고 있다. 아울러 정진민의 연구에서는 세대효과가 더욱 중요하다고 보고 있지만 연령주기효과가 작용하지 않는다는 것은 아니라고 설명하고 있다.[75)]

그밖에도 이남영, 김영문·정준표·박형의 연구[76)]들에서도 지방선거에서 세대차가 발견된다는 결론을 얻고 있다.

㉢ 학력(교육수준)

선거에 영향을 미치는 요인으로서 학력 또는 교육수준 변수만에 의해 다루어진 연구는 발견되지 않고 있다. 앞서 보는 바와 같이 다른 변수들과에 함께 다루어지고 있다. 그러나 학력 또는 교육수준 변수가 미치는 영향은 결코 적다고 할 수 없다. 서구사회 특히 미국에서는 교육수준이 정치적 세련 도를 대리해 주는 변수로 많이 이용되어 왔다. 미국의 경우 교육수준이 높을수록 정치를 이해하는 데 어려움이 없고 투표정보를 획득하기 위한 비용도 덜 든다. 그리고 저소득층은 생계유지에 급급하기 때문에 투표행위가 고소득층에 비해 큰 부담으로 느껴질 수도 있다. 따라서 미국의 경우는 고학력

75) 정진민의 연구에 의하면, 한국유권자들의 결정에 영향을 주는 핵심요소로서 일반 대중들의 태도가 세대별로 현격한 차이를 보여주고 있으며, 오늘날 한국선거정치를 논하는 데 있어 세대요인은 지역주의 다음의 중요한 위치를 점하고 있다고 주장한다. 정진민은 한국전쟁 이후 한국사회는 투표행태를 포함한 정치행태를 설명하는 데 있어 세대요인이 높은 설명력을 가질 수 있는 조건들이 충족되어 있다고 보고 1980년대 말의 주요한 선거들에서 나타난 투표행태에 관한 분석에서 세대별로 뚜렷하게 구별되는 차이가 있다고 주장한다. 그는 성년초기의 역사적 경험을 중시하는 세대이론의 입장에서 볼 때 일정한 간격(5년 또는 10년단위)으로 균일하게 세대를 구획하는 것은 이론적 의미가 별로 없다고 보고 17세부터 25세까지의 성년초기에 겪게 되는 상이한 역할적 경험에 기초하여 1950년대 이전에 출생한 전전세대, 1950년에서 1961년 사이에 태어난 민주세대, 1962년 이후에 출생한 신세대로 구분하고 각 세대별로 정치적 정향의 특징을 갖는다고 분석한다. 정진민, "한국선거에서의 세대요인", 한국정치학회, 한국정치학회보, 26집 1호(1992)와 "정치세대와 14대 국회의원선거", 한국정치학회, 한국정치학회보, 28집 1호(1994). 참고.

76) 지역주의와 세대의 중요성을 분석하고 있다. 김영문·정준표·박형, "한국정치문화와 세대-대구·경북주민을 중심으로-", 대구경북정치학회, 대구경북정치학회보, 제6집 제1권(1998), pp.23-64.

층보다 저학력층이, 고소득층보다 저소득층이 투표에 덜 참여적이다.[77]

그러나 한국사회에서는 교육이라는 변수가 정치적 냉소주의, 정치 불신, 때로는 정치소외 등의 개념과 상호 작용하는 것으로 판명되어 왔다.

㉣ 직업, 계급 또는 계층(소득차)

선행연구들 가운데 이정복의 연구[78]에 의하면, 가구소득이 구미에서는 투표행태를 설명하는 중요한 변수이나 우리나라에서는 그렇지 못하다고 밝히고 그 이유로 첫째, 지역변수의 높은 영향력 때문이고, 둘째로 우리의 주요 정당들이 보수정당들이기 때문에 유권자들이 소득수준에 따른 투표행태를 나타내고 있지 않으며, 셋째로 한국선거에 있어서 관권, 금권의 동원력도 소득수준의 독자적 영향을 제거하는 요인 중의 하나라 밝히고 있다. 정영태의 14대 대통령선거분석[79]에서도 계급투표(class voting)성향이 지역투표성향을 완화시킨 것이라고 분석하고 있다. 그러나 박찬욱은 이에 맞서 직업과 후보자 선택 간의 교차분석[80]을 통해 반박하고 있다. 그의 분석에 의하면, 구 중간계급에는 상점주인, 음식점・여관・세탁소 등의 주인, 가내수공업자 등 소규모 자영업자로 구분하고, 의사・변호사・고급엔지니어 등 전문인, 고급공무원, 기업체의 임직원 및 간부, 중소기업 사장 등 중산층의 상부로 구분하고 있다. 직업 요인이 안정 지향적 투표성향과 김영삼 후보의 승리 간의 관계에 영향을 미쳤다는 것이다. 정진민의 분석[81]에서는 종속변수로 여당에 대한 지지, 야당에 대한 지지, 기권을 두었고, 독립변수로 계급(논자는 전문, 경영, 행정, 자영업, 숙련사무직에 종사하는 중간계급과 단순사무직, 생산직, 판매직에 종사하는 사람들을 노동계급으로 각각 구

77) 김재한, "투표참여의 합목적성-14대 대선에서의 기권행태를 중심으로-", p.97.
78) 이정복, "한국인의 투표행태: 제14대 총선을 중심으로", pp.118-119.
79) 정영태, "계급별 투표행태를 통해 본 14대 대선", 경제와 사회, 17(1993). 참고.
80) 박찬욱, "14대 대선의 승인과 패인: 실증조사결과를 중심으로", p.221.
81) 정진민, "정치세대와 14대 국회의원선거", 한국정치학회, 한국정치학회보 제28집 1호(1994). p.261.

분하였다), 성, 교육수준, 지역, 도시화, 세대를 각각 설정하고 있다. 이 가운데 계급은 한국사회 내에 존재하는 계급 간의 갈등을 고려하여 특히 향후의 한국정치구조가, 특히 정당체계가 어떻게 발전되느냐에 따라 중요한 영향을 줄 수 있는, 충분한 잠재력을 보여주고 있다고 지적하고 있다.

한편, 직업과 계급 또는 계층과의 관계는 매우 높은 관계를 가지고 있는 것으로 유추해 볼 수 있다. 실제로 직업과 계층 귀속의식 간에는 유권자들을 대상으로 한 본 연구자의 설문면접조사결과에서도 높은 상관관계를 보여주고 있기 때문이다.

㉤ 지역연고 변수

유권자의 지역성이란 "지역을 단위로 한 집단적 이익표출 및 후보자에 대한 문화심리적 일체감"을 의미한다.[82] 지역연고를 배경으로 한 연구들에서 사용된 용어들은 지역주의, 지역감정, 지역정서 등이다. 지역감정은 지역 간의 집단적 갈등으로서 지역사회 내적으로는 지역의식을 고취시켜 단결심과 자긍심을 고양하는 긍정적 측면도 있지만 국가적으로는 사회안정과 발전에 장애물이 된다고 평가되고 있다.[83]

이러한 지역성은 최근 한국의 선거에서 지배적 경향을 보여 온 지역패권정당구조에 대한 지적과 무관하지 않다는 것이 학계의 일반적인 연구결과이다.

이상휘의 연구[84]에서는 지역감정이 한 개인이 가지고 있는 특정 지역인

82) 이러한 견해로는 박찬욱, "제14대 국회의원총선거에서의 정당지지분석"; 조연수, "합리적 유권자모델과 한국의 선거분석", 한국정치학회, 선거와 한국정치〔한국정치학회 하계학술대회논문집〕 (1992) 등이 있다.

83) 이상휘, "14대 대선에서 지역감정이 투표행위에 미친 영향: 전북지역 유권자를 중심으로", 한국정치학회, 한국정치학회보, 27집 1호 (1993), p.209.

84) 이상휘는 지역감정이 투표행위에 미친 영향을 연구하면서 성, 연령, 학력, 월가구평균소득, 직업, 출생지, 가구소유형태별 사회배경변수를 사용하였지만 이 요인들은 상관적 의미를 갖지 못하고 각기 독립적으로 나타났으며, 이는 지역감정이 투표에 있어서 결정적으로 작용하고 있다고 분석하고 있다. 이 연구에서는 13대 대선과 비교하여 14대 대선에서 지역감정이 투표행위에 미친 영향에 대해 이전보다 더 많았다(33.4%), 이전과 같은 정도였다(36.7%), 이전보다 덜 했다(27.1%)

에 대한 배타적 감정의 단순한 합이 아니라 이것이 여론화, 집단화하는 과정에서 상승적으로 작용하여 증폭된다는 데 문제가 있으며, 평소에는 감정이 행동으로 표출되지 않고 잠재하여 있다가 양보할 수 없는 제로섬 게임적 이해관계가 상충될 때 집단화되는 특성이 있다. 민주사회는 선거제도를 통하여 국민들의 구체적인 이해관계를 표현하고 또한 사회갈등을 해결하도록 하는 것이 관행으로 되어 있기 때문에 지역감정은 선거과정을 통하여 극명하게 드러나게 된다고 본다. 그는 지역감정의 원인을 영호남 간에 경제적 격차(지역개발의 불균형)나 인사상의 차별(특히 5공의 불평등 인사정책), 그리고 1980년의 광주민주화 운동은 지역감정을 더욱 악화시켰다[85]고 분

의 비율을 보인다고 분석하여 지역감정이 여전히 투표행위에 미친 영향이 컸음을 경험적으로 입증하고 있다. 이상휘, 위의 논문, pp.219-220, p.233, p.239.

85) 박찬욱의 14대 대통령선거분석에서는 객관적 조건으로 작용하는 내면하는 지역주의가 선거의 승패요인으로 작용하였다고 분석하고 있다. 한국의 대통령선거에서 유권자가 자기 지역출신의 후보를 지지하게 되는 '지역투표'(regional voting)성향은 과거에도 5대의 남북현상이나 7대의 동서현상으로 나타난 바 있었는데 13대 대선 이후에는 국민통합을 심각하게 저해할 정도로 구조화된 지역투표현상이 표출되고 있다.〔정영태의 연구도 같은 입장에 있다.〕 국회의원선거에서까지 특정 정당이 그 영축의 출신연고지에서 집중적인 지지를 받는 현상이 부각된다. 이것은 물론 1961년의 군사쿠데타 이후 영남출신 최고지도자가 장기집권하고 1980년대 다시 영남출신 신군부지도자가 국가를 통치하면서 인사정책이 지역적으로 편중되었고, 개발정책이 지역적으로 불균형하게 집행되었으며, 정치적 지지동원에 있어서도 지역요인이 전략적으로 이용된 데에서 연유한다고 주장하였다. 〔박찬욱, "14대 대선의 승인과 패인: 실증조사결과를 중심으로", 고려대학교 노동문제연구소, 노동문제논집, 제10집 (1993. 9.), p.218.〕; 이상휘는 지역감정의 발생요인을 분석하면서, 지역불균형 개발(40.6%), 정치가들의 선동과 정략적 이용(22.6%), 인사정책에 있어서의 지역적 편파성(19.7%) 등이 가장 높은 빈도율을 보이고 있다고 분석하고 있다.〔이상휘, "14대 대선에서 지역감정이 투표행위에 미친 영향: 전북지역 유권자를 중심으로", 한국정치학회, 한국정치학회보, 27집 1호 (1993), p.214., p.223.〕; 이상휘의 연구에서 우리나라 정당들이 정책이나 이념에서 큰 차이가 없기 때문에 정당은 지역적 지지기반에 의존할 수밖에 없다는 의견에 대해 정말 그렇다고 본다(17.3%), 그렇다고 본다(39.7%)로 찬성을 보인 응답자는 57%였으며, 그렇지 않다고 반대의견을 보인 응답자는 38.8%였다. 그러면서도 민주당 김대중 후보가 지니고 있는 역량을 높이 평가한 나머지 그를 지지했던 것으로 보고 있다. 이는 미약한 근거이기는 하지만 타 지역에서 출생하여 현재 전북에 살고 있는 유권자들의 투표행위에서도 읽을 수 있다고 설명하고 있다.〔이상휘, 위의 논문, p.237, p.243.〕

석한다. 지역주의 선거에 대한 논의들은 근대화론에 입각한 견해와 합리적 선택론에 의한 견해로 대별된다. 근대화론에 입각한 행태 주의적 입장에서 바라본 지역주의적 투표성향은 정당 등의 정치제도가 미비하여 투표결정의 기준이 되어주지 못하고 대신 전근대적 비합리적이며 감정적인 지역적 요소가 기준이 되기 때문이라고 설명한다. 근대화론에 입각한 행태 주의적 접근은 이와 같이 단순한 지리적 근린성에 기인하는 원초적 동향성이 서서히 지역에 관계된 제반 사회경제적 여건 변화에 관심을 가지는 투표성향으로 바뀔 것이라고 가정한다. 즉, 근대화되고 선진화될수록 원초적 본능에서 합리성으로 순화된 본능으로 바뀔 것이라는 가정에 입각하고 있다. 그러나 동향효과 즉, 같은 지역출신이라는 감정적 선호도가 다른 요인을 압도하여 유권자들로 하여금 표를 몰아주는 이와 같은 투표행태는 후진국에서뿐만 아니라 선진국에서도 발견된다. 한편, 조기숙은 지역주의의 핵심은 정당이라기보다는 정당 당수에 있다고 본다. 따라서 선거과정에서 합리적 수단의 일환으로서 인물의 중요성을 파악한 것으로 보고 있다. 지역주의가 등장하게 된 이유부터가 대통령이라는 일개인의 지역적 연고에 따른 지역차별정책에서 비롯된 것으로 본다. 따라서 동향의 후보자를 대통령으로 당선시키는 것이 지역발전의 지름길이라는 합목적적인 계산을 할 이유가 충분히 있다는 것이다. 게다가 동향의 대통령 후보자들이 정당을 조직하고 지역적 호소를 할 때 지역의 발전을 바라는 유권자들이 이를 외면할 이유는 없는 것이다.[86] 그리고 김재한도 지역연고와 같은 비경제적 요소도 미래의 이해관계의 측면으로 볼 수 있기 때문에 한국유권자들은 그만큼 비근시안적 존재로 볼 수 있다[87]고 하였다. 그러나 강명구는 합리적 선택모델도 유권자가 특정후보에게 표를 던질 수밖에 없는 구조적 제약요건을 단지 주어진 것으로 받아들임으로 인해서 편견의 동원 현상을 설명함에 많은 제약점이 있다고 분석한

86) 조기숙, "한국유권자의 정당본위투표", p.166.
87) 김재한, "제14대 대선과 한국경제", 한국정치학회, 한국정치학회보, 27집 1호 (1993), p.116.

다. 그리고 합리성의 범주에 강제된 합리성의 개념이 개입됨으로써 혼란을 초래할 수 있다는 점을 지적하고 있다. 그는 유권자의 합리성에 대한 지나친 기대감에 젖어 있다고 비판한다.[88)]

신광영은 한국사회에서 진행된 자본주의적 산업화는 계급에 기초한 사회적 균열과 지역에 기초한 사회적 균열을 초래하였는데 계급에 기초한 사회적 균열이 있더라도 계급이해가 정치로 표출될 수 없는 정당구조 속에서 계급에 기초한 투표행위가 불가능하였다고 주장한다. 권위주의적 정권에 의해 억압되어 표출되지 않고 균열의 정도로만 존재해 오다가 지역갈등에서 분출구를 찾게 되었다고 분석한다.[89)]

그 밖에도 권혁남의 주장에서처럼 우리나라의 선거는 주로 잦은 정치변혁으로 인한 극심한 정당의 부침과 권위주의적인 정치문화 요인의 작용에 의

---

88) 강명구는 14대 대선의 중요 특징으로 많은 논자들에 의해 지적된 현상은 지역주의와 보수주의로 보고 있다. 그는 선행연구에서 보여지는 지역감정에 대한 논의는 스테레오타입적 주장들로 충만하다고 전제하고 다음과 같이 평가하고 있다. 근대화론적 시각을 밑바탕에 깐 대부분의 논의들은 선거결과로 나타난 정치적 수준의 지역간 갈등을 빨리 없애야 하지만 과도기적으로 잔존하는 망국병으로 치부하고 있으며, 이에 반하여 1980년대 중반 이후부터 활발하게 논의되어 온 진보적 시각의 지역갈등 해석도 선거적 측면에 그대로 적용하기에는 지나치게 추상적이고 이론적으로도 정교하지 못하다. 급부상하고 있는 합리적 선택론의 시각은 적어도 선거적 측면에서 상당한 정도의 설득력 있는 설명들을 제시해 주고 있지만 한국사회가 처한 보다 근본적이고 구조적 측면에 대한 거시적 이해가 부족하다고 지적하고 있다. 강명구, "선거와 지역갈등-구조화 과정과 지역적 시민사회-", 한국정치학회, 한국정치학회보, 27집 2호 (1993), p.78., pp.91-92.

89) 신광영, "투표행위와 지역주의", 한국사회학회 편, 한국의 지역주의와 지역갈등(서울: 성원사, 1990), pp.335-352. 그 밖에도 강명구의 연구에서는 우리의 정당이 지지기반이 지역적으로 편중되어 있음을 이용하여 지역적 시민사회를 정치적으로 동원하여 교묘하게 전략적으로 이용한 감이 있다. 우리나라와 같이 투표행태의 균열이 계급이 아니라 지역에 근거할 때 정당은 지역적 균열을 최대한 이용하는 전략에 입각하여 지역적 시민사회를 선동하고 동원된 것으로 본다.〔강명구, "선거와 지역갈등-구조화 과정과 지역적 시민사회-", 한국정치학회, 한국정치학회보, 27집 2호 (1993), p.96.〕 한편, 김만흠은 한국사회의 지역균열이 지역 간 편견, 구조적 불평등, 정치권력 및 정치과정의 성격, 이에 기초한 정치동원하 등 여러 가지 요인이 복합적으로 작용한 결과라고 주장하고 있다.〔김만흠, "한국의 정치적 균열에 관한 연구", 서울대학교 대학원, 박사학위논문(1991).〕

한 출신지역이라는 후보의 개인적 속성 중심의 투표행태를 보이고 있다고 주장된다.[90] 김형국은 13대 대선 결과에 나타난 대통령 후보자의 연고지역 및 출신연고와 후보의 유효 득표율이 밀접한 상관관계가 있다고 분석하였다. 그는 출생지와 5년 전 거주지로 구분한 연고지역 연구결과를 내놓고 있다.[91] 이갑윤과 박찬욱의 연구[92]에서도 도시화 변수와 더불어 한국선거정치에 지대한 영향을 주고 있는 변수는 주지하다시피 지역주의이라고 결론짓고 있다. 지역주의는 정치적 이해관계 없이 동향사람을 지지하는 감정적이고 전근대적인 행위로 간주되어 왔으나 조기숙의 주장[93]에서처럼 감상적이고 계산적인 면이 혼합되어 있다고 본다. 감상적 지역주의는 어느 사회에서나 나타날 수 있는 일시적인 현상이고, 새로운 쟁점의 등장이나 정당의 전략에 의해 곧 사라질 것이므로 심각하게 문제삼을 필요가 없으나 지역개발 격차 등의 정치경제적인 계산에서 비롯된 지역주의는 근본적인 문제가 해결되지 않는 한, 지속되고 구조화될 것으로 보고 있어서 앞으로도 후보자 선택결정요인으로 작용할 것으로 전망되고 있다.

ⓑ 도시화

한국사회는 1960년대와 1970년대 초에 치러졌던 주요 선거들에서 도시화 변수는 윤천주 등의 연구에서처럼 높은 설명력을 보여주고 있다.[94]

그밖에도 전국 규모의 설문자료를 통하여 유권자 개인적 차원에서 투표참여의 결정요인을 규명하는 데 초점을 둔 연구는 이남영(1992), 박찬욱(1993),

---

90) 권혁남, "유권자의 투표결정요인에 관한 연구", p.202.

91) 김형국, "제13대 대통령선거의 투표행태에 대한 지정학적 연구", 김광웅 편, 한국의 선거정치학(서울: 나남출판사, 1990), pp.207-232.

92) 이갑윤, "투표행태와 민주화", 김광웅 편, 한국의 선거정치학(서울: 나남출판사, 1990); 박찬욱, "선거과정과 대의정치", 김광웅 편, 한국의 선거정치학(서울: 나남출판사, 1990).

93) 조기숙, "한국유권자의 정당본위투표", p.162.

94) 대표적으로 윤천주, 투표참여와 정치발전(서울: 서울대학교 출판부, 1989); Jae-on Kim and B. C. Kho, "Election Behavior and Social Development in South Korea," *Journal of Politics* 34(August, 1972), pp.845-854.

정진민(1994), 황아란(1995) 등의 연구가 있다. 투표참여에 대한 이러한 미시적인 접근은 도·농 간의 투표행태를 비교하고 유권자의 투표참여를 결정짓는 요인으로 분석되고 있다. 나아가서 도시화 수준은 비교의 객관적 지표가 될 수 있어야 한다고 주장한다.[95]

근대화 이론에서 본 여촌야도의 원인은 농촌민의 전근대적이고 전통적인 투표행태에서 찾고 있다. 그러나 합리적 선택이론은 농촌민도 정치적 결과를 인식하고 그에 부합하는 수단으로서 투표를 했을 것이라는 합목적성을 전제로 하고 있다.[96]

행태 주의 접근에 있어 기본되는 가정은 근대화론에서 이야기하는 확산모델에 근거하고 있다. 즉 베버가 말하는 전통적 지배에서 합법적 지배로 정치구조가 바뀌면서 시민들의 가치관도 전통적인 것으로부터 합리적인 것으로 변하게 되고 이는 투표행위라는 정치행위로 연결된다는 사고이다. 이러한 가치체계의 확산을 도시화 및 산업화라는 사회구조의 공간적 변화와도 무관하지 않아 산업화가 되고 도시화가 진척될수록 전통적 가치관에서 근대적 가치관으로 바뀌고 투표행태도 관권동원에 쉽게 순응하는 준봉투표에서 정치에 대한 자발적 관심과 개인적 의견 판단에 따라 투표하는 관심투표로 바뀌게 된다고 주장한다. 유권자가 선거의 정치적 결과에 대한 인식을 가지고 투표한다는 대전제하에서 합리적 선택론자들은 근대화적 시각을 서구편향적 사고라고 비판하고 있다. 조기숙의 연구는 여촌야도 및 지역주의투표 성향을 설명하고 있다. 첫째, 여촌야도의 경우, 정권교체의 의미가 별로 없는 한국의 선거에서 야당의 민주화 공약보다는 여당의 지역개발 공약이 더욱 효과적이었으며, 실제로 지역개발 공약의 실천여부가 확인되지 않았더라도 가능성을 인지하는 한 여촌야도는 합리적 선택이라는 것이다. 둘째, 정

95) 황아란, “선거구 특성이 투표율에 미치는 영향: 제15대 국회의원선거분석”, 한국정치학회, 한국정치학회보, 30집 4호(1996), pp.286-287.

96) 조기숙, “여촌야도의 합리성: 불리언(Boolean) 비교방법의 적용을 위한 시론”, 한국정치학회, 한국정치학회보, 27집 2호 (1993), p.64.

치엘리트들의 전략적 행위측면에서 후보자들이 당선 가능성을 염두에 두고 선거구를 선택했다는 것이다. 대안부재의 상황에서 지역에 연고한 후보자가 더 많은 지역적 혜택을 가져다 줄 것이란 가정 등으로 유권자의 합리주의적 투표성향을 강조한다. 사회경제적 변수들과 여촌야도 현상을 분석한 윤천주의 연구에 의하면 13대 총선에 있어서 여촌야도 현상의 약화현상을 "도·농 어디에서나 금품, 압력 등 분위기에서 오는 자극에 반응하여 투표하던 유권자가 줄고 자기 결정하에 자율적으로 투표하는 유권자가 는 결과"[97]라고 해석하고 있다. 그리고 이정복의 연구에서는 14대 총선에 있어서 이 현상의 현격한 약화 내지 소멸을 이해하기 위해서는 이러한 요인들 외에도 첫째, 지역주의투표경향, 둘째, 3당 합당에 의한 민자당의 성격 변화, 셋째, 도시화의 영향으로 현재 대도시 및 중소도시의 선거구수가 농촌 선거구보다 많고 농촌 선거구는 도시선거구의 영향을 그전보다 더 크게 받기 때문이라고 주장한다. 이러한 경향은 TV의 급속한 확산으로 더욱 가속화되고 있다고 보고 있다.[98] 그밖에도 도·농 간의 투표행태상의 차이는 유권자의 연령이나 학력, 직업 또는 소득 등 사회경제변수의 도·농 간의 분포가 주요요인이라는 주장[99]과 이러한 사회경제변수뿐만 아니라 심리변수들의 영향력이 도·농 간의 유권자의 투표참여결정에 다르게 미치기 때문에 나타나는 차이 때문[100]이라고 주장된다. 그러나 유권자의 투표행태를 결정짓는 사회경제변수나 심리변수들과 유권자의 선거환경을 구성하는 선거구의 특성과는 어

---

97) 윤천주, 증보판 투표참여와 정치발전(서울: 서울대학교 출판부, 1991), p.302.
98) 이정복, "한국인의 투표행태: 제14대 총선을 중심으로", 한국정치학회, 한국정치학회보, 第26집 3호 (1993), p.119.
99) 이갑윤, "13대 국회의원선거에서의 투표행태와 민주화", 한국의 민주화: 과제와 전망(경남대학교 극동문제연구소, 1989); 이남영, "투표참여와 기권: 제14대 국회의원선거분석", 한국정치학회, 선거와 한국정치〔하계학술대회논문집〕(1992); 박찬욱·김형준, "제15대 국회의원선거결과에 대한 집합자료분석", 경남대학교 극동문제연구소, 한국과 국제정치, 재12권 2호 (1996).
100) 황아란, "한국의 투표행태에 관한 연구", 연구보고서 94-9(제189권)(서울: 한국지방행정연구원, 1995).

떠한 교차효과를 지니고 있는지에 대해 보다 심도 있는 연구가 뒤따라야 한다고 주장한다.[101)]

조기숙의 연구에서는 6・27 지방선거[102)]에서도 도・농 간의 투표율의 차이가 줄어들긴 했지만, 여전히 관찰되고 있지만 여촌야도는 완전히 사라졌다고 할 정도로 도・농 간에 투표선택의 차이를 보이지 않는다고 하였다. 이를 근대화에 의한 커뮤니케이션의 발전이 도・농 간의 격차를 좁혔기 때문이라고 해석하기도 한다. 그러나 도시화라는 변수는 서서히 설명력을 상실한 것이 아니라 12대 총선에서 13대 총선으로 넘어오면서 갑자기 무력해졌으며, 이러한 현상의 가장 큰 이유로 지역주의투표행태 또는 정당본위투표 때문이라고 지적하고 있다.

나. 정당에 대한 태도

① 개 괄

정당은 대의정치의 한몫으로서 오늘날 국가의사를 적극 형성하고 의회 운영을 주도하는 등 국정의 실질적인 담당자로서 기능하고 있다. 또한 정당은 정부와 국민 사이에서 국민들의 다양한 이익들을 결집[103)]하고 이를 정부와 여당에 반영시키는 소위 정책투입기능을 수행한다. 즉 정당은 국민의 이익

---

101) 황아란, "선거구 특성이 투표율에 미치는 영향: 제15대 국회의원선거분석", p.297.

102) 조기숙, "한국유권자의 정당본위투표", p.165.

103) 정당이란 시민들의 개별적 이해관계를 집결하여 이를 정책으로 전환시키는 기능을 하는 정치기관이다. 정당이 시민의 이익을 정치과정에 투입시키지 못할 때 선거 시 시민의 지지를 집중적으로 획득하지 못할 것은 당연하다. 이러한 견해로는 안병만, "14대 총선에 있어서 유권자들의 정당관여와 투표행태", 한국정치학회, 한국정치학회보, 제26집 3호 (1993), p.183.; 안병만, "12대 국회의원선거에 있어서 유권자들의 정당관여와 투표행태: 인지적 행태접근", 한국지역연구(1985), p.49. 등이 있다. 한편, 현행 정당법 제2조에는 정당에 대한 개념 정의가 내려져 있다. '정당이라 함은 국민의 이익을 위하여 책임 있는 정치적 주장이나 정책을 추진하고 공직선거의 후보자를 추천 또는 지지함으로서 국민의 정치적 의사의 형성에 참여함을 목적으로 하는 국민의 자발적 조직을 말한다'고 밝히고 있다.

을 정치과정에 투입시키지 못할 때 선거 시 국민의 지지를 집중적으로 획득하지 못하는 것은 당연하다.[104)]

개인들의 투표행태는 역사적으로 축적된 사회균열들을 정치적으로 조직화하는 정당들의 활동의 효과이며 투표의 연구는 투표자들의 연구가 아니라 정당들이 그들의 전략을 만들어내고 개인들이 표를 던지는 경제적, 정치적 조직체계의 연구로 볼 수도 있다.[105)] 선거와 관한 선행연구들의 분석에서는 정당에 대한 태도 변수를 구성하는 하위개념으로 정당이미지, 정당일체감, 정당관여 또는 정당가입, 정당의 이데올로기적 지향 등이 채택되고 있다. 우리나라 유권자들이 정당본위투표를 했을 것이라는 이론적 가정은 많은 학자들이 발표한 경험적 증거에 의해 이미 뒷받침되고 있다.[106)] 선행연구들은 사회배경적 변수(매개 변수)들과 정당태도 변수 간의 관계를 밝히거나 정당지지와의 관계를 주로 다루고 있다. 또한 지역패권정당구도 하에서의 지역주의와 특정 정당지지 간의 관계가 가장 많이 연구되었다고 평가할 수 있다.

13대 대통령선거를 분석하면서, 김덕주는 정당에 관한 태도를 평가하기 위해 정당에 관한 인식도, 정당가입 여부를 사회배경변수와 교차분석하고 있다. 분석결과에 의하면 정당에 대한 95% 이상의 부정적인 태도와 18.2%의 저조한 정당가입 등은 정당이 국민의 정치적 의사를 형성하고 효과적인 정책수립을 하는 데 문제점이 된다고 밝히고 있다. 한편, 이 분석결과에 의하면 성별, 학력별, 사회계층별 변수와의 상관관계가 발견되고 있다.[107)] 그

---

104) 안병만, "12대 국회의원선거에 있어서 유권자들의 정당관여와 투표행태: 인지적 행태접근", 한국지역연구(1985), p.49.

105) 신광영, "투표행태와 지역주의"(1990).

106) 박찬욱, "제14대 국회의원 총선거에서의 정당지지분석", 한국정치학회, 선거와 한국정치〔하계학술발표대회 논문집〕(1992); 조중빈, "유권자의 여·야 성향과 투표행태", 이남영 편, 한국의 선거 I (서울: 나남출판사, 1993).

107) 김덕주, "역대 대통령선거의 투표행태와 정치의식 분석-13대 대통령선거의 지역대립적 투표행태 성향 분석을 중심으로-", 경희대학교 대학원, 고황논집, 제5집(1989), pp.66-68.

는 지역적 복합현상의 단위와 사회경제적 요인 2가지로 지역갈등을 파악하고 이런 지역적 편견이 지역대립의식을 조장하여 정치참여의 현장인 선거에서 지역대립적 투표행위를 초래하였다고 주장하고 있다. 즉, 각 지역별로 그 지역출신후보와 그 후보가 대표하는 정당으로 선호되어 투표가 이루어졌다고 보고 있다. 전반적인 정치의식 수준향상으로 여촌야도 현상은 퇴색하였으나 정당과 후보자에 대한 태도가 지역주의(localism)로 편향되는 것은 심각한 문제라고 지적하고 있다.[108] 길승흠, 현종민, 조연수 등[109]은 정당이 이합집산을 계속하는 가운데서도 유권자들은 반민주 대 민주, 혹은 여당 대 야당의 구도로 정당을 파악하여 자신의 당파성을 반영한 투표를 하는 정치적 합리성을 보여 왔다는 논의도 있다.

② 정당일체감: 여야성향

정당이란 하나의 결사이다. 결사인 이상 정당에 참여하거나 동조하는 것은 개인으로부터 어떤 공통된 목표나 경향을 발견하게 된다. 정당에 가입하거나 동조하는 자에게 있어서 정당과의 관계가 중요한 것은 정당이 정당에 관계하고 있는 자들의 정치행태에 영향을 주기 때문이다.[110] 서구에서 논의되는 정당일체감[111]이란 일반적으로 특정한 유형의 당파적 태도로서 유권자가 어떤 정당을 대상으로 상당한 기간 동안 내면적으로 간주하는 애착심 또는 귀속의식이라고 정의되고 있다.[112] 그러나 우리나라의 유권자들은

---

108) 김덕주, 위의 논문, p.54, pp.70-73.

109) 현종민, "선거인의 재편성과 투표: 1987년 대통령선거분석", 한국정치학회, 한국정치학회보, 제23집 2호 (1989); 조연수, "합리적 유권자모델과 한국의 선거분석", 한국정치학회, 선거와 한국정치[한국정치학회 학술대회논문집] (1992).

110) 김규택, "선거와 투표행태", 한국정치학회, 한국정치학회보, 제2집 (1967), p.213.

111) William H. Flanigan and Nancy H. Zingale, *Political Behavior of the American Electorate*, 6th ed(Newton, Massachusetts: Allyn and Bacon, 1987), p.29. 정당일체감(Partisanship)은 한 개인이 아동기를 통해 습득하는 것이며, 일생을 통해 계속적으로 강화되어가는 정당에 대한 동류의식(sympathy)과 충성심(Loyalty)을 말한다.

112) 박찬욱, "제14대 국회의원 총선거에서의 정당지지분석", pp.70-71.

미국의 유권자나 영국의 유권자처럼 수십 년 혹은 대를 걸쳐 지지하는 하나의 정당을 가질 수 없었다. 한국정당변천사에서 보는 바와 같이 정당일체감 결여의 문제는 유권자에게 정당의 필요성에 회의를 일으키도록 하였다고 할 수 있다.[113] 이러한 정당에 대한 부정적인 시각은 각 설문에서 약 70%이상의 유권자들이 자신의 이익을 대변할 정당이 없다는 데에 동의하고 있다는 점에서도 나타난다. 이는 지금까지의 한국의 정당이 유명무실했음을 의미하는 것이며, 유권자의 투표행태에 정당이 미칠 수 있는 영향력은 미미하였다는 사실을 반증하는 것이다.[114]

이것은 한국의 유권자에게 확실한 투표의 기준으로서 정당의 근거를 가질 인지적인 여유를 박탈하였기 때문이다. 권력변동기마다 명사정당들의 잦은 이합집산과정에서 오랜 기간을 두고 정당을 평가하고, 일체감을 형성할 조건을 마련하지 못했기 때문이다. 따라서 우리나라에서 유권자들의 정당선호가 서구사회에서의 정당일체감과 동일하다고 할 수 없어서 이것과 기능적 대등성을 갖는 여·야 성향(조중빈, 박찬욱) 개념을 사용하여 한국유권자층

---

113) 조일문·윤경우의 조사에 의하면 정당의 필요성에 대한 조사결과, 필요하다는 응답은 76.1%, 7.2%는 불필요하다고 응답하였고, 16.7%는 모르겠다고 응답하였다. 또한 안병만의 조사에 의하면 응답자 가운데 46%가 우리나라의 정치발전에 정당이 도움이 된다고 응답하였다. 21%는 도움이 되지 않는다고 응답하였다.〔Il mun Cho and Kyung woo Yun, "Popular Perception of Political Parties," Kim, C. I. Eugene, and Kihl Young-Whan, eds, *Party Politics and Elections in Korea*(Silver Spring MD: Research Institute on Korean Affairs, 1976), p.84.〕 그러나 길승흠의 설문조사결과를 보면, 정당에 대한 호감도는 정당 필요성에 대한 인식만큼 강하지 못하다는 것을 알 수 있다. 호감이 가는 정당이 있는가에 대한 질문에 대해 21.5%, 24%, 24,3%의 유권자들이 있다라는 긍정적인 응답을 하고 있는 반면, 없다는 응답은 두 배가 넘는 58.8%, 56.2%, 48.2%를 나타내고 있는 것으로 조사되었다. 이는 현실 정당정치에 대한 불만의 정도를 알 수 있는 결과치들이다.〔길승흠, "한국인의 정치의식구조의 변화: 1978년과 1985년", 제6회 합동학술대회논문집(1985), p.64.참고.〕.

114) 이중천, 앞의 논문, pp.204-205.; "전환기의 한국사회: 80년대 한국사회에 관한 국민의식조사연구(1986) (1987) (1988); 최명·권태환·홍두승, 사회조사 10년: 1979-1988 (서울: 서울대학교 사회과학연구소, 1989), p.680, p.720.

에 널리 확산되어 있으며 비교적 장기적으로 지속되는 당파적 태도를 측정하기 위해 사용되고 있다.[115] 한편 윤천주는 한국의 권위주의 정당에 대한 경험은 정당의 위상과 유권자의 미숙한 당파심에서 온 것으로 쉽게 또는 짧은 시간에 바꿀 수는 없다고 주장한다. 13대 대선에서도 정당일체감이 있는 사람들보다 없는 많은 유권자들이 정당에서 공천한 후보를 대통령으로 선출하게 되었다고 분석하고 있다.[116] 김종림・이남영의 연구에서도 정당 자체는 아직까지도 투표선택결정에서 실제로 중요한 역할을 하고 있지 못할 뿐만 아니라 투표자들이 자주 사용하는 추지틀도 아니라고 주장한다. 지역정서와 여야성향이 투표선택행위에서 가지는 무게를 빼고 나면, 정당 자체가 지니는 무게는 거의 무의미한 것이 되고 만다. 정당은 표면적 존재일 뿐, 그 내용을 분해해 보면, 지역정서, 여야성향, 인물 개인에 대한 충성 등을 기초로 한 정치조직이라고 생각할 수 있다고 보고 있다. 조기숙은 우리의 유권자가 정당본위투표를 한다는 가정과 함께 정당본위투표를 합리적 선택으로 간주하고 있다. 조기숙은 정당본위투표가 지역주의투표까지 포괄한 이유를 다음과 같이 분석하고 있다. 여야의 균열은 민주화 운동이 본격적으로 시작되기 전까지는 이념이나 안보논리를 중요한 쟁점으로 포착하고 있었을 가능성이 높다. 이에 야당이 만들어낸 새로운 쟁점의 균열은 민주 대 반민주로서 여야의 개념이 본격적으로 시작된 것은 70년대에 이르러서이다. 과거에는 대통령선거에서만 지역주의투표가 관찰되어 왔으며 국회의원선거에서는 여촌야도라는 정당본위투표에 압도되어 지역주의투표가 나타나지 않았던 것이다. 대통령선거에서는 인물의 중요성이 부각됨에 따라 정당본위투표

115) 조기숙은 우리나라의 경우 특정 정당에 대한 선호보다는 여야성향이 서구의 정당일체감과 동등한 개념이라고 주장한다. 조기숙, "한국유권자의 정당본위투표", p.168. 한국에서 정당이미지란 민주당, 자유당, 민주공화당 등과 같은 개별적인 정당에 대한 이미지가 아니라는 지적도 있다. 조중빈, "유권자의 여야성향과 투표결정시기에 따른 정당지지", 한국정치학회, 선거와 한국정치: 국내하계학술대회논문집(경주: 한국정치학회, 1992), pp.161-175.

116) 윤천주, "투표참여의 변화와 정치발전", 김광웅 편, 「한국의 선거정치학」(서울: 나남, 1990). p.35.

로부터 이탈하여 지역주의가 커다란 영향력을 행사한 셈이며, 반면에 국회의원선거에서는 여와 야의 균열에 따른 정당본위투표가 영향을 미쳤다고 할 수 있다. 정당이 더 중요시되는 국회의원선거에서도 지역주의투표가 강하게 부각되었다는 사실로부터 정당구도가 지역적 균열을 포착하기 시작했다는 추론을 해 볼 수 있다. 새로운 정당의 균열이 형성되기 위해서는 기존의 균열이 약화되거나 사라져야 한다. 그래야만 정당들이 새로운 쟁점을 이용하여 유권자를 동원함으로써 새로운 균열을 만들어낼 수 있기 때문이다.

지역주의투표가 총선에서 나타나게 된 이유는 먼저, 1987년 대통령직선에 의해 어느 정도 정통성을 확보한 정권이 탄생함으로써 반독재라는 쟁점의 중요성이 그만큼 반감되었다. 둘째, 특정이념이 허용되지 않는 분단국가이며 단일 언어, 단일인종사회에서 새로운 쟁점이나 균열이 등장하는 것이 어려웠다. 셋째, 13대 총선 직전에 치러진 대통령선거에서는 우연히 4개의 지역정당이 탄생하여 새로운 쟁점이 없는 상황에서 각 정당 당수를 중심으로 한 지역주의 전략이 구사되었다. 다섯째, 경제개발이나 재화의 배분, 인사정책 등 지역차별정책이 잠재적인 지역감정을 자극하였으며, 결국 유권자는 지역정당을 보고 투표선택을 하였으며 정당선호는 지역성을 포괄하게 되었다고 분석하고 있다. 한편, 여야성향과 사회배경변수 간의 관계는 조기숙의 연구에 의하면, 여야성향과 인구사회학적 변수들의 영향력 간의 관계는 지역과 연령의 효과가 발견되고 있다. 정진민은 14대 총선에서 정당에 대한 지지 및 여야성향과 지역, 도시화, 계급, 성, 세대, 교육수준 등 6개의 변수를 사용하고 있다. 측정결과 여당지지 행태에 대한 세대요인이 가장 큰 영향력을 가지는 요인이며, 그 다음이 지역주의이고, 도시화 요인은 거의 영향력을 갖고 있지 못하다고 분석하였다. 그리고 정당에 대한 지지와 관련된 세대효과에 관하여 14대 총선에서 세대요인의 비중은 전반적으로 증가하였으며, 특히 여당지지에 가장 중요한 영향을 미치고 있다고 분석하고 있다. 그리고 13대 대선의 파급효과가 강하게 작용하여 총선기간 중 각 당은 대선 때와 동일하게 주로 당지도자들의 개인적 이미지 및 이들의 지역적 연고에 기초한 선거운동을 전개할 수밖에 없는 상황에서 지역주의 요인의 영향력은 1980년대 말에 그 정점에 도달하여 시간이 지남에 따라 서서히 약화되고 있는 것으로 보이지만 14대 총선에서도 지역주의 요인은 매우 강한 영향력을 행사하고 있어 세대효과를 약화시키고 있다고 분석하였다.[117] 정진민은 세대요인과 여야성향을 분석하면서 세대요인이 여야성향을 결정하는 데 가장 중요한 역할을 하고 있다고 보고 이는 두 전후세대가 야당성향을 전전세대가 여당성향을 보다 강하게 갖고 있기 때문이라고 분석하고 있다.[118] 정진민은 여당에 대해 신세대의 정치성향과 실제 행태가 일치하는 데 반하여 제1야당에 대하여는 양자 사이에 불일치가 노정됨으로써 여당에 대한 지지의 경우 세대요인이 강하게 작용하는 데 반하여 제1야당의 경우는 세대효과가 현저히 약화되어 나타나고 있는 것이다. 여당 및 제1야당에 대한 세대요인의 이와 같은 상반된 영향력은 많은 신세대 유권자들이 여당에 대해 등을 돌리고 있음에도 불구하고 제1야당이 이를 충분히 동원하지 못하고 있음을 의미한다고 결론지을 수 있으며 이러한 결론은 신세대의 강한 반여당성향과 높은 기권을 보여주는 분석결과에 의하여 뒷받침된다고 분석하였다.[119] 이정복의 연구[120]에서는 한국선거연구회의 제14대 국회의원선거 조사연구가 유권자들의 일반적 정치태도로 여야 어느 쪽에 가까우냐를 물어 여야성향을 측정하고 이러한 여야성향이 투표할 정당에 대해 보수-진보성향보다도 더 높은 상관관계를 가지고 있다고 밝히고 있다.

③ 정당지지도

대부분의 선거에 대한 연구결과나 선거 시 전문여론조사기관에서는 정당

117) 정진민, "정치세대와 14대 국회의원선거", 한국정치학회, 한국정치학회보, 28집 1호(1994), p,262, p.266.

118) 정진민, 위의 논문, p,268.

119) 정진민, 위의 논문, p,272.

120) 이정복, "한국인의 투표행태: 제14대 총선을 중심으로", 한국정치학회, 한국정치학회보, 제26집 3호 (1993), p.124.

지지도를 직접적으로 조사하고 있다. 그리고 유권자의 정당지지도에 관한 연구결과에 의하면 정당 간의 이합집산현상이 두드러지면서 뿌리를 내리지 못하고 인물 내지는 파벌정당의 성격을 아직도 면치 못하는 상황이라고 평가되고 있다.[121]

대표적인 사회배경변수와 정당지지도 간의 선행연구를 분석해 보면, 성, 연령, 학력, 소득, 지역, 도시화, 계층귀속의식 등이 주로 사용되었다. 이 가운데서 지역, 학력, 성, 연령, 도시화 등이 최근 선거연구에서 유의미한 관계를 보여주고 있다. 따라서 유권자의 사회배경변수들이 정당의 지지도에 영향을 미친다고 할 수 있겠다.

길승흠의 연구에 의하면 한국인의 정당지지도를 통해 이들 정당들은 국민들에게 별로 호감을 주지 못하고 있다고 분석하고 있다.[122] 한편, 유권자들의 사회경제적 배경과 투표예정후보의 소속정당 지지도와의 관계에 대한 연구결과를 보면 다음과 같다.[123] 한국유권자들의 정당지지는 14대 총선 직전 실시한 여론조사에서 민자당 지지도는 평균 31.5%인데, 이보다 훨씬 더 큰 지지를 보인 그룹을 '민자당 핵심지지자'라고 본다면, 그들은 연령별로 40-50대에 몰려 있고, 학력별로는 국졸 이하와 중졸자들 사이에 몰려 있으며, 소득별로 보면 저소득층, 직업별로 보면 자영업, 농어업 종사자와 주부 그룹에 몰려 있고, 지역별로는 대구/부산/경상도와 대전/충청도 거주민들이 몰려 있고, 도시화 수준별로는 읍/면 지역에 몰려 있다는 것이

121) 안병만, "제14대 총선에 있어서 유권자들의 정당관여와 투표행태", 한국정치학회, 한국정치학회보 제26집 3호(1993). p.179.

122) 한국인들의 정당정치에 대한 인식을 조사하는 데 있어서 과거의 1963년, 78년, 85년 조사들은 당시의 정치적 상황을 반영하는 설문대상자들에게 그들이 어느 정당을 선호하고, 또 각 정당의 지지자들의 배경 또는 이념 정책관은 무엇인가에 관한 설문은 당시의 정치상황하에서 제시할 수 없었던 것이다. 이러한 원인은 정당 자체가 인물중심의 정당이며, 그것도 잦은 이합집산 때문에 생기는 현상으로밖에 볼 수 없다고 분석하고 있다. 길승흠, "한국인의 정치의식구조변화: 1963-1992", 한국정치학회, 한국정치학회보 제26집 3호(1993). p.146.

123) 길승흠, 위의 논문, p.148. 참고.

다. 한편, 민주당의 경우는 평균 지지율 29.8%보다 더 큰 지지율을 보인 그룹을 민주당 핵심지지자라고 보면, 그들은 20-30대 젊은 계층, 중·고졸자, 60만 원 미만의 최저소득층, 사무직(화이트컬러), 생산기능서비스(블루컬러), 농어업 종사자, 광주/전라도와 서울 거주민, 대도시와 읍/면 지역민 사이에 다수 발견된다고 분석하였다.

김형준·유성모의 연구에서는 14대 총선의 경우 연령, 성, 교육정도, 계층귀속의식, 소득, 출신지 등의 사회배경변수를 사용하였을 때 연령, 교육정도, 출신지가 정당지지와 상관관계가 있음을 분석하고 있고, 6·27 지방선거에서는 성과 출신지가 그리고 약하지만 연령이 상관관계가 있다고 분석하고 있다.[124] 그리고 한국유권자의 지지정당 선택에 관한 가설적 인과모형을 보면, 유권자의 정당지지는 그들의 사회적 특성, 당파적 태도, 정견이라는 요인에 영향을 받으며, 특히 유권자의 사회적 특성은 직·간접적으로 정당지지에 영향을 주고, 정견은 정당 지지에 직접적으로 영향을 미칠 뿐만 아니라 당파적 태도를 매개로 간접적으로도 영향을 미치며, 당파적 태도는 다른 변수와는 달리 정당 지지에 직접적으로 영향을 미친다고 분석하고 있다.[125]

〈표 2-3〉 선행연구에서 사회배경변수와 정당지지의 관계

연구자별	연구 주제별	선거급별	사회배경변수별								
			성	연령	학력	직업	소득	계층	도시화	지역	종교
안병만	관여-지지도	12대 총선	●	●	●		●		●		
		14대 총선	●	○	●		○		●		
최영훈	선호도	13대 총선	●	●	●		●				●
길승흠	지지도	14대 총선	○	●	●	●	●		●	●	

124) 김형준·유성모, "유권자의 정당지지 분석: 서울지역을 중심으로", 한국정치학회, 한국정치학회보, 30집 4호 (1996), pp.308-309.

125) 김형준·유성모, 위의 논문, p.304.

연구자별	연구 주제별	선거급별	사 회 배 경 변 수 별								
			성	연령	학력	직업	소득	계층	도시화	지역	종교
정진민	지지도	14대 총선	○	●	○			○	○	●	
김형준 ·유성모	지지도	14대 총선	○	●	●		○	○		●	
		6·27선거	●	○	○		○	○		●	
김형준 ·유성모	지지도	14대 총선	●		●			●		●	
계		○	3	2	2		3	3	1		
		●	5	5	6	1	3	1	3	5	1
		계	8	7	8	1	6	4	4	5	1

한편, 안병만의 연구결과[126]인 정당지지도에 관한 12대와 13대 총선 분석결과에 의하면, 정당관여라 할 수 있는 지지정당유무와 정당가입여부는 투표행태와 밀접한 관계가 있다고 밝히고 있다. 정당을 통한 정치발전에 대해 긍정적으로 생각하는 집단과 부정적으로 생각하는 집단 간에는 투표효능감, 투표의사에 있어서 차이가 나타나고 있다고 분석하였다. 즉, 정치발전에 대한 정당의 역할에 대하여 긍정적으로 인식할수록 높은 투표효능감, 확실한 투표행태 간의 상관성에는 과거나 지금이나 큰 변화가 없다고 보고 있다. 다만 정당의 정치발전 역할에 대해 긍정적으로 본다고 하는 사실이 곧 정당본위투표로 연결되기는 어렵다는 한계성을 인정하고 있다.

그리고 그는 사회배경변수와 정당관여의 관계를 설명하고 이러한 정당관여와 투표행태의 구도를 논하고 있다. 정당관여를 쉬운 정당관여와 어려운 정당관여로 구분하고 있다. 쉬운 정당관여와 투표행태에 있어서는 성별, 나이, 소득, 교육, 도시화 등의 사회경제적 요소에 따라 위의 관계를 검토해 본 결과 대부분의 경우 위에서 나타난 상관관계가 정도의 차이는 있지만 계속 유지되고 있음을 발견하고 있다. 다만 교육수준이 낮은 국졸 이하의 집단의 경우는 투표효능감과 투표의사 간에 별 관계가 없는 것으로 드러났다. 이러한 경우를 제외하고 정치발전에 대한 정당의 역할과 투표행태 간의 관계가

126) 안병만, 앞의 논문, pp.190-191.

사회경제적 요인과 연결하여 설명한다고 해도 변함없이 유지된다는 사실이 12대와 14대 총선 사이에 별 차이가 없다고 분석하고 있다. 어려운 정당관여와 투표행태의 분석결과는 지지정당의 유무와 투표행태에 있어서 지지정당 유무와 투표효능감의 관계에서 소득을 제외한 성별, 나이, 교육, 도시화 등을 통제한 결과 앞서 나타난 두 변수 간의 관계에 변화가 나타났다. 남자, 30대 이상, 중학교 이상, 대도시와 농촌지역 유권자집단들의 경우에는 특정 정당을 지지할수록 투표효능감이 높게 나타나 일반적 경향을 그대로 반영하고 있지만, 여자, 20대, 국졸 이하, 중소도시지역 유권자들은 두 변수 간에 관계가 나타나지 않았다고 분석하였다. 유권자들의 정치적 태도와 지지정당 후보와의 상관관계에 관한 이정복의 연구에서는 자신이 정치적 태도를 보수적이거나 아주 보수적이라고 응답한 유권자들은 압도적으로 민자당 후보를 지지하고 있는 데 반해 진보적이거나 아주 진보적이라고 응답한 유권자들은 압도적으로 민주당을 지지하였다고 분석하고 있다. 국민당 후보에게는 보수적, 중도적, 진보적이라고 한 유권자들의 각 집단 내에서 대체로 고른 지지를 받고 있는 것으로 분석되었다.[127] 최영훈의 13대 총선 연구에서는 사회적 이미지(유권자의 인구학적, 사회경제적, 문화적 특성별)와 정당선호 간의 관계를 분석하고 있다. 여기에서는 성, 연령, 학력, 종교, 소득수준의 변수별로 일정한 선호도를 나타내고 있다고 분석하고 있다.[128] 안병만의 14대 총선 연구에서도 지지정당과 투표의향 및 투표기준 간의 관계를 분석하고 있다. 지지정당유무와 투표기준 간의 관계를 보면, 지지정당이 있는 집단은 정당・인물・정견투표에 있어서 상대적으로 정당투표성향이 강하다고 분석하고 있다.[129] 즉, 유권자들의 정당관여와 투표행태 간에는 밀접한 관계가 있다는 것이다. 강원택의 연구는 합리적 선택의 접근방법으로 제3당의 지지를 분

127) 이정복, 앞의 논문, p.124.참고.

128) 최영훈, "제13대 국회의원선거에 관한 연구분석-유권자의 정치인식 및 정치행태를 중심으로-", 현대사회연구소, 현대사회 (1988). p.256.

129) 안병만, "14대 총선에 있어서 유권자들의 정당관여와 투표행태", 한국정치학회, 한국정치학회보, 제26집 3호 (1993), p.187.

석하고 있다. 단순다수제도하에서의 소수당에 대한 지지는 그것이 승자를 결정하는 데 별 영향을 미치지 못하고 사표로 처리되기 쉽기 때문에 효용의 극대화를 추구하는 합리적 유권자라면 선택하지 않는 것이 보다 적절하기 때문이라고 밝히고 있다.[130] 특히 강원택은 특정 정당의 지배지역에서의 정당선택을 연구하였다. 그는 만족수준 모델(qulity-satisfaction model)을 이용하여 제3정당 선택 혹은 저항투표의 논리를 설명하고 있다.[131] 제3정당에 대한 저항투표는 본질적으로 기존의 지지정당에 대한 경고의 메시지를 전달하기 위한 도구적 유용성을 갖기 때문에 합리성을 찾을 수 있다고 보고 있다.[132] 다음은 지방선거에서의 정당지지도에 관한 연구들이다. 먼저, 신진은 정당에 대한 태도, 정책, 후보 개인의 특성 등은 투표를 결정짓는 중요한 요소들이라고 전제하고, 이들 중 후보 개인의 특성과 이에 대한 평가가 지지후보를 결정하는 데에 있어서 가장 중요한 요소이기는 하지만 6·27 지방선거에 있어서 정당에 대한 태도가 가장 큰 역할을 수행한 정당중심의 선거라는 특징을 나타냈다[133]고 분석하였다. 지방선거에 있어서 정당에 대한 태도가 가장 큰 역할을 수행한 정당중심의 선거라는 특징을 나타냈다고 분석하고 있다.[134] 이점은 지방정치에서 지역주의의 요인이 반영되고 있음을 의미하는 것이라고 볼 수 있다. 이재웅의 부산광역시와 경상남도의 지방선거 수준에서의 정당지지도를 조사한 결과[135]에 의하면, 민자당이 32.7%, 민주당이 10.2%, 신민당이 2.4%의 지지를 얻고 있으며, 지지하는 정당이 없다는 응답이 47.7%로 높은 정당불신을 나타내고 있는 것으로 보인다. 한편, 정당

130) 강원택, 앞의 논문, p.192.
131) 강원택, 위의 논문, pp.199-208.
132) 강원택, 위의 논문, p.192, p.208.
133) 신진, "부동층의 투표행태분석－1995. 6. 27지방선거에서 충남도지사 선거를 중심으로－", 한국정치학회, 한국정치학회보, 30집 1호(1996), pp.183-184.
134) 신진, 앞의 논문. 참고.
135) 이재웅, "95년도 지방의원선거에 대한 주민의 투표성향 분석－부산·경남지역을 중심으로－", 동의대학교 행정대학원 지방의회연구소, 「지방의회연구」, 제5권(1995), pp.47-48.

지지 이유로는 정치적 안정이라는 응답이 24.9%로 가장 많았으며, 지역발전이 21.5%, 정강정책이 5.8%의 순으로 응답하고 있다.

이상의 논의에서 기존의 인물, 정당중심 연구에서 유권자가 가진 태도를 정확히 분석하고 설명하는 데 미흡했다는 점을 지적할 수 있다. 우리나라 유권자가 지닌 문제점을 지적해내는 것은 뛰어났지만, 그 문제점의 근간을 이루는 유권자의 정치적 태도를 정확히 알아내려는 노력이 부족했다고 할 수 있다.

다. 정책에 대한 태도

① 주요 개념에 대한 논의

이상형의 민주시민은 후보자들의 정책을 비교 평가하고 후보자를 선택하여야 한다. 이것은 투표선택이 곧 정책선택으로 이어져야 한다는 고전적 민주주의이론의 핵심이기도 하다. 후보자의 공약과 정견을 보고 투표선택을 하려면 많은 인포메이션을 수집해야 한다. 정책의 내용, 정책의 실현 가능성, 정책이 자신의 이해에 미치는 영향을 계산할 수 있는 능력, 그리고 자기가 선호하는 정책을 대변하는 후보자의 당선 가능성 등을 예측하기 위해서는 엄청난 인포메이션이 필요하기 때문이다.[136] 그런데 정책본위 투표를 규명하기 위해 사용된 설문자료에는 정책, 공약, 정견 등이 혼합되어서 제시되고 있다. 정책이라는 개념도 인물과 마찬가지로 서로 다른 개념들이 한 가지 의미로 쓰이고 있다는 의심을 받고 있다. 정책이라는 개념과 함께 쓰이는 공약, 정견 등의 개념은 서로 다른 의미의 범주를 가지고 있다. 후보자의 개인적인 것으로부터 정당의 공식방침에 이르기까지 다양한 스펙트럼을 이루는 개념이 한 가지 의미처럼 사용되고 있는 것이다. 일부 학자들은 정견과 공약을 같은 것으로 사용하고 있기 때문이다. 정책이란 일반적으로

136) 김종림·이남영, 앞의 논문, pp.183-184.

정부, 정당, 기관, 지도자, 정치가, 개인 등이 미리 결정한 대로 실천해 나가야 할 노선 혹은 방침이라고 정의된다.[137] 정책은 공공성을 띤 것이며 실천을 전제로 한 결정사항인 것이다. 공약은 선거 때 입후보자가 자기의 정책에 대하여 공적인 장소에서 행하는 약속으로, 소속정당의 정책에 기반을 둔 것을 말한다. 그러나 공약은 선거를 위한 공약으로 되어버리거나 소속정당의 정책과는 관계없는 개인적인 선심공세로 되어버리는 경우가 많다.[138] 정책에 기반을 둔 공약과 선심성 개인공약은 구분되어야 한다. 공약에는 정책의 연장으로서 정책연계공약과 다리를 놓는다든가 하는 개인적인 지역사업공약이 있다. 정책연계공약과 지역사업공약은 그 의미가 다른 것으로 후자의 경우는 어느 후보자든지 내놓을 수 있는 비정책적인 약속일 따름이다. 정책이란 이 당과 저 당을 구분하는 중요한 기준이라는 점에서 볼 때 정책과 공약은 성격을 달리한다는 면에 주목하여야 한다. 즉 정책과 공약은 별개의 의미임에도 불구하고 한국유권자에게 같은 의미인 것처럼 사용되고 있는 것이다. 한편 정견은 정책과는 상이한 의미를 지니는 후보자 개인의 정치적인 의사이다. 그리고 정견은 정치적 견해 내지 의견으로, 일반적으로 정치에 관한 개인적인 의견을 말하는 경우가 많다.[139] 정견은 소속정당의 정책을 반영하기도 하지만 공식적이기보다는 개인적인 성격이 강한 것이다. 이중천도 정견에는 정책적인 의사가 담겨 있을 수 있지만 정견이란 정치적인 견해이기 때문에 다분히 당시의 정치적인 사건에 대한 평가, 혹은 이데올로기나 정치적 신념의 표명이라는 개인적인 성향을 가진다고 평가하고 있다. 정견은 정당에서 공식적으로 발표한 정책이라는 것과 그 성격이 다르며, 공약이라는 것과도 상관없는 주관적이고 일시적인 의견[140]이라고 보고 있는 것이다.

137) 정인흥 외, 정치학대사전(증보판) (서울: 박영사, 1983), p.1320.
138) 위의 책, pp.125-126.
139) 위의 책, p.1300.
140) 이중천, 앞의 논문, p.207.

② 연구경향들에 대한 분석결과

최근의 선행연구[141]들은 후보자 선택기준으로서 정책에 관한 유권자의 태도에 대한 연구는 주로 대통령선거와 같은 주요선거에 국한되고 있다. 그리고 회고투표와 전망투표라는 개념에 입각하여 경제투표 등과 관련된 연구[142]가 주종을 이루고 있다. 박찬욱의 14대 대통령선거분석에서는 정책쟁점투표가 광범위하게 확산되기 위한 최소한의 요건으로서 많은 유권자가 정책쟁점에 대한 인지 및 평가능력을 갖추고 있어야 한다고 전제하고, 민자당이 노태우 정부의 실정이 노태우 대통령의 당적 이탈을 계기로 회고적 투표

141) 선거공약에 관한 제 이론들을 소개하면 다음과 같다. 합리적 선택에 따른 투표이론으로서 미래약속제시이론, 선거를 통한 보상처벌이론(과거업적평가), 후보자 특성이론(후보자의 자질 or 능력), 사표방지이론을 들고 비합리적 선택에 따른 투표이론으로 동조투표(conforming voting) 등을 들고 있다. 이러한 제 이론들은 유권자마다 다르며 시·공간적 요인에 의해 가변성을 띠고 있다고 평가하고 있다. 즉, 부분적 적합성을 갖고 있으며 실제에 있어서는 투표행태의 여러 복합적 요인이 함께 작용한다는 사실이다. 따라서 어느 한 가지 요인만으로 유권자의 투표행태를 설명한다는 것은 불가능하다고 밝히고 있다. 송근원, 앞의 책, pp.13-40.

142) 김종림·이남영의 연구에서 회고투표는 두 가지 면에서 중요한 의미를 가진다고 보고 있다. 첫째, 선거제도의 제1기능, 즉 국민의 의사를 정책에 연결시키는 기능을 강화시키는 역할을 한다. 회고적 투표는 민주정치의 주요 피드백 과정의 한 가지로서 정치인들은 이 과정을 통하여 국민이 원하는 것이 무엇인지를 탐지할 수 있고, 국민들은 자기 의사를 잘 대변한 정치인을 투표하여 당선시킬 수 있는 기회를 가진다. 둘째는 회고적 투표도 한 가지 주요 추지틀(선택기준)이라는 점이다. 정치인의 능력, 특히 국회에 진출하여 얼마나 일을 잘할 것인지를 과거의 실적으로 미루어 보는 시각이다. 미래의 실적 가능성을 예견하는 데 과거의 실적이 가장 정확한 한 가지 지표가 된다는 가정이 뒷받침되고 있다. 회고적 투표에 대비되는 것이 전망투표이다. 내가 찍은 후보자가 당선될 가능성이 있는가? 당선되는 경우 국회에 진출하여 어떠한 입법활동을 할 것인가? 내가 선호하는 정책을 과연 실현해 줄 것인가? 그 후보자를 통하여 내가 얻을 수 있는 이득은 무엇인가? 이러한 질문을 심각하게 고려하고 자신에게 돌아올 수 있는 가장 큰 기대이득(expected payoff)을 계산하고 후보자 선택을 결정하는 투표자들이 전망투표자들이다. 전망투표자들은 자기의 한 표를 매우 중시한다. 자신의 한 표가 정치과정에 영향을 줄 수 없다고 믿는다면 아예 투표에 참여하지 않을 것이다. 즉, 투표에 참여하여 어느 후보자를 지지한 이유는 자신의 선택행위로 자기효용(즉, 이득)을 증가시키기 위해서이다. 전망투표는 기대이득 계산결과를 투표선택행위에 직접 연결시킨다는 것이다. 김종림·이남영, 앞의 논문, pp.182-188.

대신에 앞을 내다보는 전망적 투표를 강요받았다고 분석하고 있다.[143] 안병만·김인철의 14대 대통령선거분석에서 후보자가 당선된 뒤 대통령으로서 갖추어야 할 통치자질을 정책관여 역량 측면에서 그 기대치를 측정하고 있다. 이 연구에서는 상징성이 강한 정치발전과 민주주의, 경제발전과 무역수지 개선, 사회안정과 질서유지 3가지를 기준으로 삼고 있다고 분석하고 있다. 이들은 상징성이 강한 정책영역은 쉬운 이슈로 분류될 수 있는 것들로서 쉬운 이슈가 투표에서 쟁점이 되면 정치적 관심과 선거에 대한 정보와 지식이 별로 없는 사람들도 이해하기 쉬운 쟁점에 근거하여 지지후보자를 선택할 가능성이 크다고 보고 있다. 이들의 이러한 연구결과는 14대 대통령선거에서 유권자들이 정치소외감이 심화되고 또 순종적인 성향이 강화되고 있으며, 이와 같은 정치정향은 곧 선거에 대한 관심과 투표효능감을 약화시켜 유권자로 하여금 시간이나 노력 등 선거비용을 부담하려 들지 않게 만든다는 것이다. 따라서 정치적 관심과 선거지식이 부족한 상태에서 후보자의 출신지역과 출신정당에 대한 일체감이 지지자를 선택하는 주요 기준이 되고 있다[144]고 분석하고 있다. 이정복의 연구에서는 유권자들의 이슈평가와 선택예정 후보자의 소속정당 간의 관계를 분석하고 있다. 이슈에 대한 조사결과로서 유권자들의 정부실적 평가와 각 당의 공약평가가 그들의 투표행태와 높은 상관관계를 가지고 있다[145]고 평가하고 있다. 송근원의 선거아젠다 이론[146]은 이해관계의 갈등으로 인해 후보자의 선택에 있어 갈등을 빚고 이것이 선거결과에 반영된다는 기본인식틀을 갖고 있다. 그는 한국의 대통령선거에서 정책문제로서의 이슈가 선거기간 동안 어떻게 변화해 나가는가를 다루고 있다. 즉, 선거아젠다에 수록된 이슈들 사이의 관계나 이슈의 변

143) 박찬욱, "14대 대선의 승인과 패인: 실증조사결과를 중심으로", 고려대학교 노동문제연구소, 노동문제논집, 제10집(1993. 9.), pp.224-225.

144) 안병만·김인철, "유권자의 정치정향과 투표행태", 한국정치학회, 한국정치학회보, 제27집 2호(1993), pp.114-116.

145) 이정복, 앞의 논문, p.129.

146) 송근원, 「공약과 선거전략」(서울: 한국선거전략연구소, 1994), 참고,

질 과정, 이슈의 확장 과정, 이슈 전략 등에 관한 연구가 본격화된 것은 최근의 일이라고 자평하고 있다.[147] 한편, 송근원은 선거행태에 관한 통합이론의 필요성을 제기하면서 통합이론으로서의 이슈프레미엄이론[148]을 제기하고 있다.

한편, 김형준・유성모의 연구에 의하면 사회적 특성 변수는 유권자의 당파적 태도의 형성에 영향을 줄 뿐만 아니라 정책쟁점에 관한 견해에도 어느 정도 영향을 미친다고 하였다. 즉, 유권자의 사회적 특성에 따라 사회적 지위가 형성될 수 있으며, 이러한 지위는 보수 또는 진보와 같은 이념적 입장을 형성하는 데 영향을 주게 되고 정견과 연계되어 최종적으로 정당 선택에 영향을 미칠 수 있다는 것이다. 즉, 유권자의 사회적 특성은 직접적으로 정당지지에 영향을 미칠 뿐만 아니라 정견 또는 당파적 태도를 통하여 간접적으로 영향을 미친다고 분석하고 있다.[149] 박경산의 14대 대선의 집합자료의 분석에서 공간적 투표모형에 따라 경제문제의 해결능력에 대한 평가도 적지 않은 유권자들의 선택에 영향을 미쳤다고 밝히고 있다. 구미에서 발견된 경제적 투표가 한국의 선거에서 유권자들의 지지함수에 적용되는지 분석하고 있는 것이다.[150] 박경산의 경제적 투표 연구에서는 그는 공간적 투표모형을 통해 쟁점투표가 자신의 입장과 각 정당이 제시하는 정책과의 거리를 측정한다고 보고 각 이슈별로 측정된 거리에 사안별 중요성에 따른 가중치를 곱하여 가장 작은 값을 가진 정당에 투표하게 된다고 본다. 즉 개인적 손실함수를 사용해서 가장 작은 손실을 가져다주는 정당을 선택한다고 보았다.[151] 그는 지역성 외에도 후보자에 대한 인물평가와 유권자의 여야성향

---

147) 송근원, "대통령선 선거아젠다 분석: 제14대 대통령선거 이슈를 중심으로", 한국정치학회, 한국정치학회보, 제28집 1호(1994), p.206.

148) 다음과 같은 요인들로 구성하고 있다. ① 유권자의 판단기준에 대한 선호도, ② 유권자의 이슈 입장, ③ 유권자가 획득한 정보의 양과 질, ④ 유권자 판단능력, 여러 종류의 이슈에 대한 실제적인 판단, ⑤ 유권자의 투표행태 등의 과학적 조사결과 등이다. 송근원, 위의 책, p.36.

149) 김형준・유성모, 앞의 논문, p. 303.

150) 박경산, "제14대 대통령선거에 나타난 경제적 투표", 참고.

이 대통령선거의 강력한 결정요소로 드러났으며, 집권당 후보를 중심으로 한 회고적인 경제적 투표보다는 적지 않은 수의 유권자가 전망적인 경제적 투표를 하였을 개연성이 보인다고 분석하고 있다. 또한 유권자의 판단은 단기적으로는 경제정책과 관련된 선거공약의 일관성에, 장기적으로는 각 후보자가 지닌 정책이미지에 그 기반을 두었을 것으로 분석하고 있다.[152] 김형준·유성모의 14대 총선 연구에서 정책투표 또는 쟁점투표가 존재한다고 분석하고 있다. 집권당의 정책수행 실적과 경제상황이 쟁점화되었고, 이러한 것에 관련된 회고투표가 특정 정당의 지지에 직·간접적으로 의미 있는 영향을 미쳤다는 사실이 이를 실증적으로 증명해 준다고 설명하고 있다.[153] 그러나 김재한은 선거와 한국경제의 관계를 분석한 종래의 연구들은 선거 이전과 이후 또는 선거가 있는 기간과 없는 기간의 경제지표를 비교함으로써 선거를 겨냥한 정부의 경제정책 조정을 설명해 왔다고 평가하였다. 그리고 시계열분석에서 경기순환곡선이 선거라는 변수를 포함함으로써 실지 경제상황에 얼마나 잘 근접하느냐를 가지고 선거를 의식한 경제정책의 왜곡을 연구해 왔다[154]고 평가하고 있다. 그는 14대 대통령선거 직후 실시된 조사자료를 이용하여 경제적 투표모델을 통해 14대 대선에서는 경제상황이 선거결과에 별 영향을 주지 않았으며, 선거로 인한 경제왜곡(정치적 경기순환 가설이 적용가능성에 대해)도 없었다고 분석하고 있다.[155] 일반유권자는

---

151) 박경산, 위의 논문, p.186, p.192.

152) 박경산, 위의 논문, pp.202-203.

153) 이들은 정견의 개념을 이용하여 유권자의 경제상황에 대한 평가와 현 정부의 업무수행에 대한 평가를 유권자의 정책쟁점에 대한 견해를 측정하기 위한 변수로 활용한다. 유권자는 경제상황을 평가할 때, 자신의 가계 형편과 관련하여 개인적 자금사정을 중시하거나 무역적자, 실업률, 중소기업 도산 등과 같이 보다 광범위한 국가적 경제상황을 중시하는 경향이 있는데 경제쟁점투표를 강조하는 문헌에서는 후자의 투표양상이 지배적이라고 주장한다. 정부의 평가도와 관련하여서는 최근 정부가 일을 잘하고 있다고 생각하는지를 측정하고 있다. 김형준·유성모, "유권자의 정당지지 분석: 서울지역을 중심으로", 한국정치학회, 한국정치학회보, 30집 4호 (1996), p.304, pp.316-317.

154) 김재한, "제14대 대선과 한국경제", p.112.

155) 김재한, 위의 논문, pp.118-119. 김재한은 경제에 영향력을 행사할 수 없는 개

경제정책에 관한 야당의 대안을 실제로 인식하고 있지 못하고, 균형보다 한쪽의 일방적 승리가 안정을 가져온다는 단순한 논리를 갖고 있어서 경제상황이 나쁘다고 판단하면 이것을 처벌하여 야당을 찍는 회고적 투표행태뿐만 아니라 오히려 여당을 찍는 안정희구적 투표행태가 병존하고 있다고 분석하였다.[156] 김정기의 연구[157]에 의하면 15대 대통령선거에서 영남지역이 대통령후보자를 내지 않았지만 영남지역 유권자들이 출신지역이라는 지역성에 기초하여 한나라당 이회창 후보를 선호하여 투표하였으나 지역성과 함께 추락한 한국경제를 회복시킬 수 있는 후보자들에 대한 상대적 평가, 현재의 국가경제상황에 대한 후보자 간의 상대적 책임, 정경유착과 부정부패를 차단할 상대적 자질, 후보자 간의 상대적 도덕성을 합리적으로 고려하여 유권자들은 투표하였다고 분석하고 있다.

한편, 6·27 지방선거를 분석한 신진의 연구에서는 투표선택에 있어서 대안만 제시된다면 유권자는 후보자들의 미래보다는 과거를 보고 투표한다고 분석하고 있다. 유권자들이 전망적 기대보다는 회고적 평가를 기준으로 투표한 것으로 나타났다. 후보자가 미래에 무엇을 어떻게 얼마나 잘할 것인지보다는 그가 과거에 수행한 업적을 보고 평가하는 것이 훨씬 판단이 용이하며 합리적이라고 인식하기 때문[158]이라고 밝히고 있다.

별 유권자가 정치과정을 통해 경제에 영향력을 행사할 때 일반국민의 이익은 보장될 수 있다고 보고 있다.

156) 김재한, "제14대 대선과 한국경제", 한국정치학회, 한국정치학회보, 27집 1호(1993), pp.110-111.

157) 김정기, "대통령후보자가 제시한 정책이슈와 자질에 대한 창원시 유권자의 기대효용과 투표선택", 한국정치발전연구원, 민주화와 정치발전(대구: 한국정치발전연구원 (1998). 참고.

158) 신진, "부동층의 투표행태분석-1995. 6. 27지방선거에서 충남도지사 선거를 중심으로-", 한국정치학회, 한국정치학회보, 30집 1호(1996), pp.183-184.

③ 선거공약

㉠ 선거공약의 내용별 분류

선거공약의 내용별 분류에 관한 연구들은 각급 선거별로 정치·외교·국방, 경제, 도로·교통, 교육·문화, 복지, 환경 등의 분류를 통해 주로 실현가능성을 다루는 것이 주종을 이루고 있다. 그 다음으로 정책우선순위를 측정하는 조사가 부분적으로 행해졌던 것으로 평가된다. 그러나 이 경우도 송근원의 대통령선거의 아젠다연구에 국한하여 다루어지고 있으며 국회의원선거나 지방선거 수준의 연구는 일천하다고 하겠다. 먼저, 송근원의 대통령선거 이슈유형의 분류[159)]를 보면 이슈의 내용, 이슈프레미엄, 대상지역(이슈의 크기와 반응에 따른 분류) 등을 기준으로 하고 있다. 그의 대통령선거연구결과에 의하면 우리나라 선거사상 가장 많은 선거아젠다 공간은 정치적 이슈, 안보·외교·통일이슈, 사회적 이슈, 경제적 이슈, 선심성 이슈 순이라고 하였다. 이용환의 연구[160)]에 의하면, 선거공약의 특징을 공약의 분야별 분포와 유사성 비교를 통해 후보자별로 상충공약, 유사공약, 독자공약으로 구분하고 있다. 또한 공약집에 있는 공약과 공약집에 없는 공약으로 구분하였고, 유세장에서 사용한 공약을 수혜대상자별로 분류하였는데, 후보자들이 특정집단이 아닌 일반국민을 대상으로 한 국민공약과, 중소기업, 농어촌, 근로자 등 특정계층을 대상으로 한 이익공약, 구체적으로 지명을 명시

159) ① 정치적 이슈: 정치체제, 정치적 정통성, 미래의 정치적 과업(정치적 안정, 부정부패, 개혁), 후보 및 선거에 관한 이슈(공명선거), 구조적 이슈(정치형태-정부형태), 지역감정, 군정종식, 인권보장 ② 안보, 외교, 통일이슈: 사상논쟁 ③ 사회적 이슈: 빈곤, 영세민, 장애자, 사회보장제도, 교육, 노동, 주택(부동산), 여성, 보건, 의약, 환경, 소비자보호, 부정식품, 인구분산, 문화예술 ④ 경제적 이슈: 경제발전, 농어업, 금융, 조세, 교통, 물가, 중소기업, 증권, 지역개발, 무역 ⑤ 선심성 이슈: 국가, 광역, 지역적 이슈, 특정계층 대상 이슈 등이다. 송근원, 앞의 책, p.54.

160) 이용환, "제14대 대통령선거에서 여론과 쟁점공약", 연세대학교 동서문제연구원, 동서연구, 第7권(1995), pp.155-158.

하면서 지역발전과 지역개발에 관한 공약을 제시했던 지역공약으로 구분하였다. 여기서 그는 대부분의 공약이 국민공약과 이익공약이었다고 분석하고 있다. 윤용희는 대구지역의 각급 선거별 선거공약의 실현 가능성에 대한 연구[161]에서 산업경제, 사회복지부문, 도로교통 부문, 환경부문, 지역개발부문, 기타 등 6가지 분야를 제시하고 있다. 박창규는 6・4지방선거 당시 대구광역시의 기초자치단체장 후보자들에 대한 분석[162]에서 주민의사 반영과 행정의 서비스화와 관련된 서비스 행정 분야, 공무원의 사기앙양과 자질향상 및 비리 척결과 같은 공무원 관련분야, 예산의 적절한 사용이나 재원 확보 및 세수 증대와 관련된 예산분야, 물・공기・소음과 같은 주거환경 분야, 혐오시설 이전 및 편의시설 유치와 관련된 시설분야, 재개발이나 아파트 재건축과 같은 지역개발 분야, 소방도로나 간선도로의 개설과 같은 도로분야, 신호등이나 교통체계 그리고 주차장 확보와 버스노선 조정과 같은 교통정책, 재래시장과 같은 지역경제 활성화 분야, 문화정책과 학교유치나 교육환경 개선과 같은 교육・문화 분야, 복지 분야, 여성정책 분야 및 기타 등으로 각각 세분류하여 사용하고 있다. 정석구는 1991년 지방선거에서 서울시의원선거공약의 내용별 분류[163]를 지역개발, 교통문제 해결, 사회복지, 환경보호, 청소년 및 교육문제 해결, 지역문화 육성, 지역경제 육성 및 보호, 주택보급, 민생치안, 지방자치의 확립, 기타 등으로 구분하고 있다. 염미경의 6・27 지방선거 광주・전남지역 여성입후보자에 대한 공약분석[164]에서는 경실련(시민의 신문, 1995년 6월 3일자)의 기준에 의하여 정치 및 지방행정, 지역개발 및 재정, 사회복지, 교육, 환경(주거, 주택), 교통, 여성, 농업, 문화예술, 기타의 항목으로 분류하고 있다. 이때 기본 판별 준거

161) 윤용희, "대구광역시의회의원선거공약의 실현 가능성 연구", 경북대학교 지방자치연구소, 지방자치연구, 제1집 (1997), p.164.

162) 박창규, "대구광역시 기초단체장 공약의 적실성 분석", 한국정치발전연구원, 민주화와 정치발전(대구: 한국정치발전연구원, 1998), p.275.

163) 정석구, "서울시의회의원선거공약 분석", 지방자치, 1992년 9월호, pp.32-33.

164) 염미경, 앞의 논문, p.217.

는 공약의 구체성과 실현성 여부, 여성관련 공약, 그리고 이것의 당락과의 관련성 여부를 분석하고 있다. 요컨대 여성후보자들의 공약내용은 여성후보이기 때문에 여성관련 공약을 제시하고는 있었지만, 다소 형식적이고 나열적인 공약, 그리고 지방의원의 권한과 역할에 대한 인식이 결여된 내용이 많았다고 분석하였다.[165)]

㉡ 선거공약의 실현 가능성: 구체성(권한범위, 예산확보)

이용환은 공약을 작성할 때 여론조사 반영 여부를 조사하였다. 측정결과, 90% 이상을 반영하였다는 반응을 보였지만, 구체적인 반영의 예를 묻는 질문에 대해 공약작성을 위해 사전조사를 한 경우는 없고 거의가 언론의 쟁점에 대한 여론의 방향을 알아보기 위해 전화와 면접, 외부용역을 통해 여론조사를 실시하였다는 것이다. 종합적으로 볼 때, 공약작성과정에서 여론을 직접 반영하지 않았으며, 언론과 각종 여론조사를 통해 간접적으로 반영시키고 있다고 분석하고 있다.[166)] 한편, 이 연구에서는 정책공약의 실현가능성에 대한 조사에서 실현 가능성이 낮다고 평가한 응답자의 비율은 60~70%로 나타났으며, 실현 가능성이 매우 낮다 혹은 낮은 편이라고 대답한 응답자 중 가장 실현 가능성이 낮은 분야에 대해 정치 분야의 공약 22.8%, 경제 분야 39.9%, 사회 분야가 5.4%를 들고 있다.[167)] 이용환의 14대 대선을 통한 여론과 쟁점공약의 연구에서, 공약작성과정에서 여론을 어느 정도로 반영하였는지, 얼마나 여론과 일치하는 공약이 선거기간에 제시되었는지에 대해 여론과 쟁점공약을 병렬분석하고 있다.[168)] 그는 선거에 임하는 후보자는 여론에 관심을 갖고 구체적이며 실현 가능한 공약을 제시

165) 여성후보자들 중에는 공약을 제시하지 않고 지방의원으로서의 소신만 밝힌 후보자도 있었고, 기초의원의 권한범위를 벗어난 공약을 제시하고 있는 후보자도 많았다고 분석하고 있다. 염미경, 위의 논문, pp.219-220.

166) 이용환, 앞의 논문, pp.160-161.

167) 경향신문, 1992년 11월 19일자.

168) 이용환, 앞의 논문, pp.152-153.

해야 하며, 국민들은 지역이나 후보자 이미지보다 정책의 수행능력, 정책내용을 보고 투표함으로써 여론의 질적 영향력을 강화해야 한다고 주장한다.[169] 하혜수는 1991년 지방의회의원선거연구에서 서울지역에 출마한 기초의회의원선거를 분석대상으로 하여 선거공약의 구체성을 권한범위와 예산의 확보 등을 기준으로 분석하고 있다. 그는 선거공약을 보는 관점을 2가지로 요약하고 있다. 먼저, 선거공약은 정치수준과 정비례관계에 있다는 주장에 대해 선거 시에 내세우는 공약이 구체적일수록 의원들의 정치수준이 높다는 것이다. 따라서 구체적이고 실현 가능한 선거공약을 내세운 후보자가 당선되는 비율이 높으면 높을수록 주민의 정치의식이나 수준은 높다고 분석하고 있다. 그의 분석결과에 의하면, 제시된 후보자의 선거공약의 구체성이 매우 결여되었다는 점을 지적하고 있다. '지역민주화', '주민복지 향상'과 같은 추상성이 강한 선거공약들이 제시되었다는 것이다. 그리고 이러한 기준을 권한범위와 예산의 확보에서 찾고 있다.[170] 조현걸·박창규의 6·4 지방선거에서의 설문면접조사결과[171]를 통해 지방선거에 입후보한 후보자들은 후보자 선택요인으로 선거공약의 중요성을 인식하고 있으며, 선거공약의 실현 가능성과 관련하여, 자신들이 제시한 선거공약의 실현 가능성과 타 후보자들이 제시한 선거공약의 실현 가능성 간에는 차이가 발견되고 있다고 분석하였다. 한편, 선거공약의 파급범위와 관련한 선행연구는 그리 많지 않다. 선거공약의 파급범위와 관련한 연구로서 이용환의 연구에서는 '국민공약', '이익공약', '지역공약'으로 구분하고 있다.[172] 그는 공약의 수혜대상자가 특정 집단이 아닌 일반국민인 국민공약과, 중소기업·농어촌·근로자 등 특정계층을 대상으로 한 공약인 이익공약, 구체적으로 지명을 명시하면서

169) 이용환, 위의 논문, p.182.

170) 하혜수, "지방의원선거공약, 이래서는 안 된다", 지방자치 (1991), pp.70-75.

171) 조현걸·박창규, "6·4지방선거 입후보자의 선거와 관련한 정치의식조사-대구·경북지역의 출마자를 중심으로-", 한국정치발전연구원, 민주화와 정치발전(대구: 한국정치발전연구원, 1999), pp.102-106.

172) 이용환, 앞의 논문, pp.157-158.

지역발전과 지역개발에 관한 공약을 제시했던 공약을 지역공약으로 각각 구분하고 있다. 그리고 윤용희의 분석[173]에서는 '국가대상', '대구전체 대상', '지역구 대상'으로 분류되고 있다.

㉢ 정책우선순위

길승흠의 14대 총선 조사연구[174]에서는 1992년 3월 12일-14일 조선일보사(3월 17일자)와 한국갤럽조사연구소가 공동 전화 조사하여 얻은 결과를 토대로 한국유권자가 가장 중요시하는 공약에 대해 경제문제를 가장 중요시하고 '공정성', '민주화' 따위는 큰 관심을 베풀고 있지 않다고 보았다. 송근원은 이슈 성격에 대한 정의[175]에서 구체성과 사회적 중요성은 후보자 결정에 있어서 상대적으로 다른 요인보다 많은 영향을 미치고 있다고 분석하고 있다. 따라서 송근원은 이슈 자체의 성격에 따라 이슈가 누구에게 유리하고 불리한지 어느 정도 미리 경정된다고 할 수 있다고 분석하고 있다.[176] 다음은 이재웅의 6·27 지방선거에서 제시된 선거공약의 정책 우선도를 측정한 연구결과이다. 투표행태에 중요한 영향을 미치는 또 다른 요인으로서의 정책/공약에 대해서 '가장 중점을 두고 추진해야 할 것이 무엇인가'라는 질문에 대한 지역주민들의 구체적인 바람을 광역과 기초의원들로

---

173) 윤용희, 앞의 논문, p.175.

174) 물가안정 등 경제문제 36.0%/지역개발 25.8%/사회안정 11.9%/농어촌문제 8.2%/서민복지 5.8%/공정성 4.5%/정치의 민주화 3.0% 등이다. 길승흠, "한국인의 정치의식구조변화: 1963-1993년", 한국정치학회, 한국정치학회보, 26집 3호 (1993), p.143.

175) 송근원, 앞의 책, pp.46-47.

176) 그 주요 내용은 ① 구체성: 구체 또는 추상적으로 정의되는가/설득력≠청중수(전파가능성) 양극단(너무 추상 또는 구체)+실현 가능성 ② 사회적 중요성: 후보자 선호 경향 반영 (그 이슈에 대한 해결책으로 나타나게 될 잠재적 정책프로그램에 관련된 돈의 액수로 측정(예산규모 파급성, 효과성) (그 프로그램이 시행될 경우 영향을 받는 사람들의 수에 의해 측정) ③ 시간적 관련성(지속성) ④ 복합성 ⑤ 범주적 선례 ⑥ 현저성 ⑦ 규범성(윤리감각)↔사실성(이슈 설득력 제고에 상호보완적 역할) ⑧ 전파가능성: 이해관계와 밀접 관련 ⑨ 침투가능성 ⑩ 유행가능성 ⑪ 이해가능성 등을 들고 있다. 송근원, 앞의 책, p.54.

나누어 조사한 것이다. 광역의원의 경우에는 '지역개발 추진 및 지역경제 활성화'에 가장 중점을 두어야 한다고 응답한 사람이 48.6%를 차지하여 응답자의 절반이 지역개발과 지역경제에 광역의원들이 노력을 기울여 줄 것을 기대하고 있음을 알 수 있다. 그 다음으로 '민원처리'가 27.2%, '치안 및 청소년 문제 등의 사회문제 해결'이 22.1%를 차지하고 있다. 기초의원의 경우도 그 질적/양적 차이는 있겠지만 광역의원에 대한 기대와 별다른 차이를 보이고 있지 않다.[177]

〈표 2-4〉 지방의원의 추진정책에 대한 선호도

척 도	광역의원		기초의원	
	빈도(명)	백분율(%)	빈도(명)	백분율(%)
정치적 안정	216	11.9	496	27.2
정강정책	885	48.6	631	34.7
지역출신 지도자	304	16.7	152	8.3
지역발전	153	8.4	82	4.5
지지정당 없음	202	11.1	402	22.1
무응답/기타	61	3.3	58	3.2
합 계	1,821	100.0	1,821	100.0

이재웅, "지방의원선거에 대한 주민의 투표성향 분석-부산·경남지역을 중심으로-", 동의대학교 행정대학원 지방의회연구소, 「지방의회연구」, 제5권(1995), pp.48-49. 재작성.

라. 후보자의 요인(인물의 자질 및 능력)에 대한 태도

① 인물본위 투표의 경향

인물중심 투표란 후보자와의 개인적인 친분이나 후보자의 특성(교육수준,

177) 이재웅, 앞의 논문, pp.48-49.

연령 등)에 기초한 투표를 의미한다. 유권자들이 인물중심의 투표를 하는 이유는 정당의 역사가 짧아서 오래된 정당일체감을 발전시킬 수 없었기 때문이라고 하였다. 정당의 잦은 이합집산, 당명변경 등으로 우리나라에서는 정착된 정당일체감이나 정견선호의식이 정착될 수 없었던 반면, 동일한 정치주역들이 오랜 기간 동안 변함없이 등장함으로써 인물일체감이 더 강하게 영향을 미친다고 하였다. 이러한 논거로는 정득규의 선거인의 정치의식과 투표행태에 대한 경험적 분석에서 나타나고 있다. 투표의사의 결정요인으로서는 선거실시 시기에 관계없이 입후보자 자신의 인적요인이 절대시된다는 것이다.[178] 다른 한편으로는 대가족제도와 공동체적인 전통으로 인해 개인적인 자질이나 조직, 후보자와의 지연과 혈연 등이 선거에 결정적인 영향을 미치기 때문이라고 한다.[179] 실제로 다양한 경험적 접근방법에 의한 조사결과에 나타난 응답비율도 후보자 선택기준으로 인물이라고 응답한 응답자가 정당이나 정책을 선택한 응답자보다 두 배 이상 높게 나타나고 있어서 인물중심의 투표를 해 왔다는 결론에 도달하고 있다. 그렇다면 인물본위 투표에서 말하는 인물이란 무엇을 의미하는가. 각종 선행연구들은 인물에 대한 다소 모호한 개념을 무비판적으로 수용하여 사용하고 있는 것으로 보인다. 선행연구들은 후보자의 자질과 능력으로 대표되는 인물에 대한 평가를 학력, 경력, 도덕성 등을 예시하고 이에 대한 응답을 요구하고 있는 것이다. 권혁남도 우리나라의 투표결정요인에 관한 연구는 매우 포괄적이고 조금은 애매한 성격을 띠고 있는 후보의 개인적 속성 개념을 좀더 세분화, 유목화해서 분석할 필요하다고 본다. 캠프벨(campbell)의 3분법을 계속적으로 사용하는 경우 후보의 개인적 속성이 정당이나 이슈와 관련이 없는 요인들

178) 정득규, "한국인의 정치의식과 투표행태에 관한 연구", 전남대학교, 논문집, 제18권(1983), p.25.

179) Sung-Il Choi and Chae-Jin Lee, "Environment, Policy and Electoral Participation: A Comparison of Urban and Rural Areas," in C. L. Kim(ed.), *Political Participation in Korea* (Santa Babara, CA.: Clio Books, 1980).

의 집합소적인 성격을 띠지 않을 수 없기 때문이다. 또한 투표결정요인에 의해 설명될 수 없고 투표결정요인들은 서로가 독립적이기보다 매우 상호의존적인 관계에 있으며 이것들의 작용이 거의 동시에 일어난다는 사실이다. 그래서 유권자들의 투표행위를 가장 잘 설명하거나 예측해 주는 요인(지역주의)만을 지나치게 중요시한 나머지 다른 요인들을 단순히 잠재적인 설명변인으로만 가볍게 취급해서는 안 된다[180]고 주장하고 있다.

인물에 많은 유권자가 경도되어 있다는 수치가 중요한 것이 아니라, 유권자는 왜 인물을 투표의 첫 번째의 기준으로 삼았는가 하는 점이 중요하다. 지금까지의 연구는 수치의 많고 적음에 대하여 보다 효과적인 분석을 제시하지 못하였다. 이는 인물이라는 개념이 가진 다양한 범주들을 밀도 있게 구분하고 분석하려는 노력이 부족했기 때문이다. 인물과 정당은 같은 투표의 선택기준으로서 제시되었지만 하나는 태도라는 성격이 강하고 다른 하나는 제도라는 성격이 강하다. 이 양자를 비교하고 선택의 기준으로 제시하기 위해서는 인물이라는 태도와 정당이라는 제도가 보다 심층적으로 연구되어야 함[181]을 의미하는 것이다.

② 인물의 하위개념들에 대한 논의

우리나라의 선행연구결과들 가운데 인물이라는 개념에는 하위의 개념들이 존재한다는 논의[182]를 정리해 보면, 지연, 혈연, 학연, 정치적 경륜과 공직경험, 재력, 가문, 학력, 지도자로서의 자질, 신뢰성, 정직성 등을 들고 있다. 그리고 이들 개념들은 근대적인 혹은 전근대적인 평가 및 객관적 혹은 주관적 평가의 대상이 되어 왔다고 볼 수 있다. 홍순창은 인물에 대한 기준을 더 세분하여 근대적인 부류에 속하는 선택사항과 그렇지 않은 것을 설문

180) 권혁남, "유권자의 투표결정요인에 관한 연구", p.202.

181) 이중천, 앞의 논문, p.217.

182) 정당의 경우는 정당이미지, 정당일체감, 정당의 이데올로기적 지향 등을 제시할 수 있으며, 정책에는 정책, 공약, 정견 등을 하위범주로 넣을 수 있다.

자료로서 제시하고 있다. 인물이라는 범주에 가문, 학력, 경력, 인품, 친척 관계 등이 모두 포함될 수 있다고 보고 있다. 즉, 인물이라는 개념 안에는 학력, 경력 등의 구체적인 사항이 포함될 수 있으며, 또한 인품이라는 주관적인 개념도 포함되어 있다는 것이다. 한편, 여기서 근대적인 기준이라고 하면 학력, 경력, 정당 등을 들고 있는데 이것을 합하면 31.4%에 불과하며 이에 반하여 전통적인 기준이라고 생각되는 가문, 인품, 친척, 당선 가능성 등의 합계는 53.1%에 달한다고 밝히고 있다. 이것은 투표에 참여하여 판단하는 기준이 전근대적 요인에 의하여 지배되고 있기 때문이라고 지적하고 있다. 또한 이것은 아직도 업적, 실적, 능력 등 근대적인 평가기준보다도 막연한 동양적인 인격자 또는 덕망자를 중요시하고 있기 때문[183]이라고 보았다. 따라서 인물이라는 선택사항에 대해 부정적인 인식이 내포된 하위개념들은 지연, 혈연, 학연, 재력, 가문 등이며, 긍정적인 개념으로 사용된 개념들은 정치적 경륜과 공직경험, 학력, 지도자로서의 자질, 신뢰성, 정직성 등으로 집약되고 있다. 이를 요약해 보면 〈표 2-5〉와 같다.

〈표 2-5〉 인물의 하위개념들의 사용예

연구자별	인물의 하위개념들
홍순창	근대적 기준: 학력, 경력, 정당 전근대적 기준: 가문, 인품, 친척, 당선 가능성
한국선거연구회	경력: 정치적 경륜, 공직수행경험
권혁남	현 직위 및 과거 공직경력, 정치철학, 성격이나 능력, 외모, 출신지역
송근원	지적능력, 판단력, 예견능력, 결단능력
안병만·김인철	경륜 대 참신성, 여야정치행적 및 정치계·경제계 경험
이남영	입후보자 경력

183) 홍순창, "정치 면에 나타난 한국사회의 전근대적 제 요인에 대하여", 한국정치학회, 한국정치학회보, 제4집(1971), p.109.

연구자별	인물의 하위개념들
김덕주	근대적 요인: 정직, 신뢰, 지도력, 민주화 기여도 전근대적 요인: 외모, 대중적 인기, 친근감
박찬욱, 조기숙	현역의원 여부
황아란	재선출마후보 존재여부
김선종	출신지역, 학력, 지도자로서의 자질, 선심공세, 연격, 정당, 정책
김종림 · 이남영	광의: 소속정당, 출신지역, 성품, 경륜, 지식, 능력, 공약과 정책, 가문, 재력, 정치이념 협의: 후보자의 업적과 경륜(학식, 관계, 재계, 정계에서의 경력 등 후보자 개인이 노력하여 성취한 일체 업적, 후보자의 성품(신뢰성, 결백성, 성실성, 근면성, 소박성 등 후보자의 인간적인 측면), 투표자와 후보자 사이의 연고의 고리(출신지역, 학연, 혈연 등 우리사회의 인간관계), 후보자의 사회배경적 특징

이처럼, 인물의 개념에 대한 기본인식도 근대화론과 합리적 선택론에 따라 달리 보여주고 있다. 한국유권자에게 정치적 경륜과 배움의 정도, 인품, 신뢰성 등이 중요한 선택의 기준으로 작용해 온 것을 부인할 수 없다. 인물본위 투표에 대한 기존의 연구자들의 견해는 유교전통, 혈연, 지연 및 국가와 민족 등 상징적인 정치이념을 강조하는 정치문화 속에서 형성되었다는 전제와 인물본위 투표는 구체적이고 합리적인 판단력을 바탕으로 하고 있지 않은 것이라는 데 근거하고 있다. 1950년대와 1960년대에 주로 나타났던 준봉투표, 1980년대 후반과 1990년대 초반의 국회의원선거와 대통령선거에서 심각한 문제로 제기된 지역주의 등은 지연, 혈연, 학연 등에 관한 투표행태를 보인 전형적인 예라고 하겠다. 그런데 한국의 선거에서 지연과 혈연에 집착하는 전근대적인 투표행태만이 나타났다고 볼 수만은 없다. 정치적 경륜과 신뢰성은 정치인의 제일 큰 덕목이며, 정치인 개인을 판단할 수 있는 중요한 척도이기 때문이다. 이러한 논의로는 홍순창, 김규택, 정득규의 자료들에서 나타난 것처럼 인품이나 후보자의 능력을 선택의 기준으로 삼았다고 하는 사람들의 숫자가 유의할 정도로 많다는 분석결과에서 반영되

고 있다.[184] 대부분의 기존의 설문자료들은 길승흠이 사용한 설문방법을 그대로 사용하고 있다. 이처럼 홍순창이 사용한 인물 개념의 다양한 범주설정의 가능성은 한국선거연구회의 설문조사자료 등에서도 발견된다.[185] 제14대 총선에서 투표결정요인으로 인물을 선택한 329명(1,206명의 31.8%)을 대상으로 가장 많이 고려한 인물의 범주가 무엇인지를 조사한 바에 의하면, 이 질문에 대해서 홍순창이 제시한 경력에 해당하는 정치적 경륜과 공직 경험에 가장 많은 수가 답하였다는 사실이다. 또한 정치인의 가장 중요한 덕목인 신뢰성과 정직성이 그 다음을 차지하고 있다. 이것은 한국유권자의 인물에 대한 판단이 혈연이나 정실보다는 능력과 정치인으로서의 덕목에 더 큰 비중을 두고 있다는 점을 암시하는 것이다. 전문성과 정직성이 생명인 정치인에 대한 한국유권자의 가치정향은 잘못된 것이 아니라는 주장이다.[186] 권혁남의 연구[187]에 의하면, 후보의 개인적 속성(personal attributes)은 매우 포괄적인 개념인데, 특정 후보가 정치인으로서 또는 일반인으로서 갖고 있는 자질이나 특성을 일컫는다. 예를 들어 현 직위 및 과거 공직경력, 정치철학, 성격이나 능력, 외모, 출신지역, 성장과정, 교육, 종교, 가족, 사생활 등이 여기에 해당된다. 그런데 유권자들은 특정 후보에 대해 갖고 있는 후보자의 자질이나 특성 등에 대한 인식은 구체적이고 실증적인 지식이나 경험에 의한 것이라기보다는 직관적이거나 감정적인 인상에 의해 형성된 이미지(유권자들이 한 후보에 대해 갖고 있는 정신적인 상, 즉, 공개적으로 지각된 후보의 속성)를 갖고 판단한다. 그래서 후보의 개인적 속성은 후보의 이미지라는 개념으로 대치 사용되어야 한다고 주장한다. 한편, 송근원은 후보자의 능력을 지적 능력, 판단력, 예견능력, 결단능력 등으로 구분하여 사용하고 있다.[188] 안병만·김인철[189]은 14대 대통령선거분석에서 '과거행적과 후보자

184) 이중천, 앞의 논문, pp.201-202.
185) 한국선거연구회, 제14대 국회의원선거 조사연구: CODE BOOK(서울: 한국선거연구회, 1992), p.21.
186) 이중천, 앞의 논문, pp.197-198.
187) 권혁남, "유권자의 투표결정요인에 관한 연구", p.191.

의 자질(능력)'에 대한 이미지는 유권자가 평가할 때 찬성과 반대의 상반된 입장차가 존재할 수 있는 대립쟁점[190]이라고 보고, 경륜 대 참신성, 여야의 정치적 행적 및 정치계 경력과 경제계 경험의 대비를 통해 유권자들은 자신이 지지하는 후보자가 갖는 비교 우위적 요소라고 분석하고 있다.

이남영은 12대와 13대 총선을 비교분석하면서, 투표자들의 행태를 결정하는 주요인을 투표자들의 정치적 태도 및 신념, 입후보자들의 개인적 특성 및 선거운동전략, 선거구의 특성, 선거 당시의 국내정치 및 제반 사회여건을 들고 있다. 그리고 그는 이 연구에서 전통적으로 가장 많이 사용되는 상황변수, 도시화 정도, 입후보자 경력(현역의원 여부), 지역연고주의 등에 초점을 두고 있다.[191] 김덕주의 13대 대선에 관한 분석에서는 후보자 결정요인을 근대적 요인(정직, 신뢰, 지도력, 민주화, 기여도)과 비근대적 요인(외모, 대중적 인기, 친근감)으로 나누어 분석하고 있다.[192]

박찬욱과 조기숙은 현역의원은 지역구 대표활동에 있어서 재선에 긍정적인 효과를 미친다는 결과를 내놓고 있다.[193] 황아란도 15대 총선의 선거구 특성이 투표율에 미치는 영향을 분석하면서, 선거구의 재선출마후보의 존재 여부를 독립변수로 사용하고 있다. 그는 유권자의 후보인지도와 밀접한 관련을 맺고 있다고 보고, 유권자의 인지도는 특히 유력한 후보자에 대한 평

---

188) 송근원, 공약과 선거전략(서울: 한국선거전략연구소, 1994), p.63.

189) 안병만·김인철, "유권자의 정치정향과 투표행태", 한국정치학회, 한국정치학회보, 제27집 2호(1993), p.113, p.116.

190) 안병만·김인철, 위의 논문, p.112. 외국의 경우 D. Stokes, "Spatial Models of Party Competition," *APSR*. Vol. 57 (1963); W. Schneider, "Style of Electoral Competition," Richard Rose eds., *Electoral Participation* (Beverly Hills: Sage, 1980) 등이 있다.

191) 이남영, "한국 국회의원선거결과를 결정하는 주요요인: 85년, 88년 양대 국회의원선거결과의 비교분석", 한국의회발전연구회, 의정연구(1992), p.2.

192) 김덕주, 앞의 논문, p.69.

193) 박찬욱, "국회의 대표기능연구: 의원의 지역구 활동을 중심으로", 의정연구, 제21집 (1986).; 미국에서 현직의원의 재당선이 우리나라에서는 여촌의 현상을 결과하게 하는데, 이는 정당일체감의 약화로 인지하기 쉬운 현직의원에 투표한 결과라고 주장한다. 조기숙, "여촌야도의 합리성"(1993), p.67.

가 및 선택에 필요한 정보획득의 비용감소란 측면에서 투표참여의 용이성이 증가된다고 지적하고 있다.[194] 김종림・이남영의 공동연구에 의하면, 투표 선택이 결국 후보자 선택이기 때문에 후보자와 연관된 모든 것이 인물 속에 포함된다고 하였다. 이들에 의하면, 광의로 개념 정의하면, 소속정당, 출신 지역, 성품, 경륜, 지식, 능력, 공약과 정책, 가문, 재력, 정치이념 등등 거의 모두가 인물의 어느 한 면을 지칭하게 된다고 밝히고 있다. 그리고 기존 연구에서는 아직 인물이라는 단어가 각 투표자 마음속에서 실제로 무엇을 의미하는지 경험적으로 밝히지 못하기 때문에 인물이라는 개념의 이론적 위치가 매우 모호하다고 하였다. 따라서 인물에 대한 협의의 정의가 필요하며, 이 연구에서는 인물의 네 가지 측면, 즉, 후보자 각자의 업적과 경륜(학식, 관계, 재계, 정계에서의 경력 등 후보자 개인이 노력하여 성취한 일체 업적), 둘째, 후보자의 성품(신뢰성, 결백성, 성실성, 근면성, 소박성 등 후보자의 인간적인 측면), 셋째, 투표자와 후보자 사이의 연고의 고리(출신 지역, 학연, 혈연 등 우리사회의 인간관계), 넷째는 후보자의 사회배경적 특징을 들고 있다. 후보자의 사회적 배경은 그 자체가 중요한 것이 아니라, 그보다는 그 후보자의 가치관, 정치의식, 활동방향을 어느 정도 예측할 수 있게 하는 간단한 지표이기 때문이라고 밝히고 있다. 후보자의 출신가문, 출신지역, 성장과정 등을 미루어보아 나의 견해와 이해를 어느 정도 대표하여 줄지 미루어 짐작할 수 있다고 소개하고 있다.[195] 다음은 지방선거분석에서 이용된 인물의 하위개념과 선거태도의 관계에 관한 선행연구들을 분석한 것이다. 안병만은 지방의원선거에서 인물에 작용하는 요인을 분석하였다.

---

194) 황아란, "선거구 특성이 투표율에 미치는 영향": 제15대 국회의원선거분석", p.290.

195) 이 가운데 후보자의 인품을 고려했다는 투표자의 비율이 전체의 67%정도였으며, 나머지가 후보자의 성취업적과 경륜을 사용하고 있다고 분석하고 있다. 그리고 소수이긴 하지만, 연고가 우리사회관계에서 중요 역할을 하는 이유로 권력과 재산이 모두 연줄의 고리를 타고 분배되기 때문이며, 정치적으로 세련된 층은 선거결과에 대해 더욱 민감할 가능성이 있다. 왜냐 하면, 선거결과가 자신의 이해득실을 직접 좌우한다고 생각하기 때문이라고 하였다. 김종림・이남영, 앞의 논문, pp.172-175.

설문조사결과 '지역사회의 공헌도'가 가장 중요한 요인이라고 분석하고 있다. 다음으로 '도덕성과 성실성'을 들었다. 이러한 결과는 다소 왜곡되게 나타날 수도 있다. 왜냐하면 지금까지 선거양상을 보면 '지연이나 학연' 등이 당락에 가장 많이 작용한 것으로 알려졌기 때문이다. 그러나 의원들의 반응은 다르다. 특히 '선거공약', '정당배경', '재력', '학벌' 등은 별로 중요하지 않은 것으로 대답했다고 분석하였다. 이러한 설문조사결과는 지방의회에 진출하기 위해서는 평소 지역사회를 위해서 열심히 봉사해야 하고, 인간성이 잘 갖추어져 있어야 한다는 것을 의미한다.196)

신진의 연구에 의하면 충남도지사의 자격요건에 관한 질문에서 응답자들은 도지사후보의 정당관여 정도는 중요하지 않다고 응답한 비율이 52.9%에 달하고 있다. 그러나 인품의 중요성은 93%가 중요하다고 평가하고 있으며, 능력은 94.4%, 경험은 90.8%, 지역발전에의 공헌도는 87.3%가, 또 청렴함에 있어서는 92.9%가 중요하다고 평가하고 있다.197)

〈표 2-6〉 지방의원선거에 작용하는 요인

【단위: 명】

	구의원	시·군의원	광역의원
선거공약	2	10	0
도덕성과 성실성	27	40	14
정당배경	1	2	2
지역사회의 공헌도	33	52	13
학벌과 경력	6	2	2
재 력	1	1	1
지연과 혈연	7	7	7

안병만 외, 지방자치의식에 관한 연구-대전·충남지역을 중심으로-, 한국행정학회, 연구보고서(1995.2), p.115.

196) 조만형, "지방의원들의 자치의식에 관한 연구-대전·충남지방의회의원을 중심으로-", 안병만 외, 「지방자치의식에 관한 연구-대전·충남지역을 중심으로-」, 한국행정학회, 연구보고서(1995.2), p.115.

197) 신진, "부동층의 투표행태 분석-1995. 6. 27지방선거에서 충남도지사 선거를 중심으로-", 한국정치학회, 한국정치학회보, 제30집 1호(1996), pp.193-194.

염미경의 6·27 지방선거 광주·전남지역 분석에서 광역의회와 기초의회 후보 간 홍보전략의 특징 분석에서는 광역의회의 경우 소속정당이 밝혀지기 때문에 소속정당에 대한 홍보보다 자신의 경력을 강조하는 것이 특징이었다고 분석하고 있다. 입후보한 여성의 대부분은 새마을부녀회장, 사회단체회원, 보육·환경운동가, 정당원, 여성단체에서 사회활동을 해 온 여성들로 분석하고 있다. 이 연구에 의하면, 여성단체와 제도권 정당과의 관계를 보여주는 것이라고 분석되고 있다.198) 이처럼 후보자 선택기준 가운데 후보자 개인 자질 혹은 성품에 대한 지방선거의 연구결과는 많지 않다. 특히 후보자의 자질이나 능력에 대한 하위개념을 설정하고 심층적으로 분석한 연구결과는 드물다고 하겠다. 연구에서 사용된 하위 변수로는 성, 연령, 학력, 직업/경력, 현직의원 재선출 의향(후보자 인지도) 등과 관련한 것들이다. 그 연구결과를 정리하면 다음과 같다. 첫째, 지방의원의 성별 선호도와 관련한 연구결과이다. 지방의회에 대한 여성참여는 확대되어야 함에도 불구하고 우리의 지방의회의 경우 기초의원은 총 4,303명 가운데 여성의원은 40명이고, 광역의원 총 866명 가운데 단지 8명으로 각각 0.9%대에 머물고 있다고 분석하고 있다.199) 그리고 지방의회에 대한 여성 진출의 설문조사 결과, 광역의회의 경우 '매우 필요하다' 17.2%, '비교적 필요' 36.7%, '그저 그렇다' 28.7%, '별로 필요없다' 9.8%, '전혀 필요없다' 3.6%의 응답을 보이고 있다. 한편 기초의회의 경우 '매우 필요'가 15.8%, '비교적 필요' 42.7%, '그저 그렇다' 27.0%, '별로 필요없다' 7.3%, '전혀 필요없다' 3.7%로 나타나고 있다. 이러한 응답결과는 광역의회의 경우와 별 차이가

---

198) 여성단체들은 성향에 따라 특정 정당과 연계되었는데, 대한주부클럽연합회, 여성발전회, 한국여성단체협의회, 한국부인회, 새마을부녀회 활동을 하고 있는 여성들의 경우는 민자당 공천 또는 내천으로 입후보하였다. 한편, 한국여성민우회, 노동운동가 출신, 한국여성단체연합, 한국여성유권자연맹, 여성위원회, 5·18단체 등에서 활동했던 여성들은 거의 모두 민주당 공천 또는 내천으로 입후보하였다고 분석되었다. 염미경, 앞의 논문, pp.216-217.

199) 정세욱, "지방자치와 여성참여", 김정숙 편, 「여성과 정치」(서울: 한국여성정치문제연구소, 1992), pp.137-142.

없다.[200] 둘째, 지방의원으로서 적정한 연령에 대해서는 광역의원의 경우, '30대 이하' 3.6%, '40대' 38.3%, '50대' 52.3%, '60대 이상' 2.5%의 응답을 보이고 있다. 기초의원은 광역의원과 달리 40대를 선호하는 경향이 높은 것은 기초의회가 광역의회에 비해 그 기능의 폭이 좁기 때문에 젊은 사람이라도 충분히 감당할 수 있다고 보기 때문이다. 뿐만 아니라 지역의 일을 보다 젊은 사람에게 맡겨 보다 적극적인 활동을 기대하기 때문이라고 분석하고 있다.[201] 셋째, 지방의원의 최소학력에 대해서는 광역의원의 경우 '대학 이상'의 학력을 요구하는 사람이 50.9%, '학력은 상관없다'는 사람이 33.6%(20대 유권자 응답율은 43.7%), '고졸 정도면 된다'가 12.0%로 나타났다. 이 결과는 복잡한 지역사회 전반의 문제를 다루기 위해서는 대학 이상의 학력이 필요하다는 인식을 분명히 하고 있다. 그러나 다른 한편 '고졸 정도' 혹은 '학력은 상관없다'는 응답도 45.6%를 차지하고 있는 것을 보면 지역의 문제를 상식선에서 처리할 수 있는 사람, 혹은 이론에 치우치기 보다는 지역주민의 공통된 정서를 잘 읽어낼 수 있는 사람을 원하는 것으로 볼 수 있다. 기초의원의 경우는 이러한 인식이 더욱 강하게 나타나고 있다. 즉 '학력은 상관없다'는 사람이 47.8%를 차지하고 있고 '대학이상'은 32.6%만을 차지하고 있다. 특히 20대가 이러한 경향을 강하게 보이고 있다(54.5%).[202] 넷째, 후보자의 직업이나 경력에 대해서는 광역의원의 경우, 정치인 37.2%, 전직행정관료 14.7%, 전문인 15.4%, 노동/농민단체 대표 17.3%, 재야단체/사회운동이 8.5%, 기업인/상공인 6.4%의 응답을 보이고 있다. 교차분석결과도 모든 배경변수가 거의 유사한 비율을 보이고 있어 부산/경남 지역의 주민들은 광역의원의 직업이나 경력으로는 정치인이나 정당인을 월등히 선호하고 있음을 보여주고 있다. 일선 공무원

200) 이재웅, "95년도 지방의원선거에 대한 주민의 투표성향 분석-부산·경남지역을 중심으로-", 동의대학교 행정대학원 지방의회연구소, 「지방의회연구」, 제5권(1995), pp.65-66.

201) 이재웅, 위의 논문, pp.53-54.

202) 이재웅, 위의 논문, pp.51-52.

들의 정치인을 선호한다는 응답도 전체평균과 같은 37.2%의 지지를 보이고 있으며 기업인들은 49.3%의 비율을 보이고 있다. 기초의원의 경우는 광역의원과 달리 오히려 전문성을 갖춘 사람, 의사, 법조인, 교사, 교수, 언론인 등을 선호하는 비율이 23.1%로서 가장 높게 나타났다. 직업별 교차분석에 의하면 전문직, 공무원, 기업인, 사무직, 학생 유권자 모두가 전문성을 갖춘 사람을 지지하는 비율이 전체평균을 상회하고 있다. 다음으로 노동/농민단체 대표가 17.1%를 차지하고 있는데 이는 부산의 경우 13.5%, 경남의 경우 21.6%로 부산과 경남이라는 지역적 특성으로부터 나오는 결과로 보여 진다. 그 다음이 전직 행정관료로서 14.4%를 차지하고 있다.[203)]

한편, 지방의원의 바람직한 직업이 무엇인가에 대해 공무원들과 지역주민에게 질문한 결과 전체 응답자의 52.3%가 전문직종에 종사하는 사람이 바람직하다고 생각하고 있었으며, 전직공무원에 대해서도 응답자의 33.6%가 선호하고 있었다. 반면 정치인에 대해서는 5.1%, 기업인에 대해서는 4.0%의 응답자들만이 바람직하다고 응답하고 있는 것으로 볼 때 정치인과 기업인에 대한 불신을 반영하고 있다.[204)]

다섯째, 현직의원 재선출 의향에 대한 설문조사결과 광역의원의 경우에는 재선출 의향이 '매우 높다' 7.2%, '꽤 높은 편이다' 12.1%, '그저 그렇다' 41.4%, '낮은 편이다' 20.9%, '아주 낮다' 13.4%로서 유동적인 41.4%를 제외하면 재선출 의향(19.3%)보다 부정적인 응답(34.3%)이 더 많았다. 기초의회의 경우에는 재선출 의향에 대해 재선출 의향이 '매우 높다' 3.8%, '꽤 높은 편이다' 9.7%, '그저 그렇다' 42.7%, '낮은 편이다' 23.6%, '아주 낮다' 15.4%로서 광역의회보다 더 부정적이다. 특히 현직 기초의회의원들과 연배가 비슷한 50대들이 재선출 의향이 낮다고 응답하고 있으며 소득이 많을수록, 학력이 높을수록 부정적으로 나타나고 있다. 또한 전문직, 기

203) 이재웅, 위의 논문, pp.49-50.
204) 김성호, 「지방의회의 의정효율성 제고방안」, 한국지방행정연구원, 연구보고서 95-3 (통권 제205권)(1996.2), pp.86-87.

업인, 심지어는 생산직에 종사하는 사람들까지도 현직 기초의원의 재선출 의향에 대해 상당히 부정적으로 평가하고 있다.[205] 아무튼 이러한 결과는 현직의원이 후보자 요인 중의 하나로 평가될 수 있다는 점을 반영하는 것이라고 평가해 볼 수 있다.

여섯째, 후보자의 자질에 대한 주관적인 평가도 조사되고 있다. 지방의원의 전문적 지식보유 정도와 도덕적 품성 간에 어느것을 더욱 중시하는가에 대한 물음에 광역의원의 경우 도덕성을 요구하는 비율이 55.2%로 전문성을 요구하는 비율 38.1%보다 높게 나타났다. 기초의원의 경우도 도덕성이 47.9%, 전문성이 43.7%로 비슷하긴 하지만 도덕성이 더 높게 나타났다.[206] 이상의 조사연구들의 설문 문항을 정리해 보면, 인물본위 투표는 한국유권자들이 보여주는 독특한 측면으로 전근대적인 투표행태라는 의심을 받았으며, 비판의 대상이 되어 왔다. 인물 지향성이나 정당 지향성이라는 개념은 근대-전근대 혹은 합리-비합리라는 이분화된 가치지향으로 구분되고 있다. 그러나 인물 지향성이란 다양한 하위개념이 존재하는 까닭에 한 가지 의미로 전근대적이거나 비합리적으로 치부할 수 없는 복합개념이라는 것이 여러 설문자료를 통해 보여지고 있다.[207] 전통적으로 인물의 의미는 개인적인 친분, 혈연, 지연관계를 의미했지만, 만일 이것이 인물의 능력, 경력, 경륜, 도덕성, 인품 등의 후보자의 자질을 의미한다면 인물위주의 투표도 합리성의 원칙과 일관성이 있다고 할 것이다. 인물의 범주에 그 인물의 정당이나 정견도 포함되어 있다고 할 때, 인물을 압도적으로 고른다는 것이 전통적 투표행태라고 간주할 이유는 없는 것이다.[208]

또한 이상의 논의는 주관적 가치와 객관적 가치가 혼합되어 사용되고 있다고도 평가할 수 있다. 특히 정직성, 신뢰성 등의 인품에 관한 부분은 주

205) 이재웅, 앞의 논문, p.59-60.
206) 이재웅, 위의 논문, p52.
207) 이중천, 앞의 논문, p.200.
208) 조기숙, "한국유권자의 정당본위투표", pp.166-167.

관적 가치에 해당되고 정치적 경륜이나 학력 등은 객관화할 수 있는 가치로 평가될 수 있을 것이다.

(3) 투표행태

가. 분석 개요

유권자들의 인물, 정당, 정책본위의 투표행태에 대한 조사는 미국의 투표행태 연구의 표준적인 방법이고,[209] 우리나라에서도 투표행태 연구가 시작된 이래 이와 같은 방법을 채택하고 있다. 그러나 미국의 투표행태 연구가 정당일체감의 형성과 변화를 중요시하는 연구나[210] 정당일체감이 약화되어 감에 따라 나타난 정책투표를 중요시하는 연구[211]가 주류를 이루고 있는데 반해 우리의 연구는 유권자들이 인물, 정당, 이슈 중 무엇을 가장 중요하게 생각하고 있는가를 조사하는 수준에 머물러 있다[212]고 평가되기도 한다. 먼저, 인물본위 투표행태가 강하게 결과 된 선행연구들이다. 상당수의 연구들은 정당이 투표의 기준으로 선택되지 않은 점에 주목하고 정당을 기반으로 투표가 이루어져야 함을 강조하고 있다. 이경구의 연구에서는 선거에서 정당을 중시했느냐, 인물을 중시했느냐의 문제는 정당에 대한 선거민의 애착의 정도를 알 수 있을 뿐만 아니라 정당정치 전반에 대한 선거민의 인지와 관심의 정도를 측정할 수 있다고 보고 인물정당투표에 관한 연구의

---

209) A. Compbell, G. Gurin & W. Miller, *The Voter Decides* (Evanston: Row, Peterson, 1954).

210) A. Compbell, P. Converse, W. Miller & D. Stokes, *The American Voter* (New York: Jhon Wiley & Sons, Inc., 1960)와 같은 저자들의 *Elections and the Political Order* (New York: Jhon Wiley & Sons, Inc., 1966).

211) N. Nie, S. Verba & J. Petrocik, *The Changing American Voter* (Cambridge: Harvard University Press, 1976); V. O. Key, *The Responsible Electorate* (Cambridge: Belknap Press, 1966).

212) 이정복, "한국인의 투표행태: 제14대 총선을 중심으로", 한국정치학회, 한국정치학회보, 제26집 3호 (1993), p.126.

의의를 제시하였다. 그리고 우리나라의 정당이 이념중심이 아니라 인물중심으로 이합집산되었고 정당의 역사가 일천하여 그 조직망이 아직도 대중 속에 뿌리박지 못하였기 때문에 인물 지향적 투표가 나타난다고 분석하였다.[213] 김규택도 자체 조사한 수치를 제시하면서 인물 지향적 투표가 나타나는 것은 국민생활과 부합하는 국민의 정당이 결여된 데 그 원인이 있다고 하였고,[214] 정득규는 정당요인이 투표의사결정에 있어서 크게 중요시되지 못하고 있는 것은 정당이 실제적으로 국민의 지속적이며 효과적인 정치참여를 실현하지 못하고 그것이 갖는 본래의 역할과 기능을 수행하지 못하고 있음을 실증하고 있다[215]고 하였다. 권혁남의 연구에서는 유권자들이 이슈보다는 후보의 개인적 속성을 중심으로 한 인지구조를 갖고 있으며, 동시에 이를 중심으로 한 투표행위를 한다고 보고 있다. 따라서 이슈가 아닌 모두 후보의 개인적 속성과 관련된 인지구성체들을 사용하여 동화지각현상을 검증하고 있다.[216] 박찬욱의 14대 대통령선거분석에서 유권자가 정책・정견에 근거하여 후보자를 선택하는 정책쟁점투표(issue voting)는 14대 대선의 경우에 제한적인 정도로 나타났을 뿐, 그보다는 '후보 이미지'에 바탕을 두는 투표(candidate image voting)가 더욱 두드러졌다고 분석하고 있다.[217] 그는 후보자의 출신지가 인물요인으로 가장 중요하지만 이 밖에도 후보 개인의 이미지 특히 신뢰감이 중요하다고 하였다. 그리고 김영삼 후보는 후보 개인의 이미지에 근거한 투표의 이득을 가장 많이 보았다고 확인하고 있다.[218]

---

213) 이경구, "도시민의 정치의식: 투표행태분석", 성균관대학교, 성균관대학교 논문집, 제13집(1968), p.179.

214) 김규택, "선거와 투표행태", 한국정치학회, 한국정치학회보, 제2집(1967), p.218.

215) 정득규, 앞의 논문, p.346.

216) 자세한 논의는 권혁남, "제13대 대통령선거에서 나타난 한국유권자의 정치인지구성체계 연구", 경남대학교 극동문제연구소, 한국과 국제정치, 제4권 2호 (1988년 가을호), p.258.

217) 박찬욱, "14대 대선의 승인과 패인: 실증조사결과를 중심으로", p.224.

218) 박찬욱, 위의 논문, p.226.

안순철의 공간이론을 통한 연구결과에서도 정당과 예측공간상 근접성을 통해 한국정당들의 인물 주의적 성격을 우리나라 유권자들이 충분히 인식하고 있음을 밝혀내고 있다.[219] 한편, 대부분의 연구들은 인물본위 투표행태에 있어서 전근대성을 지적[220]하고 있다. 정당을 바탕으로 하지 않고 인물에 근거한 투표를 전근대적인 투표행태라고 지적하는 것이다.[221] 그런데 최영훈(현대사회연구소, 1988년 1월)의 13대 총선의 행태 주의적 접근방법에 의한 조사결과에서는 이전의 윤천주의 투표기준 변화와 비교하여 정당 및 정견을 선호하는 경향이 인물선호의 감소와 거의 정비례하는 관계에서 급상승하는 추세에 있어 유권자들의 투표행태가 점차 근대화되고 있다고 분석하고 있다.[222] 박승재는 이러한 인물과 정당에 대한 유권자의 반응은 정당이 국민의 동일체감을 굳히지 못하고 있음을 반영하는 동시에 편협적인 정향을 나타내 주는 것[223]이며, 홍순창은 투표에 참여하여 판단하는 기준이 전근대적 요인에 의하여 지배되고 있다는 것을 의미한다[224]고 주장하였다. 이경구는 막연한 감정에 입각하여 후보자를 선택하는 인물중시형은 정치의식이 얕고

---

219) 여당과 야당의 대립이라는 현실은 의회가 정책을 수립하고 정부의 정책을 비판, 대안을 모색하는 곳이 아니라 대립을 위한 장소처럼 인식되었다. 그 결과 국민의 이익을 대변하고 국민의 이익을 실현하는 데 주의를 기울이기보다는 정당지도자의 뜻을 관철시키는 데 주력하였고, 정당지도자에 종속된 사당화의 경향을 노정시켜 온 것이다. 따라서 한국유권자들이 정당의 필요성에 대해 인식하면서도 정당의 역할에 대한 부정적인 견해나 정치인에 대한 부정적인 인식이 높은 까닭도 여기에 기인한다고 보고 있다. 안순철, "한국유권자의 전략적 투표행태", 한국정치학회, 한국정치학회보, 제30집 2호(1996), p.171, pp.178-182.

220) 그동안 인물투표, 정당투표 그리고 인연, 지역, 학연, 매표 등의 비합리적 요인에 의한 동조투표에 관한 논의는 윤천주(1981, 1989), 배성동·길영환·김종림(1975), 길승흠·김광웅·안병만(1987), 김선종(1990), 박찬욱(1990), 김광웅(1990) 등의 연구를 통해 다루어져 왔다. 송근원, "대통령선거아젠다 분석: 제14대 대통령선거 이슈를 중심으로", p.206.

221) 이러한 경향들은 이경구, 박승재, 홍순창, 길승흠 등의 연구에서도 나타난다.

222) 최영훈, 앞의 논문, p.253.

223) 박승재, "한국민주주의와 선거: 선거제도의 토착화를 위한 시론", 한국정치학회, 한국정치학회보, 제4집(1971), p.68.

224) 홍순창, 앞의 논문, p.109.

보수적 경향이 있는 반면, 정강정책이나 정당소속에 입각하여 후보자를 선택하는 정당본위투표행태는 정치의식이 높고 진보적이라고 하였다.[225] 길승흠은 자신의 설문조사에서 시간이 지날수록 인물에 대한 수치가 줄고, 정당에 대한 수치가 증가하는 결과에 대해 합리화 내지 근대화의 방향으로 가고 있다[226]고 주장하였다. 그간의 연구들을 종합해 보면, 정당지지와 출신지역(지역주의) 간의 상관관계는 높게 나타나고 있다. 송근원은 많은 연구결과들이 선거결과에 영향을 미치는 요인으로서 인물, 정당, 지역성, 이슈(정책) 등을 들고 있다.[227] 안병만・김인철의 14대 대통령선거분석[228]에서 출신지역과 출신정당과 후보자의 인품이 동시에 유권자가 후보자를 선택하는 기준이 되고 있으며, 박찬욱은 후보자의 출신지역과 유권자 자신의 거주지역 간의 일체감 그리고 정당선호의식이 선거에 대한 인지기준으로 중요하게 작용하고 있다고 본다.[229] 안병만・김인철의 연구에 의하면, 14대 대통령선거에서 유권자들은 정견이나 공약에 입각하기보다는 후보자의 인물이나 출신지역에 따라 후보자를 선택하는 경향이 강하였다.[230]

정당지지와 도시화 간의 상당한 상관성을 보인다는 길영환・정득규의 연구는 시간의 흐름에 따라 인물본위의 투표는 줄고 정당본위의 투표는 증가한다는 길승흠의 연구 등도 이러한 가정에 기반하고 있다. 정득규, 안병만의 연구에서는 근대화에 따라 정당투표가 나타난다는 지적과 정당본위투표나 인물본위 투표성향은 근대화와 아무런 관계가 없다는 주장도 혼재하고

---

225) 이경구, 앞의 논문, p.179.

226) 길승흠, 앞의 논문, p.60.

227) 송근원, "대통령선거아젠다 분석: 제14대 대통령선거 이슈를 중심으로", p.206.

228) 안병만・김인철, "유권자의 정치정향과 투표행태", 한국정치학회, 한국정치학회보, 제27집 2호(1993), p.111.

229) 이때 유권자의 정당일체감은 아직도 정착되지 못한 정당구도에 비추어 "유권자의 내면화된 당파적 태도라기보다는 투표에 임박하여 지지할 후보자와 동일한 선택 그 자체라 할 수 있는 정당선호(Party Preference)의 수준에 머무는 것"이라고 본다. 이러한 견해는 박찬욱(1992). 참고.

230) 안병만・김인철, "유권자의 정치정향과 투표행태", 한국정치학회, 한국정치학회보, 제27집 2호(1993), p.99.

있는 셈이다.[231] 한편, 합리적 선택론자들을 통해 위의 근대화론에 입각하고 있는 연구들에 대해 방법론적인 면과 이론적인 면에서 다른 차원의 문제를 제기하고 있다.[232] 방법론적인 면에서는 개념적으로 정리되지 않은 인물이나 정당 등의 용어사용으로 인한 면접결과의 타당성과 신뢰성의 문제가 있으며, 이러한 오류는 인물과 정당에 대한 선호도의 불안정성을 노정시켜 왔다고 주장하고 있다. 정당본위투표의 불안정성은 한국정당이 제도화되지 못하고 있음을 나타내고 정당본위투표의 의미는 설문대상자의 당위적 인식에서 비롯되었을 가능성이 높으며, 정당투표의 정도는 투표 당시의 정당인기도와 연관이 깊다고 주장하고 있다. 또한 근대화 이론은 정당투표의 문제를 설명하는 데 한계가 있는데 이는 무소속후보자의 증가, 지역주의의 투표성향이 돌출하거나, 14대 총선에서의 국민당의 돌풍 등을 설명하지 못하기 때문이라고 지적하고 있다.[233] 조연수는 세련된 정치의식을 갖지 않은 유권자에게 비용이 가장 덜 들고 합리적인 판단의 실마리를 제공해 줄 수 있는 것이 후보자의 인물됨이라고 보고 있다.[234] 나아가서 그는 인물본위 투표의 결과가 직접적인 태도를 측정하는 것은 아니고 설문에 의한 간접적 측정이라는 점에 주목해야 하며, 한국에서 인물투표는 믿을 만한 근거를 지닌 기준이 될 수 있다고 주장한다. 한국유권자가 정당투표를 계속해 왔으며 이는 합리성의 개념과 일치한다고 주장한다. 즉, 개별정당은 이합집산을 계속해 왔을지 몰라도 한국유권자에게 안정된 정당의 개념은 여당과 야당이란 소위 여·야의 개념분리를 통한 견제와 균형을 어느 정도 세울 수 있는 정

231) 길승흠·김광웅·안병만, 앞의 책, p.91.

232) 조기숙은 합리적 선택론의 시각에서 대표적인 한국인의 투표성향인 여촌야도, 지역주의, 인물중심 투표성향의 재해석을 하였다. 조기숙, "합리적 유권자 모델과 한국의 선거분석: 여촌야도, 지역주의, 정당 대 인물본위투표를 중심으로", 한국정치학회, 선거와 한국정치[하계학술대회논문집] (1992).

233) 조연수, "합리적 유권자 모델과 한국의 선거분석: 여촌야도, 지역주의, 정당본위투표를 중심으로", 한국정치학회, 선거와 한국정치: 국내하계학술대회논문집(경주: 한국정치학회, 1992), pp.87-89.

234) 조연수, 위의 논문. 참고.

당일체감을 형성시킬 수 있었다고 그 이유를 밝히고 있다. 그리고 보다 의미 있는 투표분석은 한국의 유권자가 정당을 중심으로 하여 인물을 고려하여 왔다는 것에 주안점을 두어야 한다[235]고 주장한다. 그리고 조연수의 연구에서는 공간이론이 가정했던 선호강도의 차이가 없다는 점을 부인한다. 유권자 간 선호강도의 차이가 존재한다고 밝히고 있다.[236] 다음은 정책본위 투표에 대한 견해이다. 조연수는 수정된 효용이론의 가정에 근거한 공간이론을 통해 강한 선호를 지닌 소수가 연합해서 가질 수 있는 선호가 확실한 정책이 되는 것이라고 주장하고 미국의 연구에서 자주 발견되는 후보자의 이질적인 정책적 전략은 바로 선호강도의 고려에 의해서 설명될 수 있다고 주장한다. 따라서 선거에서 제시하는 정책이 공약이 되기 위해서는 강한 선호를 가진 소수의 유권자의 연합을 가져올 수 있는 것이어야 한다고 주장한다.[237] 그리고 많은 경험적 연구의 경우 유권자들의 사회경제적 배경변수들이 투표행태에 미치는 영향을 분석하고 있다. 이점은 사회경제적 배경변수들이 후보자 선택기준으로서 선거태도뿐만 아니라 투표행태에도 영향을 미치고 있다는 점을 알 수 있는 대목이다. 정득규의 연구에서도 선거인의 정치의식과 투표행태에 대한 경험적 분석에 의하면, 투표의사의 결정요인으로서는 선거실시 시기에 관계없이 입후보자 자신의 인적요인이 절대시되고 있으며, 일반적으로 선거과정에 있어서 중시되어야 할 정당에 대한 요인은 경시되고 있다고 보고 있다. 우리나라에 있어서 사회경제적 요인의 변화는 선거인의 정치행태의 형성에 결정적 요인이 되고 있다고 볼 수 있으며, 이 사회경제적 제 지표의 수준 증가는 정치행태의 형성에 있어서 발전적 요인이 되고 있다고 평가하고 있다.[238]

235) 조연수, "유권자 선호강도는 존재하는가?: 인지심리학과 경제학의 합리성 개념의 대비를 통하여", pp.92-93.

236) 조연수, "유권자 선호강도는 존재하는가?: 인지심리학과 경제학의 합리성 개념의 대비를 통하여", p.93.

237) 조연수, "유권자 선호강도는 존재하는가?: 인지심리학과 경제학의 합리성 개념의 대비를 통하여", pp.106-107.

이남영의 제14대 대선 분석에서는 종래의 연구들이 주로 지역, 직업, 소득, 연령 등의 변수들이 투표행태에 미치는 영향을 집중적으로 분석해 왔다고 전제하고, 성별이 투표행태에 미치는 영향을 분석하고 있다.[239] 이상의 논의를 종합해 보면, 투표행태에 관한 선행연구의 대부분은 선거급에 상관없이 한국유권자들이 후보자 선택기준으로서 인물본위 투표를 하는 비율이 높다고 지적하고 있으며, 인물본위 투표에 대한 해석에 있어서 근대화론과 합리적 선택론은 입장을 달리하고 있음을 알 수 있다. 또한 선행연구들은 인물본위 투표행태의 원인을 정당정치의 미성숙에서 찾고 있다는 점에 있어서는 양 접근방법이 인식을 공유하고 있다. 근대화론적인 관점에서 한국유권자의 투표기준으로 제시되었던 인물과 정당에 대한 연구분석은 인물본위 투표보다 정당본위투표가 더 바람직한 것으로 인식되었다. 한국유권자들은 정치문화적인 면에서 유교적인 전통으로부터 많은 영향을 받았으며, 이러한 요인은 전근대성을 노정시켜 왔다는 것이다. 그러나 인물이라는 편협한 기준이 아니라, 정당에 기반을 둔 투표가 이루어져야 하고 이러한 투표행태가 근대적 지표(도시화 등)와 어떤 연관을 가지는지에 관한 연구도 있었지만 서로 상반되는 연구결과가 제시되었다. 그러나 기존의 연구는 방법론적인 문제뿐만 아니라, 한국유권자의 투표행태를 지극히 단순화시키는 문제점을 보여주고 있다고 평가된다.[240]

정당본위투표행태가 바람직하다고 할 때 한국의 유권자들이 정당을 바탕으로 투표에 임할 수 있는 조건이 구비되었는가 하는 것이다. 선거제도나 정당제도화가 정착되지 못한 상황 속에서 제대로 된 투표정향이 발휘되기란 기대하기 어렵다는 주장도 제기되었다. 또한 이런 상황 속에서 유권자들의 투표행태만을 과도하게 부정적으로 부각시키는 것도 정확한 투표행태 연구

---

238) 정득규, 앞의 논문, p.25.

239) 이남영, "성별이 투표에 미치는 영향-제14대 대통령선거결과를 중심으로-", 경남대학교 국제문제연구소, 한국과 국제정치, 제11권 제1호 (1995년 봄·여름호), p.35.

240) 이중천, 앞의 논문, p.194.

라고 할 수 없다는 점도 지적되었다.

모든 선거제도는 선거태도와 행태와 정당에 대한 태도와 행태에 장기간에 걸쳐 영향을 주게 되고, 정치체계 일반은 선거제도에 의해 색깔 지워진다.[241] 한국유권자들의 인물 지향적 투표행태는 정당정치에 대한 경험미숙과 정당제도의 불비가 요인이라는 지적[242]은 이러한 제도적인 측면이 투표행태에 미치는 영향력을 말해주는 것이다. 특히 한국의 경우 선거구획정이나 선거법의 개정, 그리고 정당의 이합집산은 선거에 임박해 파행적으로 이루어진 예가 많았다. 특히 선거구획정이나 선거법의 개정은 여·야 간의 흥정의 대상이 되어 왔으며, 정당의 결성 또한 정통성 없는 집권자들의 정권유지 수단으로 급작스럽게 이루어진 경우가 대부분이었다.[243] 정당의 결성과정에서 뿐만 아니라 정치적 충원에서도 일반국민의 참여를 보장하지 못하는 인물 또는 명사정당인 경우가 허다하였다.[244] 따라서 선거법의 개정이라든가 선거구의 획정은 유권자들의 의견이 반영되지 않는 것은 당연한 일이었다. 이러한 제도적인 측면에서의 파행성은 유권자들의 의견을 그대로 반영하지 못하고 왜곡하는 역할을 하였다. 제도적인 문제 못지않게 한국의 정당들은 여·야를 막론하고 정당의 기능에 충실하지 못하였다. 정당의 기능을 분류하는 논의들을 살펴보면, 대개 여론의 형성과 조직화라는 이익집약기능 혹은 사회 대표기능, 대중에 대한 정치교육이라는 정치사회화의 기

---

241) David Butler, Howard R. Penniman and Austin Ranney, eds, *Democracy at the Polls: A Comparative Study of Comparative National Elections* (Washington, D. C.: American Enterprise Institute for Public Policu Resaerch, 1981), p.22.

242) 김규택, 앞의 논문, p.218.; 윤형섭, 한국정치론(증보판), pp.339-340.

243) 김병국, "무정형의 시민사회와 정당정치의 붕당화: 분단시대의 정신적 상황에 관하여", 한배호박사화갑기념논문간행위원회 편, 한국의 자본주의와 민주주의(서울: 법문사, 1991), pp.221-222.; 김용호, "정당에 대한 선거제도의 영향", 계간사상과 정책, 제7권 제2호(1990년 여름호), pp.122-135.; 신명순, "한국정당의 기능수행에 관한 연구: 제삼공화국의 민주공화당을 중심으로", 사회과학논집, 제20집(서울: 연세대학교 사회과학연구소, 1989), p.163.

244) 신명순, 위의 논문, p.176.

능, 정부의 조직이라는 정권추구기능, 권력에 대한 비판과 대안모색이라는 의정활동의 기능[245] 등을 수행하고 있다. 그러나 급조되고 특정인물(명사)에 바탕을 둔 정당에서 이들 기능이 제대로 이루어진 경우는 거의 없다는 지적이 대부분이다. 그리고 지역패권정당구도라는 현실적 측면에서 보면, 정당은 지역적 기반에 대한 일체감을 전제로 하는 지역주의 경향과 맥을 같이한다는 점에서도 설명이 가능할 것이다. 이상에서 유권자들은 자신의 일관된 투표를 위해 단명하는 정당을 중심으로 투표를 행사하기보다는 안정적인 투표의 기준이 될 사람을 중심으로 투표하였다고 볼 수 있다. 즉, 정당이 제도화되지 못한 상황에서 유권자들은 정당에 관한 일체감보다는 인물에 대한 일체감이 형성되기 쉬웠으며, 선거에 임박하여 일시에 형성된 정당의 정책이나 정강보다는 인물의 됨됨이를 우선적으로 따질 수밖에 없는 형편이다. 어떤 측면에서 본다면 이러한 정치제도적인 불안정 속에서 인물 지향적인 유권자들의 투표행태는 합리적인 것이 될 수도 있다. 결국 정당이 정당으로 개념 지워지기 위해서는 정당이 투표의 기준이 되도록 제 기능을 다해야 한다는 점을 지적할 수 있다. 정당 지향적 투표를 더 권장할 만한 이유는 인물 지향적 투표가 부정적인 면만을 갖고 있기 때문이 아니라 유권자가 국회의원의 정치적 능력을 평가하고, 그의 의정활동을 평가하기 위해서는 계속적인 감시가 필요하다. 그러나 국회의원 개개인에 대한 평가를 위해서 유권자가 생업을 포기하고 일일이 이에 간섭할 수도 없는 것이다. 인물 지향성은 후보자 개인의 여러 가지 면모를 다각적으로 파악하고 능력을 평가할 수 있는 좋은 기준이기는 하지만 정당 지향적 투표만큼의 안정성과 지속성을 가지기는 어렵다. 또한 정당 지향적 투표가 인물 지향적 투표보다 우월한 점은 평가의 대상이 비교적 객관적이라는 점 때문이다. 인물본위 투표행태가 정당본위투표행태에 비해 권장받기 힘든 까닭은 유권자들 간의 다양

245) 조일문, 새정당론(서울: 삼화출판사, 1974), pp.406-407.; 김민하, 한국정당정치론(서울: 일신사, 1976), pp.170-184.; 양무목, 한국정당정치론(서울: 법문사, 1983), pp.23-25.

한 인물평가로 인하여 일관되지 못한 후보선택이 이루어질 가능성이 많기 때문이다. 인물 지향적 투표행태가 비합리적인 면만을 가지고 있지 않기 때문에 바람직하지 못한 것이 아니라 보다 일반적이고 다수가 의견의 일치를 나타내기 힘들다는 것이다. 그러기 위해서는 현재 인물이 투표선택의 기준이듯 정당도 투표기준이 될 수 있다는 유권자의 광범위한 인지가 전제되어야 가능할 것이다. 투표행태는 현재성이 강한 정치행태이다. 현재 유권자 앞에 제시된 항목이 얼마나 현실적인가 하는 점이 중요한 투표행태의 기준이 되기 때문이다. 그러나 앞서 언급한 바와 같이 분명히 인물 지향적 투표는 유권자 개인에게는 나름대로의 의미와 긍정적인 측면이 있다. 성실하고 능력 있는 후보자를 선택하는 데 유권자가 경력과 학력을 따졌다면 합리적인 투표라고 볼 수 있을 것이다.[246)]

나. 중앙공직선거(대통령선거와 국회의원선거)에서의 투표행태

우리나라 유권자들의 후보자 선택기준에 대한 여론조사결과의 추이를 보면 다음 〈표 2-7〉과 같다.[247)] 이 표에서와 같이 한국의 유권자들은 후보자를 선택하는 데 후보자의 인물 됨됨이를 가장 중요시하여 낮게는 30%에서 높게는 80% 정도까지의 유권자가 후보 개인의 인물을 우선시하여 투표하고 있는 것으로 나타나고 있다. 정당본위의 투표성향은 20%정도에서 머물고 있고 정책이나 후보자의 공약은 한국의 유권자들이 투표결정을 하는 데 있어 상대적으로 낮은 비율을 점하고 있다.

---

246) 이중천, 앞의 논문, pp.214-215.

247) 정득규의 연구에 의하면, 입후보자의 인물본위가 1973년 조사에서는 83.0%, 1979년 조사에서는 88.3%, 정당본위의 경우 5.0%, 6.3%로 각각 낮게 나타났다. 그리고 정당지지도와 관련하여 1963년 40.0%, 1967년 38.4%, 1973년 30.4%, 1979년 38.1%로 정당에 관심을 갖고 있다고 보고 있다. 그리고 이는 선거인의 사회적 조건에 따라서 성, 연령, 교육정도, 도시화 등에 따라 영향을 받는다고 분석하였다.〔정득규, "한국인의 정치의식과 투표행태에 관한 연구", 전남대학교, 논문집, 제18권(1983), pp.22-23.〕

〈표 2-7〉 유권자의 투표행태 비율

【단위: %】

역대 주요선거	후보자 선택기준				
	인물	정당	정책(공약)	인물 및 정당	자료출처
3대 국회의원선거(1954)	71.5	7.4			윤천주
4대 국회의원선거(1958)	38.9	10.9		2.7	윤천주
5대 국회의원선거(1960)	27.5	16.5		5.2	오병헌
6대 국회의원선거(1963)	62.9	9.7			정득규
7대 국회의원선거(1967)	42.7	21.9			정득규
(1967)	39.2	23.8		35.3	이경구
(1967)	49.5	10.5	34.4		민주공화당
9대 국회의원선거(1973)	79.9	5.3			정득규
12대 국회의원선거(1985)	46.0	22.0	22.0		안병만
13대 국회의원선거(1988)	56.9	30.8	9.5		최영훈
14대 국회의원선거(1992)	53.9	20.5	19.4		한국정치연구소
14대 국회의원선거(1992)	50.0	20.6	11.3		중앙일보(1992.3.26)
(1992)	33.1	10.3	5.7		한국일보(1992.3.7)
15대 대통령선거(1997)	44.8	2.1	14.3		경향신문(1997.12.11)

출처: 민준기·신명순 외, 한국의 정치(서울: 나남출판사, 1996), p.139; 경향신문 1997년 12월 11일자.; 최영훈, "제13대 국회의원선거에 관한 연구분석-유권자의 정치인식 및 정치행태를 중심으로-", 현대사회연구소, 현대사회 (1988), p.253.; 이정복, "한국인의 투표행태: 제14대 총선을 중심으로", 한국정치학회, 한국정치학회보, 제26집 3호 (1993), p.126. 참고로 재 작성.

따라서 한국의 유권자들은 정당이나 정책본위의 투표가 아닌 인물본위의 투표행태를 보여주고 있는 것이다. 특히 반세기 헌정사 동안 국민들의 정치의식이 상당히 향상되었음에도 불구하고 후보자 선택기준에서 인물본위가 차지하는 비율은 낮아지고 있지 않다는 점인데 이는 유권자들이 정치를 정당이 중심이 되는 제도적 차원에서 보는 것이 아니라 개별 인물중심으로 보는 인식을 계속해서 가지고 있음을 나타낸 것이다. 최근에 치러진 중앙선거관리위원회의 각급선거별 유권자의식조사결과를 보면 다음과 같다. 후보자 결정요인을 선거급별로 보면, 국회의원선거보다 대통령선거에서 인물본위의 투표행태가 높게 나타나고 있다. 그러나 14대 국회의원선거의 보궐선거구에서의 조사 내용에서 정치경력이 인물/능력군에 포함될 경우 인물본위투표의 정향은 훨씬 높게 나타난 것으로 해석될 수 있다. 정책본위투표의 정향은 각급 선거별로 조금 차이는 있으나 정당본위투표의 정향보다 약간 높게 나타나고 있음을 알 수 있다. 정당본위투표의 경향은 국회의원선거와 지방선거(기초의원선거 제외)에서 높게 나타나고 있는 특징을 보여주고 있다. 그리고 출신지역에 대한 연고투표의향은 미미한 수준이지만 1.0~3.0%수준으로 나타나고 있다.

〈표 2-8〉 후보자 결정요인(중앙선거관리위원회의 유권자의식조사결과)

【단위: %】

역대 주요선거	후보자 선택기준										
	인물/능력	정치경력	정견/정책	소속정당	선거법준수여부	출신지역	지역발전기대	개인적친분	주위사람권유	별생각없이	기타
14대 대선(민주발전)	45.7	21.1	22.8	4.2		1.2					5.0
14대 대선	46.5	26.0	18.5	4.0		3.0					2.0
15대 대선	50.8	9.1	23.8	5.0	4.4	1.1					6.0
14대 총선	31.4		25.6	29.0				2.9	3.7	7.4	
14대 보궐(지지후보결정자)	39.2	19.7	12.2	18.6	5.7	3.0					1.6
14대 보궐(지지후보미결정자)	37.9	26.8	13.4	5.8	8.9	2.8					4.0
15대 총선	3.22		2.83	2.76		2.43		1.68			

- 14대 대선의 경우는 '민주발전을 위한 유권자의 후보자 결정요인'과 '14대 대통령선거 때 후보자 결정요인'을 분리하여 여론조사된 것임.
- 14대 총선 보궐선거는 부산동래갑 · 사하구 · 광명시에서 실시된 것임.
- 15대 총선은 5점 만점을 기준으로 각 항목별로 측정한 수치임.
- 출처: 중앙선거관리위원회, 각 선거별 유권자의식조사(1992-1998), 참고로 재작성.

다. 지방선거에서의 투표행태

다음은 지방선거에서의 후보자 선택기준에 관한 선행연구결과들이다. 먼저, 정세욱의 1988년 주민의식조사결과에서도 다수의 유권자들이 지방선거에서 인물본위의 투표를 하겠다는 비율이 80.1%에 달하고 있다.[248] 그리고 지방선거에서의 투표성향은 인물본위의 투표자 비율이 크게 신장되고 있는 반면, 정당본위투표비율은 낮아지고 있다.[249] 일본의 경우도 70년대 중반 이후 인물본위투표의 성향이 강하게 나타나고 있다. 1975년의 동경시민들을 대상으로 한 설문조사결과 동경지사 선거에서 정당본위의 투표비율이 25%에 불과한 데 비해, 인물본위 의사를 보인 비율은 59%에 달하고 있다.[250] 김도종의 6·27 지방선거의 연구에서는 극명한 지역분할구도가 망국적 지역감정에 의한 투표결과라며, 한국인의 투표행태는 오히려 전근대적으로 퇴행하고 있다고 분석하고 있다.[251] 염미경도 6·27 지방선거의 연구에서도 성의 대결구도라기보다 지역구도의 선거였다고 분석하고 있다.[252] 다음은 중앙선거관리위원회가 최근에 치러진 각종 지방선거 때 유권자의 투표행태를 조사한 내용이다. 중앙선거관리위원회의 지방선거에서의 유권자의 투표행태를 측정한 조사결과이다. 아래의 〈표 2-9〉에서와 같이 인물본위와 정책본위의 투표행태의 비율은 6·27 지방선거에 비해 6·4지방선거에서는 매우 낮아진 것으로 나타났으며, 정당본위투표행태에서는 6·27 지방선거 1차 조사에 비해 높아진 것으로 조사되고 있다.

---

248) 정세욱, "지방의회와 지방재정", 「지방자치에 관한 주민의식조사」, 한양대학교 지방자치연구소(1988), p.150.

249) M. Harrop & W. L. Miller, *Election and Voters*(London: Macmillan, 1987), pp.22-23.

250) 김장권, "지방자치와 정당의 관계를 어떻게 보아야 할까?", 현대사회연구소, 「지방자치」(1991.2), p.70.

251) 김도종, "6·27선거 후 정치권의 당면과제", 여의도연구소, 여의도정책논단 (1995).

252) 염미경, 앞의 논문, p.232.

〈표 2-9〉 후보자 결정요인(중앙선거관리위원회의 유권자의식조사결과)

역대 주요선거		후보자 선택기준〔단위: %〕										
		인물/능력	정치경력	정견/정책	소속정당	선거법준수여부	출신지역	지역발전기대	개인적친분	주위사람권유	별생각없이	기타
6·27 지방선거 1차 조사		64.3		15.9	5.5	5.3	2.8					6.3
6·27 지방선거 2차 조사	광역단체장	46.5		25.3	21.3					4.1		
	기초단체장	42.2		23.6	20.2					6.3		
	광역의회	33.7		20.7	20.2					7.2		
	기초의회	38.4		18.7	14.7					9.0		
6·4지방선거		44.8		9.3	8.8	2.5	1.0	31.6				0.6

6·27 지방선거는 선거전후 별도로 조사한 내용임.
중앙선거관리위원회, 각 선거별 유권자의식조사(1992-1998), 참고로 재작성.

한편, 이재웅의 연구에 의하면, 후보자 선택의 기준에 대한 지역주민의 투표의향은 1991년 선거 당시에 후보를 선택했던 기준과 6·27 지방선거의 후보선택기준을 함께 조사하였다. 그 결과 91년의 지방의원선거에서는 광역의원의 경우 '소속정당' 17.5%, '정책이나 공약' 34.7%, '개인적 자질' 31.0%, '개인적 친분관계' 1.1%, '향응이나 금품' 0.2% 등으로 나타나고 있다. 기초의원의 경우 '소속정당' 7.2%. '정책이나 공약' 24.2%, '개인적 자질' 48.8%, '개인적 친분관계' 2.7%, '향응이나 금품' 0.4% 등으로 나타났다. 1995년의 경우 광역의원선거에서는 '소속정당' 8.2%, '정책이나 공약' 18.0%, '개인의 자질' 29.2%, '연령' 1.6%, '개인적 친분' 2.1%, '개인의 성품' 36.6%로 나타나고 있다. 기초의원선거의 경우에는 '소속정당' 2.6%, '정책이나 공약' 8.6%, '개인의 자질' 27.8%, '연령' 1.7%, '개인적 친분' 3.0%, '개인의 성품' 52.4%로 나타나고 있다. 이러한 결과는 유권자들이 후보를 선택하는 기준으로서 가장 중요시하는 것은 '개인의 자질이나 성품'임을 알 수 있다.[253]

따라서 지방선거의 수준에서도 중앙 공직선거급과 비슷한 경향을 보여주고 있음을 알 수 있다.[254]

253) 이재웅, 앞의 논문, pp.42-44.

〈표 2-10〉 91년과 95년의 지방의원선거 시 투표기준

척도 \ 선거별		광역의원선거				기초의원선거			
		1991년	1995년	1991년	1995년	1991년	1995년	1991년	1995년
1991년	1995년	빈도 (명)	백분율 (%)	빈도 (명)	백분율 (%)	빈도 (명)	백분율 (%)	빈도 (명)	백분율 (%)
소속정당	소속정당	319	17.5	152	8.3	132	7.2	47	2.6
정책이나 공약	정책이나 공약	631	34.7	327	18.0	440	24.2	157	8.6
개인적 자질	개인적 자질	564	31.0	532	29.2	889	48.8	506	27.8
개인적 관계	연 령	20	1.1	30	1.6	49	2.7	31	1.7
향응이나 금품	개인적 친분	4	0.2	38	2.1	7	0.4	55	3.0
투표불참	개인적 품성	184	10.1	666	36.6	217	11.9	955	52.4
무응답/기타	무응답/기타	99	5.4	76	4.2	87	4.8	70	3.8
합 계		1,821	100.0	1,821	100.0	1,821	100.0	1,821	100.0

이재웅, "95년도 지방의원선거에 대한 주민의 투표성향 분석—부산·경남지역을 중심으로—", 동의대학교 행정대학원 지방의회연구소, 「지방의회연구」, 제5권(1995), pp.43-44. 참고로 재작성.

(4) 선거상황

앞서 논한 바와 같이 유권자의 후보자 선택기준을 살펴보면 후보자의 지도자로서의 자질과 능력을 중요시하는 인물본위투표, 후보자의 소속정당을 중요시하는 정당본위투표 및 후보자의 정책이 유권자의 정책선호와 일치하는지를 중요시하는 정책본위투표로 나눌 수 있다. 이 세 가지 후보자 선택기준들 가운데 어느것이 보다 합리적인 정치의식을 잘 반영하고 있는지 분석하기 위해서는 그 사회의 정치체계와 체제를 둘러싼 정치적 환경을 반드시 고려할 필요가 있다.

선거과정 즉, 정당, 후보자, 유권자, 선거관리기구, 언론 등 많은 요인들이 복합적으로 작용하는 과정을 하나의 분석틀로 일반화한다는 것은 결코 쉬운 일이 아니다. 그러나 분명히 선거과정은 각 사회의 환경변수에 의해

254) 참고로 언론의 여론조사결과도 비슷한 경향을 나타내고 있다. 제1회 동시지방선거(1995)에서 조선일보가 조사한 바에 의하면 인물 55.3%, 정당 29.5%, 정책 9.6%로 나타났다. (조선일보, 1995년 4월 12일자)

영향을 받으며 진행되기 마련이다. 선거상황변수(환경변수)란 구체적인 선거가 행해지는 정치적, 사회적 문맥, 즉, 정치체제 유형, 선거법과 제도, 언론체제, 정당체계 등을 말한다.[255] 예를 들어 각 사회별로 소선거구제냐 중선거구제 및 대선거구제냐 하는 선거구제와 절대다수대표제, 상대다수대표제 및 비례대표제냐의 투표방식의 조합에 따라 정당과 후보자들의 선거전략과 운동은 크게 달라진다. 또한 양당 체제 내 다당제냐 하는 정당체계와 이용 가능한 매스컴의 종류와 분포 등에 의해서도 선거과정은 크게 영향을 받는다.

선행연구 가운데 본 연구에서 분석된 것은 선거법·제도가 미치는 영향과 역대선거결과가 미치는 영향 및 언론의 여론조사보도가 미치는 영향 등이다.

가. 선거제도 및 선거구 특성의 영향

오데스훅(Ordeshook)이나 스트롬(Strom)은 선거에 있어서 제도적 요인들이 유권자의 선택의 틀을 구성하고 이 틀 안에서 각 투표자의 선호도가 결정되기 때문에 결국 선거법은 선거결과와 집합적 선호도의 안정성에 상당한 영향을 미친다[256]고 주장한 바 있다. 선거법·제도와 관련한 선행연구들은 선거법이나 제도나 선거에 영향을 미친다고 분석하고 있다. 대표적인 선행연구들의 주장은 다음과 같다. 먼저, 정세욱은 국회의원선거제도를 분

---

255) 이에 대한 논의로는 국회의원선거에 대해서는 김용호, "국회의원선거제도의 변화와 정치적 효과분석", 이남영, 한국의 선거①(서울: 나남, 1993); 박통희, "국회의원선거구제와 선거구획정방식의 개혁방향", 한국정치학회, 한국정치학회보, 제27집 1호(1993), 신명순, "전국구 국회의원제도의 비판적 고찰", 한국정치학회, 한국정치학회보, 제28집 2호(1994); 정준표, "국회의원선거제도의 개선방향", 한국정치발전연구원, 민주화와 정치발전, 제2집(1999). 지방선거에서는 노동일, "현행 지방선거제도의 문제점과 개선방안", 대구·경북정치학회, 대구·경북정치학회 '98년도 춘계학술대회 발표논문(1998) 등이 있다.

256) 제도적 요인, 집합적 선호도, 구조적으로 유도되는 평형 등의 관계에 대한 이론적 논의는 Ordeshook(1986, 243-301), Strom(1990, 92-113)을 참고할 것. 특히 Ordeshook은 여론조사 응답자들의 입장이 정치제도의 영향을 받는다는 점을 강조하고 있다.

석하여 선거의 기본원칙, 선거문화, 선거경험 등을 토대로 선거제도의 문제점을 제시하고 개선을 위한 정책방향을 논하고 있다.[257] 김종림의 연구[258]에서는 한국의 선거제도의 정치적 효과를 분석하고 있다. 특히 그는 역대 선거에서 나타난 왜곡효과 즉, 어느 정당, 어느 계층에게 유리한 왜곡효과인가에 초점을 맞추고 있다. 김영호도 국회의원선거제도의 변화와 정치적 효과를 다루고 있다.[259] 한편, 우리나라 선거제도와 외국의 경우를 비교분석한 경우는 다음과 같다. 현종민은 제14대 국회의원선거결과를 프랑스의 결선투표제와 정당기표제와 후보자 선호제를 병행해서 비교분석하였다.[260] 지방 동시선거에서의 선거제도가 미치는 영향에 대한 대표적인 연구로는 기호투표제이다. 소위 일렬투표로 명명되고 있는 이 제도는 국회의원선거에서조차 폐지를 검토하고 있다. 염미경의 분석 예[261]에서 잘 보여진다. 기초의회 후보는 민주당 내천자와 친여 성향 후보자 간에 차이가 보이는데, 민주당 내천자의 경우는 지원 정당, 즉 민주당 내천자임을 알리는 것이 중요했던 반면, 민자당과 관계가 있었던 후보자는 민자당과의 관계보다 무소속임을 강조하는 것이 특징이었다. 그리고 4대 선거가 동시에 치러진 관계로 인지도가 낮았던 기초의회 입후보자 모두에게 중요했던 것은 기호 알리기였다고 분석하였다.

나. 역대 선거결과가 미치는 영향

역대 선거결과가 미치는 영향이란 직전의 선거결과가 미치는 영향으로 넓

257) 정세욱, "한국의 국회의원선거제도에 관한 연구", 한국정치학회, 선거와 한국정치〔하계학술대회 논문집〕(서울: 한국정치학회, 1992).

258) 김광웅, "한국선거연구의 프로네시스를 위하여", 한국정치학회, 한국정치학회보, 제27집 1호(1993), pp.129-130.

259) 김영호, "국회의원선거제도의 변화와 정치적 효과분석", 이남영 편, 한국의 선거정치학①(서울: 나남, 1993).

260) 현종민, "선거제도와 유권자의 선택-우리나라 선거제도와 유럽선거제도의 비교-", 한국정치학회, 선거와 한국정치〔하계학술대회 논문집〕(서울: 한국정치학회, 1992).

261) 염미경, 앞의 논문, p.233.

게 보면, 모든 요인들이 고려될 수 있으나 여기서는 개별 선거구로 한정하여 재선출마자와 경합을 벌이는 경우에 미치는 영향으로 보고자 한다. 이렇게 국한하여 보면, 선행연구는 많지 않으며 다음과 같다. 먼저, 황아란은 15대 국회의원선거를 분석하면서, 선거구마다 지니는 다양한 특성과 차이는 선거결과(선거구의 투표율 등)를 설명하고 이해하는 데 중요한 역할을 한다고 보고 있다. 그는 선거구의 인구수나 도시규모, 후보자 경쟁도, 재선출마, 지역특성 등을 들고 있다. 이 가운데 재선출마 후보의 존재여부 변수는 역대 선거결과가 미치는 영향이라고 할 수 있겠다.[262)]

김광웅의 연구에서도 14대 국회의원선거에서 당선자와 낙선자에 대한 비교분석을 통해 현역의원의 재선출에 대한 분석을 하고 있다.[263)] 한편, 이재웅의 6·27 지방선거에서도 같은 맥락에서 현역의원의 재선출 여부를 변수로 사용하여 조사하고 있다.[264)]

다. 언론의 여론조사보도의 영향

언론과 여론조사 간의 상호영향 관계는 김학수의 연구에서 설명되고 있는데 요약하면 다음과 같다.[265)]

언론보도의 특성이 그러한 것처럼, 여론조사에 대한 언론보도도 결국 간결성, 화제성, 시의적절성, 명확성, 그리고 광범한 호소력을 가져야 한다. 따라서 이런 언론보도의 조건들이 여론조사 자체는 물론 그 결과의 보도에도 깊은 영향을 끼칠 수 있다. 언론 여론조사의 결과가 대국민에 미치는 효과는 결국 독자나 시청자에게 전달되게 마련이다. 그리고 언론의 사회적 전달

---

262) 황아란은 다음과 같은 가설을 제시하고 있다. 투표참여율=상수+b1인구수+b2경쟁도+b3재선출마+b4지역+b5도시규모+b6인구수*도시규모+b7경쟁도*도시규모+b8재선출마여부*도시규모+b9지역*도시규모+e(오차) / 회귀분석 [황아란, "선거구 특성이 투표율에 미치는 영향-제15대 국회의원선거분석-", 한국정치학회, 한국정치학회보, 제30집 4호(1996), pp.286-187.]

263) 김광웅, "패자의 논리도 중요하다", 계간사상(1992년 가을호), pp.288-315.

264) 이재웅, 앞의 논문 참고.

265) 김학수, 앞의 논문, pp.341-344.

기능 때문에 여론조사결과가 그 담당집단에게만 영향을 주지 않고, 넓은 의미에서 대국민 효과를 일으킬 수 있다. 우선 언론 여론조사를 얼마나 많은 신문 독자가 읽고 시청자가 보는지에 대한 의문이 제기될 수 있다. 이것이 곧 여론조사 기사의 접촉도에 관한 문제이다.

선거운동기간 중에 느끼는 접촉상태이지만, 구체적으로 특정 대상에 대한 여론조사보도를 놓고 접촉도 조사를 하면 크게 다르게 나타날 수 있다. 그러나 국민들의 촉각이 곤두선 관계로 여론조사보도를 굉장히 많이 접촉할 가능성이 높다. 언론 여론조사는 국민들에게 정치과정에 대한 투명화, 다수간의 무지현상의 제거의 긍정적인 효과와 선거 때 후보자들의 지지도에 대한 진정한 관심을 누락시킬 수 있으며 선거를 마치 경마 경주처럼 간주하게끔 하는 부정적인 영향도 있다.

한편, 세계일보의 조사결과[266]에 의하면 선거 시 여론조사의 영향력을 인정하는 견해가 압도적이었다고 평가되고 있다. 선행연구들 가운데 언론의 여론조사보도의 영향에 대한 연구들을 분석해 보면 다음과 같다. 먼저, 안광식의 대통령선거와 관련하여 우리나라 유권자들의 투표행태와 커뮤니케이션의 영향에 관한 연구에 의하면, 우리나라 언론학자들이 13대 대통령선거 때부터 정치커뮤니케이션에 관하여 본격적으로 관심을 기울이기 시작하였다고 평가하고 있다. 그는 우리나라 커뮤니케이션과 투표행태와의 정형이 무엇인지에 관한 이론의 틀을 제시하기 위해 13대와 14대 대통령선거를 분석대상으로 하고 있다. 분석결과에 의하면, 우리나라 유권자들의 일반적 미디어 접촉경향이 상당히 높다고 분석하고, 투표결정에 영향을 미친 여러 요인 가운데 유권자들의 정치적 선유경향 다음으로 신문과 텔레비전의 미디어 채널이었다고 밝히고 있다. 그리고 신문·방송의 매스미디어가 유권자들의 투표행태에 미친 영향에 관한 결론은 대체적으로 미국의 고전 연구에서 나타난 것들과 거의 같은 맥락의 결과를 가져왔다고 분석하고 있다.[267]

---

266) 세계일보, 1995년 6월 9일자.

267) 안광식, "한국언론이 대통령선거 때 유권자들에게 미치는 영향에 관한 연구", 이화여

김재한은 선거결과 예측에 관한 여론조사가 실제 선거결과에 영향을 줄 수 있다고 분석하고 있다.[268] 많은 정치인들이 선거예측보도가 선거결과에 영향을 준다는 평가를 받아들이고 있으며 특히 그는 다음과 같은 조건일 때 선거결과에 대한 영향력이 미친다고 보고 있다. 이미 선거결과에 대한 믿을 만한 다른 정망이 있을 때보다 없을 때, 선거전망에 대한 신뢰가 작을 때보다 클 때, 부동표가 적을 때보다 많을 때 영향은 더 크다고 분석하고 있다. 그리고 정당투표보다 인물투표에서, 대통령선거와 같은 큰 선거보다 작은 선거에서, 세 사람 이상의 후보자가 경합을 벌이는 경우 등이 여기에 해당한다는 것이다.[269] 편승효과에 의한 유권자가 많을 때에는 객관적 여론조사의 공표가 선거의 최종결과에 별 영향을 주지 않지만 균형적 유권자가 많을 때에는 선거당선자가 바뀔 수도 있으며, 선거결과에 대한 지지자의 예상이나 선호강도가 후보자별로 차이가 난다면 선거결과 예측보도는 선거결과에 영향을 줄 수 있다고 분석하고 있다. 이러한 언론의 여론조사의 공표가 미치는 증거는 중앙선거관리위원회가 주관한 여론조사결과에서도 나타나고 있다. 아

자대학교, 한국문화연구원논총(사회과학·교육학논집), 제64집 제2·3호(1994). 그 밖에도 김학수, "선거여론조사와 언론", 김광웅 편, 「한국의 선거정치학」(서울: 나남, 1990). pp.337-338.; 권혁남, "선거여론조사보도의 문제점과 새로운 방향: 13대 대통령선거와 국회의원선거보도를 중심으로", 한국언론학회, 신문학보, 제26호(1991), pp.5-44.; 김정탁, "정치사회화 모델에 입각한 한국인의 투표행태 연구Ⅱ", 한국언론학회, 봄철 정기학술 발표회(1993), pp.138-206.; 안광식·최선열, "커뮤니케이션과 투표행태: 제13대 대통령선거를 중심으로", 한국언론학회, 신문학보, 제25호(1990), pp.75-124.; 양승목, "14대 대통령선거와 신문보도: 중앙 6개지의 보도경향을 중심으로", 공명선거실천시민운동협의회 언론대책위원회, 14대 대통령선거 언론보도 평가보고서(1993. 2. 4.), pp.51-81.; 이민웅, "14대 대통령선거와 텔레비전 뉴스보도", 공명선거실천시민운동협의회 언론대책위원회, 14대 대통령선거 언론보도 평가보고서(1993. 2. 4.), pp.5-50.; 김환열, "한국의 선거TV토론과 투표행태", 경북대학교 대학원 정치학과, 박사학위논문(1998). 등이 있다.

268) 김재한, "한국선거예측의 방법론적 모색", 한국정치학회, 한국정치학회보, 제29집 1호, (1994), pp.236-237.

269) 심리적 만족을 위해 승리할 가능성이 가장 높은 후보자에게 표를 주는 경향인 소위 '편승적 효과'(bandwagoning)를 의미한다.

래의 〈표 2-11〉에서와 같이 여론조사의 공표 및 선거에 대한 언론보도의 영향이 매우 크게 나타나고 있음을 알 수 있다. 특히 대통령선거와 같은 중요성에 상대적으로 높은 관심을 갖고 있는 데다 후보자를 선택하는 데 중요한 인지경로로 언론매체를 택하고 있기 때문인 것으로 분석하고 있다.

〈표 2-11〉 15대 대통령선거 때 여론조사의 공표 및 언론이 미치는 영향

【단위: %】

	많은 영향을 받는다	어느 정도 영향을 받는다	별로 영향을 받지 않는다	전혀 영향을 받지 않는다
여론조사 공표 및 언론의 영향	48.7	39.0	10.3	1.8
TV토론이 지지후보 결정에 끼치는 영향	42.3	37.5	15.2	5.0

중앙선거관리위원회, 15대 대선 유권자의식조사(서울: 중앙선거관리위원회, 1997), 참고.

지방선거의 경우 4대 지방선거가 동시에 치러짐으로써 상대적으로 광역단체장에 대한 관심도가 상대적으로 다른 선거급에 비해 높았던 것으로 볼 수 있다. 지방선거에서의 언론의 여론조사결과의 보도 영향에 대한 연구는 많지는 않다.

신진의 6·27 지방선거의 충남도지사 선거연구에서 부동층이 지지후보를 선택하는 과정에서 언론매체의 영향을 가장 많이 받은 것으로 나타났다고 분석하고 있다.[270] 그의 분석에 의하면 언론사의 활동이 두드러진 특징으로 나타나는 바, 실제 부동층의 정치적 의사결정과정에 매스컴이 가장 큰 기여를 하였다는 것이다.

신진의 연구결과에 의하면 6·27 지방선거에서 TV토론회가 가장 부각되어 나타났지만 이로 인한 투표행태에의 영향은 아직 더 검토되어야 한다고 보고 있다. 그리고 6·27 지방선거에서는 각급 선거단위에 출마한 후보자들의 면면을 정확하게 파악하기 힘들었다는 사실을 감안한다면 상당한 관심

270) 신진, 앞의 논문, pp.189-191.

을 끈 광역자치단체장의 경우를 제외하고는 선거공보 등의 선거홍보물에 의존하는 경향이 높게 나타났다고 분석하였다.[271] 이상의 선행연구들을 분석해 보면, 언론의 여론조사결과 보도가 선거결과에 직간접으로 영향을 미치는 것으로 볼 수 있다.

5) 선거문화 분석 모델에 의한 유권자의 후보자 선택기준

선거문화 분석 모델에 사용된 독립변수 일람표

유권자 변수	후보자 변수	선거상황 변수
• 태도 변수 A군: 유권자의 인물본위 태도 A1: 성별 선호강도 A2: 연령별 선호강도 A3: 직업별 선호강도 A4: 학력별 선호강도 A5: 경력별 선호강도 A6: 공직수행경험(인지도)별 선호강도 A7: 지역연고별 선호강도 B군: 유권자의 정당본위 태도 B: 정당지지도 C군: 유권자의 정책본위 태도 C1: 선거공약의 실현 가능성(구체성) C2: 선거공약의 정책우선도 • 행태 변수 x : 인물본위 투표행태 값 x′: 정당본위투표행태 값 x″: 정책본위 투표행태 값	a: 후보자의 자질 및 능력 a1: 성 a2: 연령 a3: 직업 a4: 학력 a5: 경력 합계 a6: 공직수행경험(종합인지도) a7: 지역연고의 표준점수 b군: 후보자의 소속정당 지지도 b: 정당지지도 c군: 후보자의 정책 c1: 구체적인 또는 추상적인 선거공약의 수 c2: 선거공약의 분야별 정책우선도	V: 선거상황변수(선거법·제도, 역대 선거결과, 언론의 여론조사보도가 미치는 영향)

271) 신진, 위의 논문, pp.192-193.

선거문화 분석 모델의 수식

$$\text{분석결과값}\ (Y) = \left(\sum_{k=1}^{7} xAk\right) + (x'B) + \left(\sum_{k=1}^{2} x''Ck\right) + V$$

↑ ak　↑ b　↑ ck

- $(\sum_{k=1}^{7} xAk)$: 유권자의 인물본위 태도 및 행태변수에 대한 선호강도 평균값의 조합.
- ak: 후보자의 인물 변수별 데이터
- $(x'B)$: 유권자의 정당본위 태도 및 행태변수에 대한 선호강도 평균값의 조합.
- b: 후보자의 정당 변수 데이터
- $(\sum_{k=1}^{2} x''Ck)$: 유권자의 정책본위 태도 및 행태변수에 대한 선호강도 평균값의 조합.
- ck: 후보자의 정책 변수별 데이터
- V: 선거상황변수

선거문화 분석 모델 : 유권자의 후보자 선택기준(광역의회의원선거의 경우)

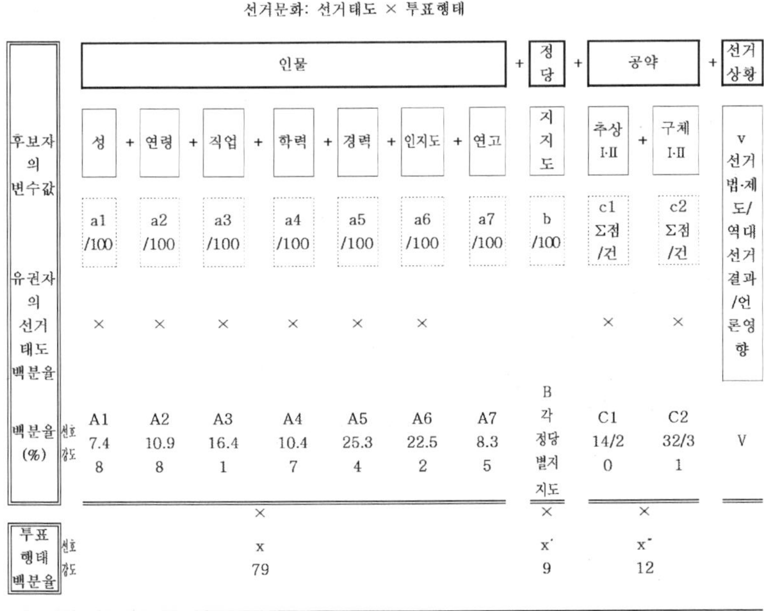

* 선호강도 평균값의 배점: 설문조사결과 각 변수들의 선호강도 평균값의 백분율(%값)

주요 분석결과

유권자의 ‘성’에 대한 선호강도 평균값

【단위: %】

	대구지역 응답자		경북지역 응답자		응답자전체	
	남 성	여 성	남 성	여 성	남 성	여 성
대통령선거	71.20	28.45	69.48	30.27	70.32	29.38
국회의원선거	60.83	40.42	59.81	39.50	60.31	39.95
광역지방자치단체장 (시 · 도지사)선거	60.41	39.55	60.75	38.38	60.59	38.95
기초지방자치단체장 (시 · 군 · 구청장)선거	57.40	42.08	59.45	39.77	58.45	40.90
광역지방의회의원 (시 · 도의원)선거	57.31	43.94	57.57	41.57	57.44	42.72
기초지방의회의원 (시 · 군 · 구의원)선거	54.49	45.03	56.18	42.91	55.35	43.95

N=856.

유권자의 ‘연령’별 선호강도 평균값

【단위: 점】

지역별 / 선거급별	대구지역 응답자					경북지역 응답자					응답자 전체				
	20대	30대	40대	50대	60대 이상	20대	30대	40대	50대	60대 이상	20대	30대	40대	50대	60대 이상
대통령선거	해당없음	해당없음	27.68	47.49	22.30	해당없음	해당없음	26.95	49.81	21.95	해당없음	해당없음	27.31	48.68	22.13
국회의원선거	6.21	16.49	36.26	28.54	12.00	5.73	14.57	33.92	31.98	13.24	5.96	15.51	35.06	30.30	12.63
광역단체장선거	5.48	14.40	35.63	30.72	12.94	5.18	14.01	31.96	33.71	14.19	5.32	14.20	33.75	32.25	13.58
기초단체장선거	6.10	16.07	35.26	28.79	12.13	5.79	15.81	31.47	32.16	13.73	5.94	15.94	33.32	30.51	12.95
광역의원선거	7.09	18.30	35.53	26.70	11.14	6.17	16.53	31.63	31.33	13.45	6.62	17.39	33.54	29.07	12.32
기초의원선거	7.71	19.88	34.92	25.08	10.54	7.52	18.19	31.70	29.07	12.84	7.61	19.02	33.27	27.12	11.71

N=856.

유권자의 '학력'별 선호강도 평균값

【단위 : 점】

선거급별 \ 지역별	대구지역 응답자						경북지역 응답자						응답자 전체					
	무학	초등학교 졸업	중학교 졸업	고등학교 졸업	대학교 졸업	대학원 졸업 이상	무학	초등학교 졸업	중학교 졸업	고등학교 졸업	대학교 졸업	대학원 졸업 이상	무학	초등학교 졸업	중학교 졸업	고등학교 졸업	대학교 졸업	대학원 졸업 이상
대통령선거	1.87	3.07	4.82	15.23	43.93	30.79	1.74	2.87	4.50	12.88	39.51	37.66	1.80	2.97	4.65	14.03	41.67	34.30
국회의원선거	2.23	3.55	6.01	17.71	43.92	25.97	1.79	4.07	4.92	16.17	41.16	31.84	2.01	3.81	5.45	16.92	42.51	28.98
광역지방자치단체장 (시·도지사)선거	2.18	3.60	6.67	18.92	42.08	25.06	1.83	3.15	5.21	18.22	42.76	28.04	2.00	3.37	5.92	18.56	42.43	26.58
기초지방자치단체장 (시·군·구청장)선거	2.24	3.93	7.35	20.24	41.33	23.32	2.06	3.39	6.03	19.89	41.08	28.43	2.15	3.65	6.67	20.06	41.20	25.94
광역지방의회의원 (시·도의원)선거	2.51	4.21	7.76	21.85	40.31	22.17	2.48	3.79	6.45	20.87	40.91	25.48	2.49	4.00	7.09	21.35	40.62	23.86
기초지방의회의원 (시·군·구의원)선거	2.76	4.59	8.11	22.67	39.17	20.81	2.50	4.04	7.94	22.09	38.61	24.23	2.62	4.30	8.03	22.37	38.89	22.56

N=856.

역대 국회의원선거의 직업별 입후보자·당선자 현황표

13대 국회의원선거

지역별	직업구분	선거구수	정치인			농업	상업	공업	광업	수산업	운수업	건설업	출판업	공익사업	의사약업	변호사	종교인	회사원	교육자	공무원	기타	무직	계
			현국회의원	전국회의원	기타																		
대구	입후보자	8	8	2	25		1						1				1				3		41
	당선자		3	1	4																		8
경북	입후보자	21	15	12	25	6	3						1	1	1	1		4	1		5	1	76
	당선자		7	4	4	1												2	1		1	1	21
계	입후보자	29	23	14	50	6	4						2	1	1	1	1	4	1		8	1	117
	당선자		10	5	8	1												2	1		1	1	29

14대 국회의원선거

지역별	직업구분	선거구수	정치인			농업	상업	공업	광업	수산업	운수업	건설업	출판업	공익사업	의사약사	변호사	종교인	회사원	교육자	공무원	기타	무직	계
			현국회의원	전국회의원	기타																		
대구	입후보자	11	10	2	18		2	1								2			3			5	43
	당선자		7	2	2																		11
경북	입후보자	21	19	9	21	8	1	3	1					3		3	2	3	3		2	9	87
	당선자		9	2	3			1	1							1			1		3		21
계	입후보자	32	29	11	39	8	3	4	1					3		5	2	3	6		2	14	130
	당선자		16	4	5			1	1							1			1		3		32

15대 국회의원선거

지역별	직업구분	선거구수	정치인		농축산업	상업	광공업	수산업	운수업	건설업	언론인	금융업	약사의사	변호사	종교인	회사원	교육자	출판업	무직	기타	계
			현국회의원	정치인																	
대구	입후보자	13	13	35	2	8	1		1	3	3		1	6			7		4	20	104
	당선자		4	8															1		13
경북	입후보자	19	15	53	6	3	1			6	3	1	3	6		2	6	1	5	19	130
	당선자		5	10		1							2							1	19
계	입후보자	32	28	88	8	11	2		1	9	6	1	4	12		2	13	1	9	39	234
	당선자		9	18		1							2						1	1	32

출처: 참여정치연구회, 「제15대 국회의원선거 대구·경북지역 입후보자 선거공약집」(대구: 도서출판 청림, 1999). 참고로 재작성.

지방선거의 직업별 입후보자·당선자 현황표

【단위: 명】

제1회 전국동시지방선거

지역별	구분		선거구수	정치인 정당	정치인 기타	농축산업	상업	공업	광업	수산업	운수업	건설업	출판업	공익사업	약사의사	변호사	종교인	회사원	교육자	공무원	기타	무직	계
대구	광역단체	입후보자	1	2																	3		5
		당선자																			1		1
	기초단체	입후보자	8	4			4	1				1		1	1	1		2		1	7	5	28
		당선자					1					1			1	1				1		3	8
	광역의회	입후보자	38	12	4	6	22	15			2	13	3	1	10	1		8	2		42		132
		당선자	(37)	3	2	1	7	8			1	4			4	1		3	1		6		41
	기초의회	입후보자	146	2	2	40	134	59			8	27	4	3	14			14	1		136		444
		당선자	(127)	1	6	14	63	32		1	5	10	3	1	6			7		1	46	7	203
경북	광역단체	입후보자	1	2																	1		3
		당선자		1																			1
	기초단체	입후보자	23	3	3	12	16	1		1	1	3	2		7	2			1		43		95
		당선자			1	1	2						1		1						17		23
	광역의회	입후보자	85	11	3	51	59	3		2	1	6	2		9			4	1	1	62		229
		당선자	(84)	5	2	18	24	2		1	2	3		1	4			1			29		92
	기초의회	입후보자	374		10	459	231	13	2	12	15	67	2	1	14			39	4		204		1,073
		당선자	(349)		3	161	90	4	2	5	8	24	2	1	10			12	1		76		399
계		입후보자	676	36	22	568	466	92	2	15	27	117	13	7	55	4		67	9	2	498	12	2,009
		당선자	(630)	10	14	195	187	46	2	7	16	42	6	3	26	2		23	2	2	175	3	768

제2회 전국동시지방선거

지역별	구분		선거구수	정당정치인	농축산업	상업	광공업	운수업	수산업	건설업	금융업	약사의사	변호사	종교인	회사원	교육자	공무원	출판업	무직	기타	계
대구	광역단체	입후보자	1	2													1				3
		당선자															1				1
	기초단체	입후보자	8	4	1	1	1				1	1	1		2	1	8		1	4	26
		당선자		1		1											5		1		8
	광역의회	입후보자	27	12	1	12	7	3		5	4	2			1	2	19		2	18	86
		당선자	(26)	5	1	3	3			3	1	1					6			6	29
	기초의회	입후보자	146	6	11	60	15	2		14	11	1			7	1	66	2	10	39	245
		당선자		4	5	34	11	1		6	10	1			3		45	2	3	21	146
경북	광역단체	입후보자	1	1													1				2
		당선자															1				1
	기초단체	입후보자	23	3	5	2		1	1	1	1	2			1	1	25	1	8	3	55
		당선자		2	1												17		2	1	23
	광역의회	입후보자	55	6	25	33	3	2	1	7	2	5			5		34		3	25	151
		당선자	(54)	1	9	12	1	1	1	2		2			1		21			9	60
	기초의회	입후보자	377		204	105	6	6	4	45	9	3			11	4	202	2	17	42	660
		당선자			100	58	1	5	2	25	7	2			5		118		6	13	342
계		입후보자	638	34	247	213	32	14	6	72	28	14	1		27	9	356	5	41	131	1,230
		당선자	(636)	13	116	108	16	7	3	36	18	6			9		214	2	11	51	610

※ 선거구에서 광역의회의 경우 비례대표선거구를 1개로 계산하고 기초의회의 경우 ( )는 경합선거구수임. 그리고 대구지역 기초지방자치단체장의 경우 참고자료의 숫자가 일치하지 않은 관계로 재작성함. 기초의회의원선거, 경북지역 광역의회의원선거 재작성.

출처: 중앙선거관리위원회, 「제1회 전국동시지방선거총람(1995. 6. 27시행)」(서울: 중앙선거관리위원회, 1995).; 중앙선거관리위원회, 「제2회 전국동시지방선거총람(1998. 6. 4시행)」(서울: 중앙선거관리위원회, 1998). 참고로 재작성.

보 기		
	중앙공직	국회의원, 장관 등 중앙정부의 주요 공직, 중앙당 간부 등
	중앙공익단체	경제정의실천연합, 새마을지도자협의회 중앙회 임원 등
	중앙사익단체	중앙 학술단체 임원, 국제교류단체 임원 등
	지방공직	지방의회의원, 지방자치단체장, 지방정부 공무원, 지구당 간부 등
	지방공익단체	새마을지도자협의회, 방위협의회, 자유총연맹, 각급 학교 운영위원회 활동 등
	지방사익단체	로터리클럽, 산악회, 지방학술단체 회원, 동창회 임원 등

유권자의 '경력'별 선호강도 평균값

【단위: 점】

경력별 / 선거급별	대구지역 응답자						경북지역 응답자						응답자 전체					
	중앙 공직 담당	중앙공 익단체 활동	중앙사 익단체 활동	지방 공직 담당	지방공 익단체 활동	지방사 익단체 활동	중앙 공직 담당	중앙공 익단체 활동	중앙사 익단체 활동	지방 공직 담당	지방공 익단체 활동	지방사 익단체 활동	중앙 공직 담당	중앙공 익단체 활동	중앙사 익단체 활동	지방 공직 담당	지방공 익단체 활동	지방사 익단체 활동
대통령선거	35.75	23.24	12.40	12.58	10.08	5.36	38.09	23.06	12.31	10.78	8.61	5.14	36.94	23.15	12.35	11.66	9.33	5.25
국회의원선거	26.13	20.02	12.19	17.75	15.10	7.63	29.42	19.44	12.24	16.34	14.24	7.34	27.81	19.72	12.21	17.03	14.66	7.48
광역지방자치단체장 (시・도지사)선거	19.01	14.86	10.34	26.44	17.94	9.85	22.25	16.39	11.64	22.84	13.68	9.28	20.66	15.64	11.01	24.60	17.30	9.56
기초지방자치단체장 (시・군・구청장)선거	13.92	12.72	9.28	29.00	21.03	12.12	17.43	13.41	10.87	26.30	18.47	11.63	15.71	13.07	10.09	27.61	19.72	11.87
광역지방의회의원 (시・도의원)선거	12.08	12.01	9.15	27.81	23.34	14.01	15.80	13.62	10.66	25.07	20.35	12.46	13.38	12.84	9.92	26.41	21.81	13.22
기초지방의회의원 (시・군・구의원)선거	10.38	10.48	8.35	26.96	25.12	16.69	14.34	12.04	9.47	24.88	21.73	14.73	12.40	11.28	8.92	25.89	23.39	15.69

N=856.

유권자의 '공직수행경험'별 선호강도 평균값(응답자 전체)

대통령선거	광역단체장 당선	국회의원 3회 이상 당선	정부각료 (총리·장관등)	정당의 고위간부 (정당의 총재)	대기업의 고위간부 (대기업 회장)	사회저명인사 (학자, 언론인)
	12.73	20.18	23.98	23.26	5.68	12.66
국회의원선거	광역의원 당선	기초단체장 당선	광역단체장 낙선	국회의원 낙선	국회의원 당선	사회저명인사(기업인, 학자, 언론인)
	19.29	14.86	9.09	10.16	26.20	19.58
광역지방자치단체장 (시·도지사)선거	기초단체장 당선	광역단체장 낙선	국회의원 1회 당선	국회의원 2회 이상 당선	광역단체장 당선	사회저명인사(기업인, 학자, 언론인)
	14.99	9.23	14.05	19.84	25.01	15.73
기초지방자치단체장 (시·군·구청장)선거	기초의원 당선	광역의원 당선	기초단체장 낙선	기초단체장 당선	국회의원 낙선	사회저명인사(기업인, 학자, 언론인)
	18.09	19.87	8.90	22.70	10.07	18.05
광역지방의회의원 (시·도의원)선거	기초의원 당선	광역의원 낙선	기초의원 2회 당선	광역의원 1회 당선	광역의원 2회 당선	사회저명인사(기업인, 학자, 언론인)
	15.31	8.62	15.98	18.25	23.07	17.79
기초지방의회의원 (시·군·구의원)선거	기초의원 1회 낙선	기초의원 1회 당선	기초의원 2회 당선	주요공익단체장 (조합장 등) 1회당선	주요공익단체장 (조합장 등) 2회당선	사회저명인사(기업인, 학자, 언론인)
	9.30	16.57	21.60	14.25	18.22	18.72

N=856.

대구지역 유권자의 '공직수행경험'별 선호강도 평균값

【단위: 점】

대통령선거	광역단체장 당선	국회의원 3회 이상 당선	정부각료 (총리·장관 등)	정당의 고위간부 (정당의 총재)	대기업의 고위간부 (대기업 회장)	사회저명인사 (학자, 언론인)
	12.95	19.25	23.60	23.54	5.60	13.54
국회의원선거	광역의원 당선	기초단체장 당선	광역단체장 낙선	국회의원 낙선	국회의원 당선	사회저명인사(기업인, 학자, 언론인)
	19.57	14.32	9.59	11.38	23.77	20.48
광역지방자치 단체장 (시·도지사)선거	기초단체장 당선	광역단체장 낙선	국회의원 1회 당선	국회의원 2회 이상 당선	광역단체장 당선	사회저명인사(기업인, 학자, 언론인)
	14.27	10.44	14.05	17.96	25.23	16.73
기초지방자치단체장 (시·군·구청장)선거	기초의원 당선	광역의원 당선	기초단체장 낙선	기초단체장 당선	국회의원 낙선	사회저명인사(기업인, 학자, 언론인)
	16.65	19.14	9.49	22.35	10.49	19.10
광역지방의회의원 (시·도의원)선거	기초의원 당선	광역의원 낙선	기초의원 2회 당선	광역의원 1회 당선	광역의원 2회 당선	사회저명인사(기업인, 학자, 언론인)
	15.39	9.06	15.84	18.61	21.60	19.58
기초지방의회의원 (시·군·구의원)선거	기초의원 1회 낙선	기초의원 1회 당선	기초의원 2회 당선	주요공익단체장 (조합장 등) 1회당선	주요공익단체장 (조합장 등) 2회당선	사회저명인사(기업인, 학자, 언론인)
	8.91	15.78	19.67	14.58	18.18	19.77

N=856.

경북지역 유권자의 '공직수행경험'별 선호강도 평균값

【단위 : 점】

대통령선거	광역단체장 당선	국회의원 3회 이상 당선	정부각료 (총리·장관 등)	정당의 고위간부 (정당의 총재)	대기업의 고위 간부 (대기업 회장)	사회저명인사 (학자, 언론인)
	12.52	21.07	24.34	22.99	5.75	11.83
국회의원선거	광역의원 당선	기초단체장 당선	광역단체장 낙선	국회의원 낙선	국회의원 당선	사회저명인사(기업인, 학자, 언론인)
	19.03	15.37	8.61	8.99	28.51	18.71
광역지방자치단체장 (시·도지사)선거	기초단체장 당선	광역단체장 낙선	국회의원 1회 당선	국회의원 2회 이상 당선	광역단체장 당선	사회저명인사(기업인, 학자, 언론인)
	15.88	8.07	14.06	21.63	24.80	14.78
기초지방자치단체장 (시·군·구청장)선거	기초의원 당선	광역의원 당선	기초단체장 낙선	기초단체장 당선	국회의원 낙선	사회저명인사(기업인, 학자, 언론인)
	19.47	20.57	8.34	23.03	9.67	17.04
광역지방의회의원 (시·도의원)선거	기초의원 당선	광역의원 낙선	기초의원 2회 당선	광역의원 1회 당선	광역의원 2회 당선	사회저명인사(기업인, 학자, 언론인)
	15.24	8.20	16.11	17.92	24.48	17.04
기초지방의회의원 (시·군·구의원)선거	기초의원 1회 낙선	기초의원 1회 당선	기초의원 2회 당선	주요공익단체장(조합장 등) 1회당선	주요공익단체장 (조합장 등) 2회당선	사회저명인사(기업인, 학자, 언론인)
	9.67	17.31	23.43	13.93	18.25	17.72

N=856.

지역연고에 대한 평가(대구·경북지역 통·리장)

항 목	빈도수(명)	비율(%)
지역에서 출생해야 한다	53	24.9
지역소재의 학교를 졸업했으면 된다	14	6.6
과거에라도 10년 이상 지역에서 거주하면서 활동했으면 된다	100	46.9
5년 정도 현재 지역에서 거주하면 된다	46	21.6
합 계	213	100.0

유권자의 인물본위투표 하위변수 간의 선호강도 평균값

【단위: 점】

변수별 / 지역별	성	연령	학력	직업	경력	인지도 (공직 수행 경험)	지역연고 (출신지역)
대구지역 응답자	7.67	11.30	15.92	11.63	25.71	23.65	8.49
경북지역 응답자	7.30	10.67	16.88	9.37	24.98	21.43	8.21
응답자 전체	7.48	10.98	16.41	10.47	25.34	22.52	8.35

N=856.

15대 대통령선거 당시 여론조사기관 정당지지도 조사결과표

【단위: %】

여론조사기관	정당지지도					비고
	한나라당	새 정치 국민회의	국민신당	자민련	지지정당 없음	
매일신문·MBC	23.8	8.2	15.5	0.9	42.1	1997년11월10일자
영남일보	22.9(신한국당) +3.5(민주당)	6.8		4.4	62.4	1997년10월29일자
영남일보	41.7	11.3	27.2	2.6		1997년11월10일자

자료: 매일신문, 1997년 11월 10일자, 영남일보, 1997년 10월 29일자·1997년 11월 10일자.

15대 국회의원선거 당시 여론조사기관 정당지지도 조사결과표

【단위: %】

선거구	매일신문&매일리서치							영남일보&국제리서치							무소속 출마자	비고
	신한당	국민회	민주당	자민련	무당파	무소속	무응답	신한국	국민회	민주당	자민련	무당파	무소속	무응답		
중구	16.3		9.5	15.8	3.8			9.8	0.8	11.0	3.0	1.0	6.8	67.7	4	*1
동갑	19.1			18.4				15.0	2.0	5.0	17.0	0.5	16.8	44.8	4	*1
동을	14.9			12.6			39.5	10.0	1.0	9.0	3.0	2.3	19.5	55.3	2	
서갑								12.8	1.5	4.8	10.3		21.0	49.6	5	
서을	25.3							14.8	1.8	2.8	11.8	1.3	11.3	56.4	5	
남구	17.0		6.8	16.0				12.3	1.8	3.8	16.5	1.3	10.8	53.8	9	*1
북갑	14.6			27.1				9.3	1.5	4.5	15.0	1.8	19.3	48.8	3	
북을								18.3	0.3	4.8	10.0	1.0	17.3	48.5	4	
수성갑							41.6	13.3	0.3	2.3	15.0		8.5	60.8	5	
수성을	19.9		8.2	17.9	2.2		17.5	11.5	0	2.5	12.3		15.0	57.3	6	
달서갑	23.0			18.3			32.5	9.8	0.5	2.3	12.0		10.3	64.8	3	*1
달서을	9.7			14.5			36.4	12.5	2.0	5.0	12.3		18.0	50.3	4	*1
달성군	31.0			6.8			17.0	19.3	1.3	1.8	5.0		6.5	66.3	0	
포항북	21.9	2.0	6.7	8.3	0	24.2	37.3	13.3	0.8	2.0	1.0		6.3	76.8	1	
포항남	33.1	4.2	7.7	9.9	0.2	17.0	27.9	11.0	1.5	6.8	2.0		3.8	75.0	2	

선거구	매일신문&매일리서치							영남일보&국제리서치							무소속 출마자	비고
	신한당	국민회	민주당	자민련	무당파	무소속	무응답	신한국	국민회	민주당	자민련	무당파	무소속	무응답		
경주갑	27.3	2.0	6.4	6.1	0.7	14.3	43.2	12.6	1.5	3.5	3.5	0.3	9.0	69.6	1	
경주을	33.7	3.5	11.9	8.7	0	22.5	19.8	12.5	2.0	3.5	10.0		9.8	62.3	1	
김천시	32.8	2.3	4.5	6.3	0.3	23.5	30.5	26.0	1.3	2.8	7.0	0.3	25.3	37.8	7	
안동갑	28.2	1.5	13.5	5.5	0.2	15.2	35.9	13.0	0.5	5.0	5.5		8.5	67.4	1	
안동을	26.5	1.5	4.2	4.4	0.2	24.3	38.8	17.6	1.5	3.3	5.3		13.6	58.8	4	
구미갑	30.6	2.3	8.0	19.3	0.8	20.1	19.9	12.3	2.3	4.0	7.5		6.0	67.9	0	
구미을	30.0	2.5	7.6	15.4	0	16.9	27.2	14.3	1.0	2.5	10.3		3.8	68.1	1	
영주시	28.8	2.0	5.5	10.3	0.8	35.1	17.5	10.3	1.5	0.8	5.3		13.5	68.7	3	
영천시	29.6	2.2	7.0	9.2	4.5	17.7	29.9	11.5	1.8	3.8	6.5		10.0	66.5	2	
상주시	23.5	1.3	4.8	10.6	0	20.5	39.2	7.3	1.0	0.8	5.8		5.8	79.5	2	
문경예	34.8	2.8	5.5	8.6	0.3	17.6	30.4	10.3	0.5	2.5	2.5		5.5	78.8	4	
경산청	29.9	0.7	5.7	12.0	0	25.7	25.9	6.5	1.0	2.5	7.5		7.5	75.0	8	*1
군위칠	24.5	3.1	5.3	12.3	0.5	25.5	28.2	8.0	1.8	3.3	4.8		9.3	72.9	4	
의성군	32.3	1.2	5.0	21.1	0	14.2	25.1	16.3	0.3	0.8	8.3		4.3	70.3	3	
고령성	29.3	2.5	7.0	8.5	0	18.8	34.0	15.8	1.0	1.0	5.5		11.5	65.3	5	
청송영	31.0	2.0	6.5	14.3	0.5	17.3	28.5	23.1	0.3	6.0	11.5	0.8	10.5	47.9	4	
영양봉	25.6	1.0	4.7	5.7	5.2	29.6	28.2	13.3	2.3	3.5	4.5		10.8	64.8	7	

*1: 영남일보와 매일신문의 전화여론조사 차이가 상반되게 나타난 지역구임.

*2: 매일신문사&매일리서치 전화여론조사는 3월 19일부터 21일(3일간) 선거구별 400명씩 12,834명을 대상으로 조사한 것으로 95% 신뢰수준의 오차한계는 ±4.9수준임. 단, 대구지역의 정당지지도는 각 선거구별로 보도되지 않음(매일신문 4월 4일자 기사참조)

*3: 영남일보&국제리서치 전화여론조사는 3월 13일부터 22일(10일간) 기사게재일 2일 전에 선거구별 400명씩 12,834명을 대상으로 조사한 것으로 95% 신뢰수준의 오차한계는 ±4.7수준임.

제2회 전국동시지방선거 당시 주요 언론사의 여론조사결과표

정당 지지도 \ 여론조사						평 균	
	여론조사 기 관	리서치 앤 리서치	한겨레신문사	국제리서치	대구방송 · 영남일보 · 에이스리서치		
	조사일시	98. 5. 13~14	98. 5. 10	98. 2. 23~25	98. 1. 23~25		
	대상규모	500명	500명	500명	817명		
	조사방법	전화여론조사	전화여론조사	전화여론조사	전화여론조사		
	비 고	영남일보 98. 5. 16일자	한겨레신문 98. 5. 10일자	영남일보 98. 3. 2일자	영남일보 98. 1. 24일자	한겨레신문배제	국제리서치배제
한나라당		32.3	26.5	14.4	30.7	26.98	29.83
국민회의		15.8*	16.2	10.8	13.1	13.98	15.03
자 민 련		5.4	5.4	3.4	2.0	4.05	4.27
국민신당		4.2	–	1.6	3.2	3.0	3.7
비 고		'97.8: 6.8% '97.12: 9.6%		무소속 6.6			

한겨레신문사의 정당지지도는 한나라당 24.1%, 국민회의 12.3%, 자민련 3.9%, 국민신당 1.2%임.

최근 각종선거의 정당지지도 표준점수표

【단위: 점】

정당	자체*1 (%)	6·4*2 (%)	대통령선거 (8.7)		국회의원선거 (15.1)		광역단체장선거 (9.2)		기초단체장선거 (6.8)		광역의원선거 (8.4)	
			자체	6·4	자체	6·4	자체	6·4	자체	6·4	자체	6·4
한나라당	31.3	29.83	2.72	2.60	4.73	4.5	2.88	2.74	2.13	2.03	2.63	2.51
국민회의	10.5	15.03	0.91	1.31	1.59	2.27	0.97	1.38	0.71	1.02	0.88	1.26
자 민 련	4.4	4.27	0.38	0.37	0.66	0.65	0.41	0.39	0.30	0.29	0.37	0.36
국민신당	–	3.70	–	0.32	–	0.56	–	0.34	–	0.25	–	0.31

*1: 자체 설문면접조사에 의한 1순위 정당지지도임.
*2: 6·4 지방선거 당시 중앙·지방 언론사의 여론조사 정당지지도 평균치임.

구체적인 공약과 추상적인 공약의 선호강도 평균값Ⅰ

【단위: 점】

부여점수 / 지역별	구체적인 공약	추상적인 공약
	보기: '소방도로 확·포장', '경로당 건립', '여성회관 건립' 등 구체적으로 예산이 확보되거나 실현 가능성이 있는 공약	보기: '민주화', '행정서비스 개선', '주민복지 증대', '환경오염 방지책 강구' 등 공직의 권한의 범위를 넘어서거나 예산이 확보될 가능성이 없는 실현성이 희박한 구호성의 공약
대구지역	71.74	26.93
경북지역	70.00	28.69
응답자 전체	70.85	27.83

N=856.

구체적인 공약과 추상적인 공약의 선호강도 평균값Ⅱ

【단위: 점】

지역별 / 선거급별	"○○읍·면·동 경로당 건립"			"○○시·군·구 노인복지회관 건립"			"노인복지 예산 확충"			"노인복지 증대를 위해 노력하겠습니다"		
	대구	경북	전체	대구	경북	전체	대구	경북	전체	대구	경북	전체
국회의원선거	27.57	28.21	27.90	29.19	26.58	27.86	26.09	26.43	26.27	15.09	16.67	15.90
시도지사 선거	29.19	27.78	28.47	34.06	31.05	32.52	22.70	23.78	23.25	14.09	15.35	14.74
시·군·구청장선거	32.94	31.97	32.44	33.27	31.21	32.22	19.23	20.43	19.84	12.63	14.11	13.39
시·도의회의원선거	33.50	30.87	32.15	31.55	31.34	31.44	19.11	20.32	20.04	13.77	15.02	14.41
시·군·구의회의원선거	37.10	34.85	35.95	28.90	28.80	28.85	17.47	19.36	18.44	13.07	14.55	13.83

N=856.

유권자의 정책우선순위도

【단위: 점】

선거공약 \ 지역별 순위도	대구지역		경북지역		응답자 전체	
	1순위	2순위	1순위	2순위	1순위	2순위
지역(경제)개발 문제(공단 유치 등)	32.7	10.1	27.2	10.9	29.9	10.5
공공(행정)서비스의 질적 개선	16.1	12.3	16.1	8.1	15.8	9.1
지역예산의 효율적 사용문제	15.4	10.1	15.2	8.1	15.6	10.2
교육 및 청소년 문제(각급 학교, 도서관 유치 등)	9.9	12.3	9.7	13.2	9.8	12.8
사회복지시설 확충(경로당, 빈민층 구호시설 건립 등)	6.5	8.0	9.7	17.3	8.1	16.2
도로·교통문제	6.5	15.0	8.8	7.4	7.6	7.7
생활쓰레기, 환경정화시설 등 각종 환경오염문제	4.6	15.0	4.8	20.1	4.7	17.6
주택재개발 사업	2.4	7.5	3.2	3.2	2.7	3.0
방범 및 치안문제(파출소, 소방서 유치)	2.2	2.7	2.1	4.8	2.2	6.1
체육 및 문화시설 확충문제(체육공원, 문화회관 건립 등)	2.2	5.6	1.4	5.1	1.8	5.3
기타(구체적으로 써 주십시오)	1.2	0.7	1.2	0.2	1.2	0.5
그린벨트 해제	0.5	0.7	0.7	1.6	0.6	1.2

N=856.

유권자의 투표행태

【단위: %】

선택기준	각급 선거	대 통 령		국회의원		시·도지사		시·군·구청장		시·도의원		시·군·구의원	
		1순위	2순위	1순위	2순위	1순위	2순위	1순위	2순위	1순위	2순위	1순위	2순위
대구지역 응답자	후보자 개인의 능력	78.6	13.5	73.1	14.1	76.8	13.7	76.9	14.5	77.4	12.3	84.6	11.1
	후보자의 소속정당	10.4	29.2	15.0	35.1	8.0	21.0	5.1	17.2	6.3	15.2	해당없음	
	후보자의 선거공약	9.2	53.2	9.7	46.6	12.8	57.5	14.4	59.6	12.7	59.7	12.5	72.1
	후보자와의 각종 연고(학연, 지연, 혈연)	1.7	4.2	2.2	4.1	2.4	7.8	3.6	8.6	3.6	12.8	3.0	16.7
경북지역 응답자	후보자 개인의 능력	82.1	10.8	73.7	11.3	76.2	13.8	76.7	13.6	76.3	12.3	83.6	12.1
	후보자의 소속정당	7.1	30.5	15.2	30.4	10.4	17.6	8.4	16.0	10.4	13.5	해당없음	
	후보자의 선거공약	9.4	54.2	9.0	50.9	11.6	59.3	11.4	58.1	10.2	59.4	10.2	64.9
	후보자와의 각종 연고(학연, 지연, 혈연)	1.4	4.5	2.1	7.3	1.9	9.3	3.5	12.2	3.0	14.9	6.3	23.0
응답자 전체	후보자 개인의 능력	80.4	12.1	73.4	12.7	76.4	13.8	76.8	14.1	76.8	12.3	84.0	11.6
	후보자의 소속정당	8.7	29.9	15.1	32.7	9.2	19.3	6.8	16.6	8.4	14.3	해당없음	
	후보자의 선거공약	9.3	53.7	9.3	48.8	12.2	58.4	12.9	58.9	11.4	59.5	11.3	68.3
	후보자와의 각종 연고(학연, 지연, 혈연)	1.5	4.3	2.1	5.8	2.1	8.6	3.6	10.4	3.3	13.9	4.7	20.0

N=856.

6) 후보자 변수의 특성

후보자의 각 변수별 데이터값은 선거홍보물을 기준으로 작성되었다. 분석에 사용된 총 1,245명의 후보자 가운데 지방선거의 일부 후보자들은 선거홍보물을 제출하지 않은 경우도 있었다. 이런 경우 각 대구광역시와 경상북도선거관리위원회의 선거총람의 기본 자료를 토대로 작성하였다. 그러나 이렇게 될 경우 상대적으로 불리한 상황에 처하게 된다는 점을 미리 밝혀둔다. 하지만 전체적으로 보면 극소수에 불과하여 본 연구의 맥을 흩트리지 않을 것으로 추정된다.

후보자의 선거홍보물 특성 분석은 Ⅲ장의 검증 방법에서 밝힌 바와 같이 각 변수별로 선거급에 따라 유권자의 선호강도가 존재한다는 점에 입각하여 후보자의 각 변수별 선거급(당락)별 교차분석결과를 중심으로 설명하고자 한다.[272)]

---

272) 위 글 선거문화는 강의를 위하여 인터넷상의 자료를 발췌하여 올린 것입니다. 90년대 자료입니다. 저자와의 사전조율을 못한 것은 정치변화가 상당히 많이 변한 과거의 자료였기 때문입니다. 양해를 드립니다.

III.
권력구조와 선거제도

현재 진행되고 있는 많은 선거법 개정 논의들이 개별 선거수준에 집중되는 경향이 있다. 하지만 왜 그러한 제도적 수정이나 채택이 이루어졌는가에 대한 논리는 궁극적으로 대통령제나 내각제와 같은 권력구조의 형태나 바람직한 민주주의 유형이라는 틀 속에서 조화롭게 찾아야 한다. 여기서 바람직한 민주주의 유형이란 일반적으로 '합의제적 민주주의'(consensus democracy)라는 것이 중론이다.[273] 현재 한국의 권력구조는 대통령제이다. 한국정치사를 보면 해방 이후 지금까지 대통령제와 내각제 간에 권력구조 선호논쟁이 있어 왔다. 최근 한국정치학회보에서 이루어졌던 연구들을 참조해 보면 내각제가 좋다는 주장과[274] 대통령제가 좋다는 주장이[275] 맞서 있다. 두 권

---

273) Arendt Lijphart, *Democrcies: Patterns of Majoritarian and Consensus Government in Twenty-One Countries* (New Haven: Yale University Press, 1984).

274) 서기준, "한국의 정치구조 개편에 관한 재고찰," 『한국정치학회보』 31집 1호(1997), pp. 73-97; 최진욱, "통일시대를 대비한 새로운 권력구조의 모색," 『한국정치학회보』 29집 3호(1995), pp. 273-293.

275) 이명남, "한국에서 대통령제의 적실성," 『한국정치학회보』 30집 4호(1996), pp.229-246.

력구조 모두 상황에 따른 장점과 단점이 있기 때문에 어느 하나에 대한 우열을 가리기란 쉽지 않다. 국가가 원활히 돌아가기 위해서 권력구조의 개편이 불가피하다는 국민적 동의가 있다면 그래야만 한다. 그러나 국민들이 사실상 대통령제이냐, 내각제이냐 하는 제도 논쟁 그 자체에 관심이 있다고 보기는 어렵다.[276] 국민들이 원하는 것은 현실적으로 어떤 제도가 되건 간에 "정치가 잘 기능하여 민생복리나 민생안심이 이루어지기"를 희망하는 것이다. 그렇다면 단순히 권력구조 차원에서 내각제-대통령제가 아니라 합의제적 민주주의를 구현하는 것이 중요하다고 본다.[277] 다원화되어 가는 사회에서의 민주주의란 결국 합의제적 민주주의의 실행이 바람직하며, 권력구조는 수단적 성격이 강하기 때문이다. 현행 대통령제를 내각제로 개편하는 문제보다는, 대통령제를 유지하면서 대통령제하에서 합의제적 민주주의가 구현될 수 있는 조건들에 더 관심을 갖는 것이 필요한 것이다.

---

276) 김재한 교수는 한국유권자들의 권력구조 선호는 지지하는 정치인의 권력구조 입장의 변화에 따라서 바뀌는 면이 있음을 지적하고 있다. 김재한, "한국의 권력구조 선호," 국제평화전략연구원(편), 『한국의 권력구조 논쟁』(서울: 풀빛, 1997), pp.175-213. 덧붙여서 이갑윤 교수는 한국의 지역주의가 대통령제하에서 더 고착되는 성향이 있음을 지적하고 있다. 만약 지역주의가 한국의 고질적 병폐이고 대통령제가 지역주의에 책임이 있다는 주장을 받아들인다면 의원내각제를 고려하는 것은 의미 있는 작업이 될 수도 있다. 이갑윤, 『한국의 선거와 지역주의』(서울: 오름, 1998).

277) 김재한, 레입하트, "합의제와 한국의 권력구조," 『한국정치학회보』 31집 1호(1997), pp.99-120.

1. 대통령제와 선거들과의 관계[278)]

현재 한국의 선거는 크게 세 가지 수준의 선거로 나누어진다. 대통령선거, 국회의원선거, 그리고 지방선거로 구분되는 것이다. 현행의 대통령제를 바꾸지 않는 이상 대통령제가 합의제적 민주주의라는 차원에서 기능할 수 있게 하는 각급 선거 간의 궁합은 중요하다. 각급 선거 간 역학관계에 대한 논의의 핵심은 두 가지로 정리된다. 첫째, 대통령제하에서 국회의원선거구와 지방선거구 간의 상대성 문제이다. 선거구들 간의 상대성 문제가 중요한 이유는 각급 선거단위에서 뽑히는 대표자들의 역할과 연관성을 맺고 있기 때문이다. 둘째, 대통령선거와 관련하여 국회의원선거나 지방선거가 밀월선거나 중간선거로서의 특성을 어떻게 나타내고 있는가 하는 문제이다. 대통령제하에서 입법부선거나 지방선거는 대통령선거결과에 영향을 받는다.[279)] 중요한 것은 국회의원선거이건 지방선거이건 시기가 중간선거로 치러진다면 여당에 대한 비판 기능이 강화되면서 중간선거의 특성이 나타나는 것이 더 합의제적 민주주의를 형성하는 데 바람직하다고 본다.

대통령제는 의원내각제보다 더 권력분립적인 체제이며, 따라서 대통령제하에서 입법부의 선거는 행정부를 견제한다는 의미에서 중요하다. 지방자치선거는 권력구조에 상관없이 주민자치와 생활정치를 실현한다는 입장에서 민주주의 실현을 위한 중요한 선거이다. 문제는 국회의원선거와 지방선거 간의 궁합이다. 지방선거가 존재하여 지방일꾼을 따로 선거하는 체제하에서 국회의원은 국가적인 업무에 전력하여야 한다.[280)] 현재 한국의 선거제도를

278) 강의를 위해 인터넷에 있는 자료를 다운받아 실은 것입니다. 저자의 양해를 구합니다. 지난 자료입니다.

279) Shugart, Matthew and John Carey, *Presidents and Assemblies: Constitutional Design and Electoral Dynamics*, (NY: Cambridge University Press, 1992), pp.250-253.

280) 신명순, "한국의 의회정치", 『한국의 정치』, 민준기, 신명순, 양성철, 이정복, 장

보면 국가적 사무에 전념해야 하는 국회의원은 소지역단위의 소선거구제로 뽑고 있다. 반면에 지방사무에 전념해야 하는 지방의원의 경우는 소선거구제의 폐해를 이유로 중·대선거구제로의 개편 안이 회자되고 있다. 이러한 일련의 상황으로 볼 때, 지방의원선거가 중·대선거구제로 개편되고, 국회의원선거가 소선거구제로 유지될 소지가 다분하다.

가장 이상적으로 본다면, 국가적 차원의 업무에 기능하는 국회의원은 지역을 뛰어넘어 전국적 차원에서 대선거구(즉, 전국이 하나의 선거구)로 뽑아야 하며, 소지역적 주민정치를 실현하는 지방의원은 소선거구로 뽑아야 한다. 선거제도를 구성하는 기본 논리는 다음의 3가지를 기초로 하여 구성되므로 이를 먼저 살펴보자.

① 표집형태(Ballot Type)의 문제: 한 정당에 투표하면 자동적으로 그 정당에 소속된 후보자들에게 표가 간다든지(정당명부에 투표하는 경우), 아니면 개인 후보자에게 투표한다든지, 아니면 정당명부와 개인 후보자 모두에게 투표한다든지 하는 문제이다. ② 선거구(District Magnitude: *M*): 한 지역단위(a district)에서 몇 명을 뽑을 것인가 하는 문제이다. ③ 당선결정방식(Decision Rule): 어떻게 투표수를 의석수로 계산해 낼 것인가 하는 문제이다. 이 중에서 특히 ③ 번은 비율배분 (proportionality)의 문제를 다루는 것이다. 말하자면 같은 비율의 득표를 기록했다고 하더라도 어떠한 의석수 계산법을 쓰는가에 따라서 의회 내의 정당 간의 힘의 균형은 차이를 보일 수 있다. 현재 한국의 국회의원선거제도를 어떻게 정리할 것인가 하는 논리 중에서 가장 중요한 것은 지방선거와의 궁합문제이다. 국회의원은 국가적인 사무에 전념하여야 하며 지방의 업무는 지방선거를 통해서 구현되어야 한다. 또한 대통령제하에서 합의제적 민주주의를 구현하기 위해서는 특히 다당제가 요구된다. 물론 입법부가 양당제로 구성되는 경우도 '분할정부'(divided government)가 형성되면 입법부-행정부 간에 합의제적 민주

달중(편), (서울: 나남, 1998), p.230.

주의가 형성될 수 있으나,281) 입법부 자체도 합의제적 민주주의로 기능하기 위해선 다당제가 바람직할 것이다. 따라서 단순다수대표제(plurality system)의 소선거구제보다는 비례대표제(Proportional Representation)가 바람직하며, 전국을 하나로 묶어(M=전체 국회의원 수) 정당이 명부를 관리하게끔 하여야 한다. 선거유세는 전국적인 차원에서 정당만이 하면 되고, 지역구별로 수많은 후보자들이 할 필요가 없다. 이때 유권자들은 단지 정당에만 투표하면 된다. 비례대표제로 하여서 전국을 하나의 선거구로 묶는다면 군소정당들이 보다 더 활성화될 수 있는 계기가 마련된다. 입법부 내에서 합의제적 민주주의가 더 강조되는 형태로 나타나게 되면서 여당과 제1야당 모두에게서 독선이 그만큼 어려워지게 될 것이다. 지역의 일꾼은 기본 지역단위에서 일꾼을 뽑는다는 의미에서 소선거구제를 채택하는 것이 바람직하다. 이때 유권자들은 후보자 1인에게 기표하면 된다. 지역일꾼을 정당과 관계없이 인물중심으로 뽑는 것은 장기적인 시각에서 우리의 정치판이 주민자치와 생활정치의 구현이라는 차원에서 바람직하다고 본다. 조화롭지 못한 선거제도가 바로, 국회의원선거제도는 소선거구제를 유지하면서 지방선거제도는 중·대선거구제를 유지하는 경우이다. 국가적 업무에 주력해야 하는 국회의원은 소지역단위로 뽑고, 지방적 업무에 주력해야 하는 지역의원을 중·대선거구제로 광역화하여서 뽑는다는 것은 아무래도 어색하다. 지방선거를 소선거구제로 하는 경우 항상 문제가 되는 것이 바로 지방의회선거에서 표의 비등가성(malapportionment)의 문제이다. 이것도 기우라고 본다. 지방자치는 지방의 특수성을 인정하기에 차별화가 불가피하다. 사실 지방선거에 관한한 헌법재판소가 내린 1: 4 또는 1: 3 조항을 그대로 적용하는 것은 지극히 기계적이고 법적인 논리에 머무르는 愚를 범하게 된다.282) 지역마

281) 김용호 교수는 우리나라에서 행정부만을 통치기관으로 생각하고 입법부를 경시하는 잘못된 풍조로 인하여 분할정부(김용호 교수는 분점정부란 용어를 사용한다)에 대한 단점만이 강조되는 분위기는 시정되어야 함을 지적한다. 김용호, "21세기 새로운 의회정치의 모색: 분점정부 운영방안," 『의정연구』 6권 2호 (2000).

282) 1996년 1월 9일 헌법재판소의 국회의원선거구획정 관련 선거구 인구편차에 관한

다 표의 비등가성이 있는 것은 지방선거에서 너무도 자연스러운 것이다. 유권자 입장에서도 자신의 한 표가 더 큰 영향력을 받는다면 그것은 그 지역에 사는 유권자들의 정치적 혜택일 뿐이다. 염려는 소선거구제에서 뽑힌 지역대표들이 자기 지역 우선주의에 따른 '포크 배럴'(pork barrel)식의 예산할당으로 인해 지역예산이 효율적으로 쓰이지 못할 수도 있다는 점이다.[283] 하지만 이는 선거제도상의 논리가 아니다. 지역예산이 얼마나 효율적으로 쓰이는지에 대한 감사 기능이 제도화되면 해결될 문제이지 선거구제 자체에 영향을 미치는 논리는 아니다.[284]

소선거구제를 실시하면서 정당의 공천을 남겨놓을 경우엔 현재의 한국정치상황을 볼 때 지방일꾼을 뽑는다는 취지가 희석될 가능성이 있다.[285] 현재 광역의원들에게서 국회의원의 들러리적인 성격이 누누이 지적되고 있음은 주지의 사실이다. 결론적으로 지방선거의 경우는 정당공천을 배제하고 소선거구제로 순수한 지역의 일꾼을 뽑아야 한다. 소선거구제를 계속 실시하면서 재정이 허락한다면 구태여 현재의 지방의회의원의 경우는 인원수를 줄이지 않아도 무방하다. 단 재정적인 요인이 커서 인원수를 줄여야만 한다

결정문을 참고할 필요가 있다. 헌법재판소도 재판관 5명의 다수의견으로 선거구 인구수가 평균인구수의 상, 하 60%의 편차, 즉 4: 1을 초과하여 선거구를 획정하는 것은 위헌이라는 의견과, 재판관 3명의 보충의견으로 최대, 최소 인구 선거구의 차이가 2배를 넘지 않는 수준으로 조정하는 것이 바람직하다는 의견을 내놓았다. 2001년 10월 25일에는 헌법재판소가 최대, 최소 선거구의 인구편차 기준을 3: 1 미만으로 하라고 제시하면서 2003년 12월 31일까지 관련 법규 개정의 유예기간을 두어 헌법불합치 결정을 내렸다.

283) 하지만 지방자치가 시행되는 과정에선 항상 나타날 수밖에 없는 사안일 수도 있다.

284) 지방의회가 제대로 기능하기 위한 논의는 지방정부가 인구나 행정업무의 복잡성과 관련하여 어떠한 형태를 갖느냐와 연관성이 있다. 미국의 경우를 보면 위원회형(Commission Form), 의회-임명행정관형(Council-Administrator Form: Council-Manager Type, Chief Administrative Officer Type, Chief Administrative Assistant Type), 의회-민선행정관형(Council-Elected Executive Form) 등이 있다. 행정자치부, 『선진외국의 지방자치제도(Ⅱ)』(서울: 행정자치부 자치제도과, 2000), pp.9-16.

285) 물론 소선거구제하에서 정당공천이 없이 후보자 인물중심으로 투표할 경우 지역특수주의(local particularism)의 폐해가 생길 가능성도 있다.

면 광역의회의원과 기초의회의원 양쪽에서 다음과 같은 논리를 생각해 볼 수 있다. ① 광역의회의원: 적어도 현행의 국회의원 소선거구제가 그대로 유지된다면, 국회의원과 똑같은 지역에서 똑같은 수를 뽑는다. 즉 지역구민들은 국가를 위해서 일할 사람을 한 사람 뽑고, 지역을 위해서 일할 사람 한 사람을 뽑는 셈이다.[286] 사실 지방선거가 실시되는 이상 이제 국회의원은 보다 국가적인 일에 주력해야 하며, 광역의회의원은 보다 지역적인 일에 주력하는 기능적 분화가 필수적이다. ② 기초의회의원: 村의 읍・면 단위에서는 그대로 기초의회의원을 뽑아야 한다. 촌의 경우 읍・면 단위를 무시하고 2~3개를 하나로 묶는다면 자기의 읍・면 단위에서 대표자를 내려는 폐단이 보이기 쉽다. 반면에 도시에서는 2~3개를 한 개로 묶어도 별 무리가 없으리라고 본다. 왜냐하면 상대적으로 촌보다는 그 구분이 뚜렷하지 않으며 오히려 도시에서는 구분을 하는 것에 어려움이 클 수도 있기 때문이다. 물론 이런 경우 도시와 村 간에는 표의 등가성 문제가 생기기 쉽다. 하지만 이런 문제는 지방자치와 관련하여 볼 때 표의 등가성의 차이를 인정하는 것이 오히려 자연스러운 것일 수도 있다. 첫째, 지방자치라는 것은 지방민들의 살림을 지방민들이 결정하자는 것이다. 지방이 중앙에 예속되어서는 지방자치를 시행하는 근본 취지가 무색해진다. 따라서 지방의회의원들은 중앙당의 공천을 받지 않는 것이 바람직하다. 현실적으로도 한국의 정당은 지역주의를 반영하고 있다. 어떤 정당에 소속되지 않고 의회의원이 된다면 중앙에 대한 충성보다는 지역민의 대민봉사에 더 신경을 기울일 수 있게 된다. 그렇지 못하면 "도대체 지방자치 왜 하는가?" 하는 의문이 생길 수밖에 없다. 둘째, 지방의회라는 것은 지방단위의 행정부들을 견제하기 위해서 지방민들이 구성하여 놓은 것이다. 사실 현시점에서 보면 지방의회와 지방자치

286) 그러나 국회가 이러한 법안을 통과시킬지에 대해서는 지극히 회의적이어서, 현실성이 없다는 비판에 직면할 수 있다. 하지만 논리만큼은 아주 상식적이다. 지방선거를 실시하는 이상 지방사무는 지방의회의원이 맡고, 전국적인 수준의 국가사무는 국회의원이 맡는 것이 당연하다.

단체의 경우 동일 정당에 의해서 구성됨으로서 견제와 균형이라는 측면을 무색케 한다.[287] 지방의회의원들이 정당공천을 배제한 상태에서 선거에 임할 수 있게 한다면 지방자치단체장도 광역과 기초 모두 정당공천과 무관하게 선출되어야 한다. 자치단체장의 정당공천은 그대로 둔 상태에서 지방의회의원만의 정당공천 배제를 논하는 것은 기형적일 수 있다.[288] 정당들은 지방행정의 실세들인 자치단체장과의 연계를 위하여 정당공천에 집착할 것이다. 지방자치단체장의 선거제도는 정당공천을 배제하는 것이 지방자치의 순기능을 위해서 보다 바람직할 수 있다. 다시 말해 시장, 군수는 정당에 가입하여 있는데 그 밑에 있는 공무원은 정당배제라는 아이러니를 안고 있기에 선거 때만 되면 비밀리에 정당 줄서기, 출마자 줄서기를 하고, 잘 되어 당선되면 출세하고, 잘못되면 정적이 되어 찍어냄의 대상이 되는 것이다. 그리고 승진의 공평을 위해 다면평가 방식으로 선출하나 이것 또한 문제가 많다. 마지막까지 올라가면 계속해서 몇 배 수로 놓고 최고 결정권자 마음에 드는 즉 자기편의 사람을 골라 승진시키는 문제를 가지고 있다. 이것의 해결점은 시장, 군수는 과거처럼 관선에 의한 것이 되면 좋을 듯하다. 관선 이야기를 하면 대다수 출마 예상자들은 눈에 불을 켜고 반대하겠지만 바람직한 정치를 위해서는 참을 수 있는 용기도 필요하다. 시장, 군수는 관선이 되어 의회의원들을 견제하며 바른 정치를 펼쳐나가고, 의회의원은 의회의원 나름의 소신 있는 견제가 필요하다. 이러한 논의를 펼치는 필자를 선거 출마자들

---

287) 진영재, "분할정부는 지방선거에서도 연장되는가," 조중빈(편) 『한국의 선거 Ⅲ』 (서울: 푸른길, 1999), pp. 293-344.

288) 제도를 만들 때 각 제도 간의 궁합은 중요하다. 일반적으로 비례대표제(Proportional Representation System)와 중·대선거구는 정당본위투표(party voting)와 잘 어울리는 제도이다. Matthew Soberg Shugart and John M. Carey, *Presidents and Assemblies: Constitutional Design and Electoral Dynamics* (Cambridge: Cambridge University Press, 1992), p.9. 하지만 정당정치가 제도화되어 있지 않은 곳에서는 비례대표제하에서도 후보자본위투표(candidate voting)가 보이기도 한다. 이에 대해서는 Barry Ames, *Political Survival in Latin America* (Berkeley: University of California Press, 1987)를 참조할 수 있다.

은 좋아하지 않고 시대에 역행하는 사람으로 생각할 수도 있다. 그러나 모두 다 가는 길만이 정답이라고 생각하지는 말자. 현재와 같은 시스템으로서는 문제가 많다. 시장 군수도 정당에 소속되어 있고, 견제 세력인 의회의원도 정당에 소속되어 있어, 같은 정당에 당선되어 함께 일처리 할 경우 긍정적으로는 더불어 잘사는 지역을 만들 수 있지만, 반대의 상황이 될 경우, 상대편 정당 흠집 내기로 일관하고 무조건 반대하는 악순환이 이어져 그 피해는 고스란히 국민이 받아야 하는 문제가 있다. 국회의원은 현 체제 그대로 정당 관계 안에서 이루어지는 것이 바람직하다고 본다.

2. 유권자의 선택에 관한 미시적 선택기준

유권자의 가장 기본적인 권리는 투표권의 행사이다. 이 밖에 유권자는 선거인 명부의 열람 및 공람, 자원봉사자로 선거운동 참여, 각종 연설회에 참여, 무소속후보자의 추천권, 각종 선전물의 내용 중 허위사실에 대한 이의 제기, 선거비용의 수입 및 지출 보고서의 열람과 이의 제기, 개표과정의 관람 등의 권리를 갖고 있다. 선거가 공정하게 치러지기 위해서는 유권자의 노력이 필요하다. 투표는 그저 나한테 주어진 한 표를 던진다는 단순한 의미가 아니다. 그것은 올바른 한 표를 찍는 것을 말한다. 유권자들이 후보가 돈을 뿌릴 것을 기대하고, 또 돈을 받고 표를 판다든지, 출신지역이나 혈연을 따져서 찍는다든지, 불법이나 부정을 보고서도 못 본 체한다면 깨끗한 선거는 절대 이루어지지 않는다. 그렇다면 유권자들은 어떻게 행동해야 하는가…….

깨끗한 선거를 위해 유권자가 현재의 법과 제도 아래서는 다음과 같은 일들을 할 수 있다.

1) 빠짐없이 투표하기

유권자가 할 수 있는 가장 중요한 행동은 투표하는 것이다. 모든 유권자는 어떤 일이 있어도 선거에 참여해야 한다. 투표는 유권자의 기본적인 권리이자 의무이다. 유권자가 성실하게 투표하여 선거권을 행사(통합선거법 제6조 제3항)할 것과 유권자가 투표하는 데 필요한 조건을 국가가 만들어 줄 것(제6조 제1항)을 통합선거법에 규정하고 있는 것도 투표권이 기본적인 권리(참정권)이기 때문이다.

투표하러 갈 때에는 혼자 가지 말고 가족이나 친지들과 함께 가도록 하고, 혹시 놀러 가는 경우에도 반드시 투표하고 나서 가도록 하자. 어쩔 수 없는 사정으로 투표일에 집을 떠나 있거나 신체에 중대한 장애가 있어 움직일 수 없는 유권자도 반드시 투표에 참가해야 한다. 부재자 투표(제38조)는 바로 이런 사람들을 위한 제도이다.

2) 정책과 능력 보고 투표하기

투표할 때 지연이나 혈연 또는 학연이 있는 후보를 무조건 지지해서는 안 된다. 투표할 때 연고를 따지는 것이 지난날 우리 정치를 비틀거리게 했던 주요 원인 가운데 하나이다. 각 후보의 공약을 비교하고 토론하여 후보를 선택하도록 하자. 또 선심공약이라든가 도저히 실현할 수 없는 공약을 마구 내세우는 것에 속아서도 안 된다. 텔레비전 토론을 보면서 외모나 말솜씨를 보고 결정해서는 안 된다. 능력이나 정책을 보고 결정하자.

3) 돈 뿌리는 후보 떨어뜨리기

불법 선거운동 가운데 가장 심각한 문제는 돈을 마구 쓰는 것이다. 돈이 없으면 선거를 치르기 힘든 상황이다. 철저한 공영제가 아니므로 선거에는 어차피 돈이 들게 마련이다. 문제는 꼭 돈만 쓰는 것이 아니라 돈으로 표를 팔고 사는 일이 일어난다는 것이다. 돈으로 표를 사려는 태도는 당선을 위해서는 수단과 방법을 가리지 않는 당선지상주의이다. 금권선거는 반드시 금권정치를 낳을 수밖에 없다.

선거에 들어가는 천문학적인 비용을 마련하는 과정에서 검은 돈에도 손을 내밀게 되고, 각종 이권에 개입하게 되는 것이다. 이렇게 금권정치가 이루어지게 되면 가장 커다란 피해를 받는 것은 바로 그 돈을 받고 뽑아준 유권자 자신이 된다는 사실을 잊지 말자. 금권정치는 정경유착, 부정부패, 빈부격차 등을 심화시킨다.

선거에서 돈으로 표를 사려는 후보자를 떨어뜨리고 민주주의에 대한 소신과 능력을 갖춘 후보들을 지지한다면 타락한 선거풍토는 개선될 것이다. 후보자가 돈을 뿌리거나 선심접대를 하려 하면 단호히 거절하거나, 그 돈을 받아서 선거관리위원회나 민간 공명선거추진운동기구에 갖다 주어야 한다.

4) 선거법 위반행위 고발하기

불법선거부정선거는 철저하게 거부하자. 깨끗한 선거는 유권자의 적극적이고도 자발적인 노력 없이는 이루어질 수 없다. 타락선거는 사실은 유권자의 동조 내지는 방임 없이는 불가능하다. 그런 점에서 지난날 일어났던 타락선거에 유권자들의 책임이 전혀 없었다고 할 수 없다. 선거부정을 보고도 못 본 체하는 것은 유권자의 권리와 의무를 포기하는 것이다. 선거부정을 보면 그대로 넘어가지 말고 반드시 선거관리위원회나 민간선거감시단체에 고발하여야 한다. 고발의 경우 물증이 있거나 그 정황이 정확하면 더욱 좋다. 또 그같이 불법을 저지르는 후보에게는 절대로 표를 주지 말자. 선거분위기를 흐리는 흑색선전에 넘어가지 말아야 한다. 특히 투표일 며칠 전에 후보를 비판하는 이야기가 나오는 것은 그 후보에게 변명할 기회를 주지 않는 것인데 거의 대부분 흑색선전일 경우가 많다. 선거 며칠 전에 들린 이야기는 신경을 쓰지 않는 것이 좋다.

5) 지역감정에서 벗어나기

다소 약화되기는 하였지만 이번 선거에서도 우리나라 정치의 뿌리 깊은 고질병 가운데 하나인 지역감정에 의한 투표가 나타날 것으로 보인다. 지역주의는 우리 정치가 반드시 뛰어넘어야 할 역사적 과제이다.

6) 후보에 대해 관심 갖기

투표는 여러 후보 가운데 누가 더 좋은 후보인가를 판단해서 선택하는 행위이다. 올바른 선택을 위해서는 먼저 후보에 대해 잘 알아야 한다. 후보에 대해 올바른 판단을 내리기 위해 가장 먼저 해야 할 일은 선거 홍보물이나 신문광고를 꼼꼼히 챙겨 읽어보는 것이다. 그리고 후보의 연설을 들어보는 것도 후보를 잘 알 수 있는 방법 가운데 하나이다.

7) 자원봉사활동

좀더 적극적으로 선거에 참여하고 싶은 유권자는 자원봉사활동을 하자. 자원봉사는 각 시민단체의 공명선거 감시활동이나 선거관리위원회의 선거관리 업무에 자원봉사자로 참여할 수 있다. 선거법에 보면 모든 선거에서는 등록된 사람만 공명선거 감시단 활동을 할 수 있으며 국가에서 재정적 지원도 하도록 되어 있다. 자신이 지지하는 후보를 지원하는 자원봉사활동도 할 수 있다. 선거법은 "누구든지 자유롭게 선거운동을 할 수 있다."(제85조 제2항)고 규정하고 있다. 다만 후보에 대한 자원봉사를 할 때 돈을 받거나 하는 불법을 거부해야 한다. 자원봉사자는 통상적 범위 안에서만 다과와 음료 대접을 받을 수 있기 때문이다. 일당(돈) 등을 주거나 주기로 하고 봉사활동을 요구하면 거부하도록 해야 한다. 돈 안 드는 선거문화 정착을 위해 활용한다는 자원봉사자가 후보와 은밀한 돈거래로 오히려 부정선거의 당사자가 되어서는 안 된다.

위에서 말한 것처럼 현행의 법제도 아래에서 국가의 주권을 가진 일원으로 그 주권을 행사함에 있어서 어떻게 하는 것이 바람직한 것인지를 알아보았다. 하지만 우리는 여태껏 이런 이야기들을 많이 들어 왔다. 그렇다면 정말 우리들이 유권자로서 할 수 있는 일은 어떤 것이 있는지 구체적인 방법을 알아보자.

(1) 무엇보다도 후보가 어떤 사람인지 적극적으로 알려는 노력을 해야 한다.

TV토론은 물론, 신문 등 언론매체를 통해 전달되는 정보를 꼼꼼하게 챙겨보고 나의 귀중한 한 표가 역사를 바꾸고 정치를 개혁한다는 신념을 갖고 헛되이 날려버리지 말아야 한다. 후보선택을 위한 신중한 검토가 필요하다.

나의 잘못된 선택이 내 가족과 이웃의 불행을 초래할 수도 있다는 경각심을 가져야 하며 단 한 장의 선거관련 홍보물도 소홀히 다루지 말고 꼼꼼히 챙기도록 하자.

(2) 내가 지지하는 후보의 좋은 점 세 가지씩을 꼽아 가족들과 이야기해 보자.

투표는 물론 비공개이지만 정보는 공유해야 할 것이다. 내가 가지고 있는 정보를 가족들과 나누면서 '가족토론회'를 통해 후보검증을 해 보는 것도 좋은 일이다. 민주정치의 시작이 내 가정으로부터 시작되는 놀라운 경험을 나누는 것이다. 우리 가정의 어린이부터 연로하신 어른까지 제시되는 모든 의견을 존중하고 조정해 나가는 과정이 바로 민주주의의 훈련이며, 전진일 것이다.

(3) 언론매체에 의해 전달되는 정보에 대해 비판적이고 주체적인 입장을 잃지 말아야 한다.

오늘날 대개의 상업적인 언론매체들은 무한경쟁의 보도체제 속에서 바람직스럽지 못한 여러 가지 부작용을 낳고 있다. 자칫 선정적인 보도와 양비론으로 인해 정치적인 냉소와 무관심이 조장될 수 있다. 아무리 좋은 정보라도 정보접근자의 적극적인 의지 없이는 그 가치가 실현되지도 않을 뿐만 아니라 오히려 사실왜곡의 위험에 빠질 우려도 있다. 언론은 단지 정보전달의 매체일 뿐, 정작 정보의 주인은 바로 우리이다. 언론에 대해 주체성 있는 시청자, 청취자, 독자가 됩시다.

(4) 잘못된 선택을 피하고 참다운 지도자를 뽑기 위한 '후보별 체크리스트'를 만들어서 판단의 기준으로 활용하자.

국회의원으로서 요구되는 덕목들은 어떤 것들이 있을까. '도덕성', 그리고 '능력과 자질'이라는 개인적인 조건은 물론이거니와 '정책과 공약', '미래에 대한 비전'이라는 한 나라의 국회의원으로서 요구되는 조건들이 있을 것이다. 이런 것들을 모두 열거해서 일목요연한 후보별 체크리스트를 만들어 보는 것도 매우 유익할 것이다.

무엇보다 열등감을 없애야 한다. 선거의 공정성에 열등감이 있다면 잘못된 곳으로 갈 가능성이 많다. 독일인 라이너오트가 쓴 "독일 나찌즘의 나르시스적 성향과 오류"에서 독일인이 유대인에 대한 배타적 감정은 어디에서 오는 것인가라는 연구를 하였다. 이러한 열등감은 유대인은 선택된 민족이요, 인류역사상 중요한 인물이고, 지혜로운 인물이라는 생각 때문에 그로인한 열등감에서 온다는 것을 밝혔다. 선거에서의 열등감은 부정적인 결과를 초래한다.

3. 유권자가 후보선택하게 되는 근거

우리는 선거를 통해 직접 정치에 참여하고 있다. 즉 선거에 의해 공직자를 선출해 자신의 의사를 정치에 반영시키고 있는 것이다.

선거에서 정당이나 후보자들은 국민여론 등을 기초로 하여 정책이나 정견을 제시하고 국민들은 자신들의 의견이나 이익에 따라 특정 정당이나 후보자를 지지선택하거나 배척하게 된다. 이와 같이 유권자가 투표를 통해 후보자를 선택하는 기준을 나누어본다면 인물·인품, 정책·공약, 정치경력, 소속정당 등으로 나눌 수 있다.

이 글에서는 유권자가 후보자를 선택하는 요인을 알아보고, 그 요인이 실제 선거에서는 결과가 어떻게 되었는지와 유권자는 어떤 방법으로 후보자의 정보를 얻는지를 알아보았다.

1) 후보자를 선택하는 요인

(1) 인물·인품

우리의 대표가 누가 되는지에 따라서 크게 우리의 의사와 이익을 표명해 줄 수 있는지 달라질 수 있다. 내가 생각하는 인물·인품이란 후보자의 과거 인생 역정, 평소의 정치행위, 개인의 능력이다. 선거철만 되어 형식적으로 내거는 공약과 TV에서 보는 한심한 정치인들을 보며 많은 유권자들이 정치에 관심이 적어지고 있다. 후보의 과거에 작은 잘못이 있더라도 우리 같은 사람들에게야 사소한 일인지 모르겠지만 정치인이기에 또한 리더이기에 그들은 사소한 것 하나일지라도 깨끗했으면 하고, 올바른 사람이 제대로 정치를 했으면 하는 게 유권자의 마음인 것 같다. 지도자는 기본적으로 전문적인 지식을 가진 사람을 이끌어내고 의욕적으로 일할 수 있게 하고 더 중요하게는 사회의 통합을 가져다주는 사람이어야 한다.

(2) 정책·공약

공약(公約)은 후보자가 유권자에 대하여 자신의 신념이나 정견, 정책을 알리고 그 실천을 약속하는 것을 말한다. 현실에 근거하여 여러 문제들을 합리적으로 설명하고 실현 가능한 해결책을 제시하는 것이 진실한 공약이다. 결국 공약은 유권자가 후보자를 판단하고 투표하는 기준이 되며 자신이 내건 공약을 지키는 것은 당선자의 의무이다.

(3) 정치경력

후보자의 과거 경력은 유권자가 선택하는 데 큰 도움을 준다. 국회의원선거의 경우 처음 당선된 의원과 재선, 삼선의원의 영향력과 능력은 차이가 날 수밖에 없다.

정당정치로 대표되는 오늘날에 정당에서 영향력이 큰 정치인이 법안을 수행하거나, 예산을 더욱 많이 받을 수 있기 때문에 후보자의 과거 경력이 중요하다고 본다.

만일, 후보자가 과거 뛰어난 리더십과 노하우로 올바로 국민의 의사를 대표해 왔고, 그 사람의 인품이 바르다면 대다수의 유권자들은 그를 선택할 것이다.

(4) 소속정당

정당이란 정치권력의 획득을 목표로 정견을 같이하는 사람들이 공통된 정책에 입각하여 일반적 이익을 증진시키고자 결합한 정치결사단체로써 대의정치제도를 실현해 가는 중요한 기구 중 하나이다.

후보자의 소속정당이 어디인지 따라 후보자가 내세우는 정책이나 공약이 달라지며, 우리나라 정치현실을 뒤돌아보면 당론을 따라가느라 자신의 소신을 지키지 못하는 정치인을 볼 수 있는데, 당론을 결정할 때 총재나 총무 등의 독단적인 생각보다는 많은 의견을 수렴하고 보완하여, 국민에게 도움이 되는 정책 등이 나왔으면 한다.

2) 국회의원선거분석

(1) 국회의원선거에 대한 인지도

국회의원선거에 대해 대부분(98.2%)의 국민들이 알고 있다고 응답한 반면, 모르고 있다는 의견은 1.8%에 불과한 것으로 조사되었다. 이렇게 높은 인지도는 헌정사상 최초의 여·야 간 정권교체 이후 실시되는 국회의원선거라는 점과 시민·사회단체를 중심으로 이루어지고 있는 낙천·낙선 운동의 영향, 그리고 선거관리위원회의 적극적인 홍보활동에 기인하는 것으로 해석할 수 있다.

(2) 선거에 대한 관심도

선거에 대한 관심도에 대해 관심이 있다는 긍정적 의견이 49.3%로 나타났고, 관심이 없다는 부정적 의견은 50.7%로 조사되어, 국회의원선거에 대한 무관심이 과반수에 달하는 것으로 나타났다.

(3) 국회의원선거 투표참여 여향

국회의원선거 투표참여 의향에 대해 일반국민 10명 중 8명이 투표하겠다(82.6%)고 응답한 반면, 투표할 생각이 없다는 의견은 17.4%로 조사되어, 투표참여 의향이 매우 높게 나타났다.

(4) 국회의원선거 투표 비참여 이유

국회의원선거에 투표할 의향이 없다는 응답자 174명을 대상으로 이유를 알아본 결과 정치에 별다른 관심이 없어서라는 의견이 41.4%로 상대적으로 가장 높게 나타났고, 그 다음으로 투표해도 바뀌는 것이 없어서(33.7%), 마음에 드는 후보가 없어서(13.8%), 후보자에 대해 잘 몰라서(5.7%) 순으로 나타났다. 이러한 조사결과는 현 정치권의 형태에 대한 유권자들의 실망감으로 투표에 불참할 것으로 해석될 수 있다.

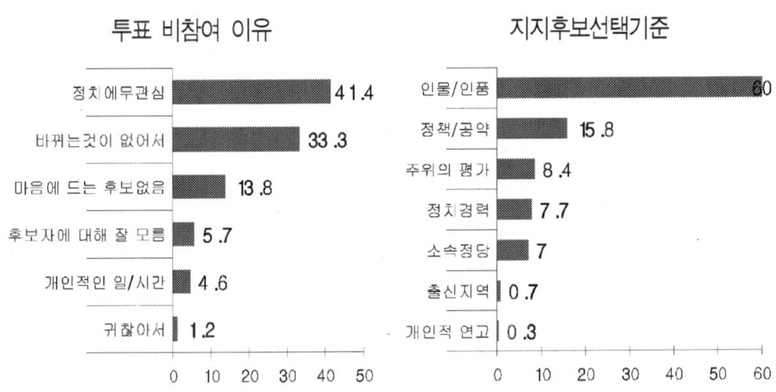

(5) 국회의원선거지지후보선택기준

국회의원선거지지후보선택기준에 대해 『인물·인품』 측면을 가장 크게 고려하겠다는 의견이 60.0%로 상대적으로 가장 높게 나타났고, 그 다음으로 『정책·공약』(15.8%), 『주위의 결과』(8.4%), 『정치경력』(7.7%), 『소속정당』(7.0%) 순으로 나타났다. 이러한 결과는 유권자들이 지연 학연에 얽매이기보다 후보 자체의 능력을 중시하겠다는 의미로 해석할 수 있다.

(6) 과거선거 시 후보자에 대해 정보원천

과거 실시된 선거에서 후보자에 대한 정보원천으로 '각종 매스컴'을 지적한 의견이 50.3%로 상대적으로 가장 높게 나타나, TV·신문 등 언론의 영향이 매우 큰 것으로 조사되었으며, 이러한 결과는 향후 공명선거의 실현을 위해서는 언론의 공정한 선거보도가 매우 중요한 역할을 할 수 있다는 점을 시사한다.

그 다음으로는 선거홍보물(11.9%), 주의사람과의 대화(11.2%), 선거공보(9.6%) 순으로 나타났다.

3) 유권자의 투표형태

선거에서 가장 큰 관심 중의 하나는 유권자들이 왜 특정후보에게 표를 찍는가? 이다. 미국의 경우에는 유권자의 후보선택이 후보자가 소속한 정당, 후보의 인물됨, 후보나 소속정당이 제시하는 정책의 3가지를 중심으로 하여 결정되었으며, 근래로 올수록 후보가 소속한 정당이나 후보의 인물됨보다는 정책의 내용을 중요시하는 경향이 강하다. 유럽 국가들에서는 유권자의 사회계층적 지위와 정당이 표방하는 이념과의 일체감에 따라 투표가 이루어지는 경향이 강하여, 후보 개인보다는 정당위주로 투표하는 경향이 높다. 이러한 결과를 바탕으로 우리나라 정치와 비교하면 몇 가지로 해석할 수 있다. 첫째, 그동안의 한국정치에서는 정당정치가 제대로 정착되지 못했고, 또 개별정당들도 제대로 된 기능이나 역할을 하지 못하였기 때문에 국민들이 정당에 기대를 하지 않는다는 점이다. 둘째, 아직까지도 유권자들이 정책이나 공약에 관해 큰 관심을 갖지 않는다는 점이다. 이것은 역대선거에서 후보자나 정당이 내세운 공약이 대부분 제대로 수행되지 않아 공약으로 끝난 데에도 기인한다. 셋째, 후보의 인물됨이 무엇을 의미하는지가 명확하지 않은 점이 있다. 일반적으로 후보의 학력이나 경력, 생김새, 인품 등이 포함되겠지만 여기에는 후보 개인과의 혈연, 인맥, 지연 등도 직·간접적으로 연관되어 있다고 볼 수 있다. 하지만 그동안의 정치는 후보의 인물됨이 그가 얼마나 정치활동을 잘 할 수 있는가는 별로 상관관계가 없다고 할 수 있다. 그 이유는 각 정당의 총재의 지시나 당의 지침에 모든 당원들이 일사불란하게 복종하는 형태를 보여 왔기 때문에 후보자의 학력이나 경력, 경륜이 뛰어나도 정치활동과는 별 차이가 없었다. 한국유권자들의 투표결정요인과 관련하여 또 한 가지 지적되어야 할 점은 지연이 유권자들의 투표를 결정하는 데 가장 중요한 요인의 하나로 작용하고 있다는 것이다. 각종 여론조사를 통해 선거 전에는 "선심제공은 받아도 후보선택과는 연관시키지 않겠다"는 응답을 보였으나 선거 후에는 "금품-향응 제공이 표를 얻는 데 도움이 되고 있다"는 여론조사결과가 나타난다. 이는 유권자들이 설문조사에 솔직히 응답하지 않는 데 것을 보여준다. 혹시 자신에게 피해가 될 것 같아 거짓응답을 하는 것이다. 과거 독재, 군사정치 동안에 국민들이 많은 억압을 당해 왔고, 자신의 의견을 당당히 말하면 자신에게 피해가 왔었기 때문인 것 같다. 앞으로 유권자들의 공명선거의식을 일깨우기 위해서는 우리 국민 모두의 생각의 전환이 필요하다. 유권자들은 공명선거의식을 일깨우기 위해 가장 앞장서야 할 계층에 대해 시민·사회단체라는 지적이 51.5%로 나타났으나, 결국 선거에서 투표를 하는 사람은 우리 국민 모두이다. 따라서 자신의 의견을 당당히 말하고, 자신의 권리를 바로 찾아야 할 것이다. 그러기 위해서는 지금 정치가 맘에 안 들더라도 계속 관심을 가지고, 자신의 의견을 주장해야 한다. 유권자들이 정치에 평소 관심이 없다는 것은 선거결과 중 지지후보결정 시기나 연설회 등의 참여여부를 보면 알 수 있을 것이다. 지지후보를 투표일 2주일 이전에 지지후보를 정했다는 투표자가 46.6%로 가장 많았으나, 투표일 1주일 전쯤 21.8%, 투표일 2-3일 전쯤 16.4%, 투표일 그날에 지지후보를 정했다는 유권자가 15.2%나 되었다.

선거기간 중 합동연설회나 정당연설회에 참석한 적이 있는 투표자는 16.2%였다. 이는 전체 유권자의 11.8%인 것으로 투표자 100명 중에서 고작 16명 정도가, 유권자 100명 중에 12명 정도가 각종 연설회에 참석한 경험이 있는 것이다.

각종 연설회에 참석한 적이 있는 투표자는 40대(18.5%), 50대(20.4%),

60대(23.4%)로 젊은층보다는 장년층에서 참석이 많음을 알 수 있다.

이처럼 자신의 지역에 어떤 출마자가 선거에 나오는지 관심이 적다보니 선거관리위원회에서 나오는 홍보물에만 의존해 결정하는 일이 생긴다. 홍보물은 후보 간에 불평등이 일어날 수 있는데, 형편이 좋지 않은 후보의 경우 홍보물의 종류와 수가 한정될 수밖에 없고, 자신의 이미지를 유권자에게 충분히 알릴 수 없는 경우가 많다. 공명선거가 정착되기 위해서는 정당과 후보자가 선거법을 준수하면서 국민의 지지를 얻어야겠지만, 유권자들이 올바른 선거의식을 가져야 할 것이다.

우리는 선거를 통해 후보를 선출하고 우리의 의사를 반영하여 국정은 운영하고 있다. 유권자들의 가장 기본적인 권리는 투표권을 행사하는 것이다. 이 밖에 선거인 명부의 열람 및 공람, 자원봉사자로 선거운동 참여할 수 있고, 각종 연설회에 참여, 무소속후보자의 추천권, 각종 선전물의 내용 중 허위사실에 대한 이의 제기, 선거비용의 수입 및 지출 보고서의 열람과 이의 제기, 개표과정의 관람 등의 권리를 갖고 있다 선거가 공정하게 치러지기 위해서는 유권자의 노력이 필요하다. 투표는 그저 나한테 주어진 한 표를 던진다는 단순한 의미가 아니라 그것은 올바른 한 표를 찍는 것을 말한다. 유권자들이 후보가 돈을 뿌릴 것을 기대하고, 또 돈을 받고 표를 판다든지, 출신지역이나 혈연을 따져서 찍는다든지, 불법이나 부정을 보고서도 못 본 체한다면 깨끗한 선거는 절대 이루어지지 않는다.

[참고자료]

"제16대 국회의원선거에 관한 유권자 의식조사", 중앙선거관리위원회, 2000.8

민준기외 4명, 한국의 정치, 나남출판사, 1996.3.5

은혜정, 전자민주주의 시대의 인터넷 활용, 한국방송진흥원, 2002.12.31
"제16대 대통령선거 백서", 새천년 민주당, 2003.3.29
중앙선거관리위원회 http://home.nec.go.kr/

4. 유권자의 후보선택기준

유권자가 후보를 선택하는 기준은 정책, 정당, 인물, 지역, 연고 등등으로 다양할 것이다. 개별 유권자가 후보를 선택할 때에는 하나의 기준만으로 선택할 수도 있고 여러 가지 기준들의 다양한 결합을 통하여 선택할 수도 있을 것이다. 또한 상황적 변동에 따라 후보자 선택기준을 바꿀 수도 있다. 그간의 각종 선거에서 지지할 후보를 찾지 못한 부동층이 많았고 투표율이 점차 낮아졌다. 그 이유는 첫째로, 유권자들이 후보자 선택의 기준을 명확히 세우기 어렵고 그 기준들이 상황변동에 따라 상당히 유동적이기 때문이다. 둘째로, 설령 유권자가 기준을 세웠더라도 기준을 충족시키는 후보자가 없다는 것이다. 과거선거결과만으로 놓고 볼 때 영・호남에서는 정당과 지역적 요인이 후보선택의 기준이었고, 나머지 지역에서는 인물과 소지역주의가 후보선택의 기준이었다. 그러나 우리나라 정치에서 정당이라는 요소와 지역적 요소가 불가분의 관계에 있고 인물이라는 요소와 소지역주의는 엄밀하게 분리될 수 있는 개념이 아니다.

우리나라 유권자들은 바람직한 후보선택의 기준은 무엇이라는 것은 알지만 그러한 기준을 충족시키는 후보자가 없으므로 투표에 불참하거나 부동층으로 남게 되는 경향이 있다. 거기에다 이번 선거는 낙선운동을 중심으로 이른바 네거티브 캠페인으로 선거운동이 이루어졌으므로 유권자의 후보선택기준은 '최악을 피하기'였다. 무세(無稅), 무병(無兵), 무전과(無前科)를 피하다보니 남은 기준이 지역내지는 연고였다고 볼 수 있다.

1) 선거결과의 지방색

어느 후보가 당선이 되는 것이 중요한 것이 아니라 유권자들이 왜 그 후보를 택하였는지에 대한 뚜렷한 의식을 갖고 당선자는 무엇 때문에 지역주민을 대표한 국회에서의 업무가 가능하였는가를 생각하면서 각자의 역할에 충실할 때 지역주의, 당파주의, 파벌주의식의 단어가 사라질 수 있을 것이며, 정치인들이 국민들의 정치변화열망을 선거 당시에만 이용하지 말고 임기 내내 지속시켜 나가야 한다고 본다.

2) 유권자와 시민운동

우스개 소리로 과거 유권자들에게 "누구를 찍겠느냐"고 물었더니 "아직 지서에서 연락이 안 와서 누구를 찍을지 모르겠다"고 말했다고 한다. 이처럼 무기력했던 시민들이 이제 유권자 혁명을 이뤄냈다. 우리사회에서 가장 혼탁한 분야로 지목받고 가장 비도덕적인 인물로 지탄받는 정치권과 정치인들에 대해 시민들은 주인정신을 갖고 준엄한 심판을 내려야 한다고 생각된다.

3) 유권자와 지역주의

(1) 지역주의, 왜 문제인가?

선거의 기능은 공직자의 충원이라는 것 외에 정부와 국민 간의 피드백 장치로써 정권수행에 대한 국민적 지지/반대의 표명을 통해 책임성과 반응성을 제고시키는 기능을 한다. 지역주의가 문제가 되는 것은 무조건적인 지역적 정당지지가 국민에 대한 정부/정당의 책임성과 반응성을 약화시킴으로써 선거가 제 기능을 발휘할 수 없게 되고 결국 국민과 국정운영이 유리된다는 데 있다.

유권자의 후보선택은 서론에서도 언급하였듯이 그들 유권자들의 복합적 이유에 의해 결정된다. 그 주관적인 판단의 옳고 그름을 판단하기는 힘들겠지만 기본적으로 후보자의 자질을 생각하지 않은 무조건적인 지역주의나 정당, 무관심 속에 펼쳐지는 아무 고민 없는 투표 등은 잘못되었다고 생각된다. 그러나 앞으로 지역주의는 16대 총선의 3김 정치 퇴조현상과 민정계·민주계·공화계의 중진 탈락 등에서 보는 바와 같이 지금까지 3김 중심의 지역주의 기반은 약화(해체)될 것이고, 새로운 인물이 등장한다 하더라도 30-40년 동안 정치무대에서 그 결속력을 다졌던 것보다는 약화될 것으로 기대된다. 따라서 지역적 정당지지의 기반은 인물중심보다 기존의 지역적 정당의 이미지와 함께 정책적 차별성(보수, 진보 등)에 무게중심을 옮길 것으로 예상된다. 이러한 지역주의의 쇠퇴와 더불어 유권자들의 올바른 후보선택을 할 수 있는 시대가 도래하였으면 하는 바람이다.

[참고자료]

• 중앙선관위 홈페이지(http://www.nec.go.kr/)
• 선거관리(저: 중앙선거관리위원회)
• 유권자 의식조사(저: 중앙선거관리위원회, 2002년)
• 한국의 선거문화 개혁 방안(web문서)

후보선택기준을 구체적으로 알기 쉽게 요약 설명하면 다음과 같다.

1. 후보자의 출생지에 따르는 지역연고지
2. 유권자 연령에 따르는 후보자 선택
3. 후보자의 정보전달 방식에 따른 선택
4. 소속정당에 따른 후보자 선택
5. TV토론회로 인한 유권자들의 선거참여
6. 의정활동 및 후보자의 능력에 따른 선택

위 몇 가지의 기준을 아래의 표로 제시하면 더 알기 쉽다.

가. 후보자의 출생지에 따르는 지역연고지

역대 주요선거	후보자 선택기준								
	인물 /능력	정치 경력	정견 /정책 (공약)	소속 정당	도덕성	출신 지역	개인적 친분 (연고)	주위사 람권유 (평가)	무응답
1차 조사	59.7	6.6	13.9	8.0	1.1	1.1	0.5	(8.0)	1.1
2차 조사	65.5	5.7	12.2	7.9	–	1.2	0.4	(5.4)	(1.7)

위 표에서도 알 수 있듯이 출신지역을 보고 투표를 행하는 고정 비율의 유권자가 있음을 알 수 있다.

나. 유권자 연령에 따르는 후보자 선택

유권자의 연령층은 다양한 층을 가지며 20~30대의 유권자층과 60대 이상의 유권자층의 선거참여에 따르는 투표참여도 및 각 연령의 후보자 선택기준은 상의하게 차이가 날 것이다. 상대로 젊은 층의 유권자들은 인터넷 즉 정보를 많이 얻을 수 있고 공감대가 형성된 유권자를 선호할 것이고 노년층은 눈에 익은 후보자 및 현 정치를 하고 있는 인물중심에 선택이 이루어질 것이다.

다. 후보자의 정보전달 방식에 따른 선택

이미지에 가린 후보의 본질

이회창 후보가 붉은 티셔츠를 입고 연예인들과 함께 북을 두드리는 공연 모습은 무엇을 노린 이벤트일까.

노무현 후보가 농촌 들녘에서 리어카를 끌며 땀을 뻘뻘 흘리는 장면은 시청자들에게 어떻게 와 닿을까.

정몽준 후보가 점퍼 차림으로 시장상인들을 만나 여론을 듣는 텔레비전 화면은 과연 재벌2세 이미지를 벗겨낼까.

대선후보들의 이미지 관리 이벤트를 보면서 갖는 상념이다. 많은 학자들은 선거 때 가장 중요한 투표결정요인의 하나로 이미지를 들고 있다.

과거에는 후보선택기준이 정당이나 정책이었지만 미디어가 발달한 오늘날에는 이미지가 유력한 기준이 되고 있는 것이다. 물론 매스미디어의 영향력 때문이다.

4) 이미지, 후보선택의 유력 기준

이미지 정치의 성공사례로는 미국의 레이건 대통령을 든다. 배우출신인 그는 가장 잘 어울리는 이상적인 텔레비전 대통령이었다.

그에게는 매일 밤 암기해야 할 큐 카드가 주어졌고 그는 미디어 전문가들이 만든 대본에 따라 연기했다. 연기력이 뛰어난 레이건은 매우 효과적인 연설을 할 수 있었고 대중에게 강한 이미지를 부각시킬 수 있었다. 그러나 그의 말과는 달리 내용은 부실했다.

미국의 언론은 이 사례를 레이건 대통령이 얼마나 잘못된 사실을 반복적으로 말하고, 이야기를 만들어내는지에 관한 좋은 자료로 활용했다(전북대 권혁남 교수의 '미디어선거의 이론과 실제')

이미지의 중요성은 갈수록 강조되지만 폐해에 대해서는 간과되는 측면이 많다. 지난 9월 말 학술심포지엄 참석차 방한한 프랑스의 저명한 사회학자 보드리야르(73)는 '이미지의 폭력'이란 발제에서 "현실은 과다 이미지 아래 실종된다"며 이미지의 유독성을 경고했다.

'시뮬라시옹'(대상물이나 사건들의 재현 또는 복사) 이론을 주창했던 그는 근거 없는 이미지가 현실을 대체한다고 보았다. 전쟁영화가 전쟁보다 더 사실적인 모사물이 되는 것처럼 이미지가 실제보다 더 사실적이라는 것이다.

그로 인해 본질은 사라지고 이미지만 오고 감으로써 현실세계에 무관심이 형성된다고 갈파했다.

이회창, 노무현, 정몽준 등 대선후보들의 미디어를 통해 나타나는 이미지는 허구이다. 그들의 본질은 이미지에 가려 보이지 않는다. 대선후보들이 공연장에서 북을 두드린다든지, 리어카를 끌거나 시장상인들을 만나는 일은 일종의 쇼다.

그러나 레이건의 연기처럼 각본에 따른 액션일망정 대부분의 유권자들은 그들의 본질을 파악치 못하고 이러한 허구적 이미지에 속아 넘어가고 있다. 그래서 '파는 것은 이미지일 뿐 본질은 아무런 가치도 없다'는 지적이 나온다.

이미지 정치시대에서 후보들은 하나의 상품으로 전락하고 만다. 내용보다는 겉모양, 무엇을 말할 것인가보다는 어떻게 말할 것인가에 치중한다.

위 예에서처럼 보다 많은 정보를 얻을 수 있고 이미지를 잘 부각시킨 후보자를 선택할 확률이 높아질 것이고 유동층이 많은 20~30대 유권자들의 선택기준이 되기도 할 것이다.

가. 소속정당에 따른 후보자 선택

① 지지정당의 변화

유권자들의 지지정당에 대한 변화가 상당량 있었지만 정당 간의 변화는 많지 않았다. 전체적으로 약 15%의 응답자가 지지정당에 변화가 있었다고 응답했다. 다른 정당에서 한나라당으로 변화를 보인 응답자는 6.1%, 국민회의로 바꾼 응답자는 4.6%, 국민신당으로 바꾼 응답자도 4.6%였다.

한 정당을 지지하면 그 정당을 쉽게 바꾸지 않는 것으로 보아 정당도 중요한 하나의 후보자 선택의 기준으로 이것이 또 한 지역연고와 무관하지 않다고 볼 수 없을 것이다.

나. 투표참가여부의 변화

투표참가의도는 큰 폭으로 증가한 것으로 나타났다. 전체 응답자의 34.6%가 투표참가의도가 강화되었다고 응답했다. 투표참가의도에는 변함이 없었다고 응답한 사람은 56.2%로 변화가 있었다고 대답한 응답자보다 많기는 했으나, 전체의 3분의 1가량이 투표참가 쪽으로 의도가 강화되었다는 것은 TV토론회가 유권자들의 투표참가 의욕을 크게 증가시켰다는 점에서 큰 영향을 발휘했다는 것을 말해준다.

3번의 토론회 중에서는 투표참가의도의 증가에 대하여 1차 토론회가 다른 토론회보다도 가장 큰 영향을 준 것으로 나타났다. 3분의 1가량의 응답자(32.3%)가 1차 토론회가 다른 토론회에 비해 투표참가의도를 많이 증가시켰다고 응답했다. 2차 토론회와 3차 토론회의 영향력은 1차 토론회에 비해 적어 각각 16.2%와 20.8%를 차지했다.

(2) 투표대상의 변화(전이)

많은 응답자가 투표할 대상에 변화가 있었다고 응답했다. 결과적으로 23.1%의 응답자가 TV토론을 시청한 영향을 받아 투표할 대상을 바꾸었다. 그러나 후보자 간의 전체 변화자수는 큰 차이가 없었다.

(3) 후보자에 대한 지지도의 변화, 구체화(crystalization), 동요(wavering)

토론회를 시청한 후 전에 지지하던 후보자를 더욱 많이 지지하게 되었다고 응답한 사람이 많았다.(응답자의 24.6%) 다른 후보자를 지지하게 되었다는 응답자는 15.4%, 토론 전에 지지하던 후보자를 덜 지지하게 되었다는 응답자(동요)는 9.2%, 지지후보자가 새로 생겼다는 후보자(구체화)는 4.6%로 비교적 적었다.

토론회를 통한 후보자의 이미지 부각과 정보전달 및 후보자 간의 정책전략을 비교분석할 수 있어 유권자로 하여금 선택의 기준을 제시하고 있는 것 같고 짧은 시간에 많은 유권자에게 후보자를 알릴 수 있어 후보자를 몰라 투표에 참여하지 못한 유권자층 그리고 선택기준이 없는 유권자에게 어필할 수 있는 좋은 기준일 것이다. 그것은 희망의 토론이어야 한다. 로고데라피적인 희망인 것이다.

프랭클 로고데라피의 발견으로 이끌어준 자신의 체험을 보면 그 경험이라는 것은 강제수용소에서 자신이 겪었던 일이었다. 즉 자신의 몸뚱이를 제외하고는 모든 것이 박탈이 된 수용소의 생활 그리고 배고픔, 추위, 짐승 같은 취급 속에서 어떻게 그의 생명력을 유지할 수가 있었을까? 수용소에서 가장 기본적으로 알아야 할 것은 그 조그만 수용소 안에서 죄수들 간의 치열한 상호간의 생존 경쟁이다. 즉, 사정없이 자기 자신의 생존을 위해서 싸우는 것이다. 조금만 몸이 안 좋아도, 또는 병자이거나 허약하면 가스실과 화장터가 있는 중앙의 아우슈비츠 대수용소에 보내어진다. 즉, 가스실에서 죽는 것이다. 그렇기에 죄수들은 될 수 있는 한 건강하게 보이려고 노력을 한다. 또한 죄수들은 이름이 아닌 번호만으로 표시된다. 그 죄수가 예전에 어떤 직업을 가지고 있었는지, 무엇을 하는 사람이었는지는 중요하지 않다.

1500명의 수송은 며칠 밤 계속되고 있었다. 화차 하나에는 80명이라는 사람이 그들의 짐과 함께 웅크리고 있었고 쌓아 올린 배낭과 보따리로 유리창은 맨 꼭대기 부분만 남아 있고, 그곳으로 겨우 환하게 밝아 오르는 하늘을 쳐다볼 수가 있었다. 죄수들은 그 안에서 지금 어디쯤 와 있는지, 어디로 가는지 알 수가 없었다. 다만 초조하고 불안한 마음으로 가고 있을 때 누군가가 "아우슈비츠라는 팻말이 보인다."라는 말에 심장이 정리하는 듯한 느낌을 받을 뿐이었다. 아우슈비츠란 무서운 가스실, 화장터, 집단 살인 등의 개념의 총체였다. 그들은 그곳에 내려서 날카롭고 소름끼치는 소리를 제일 먼저 들었다. 그것은 최후의 부르짖음을 할 수밖에 없는 남자들의 목에서 나오는 비참한 목소리였다. 그런 소리는 항상 반복해서 모든 수용소에서 들리는 소리였다. 이곳에 수송되어 온 사람들은 적은 숫자였다. 그러나 대부분의 사람들은 은사망상증에 걸려 있었다. 은사망상증은 사형을 선고받은 자가 그 최후의 순간, 교수형 바로 직전에 혹시 은사나 받지 않나 하고 공상을 시작하는 일이다. 그렇기에 사람들은 희망을 가지고 최후의 순간까지 그렇게 사태는 악화되지 않으리라고 믿고 있는 것이다. 이들은 모두 희망을 말하고 생각하고 느끼고 있는 것이다. 하물며 죽음을 앞둔 사람들도 희망을 말하는데 살아 있는 우리들은 희망을 버려서는 안 된다. 정치적이든, 사회적이든, 문화적이든 희망은 하나의 통치이념이 되어야 한다.

가. 의정활동 및 후보자의 능력에 따른 선택

후보자 결정요인(중앙선거관리위원회의 유권자의식조사결과)을 16대 대선을 통해 보면 다음과 같다.

【단위: %】

역대 주요선거	후보자 선택기준										
	인물/능력	정치경력	정견/정책(공약)	소속정당	선거법준수여부	출신지역	지역발전기대	개인적친분(연고)	주위사람권유(평가)	별 생각 없이	기타(무응답)
14대 대선(민주발전)	45.7	21.1	22.8	4.2		1.2					5.0
14대 대선	46.5	26.0	18.5	4.0		3.0					2.0
15대 대선	50.8	9.1	23.8	5.0	4.4	1.1					6.0
16대 대선(1차)	56.4	6.5	21.6	4.9		0.1		0.5	8.7		1.3
16대 대선(2차)	53.9	6.2	29.0	5.7	(※도덕성 1.1)			0.4	3.1		0.6
14대 총선	31.4		25.6	29.0				2.9	3.7	7.4	
14대 보궐(지지후보결정자)	39.2	19.7	12.2	18.6	5.7	3.0					1.6
14대 보궐(지지후보미결정자)	37.9	26.8	13.4	5.8	8.9	2.8					4.0
15대 총선	3.22		2.83	2.76		2.43		1.68			
16대 총선(1차)	60.0	7.7	15.8	7.0		0.7		0.3	(8.4)		
16대 총선(2차)	61.3	6.1	13.9	10.4		1.0		0.7	(5.4)		(1.2)

위 표에서 알 수 있듯이 인물의 능력 및 정치경력이 선택의 큰 기준을 찾고 있다. 이것으로 보아 뚜렷한 비교 자료가 없어 그 후보자의 객관적 능력 그리고 정치경력을 큰 기준으로 삼고 있는 것 같다. 그러나 앞으로는 약간 달라져야 한다. 단지 정치적인 능력만을 기준으로 하다보니까 비리의 온상, 문제투성이의 정치가 되는 것이다. 이제는 인품적인 면도 보아야 할 것이다.

즉 정치가는 신용을 지키는 자라야 한다. 말에 대한 신용, 행동에 대한 신용을 말한다. 한자에 보면 신용의 信 자를 보면 사람인변에 말씀언이다. 말에 대한 신용부터 시작되는 것이다.

우리는 습관적으로 신용을 우습게 아는 속성이 있다. 아주 훈련이 되어 있다.

어린아이가 아파서 병원에 가면 주사 맞는 것이 아파 울면서 안 맞으려 하면 부모는 얘야 안 아파 안 아프다니까 하고 거짓말을 한다. 그래도 계속

울면 호랑이 나온다 하고 사기를 친다. 이런 습관이 계속되다보니 정치인이 말하면 저것 또 거짓말이겠지라고 생각한다. 자기 엄마 아빠도 거짓말을 밥 먹듯 하는데 타인이야 어떻겠는가 하는 생각이고 그것이 습관이 되어 있다. 외국에서는 이렇게 가르친다고 한다.

왜 안 아프겠니……맞아도 죽지는 않는단다……아이가 생각할 때 정말 아프긴 한데 죽지는 않는다는 사실을 알고 있고 그것을 인지하다보니 커서도 정치인이 말하면 믿게 되는 것이다. 믿는 정치로 만들어 가는 것이 우선순위이다.

5. 선거에서 후보자 선택을 위한 기준

1) 후보자의 자질

자질문제에서 가장 대두되는 것은 청렴결백성이다. 탈세, 뇌물, 부정부패 등의 전력이나 병역기피, 재산축적과정 등과 관련된 후보자 정보가 신중하게 검토되어야 한다.

(1) 방송과 연계, 후보자 자질검증 최초 시도

경남도민은 인터넷신문 오 마이 뉴스, 케이블TV 경남방송, 서경방송과 공동으로 지방선거에서 도내 시민사회단체와 공동으로 후보자 자질검증과 정책토론회 등을 실시하기로 했다. (경남도민일보 사고 4/12 정리)

'바로 알고 뽑자'는 주제로 진행되는 이번 공동 프로젝트에는 지역의 대표적인 시민단체가 참여, 경남도민일보를 통해 '시민참여 저널리즘'(public journalism)으로 추진될 예정인데, 도민일보 관계자는 "언론에서 처음 시도하는 일로서 언론이 독점해 왔던 여론형성 기능을 시민과 함께하자는 게 이번 프로젝트의 근본 취지"라고 밝혔다.

(출처: http://www.media21.or.kr/news068-08.htm)

후보자를 선출하는 것은 언론이 아니라 국민이다. 국민 스스로가 후보자의 자질을 검증하고 부적격한 후보를 밝혀내야 한다. 위는 언론과 국민이 연계하여 자질검증노력을 시도한 경남도민의 예이다. 대구에는 대구참여연대 등 시민단체에서 선거과정을 감시할 시민감시단을 모집 중이다.

(출처: http://www.civilpower.org/22-news/201%20watch.htm)

2) 후보자의 공약

ㄱ. 각 후보들의 선거공약을 꼼꼼히 읽어서 비교해 보고 실행 가능한 공약인지 잘 따져보아야 한다.

ㄴ. 너무 허황되거나 지금 현실에 맞지 않는 너무 높은 목표는 아닌지 살펴보아야 한다.

ㄷ. 너무 이론적인 이야기는 피해야 하고, 구체적인 방안을 내세우는지도 살펴야 한다.

ㄹ. 후보자들은 넓은 안목으로 사회의 여러 가지 시선과 각계의 입장을 이해해야 하므로 한쪽에만 너무 이익이 되도록 치우친 공약은 아닌지도 따져볼 일이다.

ㅁ. 이미 시행이 예정되어 있거나 추진 중인 사업을 편입해 자신의 것인 양 공약으로 제시한 것은 아닌지도 살펴본다.

후보자들의 공약을 토대로 하여 우리가 원하는 방향으로 그들의 행로를 바로잡는 것이 국민들의 몫이다. 우리가 생각하는 필요하고 바람직한 정책과 비교하여 후보자들의 공약이 그에 얼마나 못 미치는지 스스로 판단하여 그에 따라 후보자를 선출해야 한다.

3) 소속정당

~정당이란……정치권력의 획득을 목표로 정치견해를 같이하는 사람들이 공통된 정책에 입각하여 일반적 이익을 증진시키고자 결합한 정치결사를 뜻한다.

(1) 정당이 하는 일

ㄱ. 대통령, 국회의원, 지방자치단체장 선거 등에 후보자를 추천한다.

ㄴ. 국민의 다양한 의견을 모아서 이를 정부에 전달하여 정책결정에 반영하게 하고, 정부의 정책결정을 국민에게 알리는 역할을 한다.

(@.@; 국민의 의견을 모아 정부에 전달해야 한다. 정당에서 나오는 말은 "국민이 원하는"이지만 진정 국민이 원하는지 물어보고 자신의 의견을 주장하길 바란다.)

(@.@; 때론 언론매체에서 그들이 생각하는 시각과 우리들의 시각이 다를 수 있음을 알아야 한다. 무비판적으로 언론에서 몰아가는 생각을 수용하게 되면 그들의 꼭두각시가 될 뿐이다.)

ㄷ. 여당은 정부를 조직하고 정책을 개발하여 실현하며, 야당은 정부정책에 대안을 제시하거나 비판 및 감시를 한다.

(@.@; 그러나 우리나라 야당은 비판 및 감시가 너무 심한 것이 문제이다. 여당이 어떤 주장을 하기만 하면 무조건 비판이 시작된다. 입에 쓴 약이 아니라 독이다.)

4) 기 타

누구를 선택할 것인가? 리더십 있는 지도자를 선출해야 한다. 자기만의 경영마인드를 가지고 다양성 있는 현대사회에서 합의를 도출하여 적극적으로 자신의 일을 추진하는 가치관이 뚜렷한 인물이어야 한다. 또한 정직한 인물을 선출해야 한다. 지연 및 학연 등에 얽매이지 말고 각 후보자들이 지나온 행적을 살펴보고 깨끗한 정치인을 뽑아야 한다.

유권자가 후보를 선택하는 기준은 정책, 정당, 인물, 지역, 연고 등등으로 다양할 것이다. 개별 유권자가 후보를 선택할 때에는 하나의 기준만으로 선택할 수도 있고 여러 가지 기준들의 다양한 결합을 통하여 선택할 수도 있을 것이다. 또한 상황적 변동에 따라 후보자 선택기준을 바꿀 수도 있다. 그간의 각종 선거에서 지지할 후보를 찾지 못한 부동층이 많았고 투표율이 점차 낮아졌다. 그 이유는 첫째로, 유권자들이 후보자 선택의 기준을 명확히 세우기 어렵고 그 기준들이 상황변동에 따라 상당히 유동적이기 때문이다.

둘째로, 설령 유권자가 기준을 세웠더라도 기준을 충족시키는 후보자가 없다는 것이다. 이번 선거결과만으로 놓고 볼 때 영·호남에서는 정당과 지역적 요인이 후보선택의 기준이었고, 나머지 지역에서는 인물과 소지역주의가 후보선택의 기준이었다고 생각된다. 그러나 우리나라 정치에서 정당이라는 요소와 지역적 요소가 불가분의 관계에 있고 인물이라는 요소와 소지역주의는 엄밀하게 분리될 수 있는 개념이 아니다.

오늘날의 선거는 '미디어 선거'라고 할 만큼 언론의 역할이 커졌다. 그리하여 언론의 협력 없이는 어떠한 선거도 치르기 힘들 정도가 되었다.

언론은 후보자의 선거운동전략, 유권자들이 후보자에 대해 가지는 이미지, 선거쟁점에 대한 이해도, 투표의 판단기준 등 선거와 관련된 거의 모든 요소에 크든 작든 영향을 미치고 있으며, 선거가 얼마나 공정하게 이루어지는 것도 언론활동에 많은 영향을 받게 된다. 선거에서 유권자는 대부분 언론이 제공하는 정보나 자료에 의해 정당과 후보자를 판단하고 선거를 평가하는 경향이 있으며, 언론이 선거에 대해 어떤 시각을 가지고 보도하느냐에 따라 공명선거분위기 조성의 성패가 갈린다고 볼 때 오늘날 선거는 언론에 의해 치러진다고 해도 과언이 아니다.

이러한 언론의 막대한 영향력을 감안할 때 선거에 있어 언론보도의 공정성 및 객관성 확보는 무엇보다 중요하다. 이른바 '사회를 내다볼 수 있는 창'이라 불리는 언론이 후보자와 유권자를 이어주는 매개역할을 충실히 하면서 공명선거분위기 조성과 공정한 보도에 나서준다면 우리나라 선거문화도 바람직한 방향으로 빠르게 정착될 수 있을 것이며, 금년에 실시되는 중대한 양대 선거 역시 바르고 깨끗하게 치러질 수 있을 것이다.

돌이켜보면 지난 50여 년간의 선거보도의 흐름은 50년대에는 선거의 의미와 선거 후의 정국 전망을 진단·분석하는 기사는 매우 드물었고 선거에 관한 소식(fact)을 전하는 데 치중했으며, 60~70년대는 선거과열과 불법 선거운동이 기승을 부리던 시기로 이에 따라 폭로성 불·탈법 행위 보도가 주를 이루었다. 80년대 후반 이후의 민주화 시기에는 언론의 기능이 활성화되어 여론조사·기획보도·분석보도 등 선진국형 보도행태가 나타났으나 아직도 인물위주나 선거 외적인 쟁점위주의 보도행태를 벗어나지 못하고 있다.

우리나라 언론은 그동안 공명선거를 위해 나름대로 많은 기여를 해 온 것이 사실이나 한편으로는 유권자들에게 잘못된 정보를 제공하거나 선거의 흐름과 분위기를 왜곡시키는 역기능을 하기도 했다. 예를 들어 후보자들의 정견이나 공약 등에 대한 보도보다는 후보자 개인의 지명도에 관심을 집중시키는 인물중심 보도, 경마에서 경주마들의 우선순위를 매기듯 빅3, 선두주자, 다크호스 등 정당·후보자들의 당선 가능성, 우열 등을 집중보도하는 경마식 보도, 지역주의 타파나 극복을 강조하면서도 후보자와 정당 간의 경쟁구도를 지역연고 등을 근거로 보도하거나 이념적 색채, 세대교체 등을 매개로 한 대결구도를 조장하는 등 선거의 주요쟁점을 부각시키기보다는 선거외적인 요소를 오히려 중요하게 보도하는 경향 등을 들 수 있다.

또한 정당·후보자 간에 공정한 보도를 해야 함에도 여러 후보자 중 소수의 특정 후보자에만 초점을 맞추어 보도하거나 일부 언론의 경우 음양으로 특정 정당이나 후보자에게 유·불리하게 보도함으로써 편파보도 시비를 불러일으키기도 하며, 선거의 부정적인 상황이나 타락상을 중점 보도함으로써 국민들의 정치 불신을 가중시키고 공명선거의욕을 떨어뜨리는 결과를 초래하기도 하고, 확인되지 않은 후보자의 비리 등을 확대 재생산하거나 막연한 추측성 보도를 통해 선거분위기를 해치기도 한다.

이외에도 선거와 관련된 여론조사를 보도함에 있어 조사결과를 과장하거나 자의적으로 해석해 정확하지 않은 보도를 하거나 특정 후보자를 지지하는 방향으로 편파보도를 하는 등 정확성, 공정성 문제가 자주 지적되고 있다.

우리는 매 선거 때마다 후보자들에게 자신의 주권을 행사한다. 투표를 통해서 자신의 주권을 행사하는 것은 무척 중요하다. 이 하나의 주권 행사를 포기하는 사람들이 늘어가고 있는 현실이 우리 한국의 정치 미래가 어두워 보인다. 그러나 투표권자의 의식이 높아지고 있는 만큼 발전의 여지가 남아 있다고 생각한다.

투표를 하는 사람들의 학력이 점점 높아지고 있고, 투표를 할 때 후보자들의 자질과 공략 등 여러 가지를 고려해서 자신의 소중한 한 표를 행사해야 한다. 예전에는 우스개 소리로 기호1번이면 당선된다는 말이 있었다. 글을 모르는 사람들이나 아무 생각 없이 투표하던 예전에는 그냥 1번을 찍고 했다는 말이 들린다. 대학생의 한 사람으로서 우리는 투표권을 행사함에 있어서 후보자들에 대한 분석과 객관적인 입장에서의 투표를 행사해야 한다. 먼저 어떤 후보자들이 선거에 등록할 수 있는지 알아야 한다.

후보자 추천제도는 성실한 후보자임을 입증하기 위한 제도로서, 추천제도·선서제도·기탁금제도 등이 있다. 이러한 것들은 처음에는 후보자난립이나 특정인 또는 특정계층의 의회 진출을 방지하기 위하여 마련된 장치였으나 사회가 복잡 다원화하고 인구가 급증함에 따라 그 필요성이 일반화되었다.

후보자 추천제도는 추천자에 따라 본인추천제와 타인추천제로는 구분되며, 타인추천제는 선거권자 추천제와 정당추천제로 구분된다. 우리나라의 국회의원선거 및 지방선거 등에서는 타인추천제를 채택하고 있으나 일정한 교육경력 등 피선거권을 엄격하게 제한하고 있는 교육위원 및 교육감선거에서는 이를 채택하지 않고 있다.

본인추천제는 후보자가 되고자 하는 자가 타인의 도움 없이 스스로 후보자등록신청을 하는 제도로서 등록신청서 외에 서약서나 선서서를 함께 제출하도록 하는 경우가 많다.

선거권자 추천제는 후보자등록요건으로서 일정수의 선거권자의 추천을 요구하는 제도로서 선거권자 추천제는 적어도 공직후보자로 등록하려는 자는 당해 선거구 내의 일정수의 선거권자로 하여금 추천하게 한다면 후보자로서의 성실성과 객관성을 담보할 수 있다는 전제하에서 마련된 제도이다.

이러한 선거권자 추천제는 정당추천제를 보완하는 방법으로서 무소속후보자의 추천방법으로 사용된다. 정당추천제는 정당이라는 특별한 정치단체가 후보자를 추천하도록 하여 후보자의 성실성을 담보하는 제도로서, 오늘날 민주정치를 표방하는 대부분의 국가가 선거에 있어서 후보자의 정당추천제를 채택하고 있다. 정당추천제는 당내 후보자 선출과정에서 민주적인 절차와 방법의 적용 여하에 따라 그 실효성이 달려 있다.

우리나라의 선거법에서는 정당의 공직선거후보자 추천은 민주적이어야 하고, 추천할 선거구를 관할하는 당해 당부 대의기관의 의사가 반영되도록 하여야 하며, 구체적 절차는 정당의 당헌으로 정하도록 하고 있다.

선거운동의 자유방임으로 말미암아 야기되는 폐단을 방지하기 위하여 국가가 선거운동을 관리하거나 선거운동에 소요되는 비용을 국가 등이 부담함으로써 후보자 간 선거운동 기회의 형평을 기하고, 선거비용을 경감하며, 나아가 공명선거를 실현하려는 공영 제도를 채택하고 있다. 우리나라의 현행헌법은 이와 같은 선거공영제의 이념을 수용하여 제116조 제1항에서 "선거운동은 각급 선거관리위원회의 관리하에 법률이 정하는 범위 안에서 하되, 균등한 기회가 보장되어야 한다"라고 규정하여 국가기관의 주관으로 선거운동이 이루어져야 함을 밝히는 한편, 제2항에서는 "선거에 관한 경비는 법률이 정하는 경우를 제외하고는 정당 또는 후보자에게 부담시킬 수 없다."라고 규정하여 선거운동 관리와 선거경비 부담에 관하여 선거공영제의 원칙을 천명하고 있다.

구 분	장 점	단 점
공영제	• 기회균등의 보장 • 선거과열 방지 • 선거운동비용 절감 • 불법 · 탈법 선서운동의 예방 및 선거질서 확립용이	• 선거운동의 제약 • 국가나 지방자치단체의 선거경비 증가로 국민의 조세부담 증가 • 후보자의 난립
사영제	• 활발하고 자유스러운 선거운동 • 후보자 파악에 도움	• 무질서한 선거운동 • 선거과열 및 불공정 경재 • 타락선거 유발 요인으로 작용 • 선거운동경비 과다소요

선거공영제가 확대되면 후보자 간의 선거운동 기회가 균등하게 보장되므로 비록 경제력은 없으나 유능한 후보자를 선출할 수 있는 기회가 확대될

수 있다.

반면에 후보자가 부담하는 선거비용의 감소로 후보자 난립현상을 초래하여 유권자의 후보자에 대한 정확한 평가와 선택을 곤란하게 할 뿐만 아니라, 국민의 조세부담을 가중시키는 문제점이 노출되기도 한다.

이런 점들을 감안하여 우리는 후보자들에 투표를 함에 있어서 하나하나 따져서 주권을 행사해야 한다.

지방선거에서는 연고나 친분이 있는 후보자의 비율이 7.0%로 나타나 있다. 그러나 대통령선거와 같은 경우 아직도 지역 간의 차이가 많이 나고 있다.

지지정당에 투표하는 경우 23%로 나타나 있다. 이 결과로 볼 때 이것은 유권자가 원하는 방향과 같은 맥락으로 정치를 하는 정당을 지지하는 경우도 있을 수 있으나 이것 또한 따져 보면 지역 간의 차이와 비슷하게 나타나고 있다.

가장 많은 비중을 차지하고 있는 정책과 공략이 가장 뛰어난 후보를 지지하는 유권자가 많았다. 그러나 과연 후보자의 공략이 얼마나 실행 가능한지를 잘 고려해 봐야 한다.

단지 유권자들의 표를 얻기 위한 방법으로만 활용하는 경우가 생길 수도 있기 때문이다. 당선자의 임기 기간 동안 정책공략 사항들이 모두 시행되는 경우는 거의 찾아볼 수 없는 경우가 많았다. 우리 유권자들은 대한민국의 주권을 가진 한 사람으로써 우리의 의사를 표현함에 있어서 어느 하나에 치중해서 생각하지 말고 보다 객관적으로 생각해 보고 소중한 한 표를 행사해야 된다고 생각합니다. 자신이 살기 위해서 남을 이겨야 하는 이런 사회현실에 물들어 있는 성인들로서 순수한 아이들이 생각하는 후보자의 선택기준을 한번 생각해 볼 가치가 있다고 생각한다. 어느 초등학생이 쓴 글을 인용하자면 이렇다.

만약 투표권이 있다면 어떤 사람을 뽑겠느냐는 질문에 다음과 같이 말했다.

- 외제차를 타고 다니면서 으스대는 사람보다는 작은 차를 타고 다니는 실속 있는 사람
- 유명메이커를 입고 뽐내기보다는 헌 옷이지만 단정하게 입고 다니는 사람
- 지역유지를 찾아다니며 얼굴 알리기보다는 그늘지고 외로운 곳에 있는 불쌍한 사람들을 찾아서 따뜻한 마음을 나눠 줄 수 있는 사람
- 환경오염을 줄이기 위해 머리에 무스를 바르지 않는 사람

지금까지 몇 번의 선거를 통해 투표를 해 보았지만, 과연 어떤 기준으로 투표를 하였는지 다시 한 번 생각해 보아야 한다. 앞으로의 대한민국을 이끌어 갈 지식인들인 이 나라의 대학생들이 올바른 정치의식을 가지고 투표를 함으로서 발전된 한국의 정치를 만들 수 있다고 생각한다. 앞으로의 선거에서 후보자를 선택할 때는 보다 합리적이고 객관적으로 투표를 행사하기를 바랍니다. 또한 우리의 대표적인 주권 행사인 투표권을 포기하지 말아야 할 것이다.

선거를 통한 참여의 확대는, 역사적으로 무산자들의 특정한 이익을 국정운영에 반영시키기 위한 노력이었다고 할 수 있다. 여기서 특정 이익이란 모두가 공평한 상태에서 한쪽에 이익을 집중시키는 것이 아니라 오히려 불평등하게 분배되어 있는 이익을 부족한 쪽에 인위적으로 분산시키는 것을 의미한다. 다시 말하면, 선거는 정치권력에 보다 쉽게 접근할 수 있는 엘리트집단을 견제하려는 수단으로 자리잡은 것이다. 그렇다면, 과연 선거에서 한 표를 행사하는 기준은 무엇이 되어야 하는가? 밑에 있는 표를 보자.

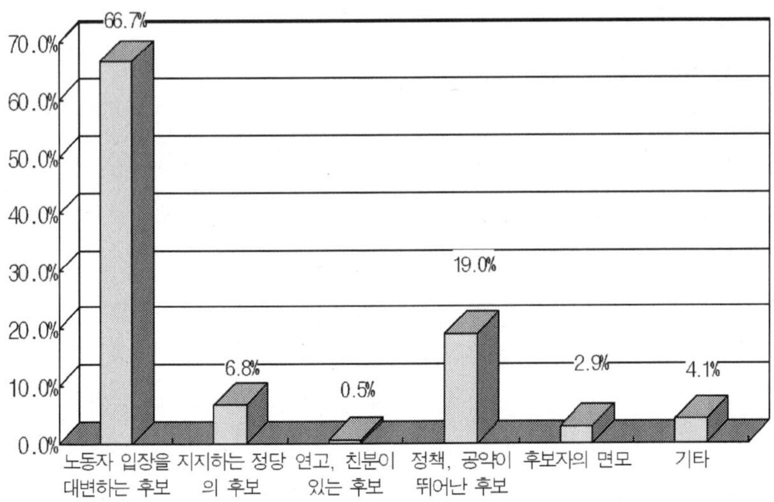

보다 더 현실적이고 합리적으로 정치지도자를 선택하는 것이다. 정치지도자를 잘못 선출할 경우 국민들이 부담해야 할 경제적 비용은 엄청나게 커진다. 따라서 다가오는 지방선거와 대통령선거에서 유권자들은 다음과 같은 선택의 기준으로 후보자를 합리적으로 선택해야 할 것이다.

첫째, 부정부패의 근원인 인격적으로 미달인 후보는 뽑지 말아야 한다. 각종 흑색선전, 허풍만 있고 실현 불가능한 공약만 내세우는 공약 부실형, 돈으로 표를 사는 금품 향응 제공형, 각종 전과와 부정축재를 한 파렴치형, 지연·학연·혈연으로 표를 구하는 연고 의존형 등은 절대 선택하지 말아야 한다.

둘째, 21세기가 걸맞은 지도자를 선택해야 한다. 기업경영에서도 수익성을 최우선으로 여기던 경영방식에서 도덕성을 최우선으로 하는 '가치경영'으로 바뀌고 있듯이 시대에 따라 바람직한 지도자상이 바뀌고 있다. 개방화·세계화 시대에는 도덕성을 갖춘 지도자가 필요하다. 지역별로 물가상승률, 실업률, 부도율, 산업생산증가율 등 4가지 지표로 작성된 지역별 경제적 고

통지수가 있는데 제2대 지방선거 이후인 1999년과 2001년의 지역별 경제적 고통지수를 비교해 보니 제2대 지방선거에서 선출된 16명의 시도지사 가운데 자치단체장이 현재 구속되었거나 사법처리를 기다리고 있는 5개 지역 중 4개 지역의 경제적 고통지수가 큰 폭으로 상승한 것을 발견할 수 있었다. 이를 통해 볼 때 도덕성을 갖춘 단체장과 지역경제는 밀접한 관계를 가진다.

셋째, 가치관을 중심으로 후보자를 선출해야 한다. 가치관이란 오랜 세월 동안 형성되어 온 것이므로 쉽게 바뀌지 않으며 의사결정의 기준이 되므로 매우 중요하다. 사람들은 경제가치관에 따라 분류해 보면 시장경제를 신봉하며 정부의 개입을 최소화할 것을 주장하는 시장경제론자와 시장경제의 문제점을 지적하며 경제에 대한 정부의 강력한 개입을 주장하는 정부간섭주의자가 있다. 선거철을 맞아 후보자들이 쟁점사안에 대해서 어떠한 가치관을 가지고 있는지 각종 언론매체에서 많이 다루고 있으므로 후보자들의 경제가치관을 면밀히 검토해 보고 자신과 경제가치관이 일치하는 자를 선출해야 할 것이다. 1990년대에는 중도좌파 정부가 유럽을 장악했으나 21세기 들어오면서 좌파가 퇴조하고 우파의 물결이 거세게 일고 있음은 우리의 선택에도 시사하는 바가 크다고 할 수 있다.

넷째는 지역주의 또는 인물의 이미지가 선거에서의 선택의 기준이 된 것은 이제 한국정치의 전통으로 자리잡아 재론하기조차 식상한 이야기다. 선거 때마다 지역주의에 따른 표의 향배는 관심의 초점이 되고, 최근에는 지역주의에 대한 본격적인 해부라고 자칭하는 글들이 쏟아져 나오고 있다. 특히 올해에는 지역주의를 염두에 둔대서 방침을 내놓은 논객들이 여럿 눈에 띈다. 그들의 목소리는 대개 두 가지로 갈린다. 지역주의를 한국사회의 제1의 청산 과제로 상정하든지, 아니면 역사적으로 균등한 분배라는 문제를 안고 태동한 것이며 여전히 지역차별과 그에 따른 대립은 해결되지 않은 과제이다. 그러나 지역주의를 청산해야 한다는 구호는 소외 지역의 문제를 해결하지 않은 채로 넘어가자는 이야기는 아닌 것 같다. 오늘날에 와서 지역주의는 현실적인 지역차별에 바탕을 두기보다는 관념적으로 제조된 이데올로기로서의 특징을 더욱 강하게 잇기 때문이다. 실제로 지역주의를 청산해야 하는 이유로 손꼽히는 것은, 정치인들의 당리당략에 이용되는 변수로 쓰이기 쉽다는 것이다. 무엇보다도 국민들에게 향토적인 정서가 많이 남아 있기는 하지만 그것이 뭉쳐져 이익집단으로 기능할 만큼 지역이 실제로 균일한 이해관계를 갖고 있지는 않다. 적어도 지방자치제가 자리잡아 감에 따라 중앙의 정책에 지역의 경제가 좌지우지되는 체제는 점차 벗어날 것으로 보인다. 결국은 현재 대선에서 최대 변수로 자리잡고 있는 지역주의는 사라지고 있을 뿐만 아니라 사라져야 할 쟁점이다. 올바른 선택의 기준이 될 수 없다는 말이다. 오히려 지역주의는 후보자를 선택하는 다른 기준들을 은폐하고 지역주이에 기반을 둔 선택을 강요하고 있다고 말하는 편이 옳다. 현재 세계 13위 경제규모를 가지고 있는 우리나라가 2020년에는 세계 7대 경제대국에 진입할 것으로 경제전문가들은 예측하고 있다. 우리나라가 경제대국으로 진입하는 데 정치가 걸림돌이 되어서는 안 되겠다. 후보의 선택이라는 일회성의 권리에서 벗어나 보다 적극적인 참여의 공간으로 선거를 사고하는 것이, 선거라는 제도가 태동된 민주주의의 정신을 복원하는 길이다.

6. 국회의원선거제도변천과정

(1) 국회의원선거법(1948. 3. 18 미군정법령 제175호)

1948년 8월 15일 정부수립에 대하여 대한민국헌법을 제정하기 위한 국회의 구성을 위하여 미군정당국에 의하여 마련된 법률로 주요제도는

① 보통・평등・직접・비밀・자유선거: 우리나라는 서구제국처럼 보통선거나 평등선거 등을 쟁취하기 위한 투쟁을 거치지 않고 선거제도가 마련되면서, 즉 태어나면서부터 보통・평등・직접・비밀・자유선거가 채택되었다. 선거권은 21세 이상의 국민(남녀불문)에게, 피선거권은 25세 이상의 국민에게 부여되었으며 1인 1표이다.

② 선거비용은 국가가 부담

③ 선거구는 1석선거구[기본적으로 부(현재의 시), 군, 구에 의하되 인구 15만 초과 시 분구함]

④ 선거관리기관으로는 중앙, 시・도, 선거구 및 투표구에 선거위원회를 설치함.

⑤ 선거인명부: 선거인의 등록제를 택함.

⑥ 후보자등록: 정당추천은 없고 선거권자 추천에 의함.

⑦ 선거운동: 특별한 제한 없음.

⑧ 개표: 선거구위원회 집합개표

⑨ 당선인결정: 단순다수투표제

(2) 국회의원선거법(1950. 4. 12 법 제121호)

① 선거구: 구・시・군이 선거구가 됨. 다만, 인구 15만 초과 시 10만 이내마다 1선거구 증설

② 선거인명부: 등록제에서 직권작성제로 전환(매년 3월 1일 현재 작성, 4월 30일에 확정되며, 1년간 유효)

③ 선거운동: 선거구위원회가 선거공보 발행, 합동연설회개최, 제3자 선거운동 허용(즉 누구든지 선거운동 가능)

④ 기타: 미군정법령과 대등소이함.

(3) 국회의원선거법(1951. 6. 2 법 제204호)

① 선거공보 폐지

② 호별방문 최초로 금지

(4) 민의원의원선거법(1958. 1. 25 법 제470호)

1952년 7월 7일 헌법개정으로 양원제로 됨에 따른 개정임

① 기탁금제가 최초로 도입됨(50만환)

② 선거운동기간이 최초로 한정됨

③ 제3자 선거운동금지

④ 규정 외 문서·도화작성·배부 등 금지

⑤ 선거기간 중 기부행위제한 최초로 도입

⑥ 사전선거운동금지(임기만료일 전 1년 전부터)

⑦ 선거비용제한액, 선거비지출규제 등 정비(오늘날과 거의 같은 수준으로 정비됨)

⑧ 선거비용초과지출: 당선무효사유

(5) 국회의원선거법(1960. 6. 23 법 제551호)

민의원·참의원 통합선거법임

① 선거권: 21세에서 20세로 인하(헌법개정-1960. 6. 15에 수반된 것임)

② 선거구: 민의원-1구 1인

참의원: 1구 2인-8인

③ 후보자등록: 자천, 선거권자 추천

④ 선거운동: 비교적 자유

⑤ 기타: 전법과 대등소이함

(6) 국회의원선거법(1963. 1. 16 법 제1256호)

단원제로 회귀함

① 선거구: 전국구(비례대표)제 도입, 지역구의원의 3분의1

② 부재자 투표제 도입

③ 후보자등록: 무소속 불허

④ 선거운동: 최초로 포괄적 제한제 도입

※ 허용되는 선거운동

벽보·공보·신문광고·합동연설회·후보자연설회·정당연설회

⑤ 기탁금제 폐지

⑥ 전국구의원의 배분

※배제조항

3석 이상 또는 득표율 5%이상, 제1당이 50%이상 득표 시 득표율에 따른 배분, 50%미만 시 50% 배분

(7) 국회의원선거법(1963. 1. 16 법 제1256호)

이른바 유신헌법하의 선거법임

① 선거구: 인구기준 폐지, 1구 2인제

② 허용되는 선거운동: 벽보, 공보, 합동연설회

③ 기탁금제 부활(3백만 원)

④ 통일주체국민회의에 의한 국회의원선거: 지역구의원 정수의 3분의 1 선출, 대통령의 일괄추천에 대하여 찬반의견만 표시

(8) 국회의원선거법(1981. 1. 29 법 제3359호)

전법과 대동소이. 다만, 통일주체국민회의의 폐지에 따라 전국구제(지역구의석의 2분의 1)로 전환

전국구의석 배분은 제3공화국법과 제4공화국법의 절충임형(배제조항 5석

이상, 제1당에 무조건 3분의 2 배정)

(9) 국회의원선거법(1988. 3. 17 법 제4003호)

① 선거구: 1구 1인. 전국구의석은 지역구의석의 3분의 1로 축소
② 선거운동방법에 소형인쇄물 추가

(10) 국회의원선거법중개정법률안(1991. 12. 31 법 제4462호)

선거운동: 경력방송, 정당연설회, 대담·토론방송, 호별방문의 일부예외 허용 (관혼상제 의식이 거행되는 장소·도로·점포방문 허용)
※ 공직선거 및 선거부정방지법으로 흡수·폐지(1994. 3. 16 법 제4739호)

인간이 살아가면서 정치와 관련을 맺지 않을 수 없다. 인간은 정치적 존재이다. 직접적이든, 간접적이든 정치의 영향 아래 살고 있다.

7. 헤게모니적인 담론

-우리 현실에서 가장 대표적인 지배담론을 추출해서 그것을 해석하는 방법으로 접근. 이를 통해 그런 지배담론이나, 언어들이 어떻게 민주주의적이 아닌가를 밝히는 데 있다. 설명방법은 현실의 사례들로부터 끌어내지만, 그러한 현실에 대해 정치학에서 배운 이론적인 방법으로 설명하려고 함. 이런 방법과 설명을 통해서 우리 현실에서의 민주주의에 대한 민주주의 이론화

작업, 혹은 모델을 정립할 수 있게 될 것을 희망한다.

-먼저 어떤 관점에서 민주주의를 설명할 것인가? 내가 민주주의를 설명할 때 어떤 점에 주안점을 둘 것인가?

1) 대표(성) representation
2) 참여 participation
3) 책임(성) accountability

- 대개, 1)과 2)에 대해서는 익숙할 것이다. 현대 민주주의는 대의제 민주주의다. 자기가 말하고자 하는 것, 자기의 이익 등을 대표를 뽑아서 대변하고자 하는 것. 간접민주주의라고도 할 수 있다. 참여라고 하는 것은 다 알고 있듯이 한 사람이 한 표씩 행사하는 보통선거권에 의해서. 오늘날의 대의제 민주주의를 위해 오랜 기간 동안 참여의 폭을 넓히는 투쟁을 해왔음. 선거에 참여하는 것뿐만 아니라 사회운동에 참여하는 것도 참여라고 할 수 있다. 참여의 폭도 많이 넓어지고 있다. 그러나 책임(성)은 생소한 말일 수 있다. responsibility, responsiveness, answerability. 이 개념은 우리에게 익숙지 않은 개념. 사실 이 개념은 '대표'에 다 담아 있다고도 할 수 있음. 최근에 들어 민주주의 이론의 발전과정의 중심적인 추세는 '책임'을 굉장히 강조하는 이론화 작업이다. 그러나 우리나라 정부는 아직도 책임에 대한 중요성을 못 깨닫고 있는 것 같다. '책임 있는 민주주의를 하겠다'라고 하는 것과 '참여적인 민주주의를 하겠다'라고 하는 것은 같은 민주주의를 하는 것이라고 해도 그 강조점이 굉장히 다른 것이다.

-책임 있는 민주주의.

대의제 민주주의에서는 선출된 정부내지는 선출된 지도자와 그 정부를 선출한 사람들-일반시민들, 국민들, 즉 민주주의 주체로서의 국민들과의 거리가 있을 수밖에 없다. 선거로 나타나는 거리를 상정할 수밖에 없는데 현대 민주주의의 관심사는 이 거리를 어떻게 좁히는가가 관심사라고 할 수 있다. 현실적으로 이 거리가 완전히 좁혀질 수는 없지만, 현대 민주주의의 관심사는 이 거리를 가급적이면 어떻게 최대한 좁힐 수 있는가에 있다.

–이러한 문제의식하에서 10여 가지 정도의 중요한 문제들을 앞으로 살펴보려고 한다.

1) 정치에 대한 부정적 인식 혹은 이해

–정치에 대한 부정적인 인식은 우리의 현실 속에서 담론을 표현하는 언어들이 있을 텐데, 예를 들면, "정치논리", "우리나라 정치는 3류다" 등이 있다. 이런 말들이 담고 있는 구성요소들을 분해해서 이런 것들이 가지는 의미나 역할을 생각해 보아야 할 것이다.

–정치를 부정적으로 인식하는 데 중심적인 자리에는, 첫째, 권위주의적 담론(권위주의체제가 민주주의체제보다 우월하다는 것을 은연중에 담고 있는 방향에서 도출), 둘째, 시장논리 or 시장효율성(정치라고 하는 것은 시장보다 생산적이지 못하고, 합리적이지 못하고, 투명하지 못하고, 열등하다는 논리)의 논리가 있다.

–현실정치의 담론은 우리가 여러 수준에서 봐야 한다. 즉, 정치적 담론의 구성요소들을 분해하는 방법, 무엇으로 구성되어 있는가?(대부분 여기서 정치라고 할 때 그것은 '정치=민주주의 체제'라는 등식을 담고 있는 경우가 많다). 누가 그런 담론을 어떤 방법으로 사용하고, 형성하고, 전파하는가? 어떤 사람들이 이러한 담론에 더 영향을 많이 받고, 혹은 여기에 저항할 수 있고 영향을 받지 않는가도 고려해 보아야 한다.

-현재의 정치적인 담론이나 정치현실은 지난 과거의 연속선상에서 생각해 봐야 하는데, 오늘의 한국의 민주주의는 앞선 한국의 권위주의체제의 경험으로부터 나타난 것이라는 것을 잊지 말아야 한다. -정치에 대한 부정적인 논리에는 '정치=민주주의'라는 등식을 담고 있는데, '정치=민주주의'는 아니다. 정치가 사회의 영향을 미치는 공적 결정을 만들어 내는 하나의 과정이라고 한다면, 이 결정은 민주주의적일 수도 있고, 권위주의적일 수도 있다.

-현재의 민주주의에 대한 비판적 시각, 혹은 정치를 폄하하는 담론이나 언어의 원류에는 두 가지 원인이 있다고 앞서 언급하였는데, 이 두 가지는 반드시 연결되거나 결합되어 있는 것은 아니나, 우리나라에서는 상당히 상호연관성을 가지고 있다고 할 수 있다. 왜 그러냐 하면, 과거 권위주의 시절, 특히 1960-70년대 권위주의는 소위 개발독재, 관료적 권위주의, 국가중심의 산업화, 박정희식 개발독재 모델 등의 권위주의적 담론을 만들어 내었고, 그것이 나중에 정치에 대한 부정적인 인식을 강화시켰다고 볼 수 있으며, 또한 그때그때 정치가 가져오는 부정적인 인식에 대응하는 이것을 합리화시키기 위해 시장효율성을 접맥시켜 강조하였기 때문이다.

-이에 대해 시기구분을 할 수 있는데, 같은 정치를 부정적으로 본다고 해도 권위주의시기에 정치를 부정적으로 보는 것과 민주주의시기에서 정치를 부정적으로 보는 것이 민주화를 기점으로 그 내용이 달라질 수 있는 것이고, 시장효율성도 권위주의시기에서 시장효율성을 긍정적으로 보았던 것과 민주화 이후, 특히 신자유주의 독트린이 강화되면서 시장효율성을 얘기하는 것이 민주화를 기점으로 그 의미가 달라질 수 있다.

-여기서 흥미 있는 것은 민주화(1987년) 이후 정치를 부정적으로 보는 담론이 두드러진다는 것이다.

-시장효율성이라고 하는 것은 한편으로는 과거 권위주의가 한국의 경제 발전을 가져오게 했다는 인식과, 다른 한편으로는 세계적으로 확산된 헤게모니로서의 신자유주의적인 담론이 현재는 접맥되어 있다고 볼 수 있는데, 이런 현상이 나타나면서 정치를 폄하하는 내용으로 나타난다.

-이런 것을 배경으로 정치를 폄하하는 내용들이 무엇인가?
첫째, 정치는 부패하다.
둘째, 정치는 무능력하다. 비전문적이다.
셋째, 정치인에 대한 부정적 이미지(정치꾼, 모리배……)

-정치와 민주주의는 동일한 것이 아니다. 정치가 훨씬 더 큰 개념이다. 동일한 것이 아닌데 반정치에 대한 담론은 민주주의를 공격하는 것.

-이 말은 누가 무슨 이유로 사용하는가? 담론의 생산자?
주류언론, 보수적인 정당 혹은 정치인, 지식인들과 같은 그룹. 우리 현실에서는 이런 그룹들이 논조를 통해서 굉장히 일방적으로 담론을 사용. 특히 주류언론들이 '담론동맹'을 통해서 유포.

Juan Linz에 의한 '권위주의'의 정의

(1) 권위주의란 제한(적) 다원주의: 정치적 방법을 통해 사회적 갈등을 표출하고 해결하는 것을 부정하고, 특정세력이 사회전체의 이익을 정의하고, 억압하고 나머지 세력이 이를 따르는 것.
(2) 이데올로기가 아닌 멘탈리티: 이데올로기는 일련의 체계적 사고, 신념체계, 미래지향적인 비전인 데 반해, 멘탈리티는 일종의 사고의 정향 혹은 패턴이기 때문에 체계적이지 않은 사회심리적 상태를 말한다.
(3) 정치적인 탈동원화-정치적 무관심: 광범위한 정치적 동원을 허용하

지 않고 억압하는 구조.

→Linz에 의한 권위주의 정의 1), 2), 3)은 권위주의의 3가지 핵심요소, 이를 모두 아우를 수 있는 핵심적인 용어는 "탈정치화"-탈정치화가 권위주의의 핵심.

-권위주의는 지금까지 전체주의와 민주주의의 중간쯤에 존재하는 어정쩡한 위치에 있었으나, 이러한 Linz의 정의를 통해 볼 때 권위주의는 전체주의-전체주의는 다원주의 억압, 이데올로기, 동원화된 사회-와 확연히 구분되며 권위주의를 독자적인 정치체제로 구별할 수 있게 한다.

-앞서 살펴 본 허쉬만의 논리가 어떻게 현실정치에 이용되는가?

대표적인 사례로 『페더랄 리스트 페이퍼』 No. 10. James Madison의 파벌에 관한 논설

"여기서 파벌이란, 전체의 다수이건 소수이건 다른 시민의 권리 또는 지역사회의 영구적이며 전체적인 이익에 역행하는 어떤 공통된 열정 또는 관심의 충동으로 단결되어 행동하는 사람들이라고 해석한다"(현실정치에서는 '정당'이라고 할 수도 있다).

-이러한 파벌의 해를 제거하는 데는 두 가지 방법이 있는데 하나는 파벌의 원인을 제거하는 것, 다른 하나는 그 파벌의 영향을 조정(통제)하는 것이다. 전자의 방법은 또 두 가지로 나누어질 수 있는 하나는 파벌의 존재를 형성하는 자유를 없애버리는 방법이고, 다른 하나는 시민 각자에게 동일한 의견, 동일한 열정, 동일한 관심사를 갖게 하는 것이다. 그러나 파벌이 생기는 것이 질병이라면, 자유를 없애는 것은 질병 자체보다도 나쁘다는 것. 또한 전자의 방법의 두 번째 방법은 현실적으로 실현 가능성이 없다고 본다. 따라서 파벌의 잠재적인 원인은 인간의 본성에 심어져 있고 그것은

시민사회의 환경에 따라 여러 행위에 반영되는 것을 모든 곳에서 볼 수 있다. 때문에 파벌의 원인은 제거될 수 없고 오직 파벌의 영향을 조정(통제 control)하는 방법에 의해서 치료할 수밖에 없다는 것.

-결론적으로 열정을 다루는 방법은 도덕적인 것이 아니라 현실적인 문제라는 것. 도적적인 접근으로 현실을 이해한다면 아무런 도움이 되지 않는다. 따라서 정치적인 문제를 접근하고, 해석하고 처방하는 데 있어서도 도덕적인 접근은 적절하지 않다.

2) 정치를 도덕적으로 보는 문제

-도덕적으로 정치를 보는 것은 정치의 가치를 약화시키는 역할을 하게 됨. 특히 권위주의를 부지불식간에 긍정적으로 보게 되는 좋지 않은 결과를 가져올 수 있다.

-정치에 대한 부정적인 담론의 경우 권위주의와 민주주의를 구별하지 않고 사용하는 경우가 많다. 민주주의하에서 정치를 부정적으로 비판하는 것은 권위주의하에서와는 다르다. 다 같이 부정하는 것이지만, 권위주의는 민주주의가 아니기 때문에 비판하는 것이고, 민주주의하에서 정치에 대한 부정적 담론은 대체로 반민주주의적인 요소를 갖기 쉽다는 것을 염두에 두어야 한다. 때문에 정치에 대한 反정치적 담론은 민주주의를 부정할 수도 있다.

-도덕적인 가치로 현실정치를 비판하는 것은 일상생활 속에 상당히 만연되어 있다.

예) 초심(初心)-상당히 도덕적인 언어. 지도자로서의 대통령이 처음의 도덕성을 잘 간직하여 끝까지 유지하는 것이 중요한 것이라고 강조하는 지도자의 도덕적인 면을 부각시키는 언어.

-정치를 현실적으로 보지 않게 하는 메커니즘이 존재하는데 예를 들면 냉전반공주의와 같은 이데올로기가 있다. 냉전반공주의는 모든 것을 양분법적으로 해석하는 경직된 흑백논리. 한 사회에서 정치적인 갈등이나 사회적인 요구·이익들이 제대로 공론화되고 정치적 갈등으로 이슈화되어, 이것이 정당 간의 경쟁이 되려면 정치적인 표현의 자유가 있어야 하는데, 냉전반공주의하에서는 자칫 잘못하면 사상의 불온성을 검증받아야 했기 때문에 여기에 대해서 말하지 않게 되고, 말도 없어졌다.

-냉전반공주의의 영향은 한국정치에서 중요한 정치적 언어를 없애 버렸다. 예) 인민(people), 계급(class) 해방 후에는 많이 썼으나 북한에서 먼저 사용하면서 지금은 자연스럽게 쓸 수 없게 되었다. 이렇게 정치현실을 표현하는 용어를 자유롭게 사용할 수 없는 상황에서-정치를 현실로서 말할 수 있는 언어가 없는 곳에서-정치의 실재나 그것을 중심으로 한 정책적 프로그램이 가능하지 않다. 먼저 담론화가 이루어져야 공론의 장이 만들어지고 타협이 되는데, 말이 없는 곳에서 정치가 있을 수 없다. 이 틈새를 통해서 도덕적 담론이 치고 들어오고 도덕적 담론과 냉전반공주의가 교묘하게 결합되기도 한다.

3) 정치에 대한 도덕적 담론이 가져오는 결과

(1) 탈정치화, 정치적 무관심, 정치에 관한 혐오감 조장: 심성이나 멘탈리티를 反민주적으로 이끌어낼 수 있다.

(2) 정치의 현실을 보지 못하게 하는 효과: 도덕적인 잣대로 평가하게

되어 정치현실을 제대로 파악하기 힘들고 도덕성만을 강조하게 됨. 정치와 도덕을 혼돈해서 보게 되면 '부패'를 강조. 이러한 정치에 대한 도덕적인 담론의 원인에는 냉전반공주의와 더불어 냉전반공주의 이전에 전통사회의 유교적 전통도 영향을 미친다. 도덕적 형식주의인 유교적 전통(성리학) 때문에 정치를 도덕적으로 보게 되는 것. 그렇다면 도덕적 담론으로 정치를 바라보는 것이 무슨 도움이 되는가. 정치를 도덕적으로 보는 것이 정치를 개선시킬 수 있었는가. 그러나 현재 한국사회의 도덕적 가치가 다른 나라보다 더 낫다고 생각하지 않는다. 정치를 현실적으로 보고, 개선하기 위해 노력하는 것이 더 낫다.

(3) 민주적인 권력의 작동을 부정할 수 있다.

민주적인 권력으로 여러 가지 사회개혁을 해야 하는데, 이 개혁은 그냥 되는 것이 아니라 민주적 권력이 강력한 힘을 가지고 추진해야 된다. 그러나 도덕적인 관점에서 보면, '권력'은 모두 부패한 것처럼 보일 수 있고, 따라서 일체의 권력을 부정한 것으로 인식하게 되는 경향을 만들어 내기 쉽다. 그렇다면 권력 없이 도덕만으로 한국의 민주화를 만들어 낼 수 있는가. '권력' 없이 '도덕'만으로는 민주적인 사회개혁을 할 수 없다.

예) SK회장의 구속, 민주당 사무총장 이상수 의원 검찰에 전화. 언론이 그런 사실을 1면으로 강조해서 보도한다는 사실은 일반 독자들이 도덕적이라는 것을 알고 그것에 호소하는 것. 일반 독자들이 이 문제를 부정하다고 평가하게 되는데, 이 내용을 들여다보면, '정치권력은 부패했다', '검찰의 공정한 수사를 막게 한다', '정치인 혹은 정당과의 이해관계 때문에 정치적인 압력을 가한다'는 내용. 왜 검찰에 전화를 못하는가? 정치행위라고 하는 것은 선출된 공직자들이 국가기구(검찰도 예외가 아님)를 control할 뿐만 아니라 특정방향으로 운용하고 관리하는 것이고 그러한 정치행위를 하는 것이 민주정부이다. 그럼에도 불구하고, 국가기구의 독립성이 보장이 되어야 한다고 주장한다면, 이것이 어떻게 민주주의하고 병립할 수 있는가. 많은 사람들이 혼동하고 있는 것은 공무원의 신분보장과 공무원의 독립성과 혼동하고 있다. 공무원의 신분보장은 일정하게 필요하지만, 그것이 정치적 독립성을 뜻하는 것은 아니다. 민주주의라고 하는 것은 선거라고 하는 방법을 통해서 다수의 표를 획득한 정부가 일정한 기간 동안 책임을 지는 것이다. 그러고 나서 일정 기간이 지나면 국민에게 심판을 받는 것으로 통제를 받는 것이지, 국가기구가 독립되었고, 당이나 대통령이 관여할 일이 아니라고 한다면 그것은 민주주의가 아니다. 만약 군부가 자신들의 견해에 따라 독자적인 행보를 걷는다고 생각을 해 보자. 그것은 큰일 날 일이다. 겉으로는 그럴싸해 보이는 이야기지만 그것은 민주주의가 아니다. 만약 검찰이 그런 전화를 받았다고 해도, 그것이 부당하다면 안 하면 그만이다. 검찰이 그 전화에 영향을 받았다고 한다면 스스로 직분을 다하지 않았다는 소리밖에 되지 않는다. 자가당착도 굉장히 심한 자가당착이다. 우리나라 언론은 우리나라 사람들의 코드를 알고 톡톡 건드린다. 조건반사식으로 어떻게 하면 사람들이 집단적으로 동일한 형태로 반응할지를 안다는 것. 특별한 잣대를 정치에 적용하여 정치를 폄하하려는 의도가 너무 강하게 보인다. 더 중요한 문제가 많은데 지엽적인 것에 물고 늘어져서 사람을 우습게 만든다. 우리 국민의 수준을 동물 수준으로 격하하여 조건반사를 즐기는 것 같은 인상을 준다.

또 다른 예) 안희정 씨의 SM520 받은 사례, 노대통령 당선자 시절의 집 앞의 눈을 치운 사례.

민주주의 사회가 완전한 평등사회를 말하는 것은 아니다. 대통령이 사회적으로 특별한 역할을 맡고 있다면 특별한 경호 등, 특별한 대우를 받는 것은 당연하다. 이런 것은 몇 가지 사례에 불과하지만 대개가 다 이런 식이다. 매일같이 이런 기사를 보다보면 사람들은 도덕적인 가치에 의해 평가할 수밖에 없게 된다.

-여기서 문제가 되는 것은 부패에 대한 인식을 잘못 갖게 하고 부패를 지나치게 과장하는 것을 조장하는 결과를 가져온다. 사실 민주화된 이후에

공직자들의 부패가 줄어들었다. 권위주의 시절에서는 언론조차도 통제되었기 때문에 권위주의체제는 그 체제 자체가 부패라고 할 수 있다. 그럼에도 불구하고 민주주의체제조차도 부패한 것처럼 묘사. 부패에 대한 노이로제, 부패가 우리사회에서 가장 중요한 가치로 부각. 가장 큰 개혁의 대상이 '부패'가 됨. '부패'를 지나치게 강조하게 되는 문제점 때문에 정치개혁의 화두는 부패를 척결하는 데만 집중. 정치개혁이 민주적인 방향으로 나아가야 하는데, 즉 참여의 기회를 어떻게 확대하고 정부는 어떻게 책임을 져야 하는가에 대한 논의보다는 '부패'를 제거하는 데에만 집중됨. 국민과의 거리를 좁히기는커녕 멀리 떨어져서 투표만 하라는 것. 따라서 민주화 개혁에 오히려 걸림돌이 되고 있다. 민주적인 방향으로 사회개혁이 실현해야 하는 논의가 되지 못함. 일반시민들이 접촉할 수 있는 기회는 더 멀어지고, 거대언론의 영향력만 더 커지게 됨.

-'정치적인 인사다': 인사는 당연히 정치적이어야 한다. 공직자의 부패는 지나치게 과장되어 부정적으로 평가하고, 시민사회와 시장에 만연되어 있는 부패는 과소평가(언론이나 기업의 부패). 공직자는 사회로부터 오는데 사회 자체가 대단히 부패되어 있다는 것. 대통령제는 spoil sysrem과 결합하여 전문주의를 해소.

(4) 사회의 갈등을 부정하는 사고나 가치를 조장할 가능성이 많다('갈등은 나쁜 것이다').

-'정치라는 것은 부패하고 타락한 것이다. 정치인은 도덕적으로 형편없는 사람들이 하는 것이다.'라고 한다면 그 다음은 정치는 도덕군자가 하면 잘할 수 있다는 결론이 나오게 된다. 그러나 도덕군자를 대통령 시키면 잘 될 수 있겠는가. 그것은 아니다. 정치에 있어서 도덕적인 가치가 중요하지 않아서 도덕적으로 보면 안 된다는 것이 아님. 정치를 움직이는 실재의 힘

은 도덕적인 것보다 다른 수준이 더 강하기 때문에 정치는 도덕과 다른 수준에서 이해하는 것이 필요하다. 우리나라의 전통문화에서의 조선 성리학의 인성론(성선설과 같은)은 굉장히 도덕을 강조했는데, 이러한 이기론적 해석은 현실을 보는 시각이 대단히 약하다. 유교주의라고 하는 것은 이데올로기다. 도덕적인 잣대 때문에 현실이 안 보인다.

-도덕적인 평가가 끝나는 데서 정치에 대한 현실적이고, 분석적이며, 경험적인 인식이 시작된다고 할 수 있다.

4) 서양인들이 정치를 이해하는 방법

ex) Machiavelli, Hobbes, James Madison

-Dahl에 의한 민주주의 정의

(1) 매디슨(적) 민주주의 Madisonian Democracy: checks and balances 강조. 삼권분립. 다수의 지배를 부정적으로 봄.

(2) 민중주의적 민주주의 Populistic Democracy

(3) 다두제적 민주주의 Polyarchal Democracy

-veto player의 수가 많을수록 개혁이 어렵다. DJ정부는 일방적 견제의 역할만 정당(다수인 야당)이 했음. 제도는 작동하는 것이 더 중요하다. 제도를 민주적으로 작동하는 차원에서 문제를 접근해야지 대통령직의 수행 자체를 불가능하게 만들어서는 안 된다.

유럽 근대 정치철학의 시초: 마키아벨리, 홉스

－고대, 중세 정치철학은 덕, 도덕 등을 강조한 면에서(내용은 다르지만), 유교철학과 크게 다를 바 없었다. 그러나 유럽의 근대 정치철학은 대전환을 겪어 현대로 내려오게 되는데 이에 대표적인 학자가 마키아벨리와 홉스이다. 이에 반해 아시아에서는 스스로의 전환이 일어나지 못하고 서양에 의해서 현대화되었기 때문에, 현실적인 정치현실을 분석하는 정치철학이 거의 없다고 할 수 있다. 유교를 중심으로 하는 아시아문화권에서는 '이익'(interest)에 대해서 상당히 부정적인 인식을 가지고 있었으며(현실정치에서 '이익'이란 개념은 중요한 현상임에도 불구하고), 이런 사상들이 무의식중에 저변에 깔려서 현재에도 영향을 미치고 있다.

－서양정치철학자들의 출발점은 '인간성'(human nature)에 대한 탐구

인간성에 대한 인식이 굉장히 부정적, 비관적인 견해(동양의 성선설에 반해)가 중심. 인간성에 바탕을 두고, '자연 상태'를 이론적으로 상정했다. 인간들은 '자연 상태'에서 자신의 이익을 추구하기 위해 투쟁한다는 것. 홉스의 "만인의 만인에 대한 투쟁", 마키아벨리의 인간에 대한 인식도 홉스와 유사함.

－홉스와 마키아벨리가 인간에 대해 너무 비관적인 견해를 내리자 너무 극단적으로 비관적인 것이 아니냐는 문제의식이 제기, 인간에 대한 온건적인 비판이 일기 시작함(17세기 중반 로크와 같은).

－홉스와 마키아벨리로 대변되는 서양 정치철학의 최초의 전환점이 엄청나게 중요함.

마키아벨리는 인간성에 대한 사실주의적 예로 인간을 있는 그대로 보았다(예: 군주론 15장). 홉스는 인간을 물체와 다를 바 없다는 인식을 가지고 있었다(갈릴레이의 운동의 법칙을 적용). 새로운 물리학의 이론을 통하면 정치학도 체계적인 법칙을 만들 수 있다고 생각함. 인간을 내버려두면 각자의 '자연권'을 행사하기 때문에 '자연 상태'가 된다는 것. 그러나 인간은 평

화를 추구하는 강열한 욕망도 가지고 있다(인간은 '죽음'을 두려워하기 때문에 싸움을 회피하기 위해 평화를 추구한다).

-홉스에 있어서 자유는 '자연권'을 제한 없이 행사하는 것인데, 이 '자연권'을 제한 없이 행사하게 되면 '자연 상태'이고 자연 상태에서는 전쟁이 일어나 모두 죽게 된다는 것. 그렇다면 이 '자연권'을 어떻게 제한할 수 있는가. 이에 홉스는 자기가 가진 자연권을 계약에 의해 양도하여, '리바이어던'을 만들고 리바이어던으로 하여금 평화를 유지하게 하는 역할을 부여함.

-인간의 열정, 욕구(인간의 끊임없는 움직임)는 외부의 힘에 의해 저지되지 않는 한, 제어될 수 없는 것이기 때문에 보다 강력한 외부의 힘에 의해 통제되지 않으면 안 된다는 것(인간의 이성은 불완전하기 때문에 제도(외부적 힘)를 통해서 행동을 묶어둬야 할 필요가 있다는 것). 이러한 홉스의 사상은 스피노자, 흄 등에게 영향을 주었고, 또한 미국헌법에도 영향을 주었다(3권 분립과 같은 외부에서의 서로에 대한 힘의 견제 등).

-마키아벨리는 군주론 17장에서 인간성에 대한 묘사를 하고 있는데, 군주가 사랑받는 것이 더 좋은지 두려움의 대상이 되는 것이 더 좋은지에 대해 논하고 있다. 마키아벨리는 인간 일반에 대해서, "인간이란 은혜를 모르고, 변덕스러우며, 위선자인 데다 기만에 능하며, 위험을 피하고 이득에 눈이 어둡다"고 평하고 있다. 따라서 인간은 두려움을 불러일으키는 자보다 사랑을 받는 자에게 해를 끼치는 것을 덜 주저하게 되는데, 만일 군주가 자비로움을 베풀면 통치자와 국민 간에 감사의 유대관계가 생기지만 자신들의 이익을 취할 기회가 있으면 이것은 언제든지 깨뜨릴 수 있다. 하지만 통치자가 사람들이 두려워하게끔 잔인하고 확실하게 통치하면 사람들은 징벌을 두려워하게 되기 때문에 군주의 권위는 처벌에 대한 공포로써 항상적으로 유지할 수 있다는 것. 때문에 두려움의 대상이 되는 통치자가 더 효과적이다.

즉, 마키아벨리가 군주론 17장에서 일관되게 주장하는 것은 통치자는 무장되어야 한다는 것, 따라서 권력은 두려움에 의해 유지되는 것이 효과적이라는 것이다. 민명대 창설을 권고. 실제로 마키아벨리는 9인 민병대 창설위원.
ex) unarmed prophet: 사보나롤라.

-현대판 마키아벨리라고도 불리는 그람시도 헤게모니라고 하는 것은 힘에 의해서 뒷받침되지 않으면 안 된다고 보았고, 움베르트 에코는 '장미의 이름'에서 종교의 권위도 강권력에 의해서 뒷받침되어야 한다고 보았다. 중세의 종교재판.

-이데올로기 혹은 이념은 힘에 의해서 뒷받침되기 때문에 영향력이 강하다. 이것이 정치의 중요한 측면이라고 할 수 있다.

-마키아벨리의 논리를 보면 폭력을 찬양하고, 군주는 교활한 면, 더러운 면, 용맹한 면을 다 갖추어야 한다(여우와 사자의 양면을 다 가져야). 이렇게 인간성을 비관적으로 보지만 마키아벨리의 논리가 가지는 역설은 다음과 같다. 첫째, 폭력의 추한 면을 감추려고 하는 베일을 치워버린 것. 폭력을 사실 있는 그대로 본질을 파악하게 함으로써 더 큰 폭력을 control할 수 있게 함. 서양정치사를 보면 그 본질이 폭력임에도 불구하고 완곡하게 포장하는 경우가 많은데, 그것은 폭력을 좋은 말로 표현하고 폭력의 본질을 숨기는 것. 둘째, 국가권력의 진면목을 환상 없이 알 수 있게 함. 셋째, 부정적 인간관이 극단적이긴 하지만 역설적으로 긍정적이고 낙관적인 인간의 행위의 가능성을 인정하게 만드는 효과(역사의 연구를 통해서), 즉 제도의 가능성 등을 바라보게 만든다(인간에 대한 정태적 이해를 통해서 정치학을 경험과학으로 정립시킬 수 있는 기초를 제공한다).
-또한 마키아벨리는 '갈등'의 역할에 대한 순기능적 역할을 강조했다. 한 사회의 발전을 위해서는 적절한 갈등의 역할이 필요하다는 것.

예) 로마의 공화정이 어떻게 수백 년 동안 지속할 수 있었는가? 이러한 힘의 원천을 갈등으로 보았는데, 귀족정과 평민정 간의 적절한 갈등관계가 유지되면서 제도를 발전시켰고, 이것이 한 사회를 발전시킬 수 있는 동력이 되었다는 것. 갈등을 무조건 억압하려 하면 발전의 힘이 될 수 없다. 갈등을 인정하면 여러 가지 요구가 나타나면서 발전할 힘도 가지고, 이로 인해 한편으로는 불안정한 요소가 생길 수도 있는데, 그러나 이는 거쳐야 할 과도기적 상황일 뿐이다.

-마키아벨리의 방법론은 역사적인 사례를 바탕으로 하는 것이었고, 홉스는 훨씬 이론적이고 자연과학적인 논리. 『페더랄 리스트 페이퍼』 No.10은 정치를 어떻게 바라보는가에 대한 예로서 현실적으로 해법을 찾으려는 사례다. 앞선 시간에서 언급했듯이 파벌을 제거하는 방법 중 가장 현실적인 방법을 찾고 있다.

-사고의 전개방법은 그 결과에 대해서 현실적인 접근이 필요하다. 문제의 해결방법과 그 결과에 대해서 현실적으로 실현 가능한 접근방법이 필요하다는 것이다.

5) 포퓰리즘 민주주의

-포퓰리즘(populism) 대중주의, 인민주의, 민중주의

이 말 내지는 담론이 언제, 어떤 의미를 가지고, 주류언론들이 어떻게 유포하는가? 또한 왜 포퓰리즘을 말하는가? 포퓰리즘의 의미, 내용, 담론의 구조는 무엇인가? 일반국민의 민주주의에 대한 사고를 어떻게 오염시켰는가? 민주주의 이론과 관련해서 그 틀 속에서 포퓰리즘이 어떤 의미와 함의

를 갖는가?

-포퓰리즘의 사용 예(언론에 보도된 빈도수를 통해서 본)

1993년에 5건, 그 이후에 4~5건을 머물다가 1997년에 14건, 2000년에 62건, 2001년에 233건으로 폭증, 김영삼 정부 때부터 시작하여 김대중 정부 때 폭증, 노무현 정부에 들어와서는 더 증가하는 추세. 1992년까지는 포퓰리즘이 라틴아메리카의 상황을 설명할 때만 사용되었는데, 1993년부터는 한국의 정치현실을 설명할 때 도입하여 쓰기 시작함(공직자 재산공개를 시작으로 포퓰리즘이 나타나기 시작, 민주적 개혁을 비판하는 맥락 속에서 등장). 1997년부터는 경제위기와 관련해서 사용됨. 라틴아메리카가 포퓰리즘 때문에 경제위기가 왔는데, 한국도 포퓰리즘이 만연하면 경제위기가 더 심화될 것이라는 논리에서 사용되기 시작. 김대중 정부 말기에는 대중동원이라든지, 인기 영합주의, 공식적인 제도개혁이 아니라 운동과 같은 집단적 힘에 의한 민주개혁을 비판할 때 사용. 노무현 정부에 들어와서는 세대교체와 연관하여 젊은층을 충동해서 안정되지 못한 정치를 한다고 비판할 때 사용. -한국에서 주류언론들은 포퓰리즘을 어떻게 정의하고 사용하는가? 또한 어떤 사례를 통해 거론되는가?

조선일보와 같은 거대 주류언론들은 포퓰리즘을 인기 영합주의, 여론 재판식 민중주의, 대중의 감정에 영합하는 정치로 정의(다만 한겨레신문에서는 엘리트주의가 아닌 대중주의 정도로 정의).

-사례는 주로 라틴아메리카 정치를 언급하고 있다.

라틴아메리카의 포퓰리즘은 Peronism과 Vargas가 브라질에서 대통령일 때 정부적 차원에서 노조를 지원하고 육성하는 보호입법이 대표적으로 언급됨. 이 둘의 포퓰리즘은 대개 권위주의적 포퓰리즘으로 위로부터 정치지도자나 정치세력이 권위주의적으로 사회 특정집단을 자신의 정치지지기반으로 동원하는 데 사용되었다. 오도넬이 지적한 '위임민주주의'는 민주주의적 포퓰리즘의 변형된 한 형태로서, 위임민주주의의 형태는 선거에 의해 선출된 정부가 정부를 구성하고 나서는 책임을 저버리고 책임성을 갖지 않는 정부를 말한다. 대체적으로 대통령이 대의제 의회와 협의하거나 의회의 입법절차를 존중하지 않고 전횡적으로 대통령 특별명령이라든가 긴급명령 등으로 처리하는 독재적인 정부이다. 오도넬은 라틴아메리카를 관찰하면서 새로운 형태의 민주주의가 나타나는 것에 주목했다. 즉 라틴아메리카의 포퓰리즘적 전통을 전제했을 때 라틴아메리카는 정당이 잘 발전하지 못해서 사회의 이익을 정당이 잘 대변하지 못했던 것. 때문에 대통령이 자의적으로 처리하는 방법이 많아지고 이러한 형태가 '위임 민주주의'라는 것이다.

-이러한 라틴아메리카 사례를 통해 자주 거론되는 포퓰리즘은 주로 대통령의 권력을 비판적으로 이야기할 때 자주 사용된다. 대통령이 개혁하기 위해 의회와 협의하는 것이 아니라 국민에게 직접 호소하고 동원할 때, 주류언론들은 인기를 얻기 위해 '인기영합적이다'라고 보도. 그러나 주류언론이 포퓰리즘을 보도할 때는 일관되게 사용하는 것이 아니라, 권위주의적이든, 민주주의적이든 자기가 필요할 때 가져와서 사용한다.

-권위주의적 포퓰리즘의 현상은 많았으나, 포퓰리즘이 마치 라틴아메리카의 특수한 현상인 듯 보도, 특히 노조, 노동자들이 자신들의 특수이익을 위해서 분배투쟁에 골몰한 결과 경제가 망한다는 논리가 주요 논조를 이룬다. 따라서 "포퓰리즘은 곧 경제를 파탄시킨다"는 결론에 도달하게 된다.

-그렇다면 한국의 민주주의는 포퓰리즘인가? 그리고 언론에서 이야기하는 것처럼 포퓰리즘이 실제로 나쁜 것인가?

-주류언론은 포퓰리즘을 왜 말하는가?

정부의 개혁정책을 비판하기 위해서. 더 심하게 말하면 민주정부의 출현 자체가 마음에 들지 않는 것처럼 보인다. 특히 대중운동에 의한 민주화, 즉

대중이 참여하는 운동을 위험시하는 가치와 관점을 내포함(이 이면에는 엘리트주의, 기술전문주의 등이 깔려 있음). 정부의 개혁정치는 위험하고, 경제적 파탄을 가져온다는 것, 또한 노동운동을 위험시하는 내용을 포함(아르헨티나 경제 파탄의 주범은 노동운동이다). 주류언론이 포퓰리즘을 이야기할 때는 항상 그 시점에서 민주적인 개혁 세력을 비판하기 위해 포퓰리즘을 끌어들여서 사용한다. 노무현 정부에 들어와서는 '노사모' 등 젊은층의 인기에 영합하는 데 치우친다는 비판에 포퓰리즘의 담론을 사용.

-포퓰리즘은 라틴아메리카의 포퓰리즘보다 더 큰 개념이다. 그러나 담론의 사용자 입장에서 볼 때 만약 유럽의 포퓰리즘 사례를 사용한다면 부정적인 면을 부각시킬 수도 있지만, 사회복지 등 긍정적인 면도 있기 때문에 비판의 의도가 퇴색할 수 있다. 때문에 대부분 부정적인 것만 일어나는 라틴아메리카를 사례로 쓰는 것이 비판하는 데 더 안정적일 수 있다.

(1) 포퓰리즘이란? 포퓰리즘의 원류

-고대 그리스 아테네, 로마의 공화정, 르네상스의 공화정, 영국의 자유주의, 미국의 민주주의, 프랑스혁명과 함께 나타난 공화정의 전통→위와 같은 여러 원류 중 무엇보다도 고대 그리스 아테네의 민주주의 전통이 중요함.

-펠로폰네소스전쟁 이후 플라톤은 '민주주의'를 부정적으로 보았다. 민주주의는 지식에 의해서가 아니라 doxa(여론)에 의해 좌우되는 체제라고 생각했기 때문. 따라서 철인정치와 같은 이성에 의한 정치이론을 주장하였다.
demo(s)→popular / kratia→power

-아리스토텔레스는 플라톤에 비해 비판을 조금 완화. 소수가 지배하되, 다수의 지지를 얻는 혼합정체 이론을 전개. 아리스토텔레스는 민주주의가

잘못되면 중우정치로 빠질 수 있다고 생각함(아주 인색하고 제한적으로 민주주의를 인정). mob rule의 위험성.

-아테네의 몰락으로 민주주의라는 개념 자체가 거의 없어졌다가 중세에 다시 시작됨. 17세기부터 대의제 민주주의가 나타나기 시작했고(현대 민주주의의 시초), 19세기 이후부터나 민주주의가 인정받기 시작했고, 시민권의 획득과정(참여가 늘어가는 과정)을 통해서 현대 민주주의가 발전하였다(그 이전에는 위험한 정치체제로 간주됨).

-몽테스큐나 로크, 홉스 등 다 그리스 민주주의에 대해 별로 긍정적인 인식을 가지고 있지 않았음.→이 영향은 제임스 매디슨에게 미쳤는데, 미국의 헌법과 정치체제의 근간은 대의제 민주주의라기보다는 공화정 이념이다.

-17C부터 인민의 파워가 늘어나는 것에 대해 부정적인 것이 지배적 담론

-한국에서 포퓰리즘이라고 하는 것은 대중들의 인민주권 실현과정에 대한 비판이다.

(2) Robert Dahl에 의한 민주주의 정의

1. 매디슨(적) 민주주의 Madisonian Democracy
   : 공화정이 전제정이 되지 않도록 하는 데 관심이 집중. 전제정이 아닌 공화정을 만드는 것이 이 민주주의의 목표. 외부의 견제로부터 자유로운 정부는 전제정이 되기 쉽기 때문에 어느 곳에도 권력이 집중되지 않도록 3권 분립. 다수를 약화시키는 것이 미국헌법의 핵심. 전체적인 작동이 상당히 보수적.
2. 민중주의적 민주주의(인민적 민주주의) Populistic Democracy
   : 인민주권, 정치적 평등을 실현하는 것이 목표(18C 루소), 방법은

다수결의 원칙(기본적으로 실현되기 어려운 체제라고 보았음).

3. 다두제적 민주주의 Polyarchal Democracy

: 현실정치에 가까운, 현실 실현 가능성이 있는 체제. Dahl은 민주주의라는 말을 사용하지 않고 Polyarchy라는 용어를 사용. Polyarchy는 현실적으로 설명이 가능하다고 하여, 경험적이고 규범적인 조건을 만들어 이에 대해 서술하고 있다. 민주주의가 될 수 있는 조건이 중요(갈등의 intensity가 중요)

-포퓰리즘을 라틴아메리카의 사례로 특정화하여 민주주의를 우습게 묘사하는 것은 굉장히 反민주주의적인 담론이다. 인민민주주의 자체가 하나의 민주주의 형태임.

가. 포퓰리즘의 사례

① 미 국

-16대 대통령 링컨의 게티스버그 연설(인민의, 인민에 의한, 인민을 위한 정부를 지상에서 실현하겠다. of the people, by the people, for the people……). 이 연설은 미국 민주주의의 역사에 중요한 문건.

-건국시기의 미국 민주주의는 크게 두 부류로 나누어지는데,

하나는, 토마스 제퍼슨(3대 대통령)을 중심으로 한 부류. 제퍼슨은 독립선언문을 작성한 인물로서 당시 사상적으로 가장 진보적인 계몽사상가 중의 한 사람이며, 프랑스의 계몽철학에서 영향을 받았다. 사상적 급진성을 띠었고, 인민주권원리를 강하게 주장하였다. 독립선언문에 담겨진 두 가지 중요한 이념은 첫째, 개인의 자유의 이념, 둘째, 다수의 지배에 의한 민주주의 이상이다.

다른 하나의 부류는 제임스 매디슨으로 대표되는 헌법주의에 기초한 민주주의로 매디슨은 미국의 헌법의 기초를 작성한 인물이다. 이 부류는 인민주권의 원리보다는 헌법적인 방법에 의한 다수의 지배를 제시하였다. 또한 자유주의적 원칙에 입각하여 소수 부유층의 자유, 재산권 등을 보호하려는 목적이 있었다.

-이러한 미국 민주주의 초기의 상황을 바탕으로 링컨의 연설의 의미를 살펴보자면 링컨의 연설은 헌법정신보다는 도덕적인 면, 즉 제퍼슨적 이념을 강조하였다고 볼 수 있다. 헌법은 노예제를 부정적으로 보고 있지 않았기 때문에 링컨은 헌법을 언급하지 않고 우회하여 이 연설을 했던 것이다. 때문에 링컨의 이 연설 이후 링컨은 격렬한 비판을 받았었고, 대부분의 비판자들은 노예제폐지 반대론자들이었다.

-제퍼슨(3대), 앤드류 잭슨(7대), 링컨은 populist line.

잭슨은 도시장인, 소농, 하급중산층을 정치적 기반으로 하였음. 사실 이들은 수적으로는 다수이지만 정치적 제도권 안에서는 소수였음(선거권이 주어지지 않았기 때문에). 그러나 1830년대에 들어서 일반시민들, 소농 등 '보통사람(plain people)'에게도 투표권이 확대되면서 미국의 민주주의가 완성되기 시작하였다고 볼 수 있다. 잭슨 때부터 일반시민들의 투표에 의해 대통령이 선출되었다.

-1830년대에 미국만큼 투표권이 확대된 나라가 없었다. 유럽에서조차도 1860년대 가서야 이 정도의 투표권이 확대되었고, 사실 그 당시 유럽에서의 민주주의에 대한 인식은 별로 좋지 않은 것이었다. '보통사람'에게 투표권을 확대하는 것은 중우정치로 갈 수 있다고 생각하였으며, 더 나아가 '무정부상태'까지 불러올 수 있다고 인식하였다. 때문에 미국이 독립을 하고 민주주의를 한다고 하였을 때 우려의 눈빛으로 미국을 바라보았고, 남북전쟁

이 발발했을 때는 드디어 '무정부상태'가 되었다고 생각하였다.

그러나 남북전쟁은 독립 이후 남북 간의 균열과 갈등이 더이상 공존할 수 없는 상황에서 발발하였으며, 전쟁의 결과 북부가 승리함으로써 대중으로 민주주의가 확대될 수 있는 길을 열게 되었다. 즉 남북전쟁은 무정부상태로 치닫게 된 것이 아니라 한 국가가 내포하였던 갈등의 표출로서 그 결과 노예제가 폐지되었고, 앞서 링컨의 게티즈버그 연설에서 알 수 있듯이 민주주의의 확대를 의미하는 것이었다(보통사람(plain people)들의 민주주의).

-미국에서 1880~1890년대는 표퓰리즘이 활발하게 나타났던 시기.

성격은 잭슨 대통령 시절(1820~1830)의 정치동맹과 비슷. 잭슨의 초기 포퓰리즘은 농촌이익과 산업이익이 갈등하던 시기로, 당시 민주당은 농촌이익을 대변하였고 휘그당은 도시의 산업이익을 대변하였다. 잭슨의 민주당은 농업인구, 특히 투표권이 확대된 백인 자영농과 정치동맹을 맺고 있었고, 휘그당은 도시산업 엘리트들의 이익을 대변하고 있었다. 이러한 초기의 포퓰리즘이 본격적인 운동으로 나타난 것이 1880~1890년대이다. 당시 농업의 불황이 닥치게 되면서, 남부의 가난한 백인들과 흑인을 묶어서 했던 운동이 포퓰리즘이다. 이는 상층계급에 대한 위협으로 간주되었고, 흑인공포증을 불러일으켜 흑인 투표권을 제한하는 결과를 낳았다. 흑인 투표권은 1965년에 이르러서야 보장되게 된다(The Voting Rights Act).

② 영 국

영국의 선거권 확대과정:

-1832년 Reform Act: 1차 개혁법안에서 43만에서 65만으로 투표인수가 확대(숙련노동자와 장인에게 투표권을 부과)

-1867년: 성인남자 4분의 3에게 투표권이 보장됨. 처음으로 전국단위의 캠페인

-1884년: 성인의 40%에게 투표권이 보장됨.
(cf. 여성의 투표권은 1916년이 되어서야 보장됨)

-영국에서는 보통선거권을 통한 민주주의에 대해 불신을 가지고 있었음.
민주주의라고 하는 것이 다수에 의한 지배라고 인식하였고, 민주주의에 대한 위험성을 강조함(민주주의는 과도기적이고 불안한 제도라는 민중은 관리되지 않으면 안 된다는 인식). 실제로 영국은 1916년 중반에 이르러서야 '민주적'이란 말을 사용하기 시작하였고, 2차대전 이후에 민주주의를 강조하기 시작. Walter Bagehot는 하층계급들의 항구적인 정치적 결합이 매우 위험하다고 생각함.

-존 웨슬리가 만든 감리교도는 영국 민중주의의 최초의 형태로 산업운동 이후 영국 노동운동에 많이 개입하였다.

③ 러시아 narodnichestvo

-농촌공동체가 포퓰리즘 운동의 기반
1880~1890년대 당시 정치, 문화, 예술 운동에서 민중주의가 중심적인 소재로 등장함.
러시아의 마르크시즘도 앞선 민중주의와 결합.

-레닌은 이러한 포퓰리즘 대신 과학적 혁명이론으로 마르크시즘을 수용하여, 포퓰리즘이 마르크시즘으로 대체됨.

④ 라틴아메리카

－통합적 발전주의 전략과 깊이 관련됨(Vargas와 페론의 민주주의는 라틴아메리카의 전형적인 모델). 군부독재가 나타나기 이전에 나타났던 노선, 이념.

⑤ 한국의 포퓰리즘

－1980년대 민주화 운동의 한 정서(NL, PD 등), 한국의 민중주의는 한국 민주화의 중심적 요소였음→그러나 민주화 이후 1990년대 초에 '민중' 이란 말이 사라져버림.

－민중주의는 하나의 서술적 개념으로서(민주주의에 플러스되거나, 마이너스가 된다는 것이 아닌), 상황과 역사적 조건에 따라 다양한 양상이 나타남. 민중주의가 정치적 양태로 나타났던 사례는 미국과 라틴아메리카에서임(러시아는 민주주의와 관련하여 나타난 것이 아니라 혁명운동의 일환으로 나타났었음).→그러나 공통적인 점은 사회의 people(인민, 민중), 즉 정치적인 소외계층, 하급계층, 농민 등, 이들에 의한 운동의 형태를 가졌다는 점. 한국의 경우는 어떤 사례보다도 민주주의와 직결되어 있었음, 한국의 민중주의는 민주화 운동의 중심에 있었다.

－민중주의는 反엘리티즘이라고 할 수 있는데, 언론은 민중운동을 자기식으로 해석하여, 서양에서 나타난 것과 같이 인민들의 정치참여를 위험스럽게 묘사하고 있음. 1980년대의 한국의 민중운동은 민주화에 기여했기 때문에, 이것을 비판하는 것은 민주주의 자체에 유감을 갖고 있는 듯한 인상을 갖게 한다(한국언론의 의도가 너무 분명하기 때문에).

－민중주의가 곧 민주주의는 아니다. 민중주의는 해악적이지도 않지만,

민중주의가 민주주의와 직결되어 있는 상관관계를 갖는 것도 아니다. 그러나 또한 기여할 수 있는 부분도 가지고 있다.

(2) 민주주의 대 전문기술합리성

-전문기술 합리성: technocratic managerism, professionalism, (professional) expertise

-전문기술 합리성이 엘리티즘의 핵심.

-정치인은 부패했기(무능하기, 파당적이기) 때문에 전문가가 정치를 해야 한다→민주적 정책결정과정 자체에 대한 무분별한 혐오를 이어질 수 있음. 언론의 선동적 태도.

-한국에서는 박정희식 모델이 성공했다는 인식 때문에 전문기술합리성에 대한 긍정적인 평각 자연스럽게 받아들여짐.

-한국사회의 특징 중 학교중심의 사회, 대학교의 서열화 등에 의해 한국의 엘리트 구조를 가짐. 게다가 공무원 시험제도(행시, 사시 등)를 통한 엘리트 충원방법→엘리트 중심적인 사고와 가치를 확산시키는 데 기여. 또 게다가 유교적 전통사회의 가치 때문에(사대부들의 활동상 등) 이런 엘리트 중심적인 가치를 자연스럽게 받아들일 수 있는 조건과 토양을 갖춤.

-de-democratization(탈민주화): 필립 슈미터가 사용하기 시작한 개념. 민주화가 허약해질 수 있는 조건들과 민주주의로부터 퇴보하는 개념을 나타냄(동공화되는 개념). '전문기술합리성', '전문관료주의', '시장효율성'의 관점에서 민주주의를 보게 되면 정부의 수행능력(performance)과 관련하

여 평가하게 된다. 즉 얼마나 하나의 정부가 일정한 업적을 남겼는가에 대해 평가하려 함(예를 들어 박정희 정부가 높이 평가받게 되는 이유 등).

Robert Dahl의 「민주주의와 그 비판자들」에서 크게 보면 주제는 guardianship(후견주의). 후견주의는 정치를 폄하하는 담론으로 구성되어 있음(주로 전문기술 합리성, 관료기술주의, 경제적 가치의 관점에서 정치인은 무식하고, 자기이익을 앞세우면, 선동적이라고 비판함). 대체로 언론을 통해서 이런 담론이 전파되다보니 너무 일상적으로 정치에 대한 부정적인 인식이 받아들여지고 있음. 이것이 민주주의와의 관계 속에서 어떻게 해악적인가를 인식하기 힘듦(모든 대부분의 사람들이 이런 지배담론에 영향을 받음).

-정치인은 비판되어야 하지만 담론이 사용되어 비판할 때에는 정치인과 정치를 혼용하여 비판해서는 안 됨→정치인과 정치를 아울러서 부정하고, 정치의 역할을 축소시키며, 시장논리 등의 사적 영역의 힘을 긍정적으로 인식시키게 됨(전문기술합리성, 시장효율성 등으로 평가하게 만듦). 정치개혁을 통해 민주주의의 질을 높이는 것을 생각하는 것이 아니라, 정치의 역할을 축소시키려는 것.

-후견주의는 역사적으로 오래됨(귀족주의와 내용은 유사, 형태가 변하면서 지속되어 옴). 후견주의는 플라톤의 공화국에서부터 시작→이상적인 정치공동체를 어떻게 형성할 것인가에서 시작됨. 소수의 guardian들을 교육시켜(royal science) 전문기술 등을 익히게 하여 지배하게끔 상정함→철인정치(철인왕). 철학자 왕이 정책방향을 다 정해서 이끌어 가게끔 함→여기서 핵심은 위계적인 구조(hierarchy). 유교사상도 이와 유사(사→농→공→상).

-Dahl은 민주주의의 가장 큰 적을 hierarchy라고 보았음. 이를 완전

히 제거할 수는 없지만 최소화시켜야 한다고 생각함. 민주주의하에서 선거 등을 통해 많이 완화되었으나, 사적부분에서는 여전히 강함. 이를 완화시켜야. 후견주의 입장에서 보면 일반대중들은 전체 사회의 이익은 고사하고, 자신의 이익이 무엇인지도 잘 모르기 때문에 누군가가 일반대중들을 통치해야 한다→paternalism(가부장주의)와 비슷. 후견주의라고 하는 것은 위계적 통치를 기본으로 함→군사독재, 전체주의, 권위주의 등이 이에 근거를 두며, 이를 합리화하고 정당화하는 통치철학으로 사용되었다.

-전문기술주의의 이상적인 논리는 meritocracy(실력사회, 능력주의 사회). 후견주의는 통치를 할 수 있는 최적의 조건을 가진 집단이 누구인가가 중요. 현대사회에서 전문지식을 갖춘 자격 있는 staff들에 의해 정책 등이 수행되고 업적에 따라 평가됨.

-Guardianship의 내용에 들어갈 수 있는 핵심적 요소

1) 德 virtue: 한 사회의 공공적 목적을 실제로 추구할 수 있는 강력한 의지.
2) 도덕에 대한 이해(지식): 도덕적이어야 한다. 도덕적 지식을 갖추고, 도덕적으로 능력 있는 통치자.
3) 기술적 or 도구적 지식: 자신의 도덕과 공공목적 등을 실현할 수 있는 전문기술이 필요.

→이 세 가지가 합쳐질 때 비로소 정치능력을 갖는 것이다.

-문제는 왜 꼭 '소수'여야 하는가?

제퍼슨과 스코틀랜드의 계몽주의 철학자들은 대부분의 인간은 옳고 그름의 근본적 지각을 보유하고 있다고 보았음(보통사람들도 잘할 수 있다는 대중들에 대한 신뢰). 제퍼슨은 "도덕적 사건을 농부와 교수에게 말해 보라. 농부는 교수만큼, 때로는 교수보다 더 훌륭하게 판단할 것이다. 왜냐하면 그는 인위적인 규칙에 의해 혼란에 빠지는 일이 없을 것이기 때문이다"라고

언급. 롤즈 또한 인간은 도덕적 인간이란 점에서, 즉 무엇이 정의로운가에 대한 타당한 지각에 이르는 능력에 있어서 근본적으로 동등하다는 가정 위에 그의 정의론의 전체 체계를 세웠음. → 명백히 정상이 아닌 특수한 사람들의 경우를 제외하면, 보통의 지성을 가진 모든 성인들은 적절한 도덕적 판단을 할 수 있는 능력이 있음.

(3) 후견주의가 갖는 두 가지 전제

첫째, 공공선과 그것을 이루기 위한 최선의 방법에 대한 지식은 물리학의 법칙이나 혹은 수학적 증명이 보통 '객관적'이라고 생각되듯이, 객관적으로 타당하고 타당화된 진리들로 구성된 '과학'이다.

둘째, 이러한 지식은 단지 소수의 성인들만이 획득할 수 있다. 그리고 그 수는 매우 적을 가능성이 높다.

→ 여기서 우리가 주시해야 할 점은 예를 들어 첫째 명제가 참이라 하더라고 둘째 명제가 틀릴 수 있다는 것이다. 즉 도덕적 지식이 객관적으로 타당한 단정들로 이루어진다는 것을 확신한다고 하더라도 대부분의 성인들이 적절한 교육을 받는다면, 자신들을 통치하는 데 참여하는 것을 정당화하는 데 충분한 만큼 지식을 획득하는 것이 가능할 것이다.

(cf. 교육의 고유재로서의 성격: 전문적 지식과 교양의 증대와 같이 교육 자체의 효과. 교육의 지위재로서의 성격: 예를 들어 교육의 결과 얻게 된 지위가 시장경쟁에서 유리한 위치를 갖는 데 기여하는 재화적 성격을 말함 → 한 사회에 위계구조가 생기는 것은 엘리트와 다중들 간의 지적 능력 때문이 아니고 시장의 구조, 경쟁의 구조 때문에 생겨나는 것임)

– 어떤 도덕적 지식이 우월하다는 것 자체가 성립이 되지 않음. 어떤 도덕철학자들이 단언하고자 했던 도덕 판단들의 절대적, 객관적 지위를 증명하는 것은 명백히 실패하였고, 오히려 그들의 '객관적 도덕 진리들'은 항상

매우 논쟁적이라는 것이 증명되었으며, 자연과학이나 순수 논리학, 수학 등의 경우와 비견할 만한 객관적 진리를 간직하고 있다는 그들의 주장은 무너졌다.

-도구적 지식은 목적을 효과적으로 달성할 수 있는 수단이며, 주로 인류, 사회, 자연, 인간과 사회적 행위, 경향, 법률, 과정 구조 등에 관한 경험적 지식이다. 최선의 공공정책을 결정하는 임무는 본질적으로 경험적 지식에 달려 있다. 그러므로 경험적 지식이 많은 사람이 결정을 해야 한다는 논리. →B. F. Skinner의 유토피아에서 guardian은 경험 많은 공무원, 과학자, 기술자, 공공행정 전문가들로 가정.

-Dahl은 이에 대해 하나의 예로 미국의 핵전략을 들고 있음.

예) 핵무기 전략에 대한 결정은 그 핵심에 있어 도구적 지식을 갖는 전문가들의 소임이라고 주장할 수 있다. 왜냐하면 미국인들은 미국의 생존 등의 목표의 우선성을 인정하고 있기 때문에 문제는 수단에 관한 것이고, 수단의 선택은 분명히 도구적이다. 즉 문제는 모두가 동의하는 목표를 가장 잘 달성하기 위해서는 어떻게 할 것인가이고, 이러한 결정들에 요구되는 지식은 기술적이고 과학적이고 도구적이고 경험적이다. 또한 이러한 지식을 엄청나게 복잡하고 대부분이 불가피하게 기밀이므로 보통사람들의 영역을 넘어서는 영역이기 때문에 여론에 의해서 결정되거나 민주적 과정을 거쳐 결정되어서는 안 된다. 결국 핵무기 전략에 특수한 지식을 가진 소수의 전문가들에 의해 결정되어야 한다는 것이다.

→그러나 Dahl은 이것이 단순히 도구적, 전문적, 기술적 문제에 국한될 수 없다고 비판하고 있다. 먼저 핵전쟁이 도덕적으로 정당화될 수 있는가? 어떤 상황에서 어떤 핵무기가 사용되어야 하는가? 어떤 표적들이 도덕적으로 허용될 수 있는가? 또한 어떤 상황에서, 승리를 이루지 못했지만 핵전쟁

을 끝내는 것이 최선일까? 극단적으로는 어떤 상황일 경우 패배를 받아들이는 것이 파멸보다 바람직할 것인가? 등 이런 문제 하나하나가 도덕적인 문제이고 도덕적인 선택을 필요로 한다. 이런 문제를 전문가 몇 사람이 앉아서 결정하는 것이야말로 굉장히 위험한 일이다("War is too dangerous to leave generals" 프랑스 전시 내각의 수상 Clemenceau)

-1983년 미국 가톨릭 주교단 역시 이런 입장을 주장. "경험적 세계에 관한 과학적 지식이 통치의 자격으로는 충분하지 않다."

-Plato가 *Republic*에서 밝히고 있는 장인적(전문적) 기술을 갖는 철학자 왕을 상정한 이론은 전문기술합리성의 정수가 되는 이론.

-Jonathan Wolff, *An Introduction to Political philosophy* (Oxford, 1996)를 중심으로. 특히 3장 "Who should Rule?" 중에 plato의 *Republic* BookⅥ을 인용. →선주와 선원의 사례를 통해 항해술을 대비하여 설명함으로써 전문적 기술의 중요성, 즉 통치하는 전문적인 기술의 중요성을 강조하고 있음. 'craft analogy'를 통해서 논리 전개, 전문적인 기술에 대한 비유를 하면서 다른 사회에 필요한 기술처럼 통치도 전문적인 기술이 필요하다는 것→이상적인 사회(정치공동체) 설립의 수단은 전문적인 통치술이며, 통치자는 이를 습득한 사람이어야. 때문에 통치는 보통사람이 할 수 있는 것이 아니다. 그런데 민주주의는 일반 민중들이 통치하는 것이므로 바람직하지 않다.

Plato는 『Republic』에서 인민에 의한 통치를 우매한 다중(중우)들의 정치로 인식하였고, 그 대안으로 통치기술을 습득한 통치자가 통치해야 한다고 주장(인민들이 결정하게 하는 것은 항해술을 모르는 일반사람에게 항해를 맡기는 것과 같다는 것).

-정치 혹은 통치에 있어서 전문가 집단의 필요성이나 긍정성에 대해서

부인하는 것은 아니나 앞서 언급한 바와 같이 2차 세계대전 당시 프랑스 수상이었던 Clemenceau의 말처럼 전쟁을 장군들에게만 맡겨 놓는 것은 너무 위험한 일("War is too dangerous to leave generals"). 전쟁에서는 많은 정치적이고 복합적인 여러 가지 문제가 고려되어야 하는 것이기 때문에 전쟁·군사 전문가에게만 맡겨 놓을 수는 없는 일이다.

예) 2차 세계대전 당시에 유럽에서의 군사전략은 미국군대의 합참본부가 결정하였는데, 정치적인 고려가 전혀 되어 있지 않고 전쟁터의 상황만을 고려→대독전쟁에서의 기본 목표는 독일의 '무조건 항복'(unconditional surrender)이었음→때문에 중간에 타협을 한다거나 해서 전쟁의 피해를 최소화하는 여지를 없애버림. 독일에게는 끝까지 싸우는 길밖에 남지 않았고, 전쟁의 장기화를 가져옴. 결국 양방의 희생과 피해가 극대화됨. 또한 미국의 '무조건 항복' 전략으로 소련군이 독일을 계속 밀어붙이게 되어 유럽에서의 소련의 영향력이 확대되는 결과도 가져오게 됨.

이와 같이 장군들(전쟁전문가)은 다양한 전략적 정책을 고려할 수 없었다. →Plato가 얘기하는 전문가들의 통치의 문제점을 알 수 있게 함.

-앞서 언급했듯이 Plato는 전문기술을 교육받은 철학자 왕이 통치하여야 한다고 보았고, 이런 통치술은 어릴 때부터 선발된 소수의 엘리트만이 교육받을 수 있다고 주장. 이러한 관점에서 보면 민주주의는 불합리한 정치체제이며, Plato의 논리는 독재의 논리를 담고 있다고 볼 수 있음. 민주주의라고 해서 전문지식이 필요하지 않는 것은 아니지만, 문제가 되는 것은 전문가들이 통치를 할 때 누가 견제하는가?(Who guards guardian?) 견제되지 않은 통치자가 한 국가의 모든 사안을 결정하게 될 때 그 결정이 인민의 이익에 반드시 부합할 수 있는가? 이에 대한 Plato의 처방은 guardian들은 사유재산을 가지면 안 된다는 것, 그러나 통치자가 강한 권력으로 규범을 바꿀 수 있기 때문에, 이 영향력을 제한할 수 있는 견제가 필요(guardian들을 통제할 수 있는 장치가 Plato에는 빠져 있다). 또한 guardian들을 누가 선정하는

가? 현실 속에서는 객관적인 선정기준보다는 자기 스스로의 평가가 더 많아질 수밖에 없다. (cf. 우리나라에서는 언론을 누가 견제, 규제할 수 있는 것인가? 언론시장은 독점 구조, 언론을 통제할 장치가 안 되어 있음)

-Plato의 논리상 통치자는 자애로운 독재자가 될 수 있다. 전제군주이지만 무지한 전제군주가 아니라 인민에 책임을 지는 전제군주라는 것. 그렇다면 철학교육이 인민의 이익을 알게 하는 데 최적의 것이냐? 그렇지 않다. 왜냐하면 정치에서 이익이라고 하는 것이 동일한 것이 아니기 때문이다. 이익은 객관적으로 그리고 동일하게 정의될 수 없을 뿐 아니라, 객관적인 이익이란 존재하지 않는다(이익은 다양하고, 경쟁적이며, 갈등적인 요소를 갖는다). 따라서 철학자 왕이 모든 인민의 이익에 부합하게 통치술을 익힌다는 것은 불가능하다. 어떤 결정을 내리든 모든 인민의 이익에 부합할 수는 없는 것이다. 만약 한 국가에서 경제개혁이 결과적으로 실패했다고 한다면, 그것은 전문가, 혹은 전문적 지식이 없어서라기보다는 여러 경제이익을 둘러싼 갈등적 이해관계를 잘 정리하지 못하고, 그 갈등관계를 압도할 수 있는 정치적 지지를 얻어내지 못했기 때문이라고 보는 것이 더 타당하다.

-David Hume은 인간의 이성적 판단에 대해, 사람들은 자신들의 이익에 대해서는 올바른 판단을 할 수 없다고 평가. 또한 어떤 이익이 있다면, 그 단기적인 이익과 장기적인 이익의 효과를 모두 고려해야 할 텐데, 아무리 현명한 철학자 왕이 있어서 이익을 판단한다고 하더라도 많은 변수들을 고려하기 힘들기 때문에, 올바른 결정인지, 아닌지를 판단하기란 어렵다는 것이다. 즉 무엇이 진정한 공공선이냐, 어떤 것이 진정한 이익이냐를 판단하는 것은 통치술을 습득한 철학자 왕이라고 할지라도 거의 불가능하다는 것.

앞서 언급한 Wolff의 책에서의 투표 혹은 여론조사에 관한 예

예) 공공장소에서 금연하게 하는 것을 규칙 혹은 법으로 제도화하려고 하

는 것을 결정하는 투표를 할 때, 투표하는 사람들의 동기가 몇 가지로 나타날 수 있음(이때 전제는 다수결의 결정에 따르는 것임).

1) 그 결정방식에 동의하기 때문에, 즉 다수결의 원칙에 찬성하기 때문에 투표할 수 있음.
2) 공공장소에서의 흡연이 좋은지, 나쁜지에 대한 의견을 가지고 투표.
3) 장소를 떠나 흡연 그 자체가 좋은지, 나쁜지에 대한 의견을 가지고 투표.
4) 흡연이 허용되어야 하느냐, 않느냐에 대한 의견을 가지고 투표(다른 사람에게 해를 끼치지 못하게 해야 한다는 의견을 주로 가지고).
5) 자신이 흡연을 하지는 않지만, 공공장소에서 흡연을 하는 것은 개인이 결정해야 하는 문제이지 공공제도로 얽매어 놓는 것이 바람직하지 않다는 의견을 가지고 투표.

→자신의 선호에 의해서 투표하는 것이 아니라 개인의 이성적 판단에 기준을 두고 투표를 한다. 자신의 이해관계와 관계없이 공공선에 대해서 생각하고 투표함.

또한 사실상 투표하는 동기의 내용을 보면 사람의 동기가 여러 가지로 나누어질 수 있음('혼합동기투표' mixed motivation voting). 여론조사도 이와 마찬가지이다. 여론조사에 응답하는 사람들의 동기도 여러 가지일 수 있기 때문에 해석을 정확히 해야 한다.

-Condorcet: 프랑스의 계몽철학자, 수학·확률이론을 많이 연구함. 윤리학과 수학적 이론을 결합하려는 시도를 하였음. Plato가 다중들에 의한 정치를 부정적으로 인식한 데 비해, Condorcet는 '민주주의 결정(다수에 의해 내려진 결정)이 합리적이다'라는 명제를 정리했다. 이는 민주주의를 정당화하는 이론으로서 Condorcet는 결정하는 사람의 수가 많아질수록 옳은 결정에 도달할 가능성이 높다고 생각하였다.

-Condorcet의 명제에 대한 두 가지 전제조건

1) 올바른 판단을 할 수 있는(올바른 사고를 할 수 있는) 능력이 50% 이상 되는 보통사람들의 수가 많을수록.
2) 이러한 개인들이 자신의 특수이익보다도 공공선에 대한 아이디어를 가지고 있을 때.

→이 2가지의 전제조건이 충족될 때 다수의 결정이 올바를 수 있다.

그러나 Condorcet 자신도 1)에 대해서는 그렇게 낙관적이지는 않았다. 만약 1)의 경우가 충족되지 않고 결정이 되었을 경우에는 별 의미가 없는 결정이 날 수도 있다고 생각했음.

또한 2)의 가정이 실패했을 경우엔 혼합동기투표가 만들어내는 혼란에 빠질 수 있다고 생각함.

-Condorcet의 주장의 의미는 소수의 엘리트가 내리는 결정보다는 공공선을 발견하고 추출해 내는 과정에 있어서의 다수에 의한 결정이 더 올바를 수 있다는 이론을 제시한 것(민주주의의 원리를 이론적으로 정당화하려는 시도).

-민주주의가 가치가 있다고 얘기할 때 다음의 2가지 방식

1) 한 사회의 공공선을 실현하는 데 있어서 효과적, 효율적이다(목적을 달성하는 데 더 효과적이라는 것, 수단적·도구적 가치기준).
2) 민주주의의 내재된(intrinsic) 성격 그 자체가 좋기 때문에 좋다(바꾸어 말하면 민주주의를 취했음에도 불구하고 공공선을 실현하는 데 있어서 좋은 효과를 내지 못했다 하더라도 민주주의가 더 좋다는 것).

→민주주의의 내재적인 가치가 더 우월하다고 했을 때 Wolff가 든 사례

예) 시장에서 완제품을 사는 게 시간소요 면에서나, 비용 면에서나 더 나을 수 있는데 가구를 취미로 만드는 것은, 시간과 돈을 투자하여 가구를 만드는 과정이 사람의 정신적, 육체적 건강을 증진시킬 수 있기 때문. 따라서 취미생활로 만든 가구가 시장에서 파는 완제품보다 더 좋으냐 나쁘냐를 따지는 것이 중요한 것이 아니라, 자신이 만드는 그 과정 속에서 더 힘은 들

고 모양은 안 좋을지 몰라도 얻는 것이 훨씬 더 많다는 것.

-'민주주의가 좋다'라는 명제의 핵심

인간의 기본적인 '자유'와 '평등'의 가치를 갖도록 해 주는 체제가 민주주의 체제이기 때문에 좋다는 것.

Dahl이 '민주주의와 그 비판자들'에서 계속하여 강조하는 것은 "intrinsic equality"에 대한 가정. 선정된 소수가 아니라 인간은 능력 면에서 평등하다는 전제.

-앞서 언급한 condorcet보다 20여 년 전에 루소는 사회계약론을 통해 "인간은 날 때부터 평등하다. (그러나 나면서부터 사슬에 얽매인다)"고 주장하여 민주주의가 후견주의보다 우월하다는 이론을 제시함.

이러한 루소의 말은 인간의 가치를 규범적으로 규정하는 말. 그러나 Plato는 intrinsic equality를 부정.

루소는 교육의 중요성을 강조(루소의 교육철학은 민주교육) → 민주주의에서 왜 교육이 중요한가? 교육을 제대로 받는다면 자신의 잠재적인 능력을 발휘할 수 있게 되어 공공선에 대한 합리적인 결론을 만들어 낼 수 있다. 루소는 인간이 교육을 통해서 달라질 수도 있고, 일반의지(혹은 공공선)를 획득할 수도 있다고 봄. 루소에게 있어서 정치질서라는 것은 공공선을 성취하는 방법으로서도(즉 도구적인 이유에서도) 민주주의가 바람직한 것이고, 자유와 평등의 표현의 그 자체로서도 민주주의는 좋은 것이다. 이렇듯 루소는 민주주의에 대한 체계적인 이론을 제시.

-국가를 단위로 하는 공적 결정에 있어서 현실적으로 2가지 방법이 있는데, 민주적 결정 VS 전문기술에 의한 결정(관료기술적 결정)

-Dahl의 현대 민주주의가 갖추어야 할 절차적인 최소 요소 7가지

1) 정부의 결정에 대한 통제는 헌법적으로 선출된 공직자에게 주어져야 함. 즉 선출된 공직자가 정책결정을 통제하는 데 핵심적 역할을 해야 함.
2) 선출된 공직자는 주기적이고 공정한 선거에 의해 선출.
3) 실제로 모든 성인들이 투표권을 갖는다(선거권의 권리).
4) 모든 성인들이 공직에 선출될 권리를 갖는다(피선거권의 권리).
5) 시민들은 정책의 문제에 대해 제재를 받은 위험이 없이 스스로를 표현할 수 있는 권리를 갖는다.
6) 시민들이 대안적인 정보원을 찾을 수 있는 권리를 가지며, 대안적인 정보원을 법에 의해 보장.
7) 시민들이 자율, 자주적인 결사체를 결성할 수 있는 권리를 갖는다(집회, 결사의 자유).

→여기에 슈미터의 논문 "What Democracy is……and is Not?"에서 Dahl의 기준에 2가지를 더 추가함.

8) 대중들이 선출한 공직자들이 선출되지 않은 공직자(행정관료, 전문관료 등의 공직자 집단)에 의한 반대(권력)를 제압할 수 있는 헌법적인 권리를 행사할 수 있도록 함.
9) 한 정치체제는 self-governing하지 않으면 안 됨. 외부의 힘에 의해서 통제되면 안 됨.

-슈미터의 민주주의 정의

"민주주의는 통치자가, 시민들에 의해 선출된 대표들 간의 경쟁과 협력을 통하여 간접적으로 행위하면서 공적 영역에서 그들의 행위에 대해 시민들에게 책임을 지는 (혹은 만족할 만한 이유를 제시하는) 지배의 체계"

-관료기술적인 결정(후견주의의 논리의 연장선에서)

1) 소수의 전문적 지식을 갖는 엘리트들의 결정
2) 다중(인민)은 정책결정과정에서 배제

3) 공공선은 전문적 엘리트들이 결정: 그 내용은 이미 있는 이론을 가지고 와서 차용

4) 목표와 수단 간의 폐쇄적이고 배타적인 결정, 이때에는 목표달성의 효율성이 최고의 가치로 평가됨.

-민주적인 결정

1) 선출된 공직자가 결정(정치과정이 열려 있고, 경쟁적인 상태에서).

또한 다중(인민)들의 참여가 광범위하게 보장되는 정치과정 속에서 공적 결정이 내려짐.

2) 공공선은 다중의 투표에 의해 선출된 공직자들에 의해 결정.

3) 다양한 이해관계를 포함하고, 다원적인 이익갈등을 전제함. 이 결정은 이들 간의 타협에 의해서 이루어지며, 그 결정방법은 다수결에 의해서 결정됨.

4) 한 사회의 목표는 사전에 결정되는 것이 아니라, 여러 결정과정을 통해 형성되는 것. 그러나 경쟁적인 대안들이 각축을 벌이기 때문에 항상 효율적인 것이 보장되지는 않는다.

-슈미터의 "무엇이 민주주의가 아니냐?"

1) 민주주의는 다른 형태의 정부 유형보다도 반드시 경제적으로 더 효율적인 것은 아니다. 경제적으로 효율적인 것≠민주주의

2) 민주주의는 반드시 행정적으로 효율적인 것은 아니다.
행적적 효율성≠민주주의 (참여하는 행위자들이 다 논의해야 하기 때문에 정책결정과정이 권위주의보다 더디다)

3) 민주주의는 대체한 이전의 권위주의보다 꼭 합의적, 안정적, 더 좋은 통치로서 나타나는 것은 아니다.

4) 민주주의는 대체한 이전의 권위주의보다 더 개방적인 사회·정치체제를 만들 수 있을 것이나, 반드시 개방적인 경제체제를 만드는 것은

아니다.

(4) 민주주의와 시장효율성

−시장효율성의 담론은 민주주의의 힘을 약화시키는 강력한 담론 중의 하나(특히 민주화 이후).

−왜 민주화 이후 시장효율성이 지배적인 담론이 되었나?

−물론 이것은 한국만이 아니라 세계적으로 보편적인 현상: 세계화, 신자유주의(경제이념, 가치). 그러나 한국사회만큼 강력하게 작용하는 곳이 있을까 싶을 정도임.

−민주주의는 어느 한쪽만이 아니라 다음과 같은 넓은 스펙트럼에서 가능

시장 〈-------------------------------〉사회정의
신자유주의 사회민주주의, 사회의 공동체적 가치
미 국 스칸디나비아 국가들(노, 스, 핀, 덴)[289]

−현재 영국의 가장 큰 이슈는 교육의 사익화 시스템을 둘러싼 논쟁.

−한국은 시장일변도의 나라. 이런 면에서 세계에서 미국 모델과 가장 유사한 나라라고 생각한다. 시장 모델 이외에는 다른 대안 모델이 전혀 없다. 이런 문제에 대해서 구체적인 고민이 없으며, 한국적 현실에 대한 대안도 없다.

289) 이들 나라는 사회주의의 민주적 형태라는 생각이 들 정도임.

-한 사회에서 경제는 대체로 시장의 힘에 의해 형성. 그에 따라 효율성의 가치와 원리가 지배적인 지위에 올라서게 됨. 그러나 한 사회의 건강성, 특히 민주주의는 이러한 시장의 힘에 대응하는 다른 힘들을 형성하는 영역이 존재할 때 가능.

-1930년대 파슨스(T. Parsons)도 경제영역이 다른 영역을 압도하여 제국주의처럼 전일적으로 지배하게 되는 현상을 표현하기 위해 '경제적 제국주의'(economic imperialism)라는 말을 썼다.

-시장이 중심이 된 경제영역에 대해 견제, 제어, 중화시킬 수 있는 영역을 창출해 내고 유지하지 않으면 사회의 건강성이 떨어짐. 정치가 이러한 중화적인 역할을 해야.

-정치는 경제적 영역과 구별되는 독자적인 영역으로 상이한 작동원리를 가지고 있다.

-Jon Elster, Przeworski: 'Market and Forum'→정치는 시장논리가 아니라, 포럼

- Market: 외생적/외부적(exogenous) 요소를 특징으로 한다. 외생적 선호(preference)에 따라 선택. 선택의 대상은 외부에서 주어짐. 현대정치학의 대표적 이론인 '합리적 선택이론'도 경제 모델(시장 메커니즘)로 정치현상을 설명하려는 것으로 많은 주의가 필요하다.
- Forum: 정치의 원리. 그리스 아테네: 공공의 선을 논의하고 결정. 내생적/내부적(endogenous) 요소를 특징으로 한다. 판단이 내생적으로 형성됨. 정치는 갈등이 표출/해소되는 과정에서 각 개인이 공론의 장을 통해 의사를 표현하고, 선택을 만들어 냄. 집합적인 힘뿐만 아니라, 사회 내에 도덕적 가치, 사회정의, 공공선에 대한 기반이 강해야 이런 내생적 과정을 통해 구체적인 대안을 창출할 수 있다.

-그러나 우리나라는 사회정의에 대한 관심이 너무나 빈약하다.

한국사회의 정신적 빈약성을 징후: 정치가 제대로 경쟁하지 않음. 정치학뿐만 아니라 사회과학 전반, 철학, 문학, 문화/예술에 걸쳐 한국사회의 정신(spirituality)을 담아내는 것이 있는가? 80년대에는 그래도 좋은 작품이 많았는데, 요즘은 거의 찾아볼 수 없다. 영혼 없는 사회(soulless society).

-정치는 대안을 조직해서, 다른 영역으로 침투시켜야 할 가장 중요한 영역. 문화와 교육도 중요.

-난 이번에 프랑스와 이탈리아를 여행. 남부 프랑스에서 우연히 니스를 지나치게 되었는데, 한 경치 좋은 에즈라는 마을에서 니체가 『짜라투스트라는 이렇게 말했다』(Also Sprach Zarathustra)의 3부를 썼던 곳을 지나게 됨. 이 책의 'last man'은 사회가 합리화되고, 효율성이 증대하면서 인간의 창의성, 꿈과 희망에 대한 열정이 사라진 기계적인 인간. 에너지, 생명력(vitality) 상실. 효율성 발전의 결과. 문명의 발전과 더불어 인간은 쇠퇴하게 됨. 강력한 안락함에 빠져 있는 인간.

-민주화 이후 성장, 발전, 효율성이라는 가치가 전일적으로 지배하고, 대안적 가치가 없는 이유는 무엇인가? 성장이나 발전이 누구에게 더 많은 혜택을 주는지에 대한 고민이 없음. 사회과학에서도 이런 문제의식은 없음. 정치는 사회적 갈등을 해소하고, 보다 좋은 사회를 위한 대안형성과 실현을 위한 일차적인 장. 그 배후의 장은 문화, 정신성, 사회에 대한 체계적 이해.

-한국의 민주화는 '운동에 의한 민주화'라고 할 수 있다. 그런데 민주화 이후 이 운동의 힘들은 다 어디로 갔는가? 왜 대안적 가치를 만들어 내지 못하고 시장 지배적인 틀 속에 묶여 있는가? 이를 이해하기 위해서는 민주화가 어떤 환경에서 만들어졌는가를 이해해야 한다.

-라틴아메리카의 경우는 경제의 실패를 거듭하던 군부가 교체되면서 민주화.

-한국의 경우는 군부가 경제적인 면에서는 성공했고, 민주화는 이런 성공의 산물이다. 그렇다면 민주화가 한국사회를 어떻게 변화시켰는가? 성장, 효율성이 여전히 지배적. 시장논리 면에서는 변한 것이 없다. 이 사이에 무슨 일이 일어났는가?

-민주화 이후 독점 대기업, 언론과 같은 사익집단이 강력한 집단으로 등장. 이들이 군부 권위주의의 논리를 민간부문에 잔존시킴. 경제 지배의 헤게모니는 과거 권위주의의 지지 세력이던 재벌이 장악. 질적인(내용적) 측면에서 민주화 이후 변한 것이 없음.

-한국의 보수 세력(재벌과 같은 민간영역의 중심 세력)에게 민주화는 곧 자유화를 의미. 민영화, 사유화 등을 내용으로 하는 신자유주의 독트린을 민간영역에서 강화시킴.

-민주화 운동의 세력들은 추상적이고 교조적인 가치를 갖고 있었기 때문에 현실적으로 적용할 수 있는, 구체적이고 실현 가능한 대안을 제시하지 못함.

-민주화는 시장으로 대체. 성장, 효율성이 아닌 사회정의의 가치를 현실적인 정책대안으로 프로그램 했어야.

-시장 가치가 헤게모니적이게 되면 필연적으로 다른 영역의 쇠퇴, 종속화를 초래하게 됨.

→시장메타포가 전일적 지배. 정치의 시장논리에 대한 종속. 지배적인 담론을 뛰어넘지 못함. 문화와 정신성의 영역 소멸. 정치적 자유화는 왔으

나 경제적, 사회적, 도덕적, 정신적 영역에서는 권위주의와 다른 것 없어.

-최근 항만노도 파업에 대한 반응 "물류대란"이라는 언론보도. 독자의 심성구조를 생사 결단적으로 반응하게 만듦. 경제 불안을 대단히 위태롭게 기술해서 불안심리를 조장.

-대안으로 내세우는 것은 'CEO 대통령' 담론처럼 정치의 영역을 축소시키려는 것. 하지만 정치와 경제는 추구하는 가치와 작동원리가 다른 영역.

(5) 민주주의와 시장효율성

-민주주의는 자주 시장효율성과 동일한 것처럼 생각된다.

-효율성은 다른 가치보다도 성장/경제안정을 강조(기존의 경제 질서에 대한 어떠한 비판이나 집합적 행동을 사회를 불안정하게 만드는 것으로 간주): 경제 불안, 성장둔화, 무디스 평가

-모든 것은 경제논리: 신자유주의, 세계화.
왜 시장논리가 헤게모니적으로 되는가? 왜 일반 독자들이 언론에 쉽게 좌우되는가?
권위주의 ------------〉 민주주의 민주화: 투쟁, 이상, 열정

-민주화 투쟁의 과정에서 모든 나쁜 것은 권위주의로 좋은 것은 민주주의로 대변

-민주화 과정에서 생긴 이상과 열망이 민주주의 속에서는 일정 형태의 제도적 틀로 변화돼야.

-기대와 현실의 차이에서 실망(desencanto)을 갖게 됨→정치에 대한 무관심과 냉소주의.

-민주주의 공고화를 위해서는 이 과정을 잘 넘겨야.

-권위주의에서 민주주의로 정치체제가 변화함에도, 사람들이 기대하는 것은 정부의 수행능력. 민주주의가 되면 효율성도 잘 만들어 낼 것이라는 생각이 일반적. 특히 한국에서는 경제성장의 성공 위에서 민주화가 이루어졌기 때문에 그 기준으로 사고할 수밖에 없고, 민주정부가 더 효율적이지 않다고 비판적으로 평가.

-그러나 민주주의로의 이행과 민주주의하에서 정부의 수행능력은 별개의 문제. 그럼에도 권위주의와 민주주의를 뒤섞어서 본다.

-보수 언론은 민주주의를 직접적으로 공격하지는 않지만, 헤게모니[290]적 지배담론을 만들고 그에 기대어 민주정부를 비판하고, 무력화시킴→"도덕성이 없다. 비효율적이다"라는 비판, 사유재산과 시장원리를 존중하라는 충고→내용적으로 민주주의를 허약하게 함.

-수행과정에서 성장을 강조하면, 정부가 선택할 수 있는 여지는 거의 없다. 개혁과 경제성장의 논리는 서로 상반된 것.

-진보/보수를 막론하고 수행능력을 가지고 정부를 평가하는 것은 비슷. 디센칸토도 비슷. 한겨레신문에 난 단병호 위원장의 인터뷰를 보면 우리나라 노동운동의 이념적 빈약성을 알 수 있다.

---

290) 일상적으로 수용되는 규범, 가치기준, 시각에 이러한 헤게모니가 반영

–시장효율성에 경쟁하는 영역이 없다는 것, 즉 다른 대안을 제시할 수 없다는 것은 시장헤게모니를 강화하는 데 일방적으로 기여할 수밖에 없다.

–시장 헤게모니(경제적 효율성)의 두 원천

① 박정희식 개발독재: 박정희식 성공모델은 국가의 시장개입 결과

② 신자유주의 이데올로기, 워싱턴 콘센서스: 자유 시장경제

→필요할 때 이 두 가지 원천을 마음대로 이용. 사실 이 두 가지는 정반대의 논리를 가지고 있음에도 불구하고, 한국사회에서는 시장헤게모니를 논할 때마다 시장효율성을 강조하는 측면에서 활용되고 있음.

–정치학은 다른 학문과 연계되어 이론화되는 경향(특히 2차대전 이후 비교정치)

- 50~60년대에는 근대화론이 강세: 문화인류학과 사회학의 방법론, 접근으로 근대화 이론 발전시킴. 경제학 모델로 정치학을 발전시키려고 한 경우도 있었음(A. Downs).
- 60년대 말~70년대: 정치학에 마르크시즘 수용.
- 80년대: 경제학의 관점과 이론이 정치학에 대거 접목. 경제학적 발상이 정치학에서도 중심

ex) 부패: 지대추구, 유권자–대표: 주인–대리인(principal-agent), 도덕적 해이(moral hazard)

거래 비용(transacton cost): 생산하는 데 필요한 직접적 비용이 아닌 간접비용(예를 들어 정치자금, 노동자의 파업 때문에 생긴 비용)

- 대표적인 이론은 합리적 선택이론(Rational Choice theory), 게임 이론(Game theory)
- 이런 현상을 파슨스는 학문에 있어서 '경제적 제국주의'라고 부름: 경제 현상만이 아니라, 사회는 여러 부문으로 이루어지는데, 그것을 부시하고 한 영역이 다른 모든 영역에 일방적 영향을 미침. 그러나 독자적인

영역을 갖는 부분들이 있다.

• 1980년대 신자유주의 물결: 하이에크, 프리드먼

-Forum: 아테네 그리스에서는 공공의 장소에서 대화와 토론. 대화를 통해 공공선을 논의. 심의 민주주의(deliberative democracy). 민주주의는 딱 정답이 있는 것이 아니기 때문에 사회공동체 구성원으로서의 시민이 서로 심의하고, 토론해서 결정을 내리는 것.

Market: 시장 모델에서 결정은 개인의 선호(preference)에 따라서 결정(individual choice). 이미 객관적으로 주어진 것에 대한 개인의 선호. 시장에서의 개인의 결정은 항상적으로 발생. 언제든지 자기 마음대로 결정할 수 있다.

→그러나 정치적 결정은 선호가 주어져 있지 않는 것이 일반적이다. 심의하고 토론해서 형성되어 가는 것. 현실 속에서 결정은 현실적 선택지 속에서 결정.

→결정은 시시각각 하는 것이 아니라 interval이 길다. 선거는 짧아야 2년. 자기가 선택할 수 있는 선택의 기회가 드물기 때문에 허점이 많은 선택일 수 있다.

→시장은 item이 다양하기 때문에 자신의 선호에 따라 마음대로 선택/결정할 수 있지만, 정치적 선택은 집중(aggregate)되어 있기 때문에 선택의 대상이 적다.

→사람들의 이익과 요구를 대변하는 것으로 선거는 한계를 가짐. 대표되지 않은 이익을 대표하기 위해 이익집단과 사회운동이 존재하는 것.

-시장과 정치는 질적으로 상이한 개념. 경제의 행위, 특성, 메커니즘으로 정치를 설명하면 정치적 상상력을 줄이는 결과를 가져온다. 또한 정치영역을 경제 개념으로 설명하려고 하면, 정치영역을 왜곡시킬 가능성이 매우 높다. 개념을 쓰는 데 유의해야 한다. 그럼에도 우리 시대는 시장논리, 시

장효율성의 시대.

(6) 민주주의 자체로 돌아가서 민주주의를 보자. 민주주의 세 가지 원천

가. 민주주의(democracy)

- 직접민주주의: 인민의 자기 지배(self governing). 그리스 멸망과 함께 대가 끊김.
- 일원주의(monism): 공사의 구분이 없음.
- 민주주의 핵심적 제도는 순환제, 추첨제, 선출제. 주로 추첨을 통해서 공직을 선발. 모든 사람이 평등하게 자격.

나. 공화주의(republicanism)

- B.C. 5C~1C 로마(스파르타를 모델로)를 중심으로 해서 나온 정치체제. 이후 르네상스시기(14C~16C초) 이탈리아에서 나타남.
- 공적 의무를 대단히 강조. 공적 이익과 공적 의무를 높이 평가. 공익에 대한 헌신적 복무. dualistic aprit: 분명한 공사구분. 인간 삶의 완성적 발전은 공적 영역에서. 공익복무는 highest virtue

다. 자유주의(liberalism)

- 존 로크, 몽테스큐: 자유주의의 핵심적 이론가.
- 17~18세기 유럽에서 왕성하게 나타남. 상업과 부르주아지가 발전했던 곳에서 자유주의 발전.
- 자유주의 이념과 제도는 그 근원에 중세적 기원을 갖는다.
- 영국: 군주와 봉건제후들 간의 마그나 카르타→1270년대 제도화: parliament→대의제의 시작.
- 절대왕정국가는 한 특정 군주가 중앙 집중화하는 데 반해, 봉건주의는 봉건 영주가 왕권의 강화를 막고 이를 견제. 신흥 부르주아지의 발전과

더불어 왕권을 견제하면서 사적 영역의 권리를 주장하는 것이 자유주의의 기본 논리.

- 사적 영역을 우선시. 공적 영역이 사적 영역을 침범/지배해서는 안 된다.
- 개인의 사적 권리와 자유를 최고 가치로 보고 국가는 이를 보장. 국가는 사적 영역에 개입해서는 안 된다(최소 국가의 원리). 국가권력은 최소한으로 유지.

→자유주의 원리는 시장논리와 결부되면서 경제논리로 치우치게 됨. 이러한 자유주의의 극단이 신자유주의.

-현대 민주주의는 민주주의를 현대국민국가의 현대적(modern), 대의제적(representative), 자유주의적(liberal), 정치적 민주주의와 일치시킴. 그러나 아님.

-실제로 민주주의는 세 가지 가치의 혼합물.

-liberal democracy라고 불릴 정도로 현대 민주주의는 자유주의적 가치가 지배적. 자유주의가 선도하고, 민주주의가 뒤따라오면서 '자유주의적 대의제 민주주의'라는 현대 민주주의가 나타나기 시작.

-more liberal democracy: 자유주의 규범/가치의 확대. 정치에서 시장의 속성을 강조. 더 적은 민주주의, 더 적은 정치를 뜻함. 경영내지는 기업 가치를 강조하는 반면 정치인들을 폄하.

ex) 공기업의 민영화, 금융 거래의 자유화, 집단·집합적 소유권을 개인 소유권으로 전환. 사유재산의 신성화. 행정관료 조직의 축소.

→정치와 민주주의의 역할을 계속 줄여나감. 탈민주화(de-democratization). 정치가 축소, 사적 영역의 확대. 경제를 지배하는 세력의 힘이 커짐. 이에 따라 민주주의의 역할, 정당, 이익집단의 역할 등 모든 것이 변함.

(7) 민주주의의 두 축: 대표(representation)와 책임(accountability)

-대표: 선출된 정부가 공적 업무를 수행

-책임: 주기적인 선거에 의해 수행 결과에 대한 제재.

-국민과 선출자 간의 수직적 책임성(vertical accountability)이 더 중요. 이를 제도화하는 방법은 제한적.
공적 영역(public realm)의 문제
사적 영역 〈-----------------------------------〉 공적 영역
←현대의 일반적 추세: 탈민주화, 탈정치화(de-politicization)

-사적 영역 일변도로 정치를 보면 민주주의 기반이 약화됨. 그 반대도 마찬가지.

-사적 영역과 공적 영역이 합리적으로 공존하는 영역 내에 민주주의가 존재하는 것이 바람직.

-정당의 조직도 이와 비슷.
우 〈-----------------------------------〉 좌
-우리나라는 이런 이념적 스펙트럼이 없고, 협애한 이념적 스펙트럼 내에서 정당 간 경쟁

-막연하게 개혁/보수 구분. 담론구조도 대단히 불명확: '판단유보'의 담론구조(~한 것 같다).

-왜 파당성을 갖지 못하고, 파당성을 가질 때 부정적으로 인식되는가?

(8) 국가(공적)이익 vs 특수이익에 관한 문제

public / general interest vs special interest

-기본적인 경쟁의 단위: 정당, 이익집단, 사회운동

-'집단이기주의'라는 말을 많이 사용. 이익집단 활동에 대한 부정적 인식

-특수이익(부분의 이익)과 일반이익을 판단하는 것이 정치학에서 가장 어려운 문제

-누가 일반이익을 정의하고, 얘기할 수 있는가?

-국가와 시민 / 개인 사이의 중간에 위치하여, 이를 매개하는 것이 시민사회.

- 독립적이고 자율적인 영역. 자율적인 결사체.
- 이익집단, 정당, 사회운동.
- 자율적인 특수이익의 집합체
- private interest를 떠나서는 생각할 수 없다.
- 스코틀랜드 계몽철학자들에게 시민사회는 상업사회. 헤겔은 사적 이익에 대해 부정적 입장.

-한국에서는 80년대 이후 시민사회를 대단히 긍정적으로 본다. 그런데 사익은 대단히 부정적(집단이기주의)으로 보고 있다. 이러한 괴리가 어떻게 가능한가?

자유주의와 공화주의에서 본 공익

-자유주의적 전통: 사익우선

-공화주의적 전통: 공익우선→공동체주의(communitarianism)

- 루소(Rousseau): 일반의지(la volonté générale). 프랑스혁명의 정신적 원천. 중간집단 불인정.
- 프랑스혁명기 1971년 6월 Le Chapelier Law 제정: 자율적 결사체를 부정하는 법. 특수이익을 조직하는 것은 국가의 전체이익을 훼손하기 때문에.
- 영국의 Combination Act(1799-1800): 노동조합 금압. 혁명을 두려워. 노조를 깨지는 못했지만 제한. 1824년 폐지.

(9) 이익집단 이론

-토크빌: 프랑스혁명 이후 중간집단의 존재에 대해 정당성을 부여. 자율적 결사체를 미국 민주주의의 기초라고 봤음.

-Madison No. 10: 파벌은 일반이익에 반하는 것으로 생각하여 우려. 그러나 파벌의 필요성 인정. 다원주의 인정. 공화주의 영향을 받아들임.

-Arther Bentley(1901), David Truman: 이익집단의 대표적 학자

- 이익집단이 정치의 가장 기본적인 단위이다(Marx 이론의 대안). 반면 유럽에서 정치의 기본단위는 계급.

-대의제는 큰 공동체에서 나타남. 미국이 '대의제'를 실행한 최초의 국가. 미국은 크고, 분화된 국가. 여로 종류의 인민, 다른 가치들이 존재. 이익집단을 매개로 하여 타협과 협상.

-Bently: 경제적 이익 때문에 집단이 형성. 부가 존재하는 것은 이익집단 출현(그룹 분화)의 원천. 어떠한 이익도 집단행동을 통해 표명되지 않는다면 존재한다고 생각할 수 없다. 사회의 이익은 집단의 이익으로 표현(latent interest). 잠재적 이익은 현재적 이익으로 나타날 수밖에 없다.

-벤트리, 투루만: group equilibrium은 정당하고 바람직.

-다원주의 입장: 한 이익(A)이 출현하면, 불이익을 당하는 B집단이 견제. 이익집단의 영향은 wave line으로 나타남.

-자유주의적 다원주의 입장에서 공익이란 무엇인가? 사적 권리/재산에 대한 보장. 국가가 공익을 대변한다고 하는 것은 아주 국소화됨. 그룹이익의 균형상태가 공익. 국가는 그룹이익들의 경쟁에서 심판의 역할 정도.

-Mancur Olson 잠재적 그룹은 선택적 유인(selective incentive)을 제공함으로써 동원.

• 자본주의 사회에서 이익은 부를 따라서 잠재적으로 존재하는데, 어떤 힘(누군가가 선별적인 인센티브를 제공할 때)이 가해지면 현재적 이익으로 나타남. cf)벤트리는 잠재적 이익이 무조건 현재적 이익으로 나타난다고 봤음.

ex) 노조가 조직되면 월급이나 복지수준이 향상. 이런 유인이 제공되면 노동자가 노조로 용이하게 편입.

(10) 한국사회에서 공익 또는 사익이 무엇인가?

-이익집단을 이해하는 담론과 실제가 괴리.

-우리사회에서는 약하고, 소외된 집단의 이익추구에 대해 집단이기주의

라고 말함.

-전경련, 조중동 같은 재벌, 주류언론이 공익을 담당. 이들이 공익을 정의하는 데 영향을 끼침.

-한국은 권위주의+유교주의+국가주의의 전통이 강함.

-특수이익만 있고, 이익집단은 존재가 희미함. 이익집단이 담론에서 사라지니까 관찰도 안 됨.

-이익집단의 담론이 없기 때문에 이익집단을 규제하는 법도 없지만, 실제로 몇몇 이익집단이 정책을 좌우하기도.

-누가 공익을 정의하나? 언론→언론은 공익을 대변하나?

-한국사회에서는 이익이란 말 자체가 정당성을 못 가져.

-이익집단을 특수이익과 동일시. 헤게모니도 포장된 특수이익은 언론과 재벌.

-헤게모니적 전체이익 vs 계급이 주 개념적 갈등선. 그룹이익은 정당한 자리 못 가져.

-그렇다면 사익은 어떻게 대변되나? 국가 아니면 운동이 대신해줘야.

-정당의 기반은 무엇인가? 정당이 사회에 뿌리내린다고 말할 때.

-특수이익의 문제는 정치학의 핵심이라고 할 수 있다.

-정당이나 이익집단은 개인의 정치적 선호를 대변하는 것이므로 제약해서는 안 됨.

-결사체의 자율적인 활동을 보장하는 것이 민주주의 기본 요건.

-이익집단이 왜 결성되는가? 이익이 존재하기 때문에 이익집단이 결성된다.

-democratic pluralism, pluralistic democracy: 다양한 이익집단들이 자율적으로 결성되고, 활동하는 것을 의미.

(11) 선호(preference)의 표출: 수와 강도(intensity)의 문제

-수의 다수만으로는 다양한 이익과 갈등을 모두 대변할 수 없다: 이익의 강도가 다르기 때문.

사례〉

가. 분리 독립: 소수가 갖는 이익이 강하기 때문에 나타나는 현상.
ex) 캐나다 퀘벡주의 분리 독립 운동
→언어, 종교(벨지움의 경우 다수의 가톨릭, 소수의 신교), 계급 갈등이 심하면 소수이지만, 이익의 강도가 크다고 할 수 있음.
→민주주의의 기본적인 원리가 다수결이라고 할지라도 강도의 문제를 생각하지 않으면 안 된다.

나. 권리장전(Bill of Right): 인간이면
반드시 가져야 할 권리에 관한 내용을 담음

-개인의 권리를 연방헌법에 포함시키려 할 때 거부하는 주들이 있었음. 그래서 수정헌법(the Amendments)으로 추가된 것.

-다수결의 원리로는 쉽게 고치지 못하도록 개정을 어렵게 만들어 놓음.

다. 국가연합(Confederalism)

-몇 개의 상이한 나라가 confederation을 구성: 이익의 강도가 다르다는 것을 전제하고 다수결의 원리로 제압함.

-미국이 만들어지기 전 the Confederation(아메리카 식민지 동맹, 1781~89)이 있음.

-우리의 경우도 통일 과정에서 국가연합을 생각해 볼 수 있음.

라. 연방(주의)국가(federalism)

-지역내지 지방정부의 자율성을 보장: 구성하는 각 지방의 이익의 강도를 고려한 것.

-미국의 경우 각 지방정부의 이익의 강도를 인정하기 때문에 상원의 경우 대표수가 같다.

-이러한 경우는 다수결의 원칙을 무조건 강제하기 힘들다.

마. 다두제(多頭制)국가(consociationalism)

-언어, 종교, 문화가 대단히 달라서 다수결로 해결이 안됨.

-a, b, c 지역대표를 비례적으로 고정시켜서, 제도적으로 연립정부를 만드는 것.

-우리나라의 경우도 지역감정이 심할 때 consociationalism의 얘기가 나오기도 했으나, 나는 이런 제안에 반대. 우리나라의 지역문제가 이렇게 강도가 심하다고 보지 않고, 상당히 이데올로기적이라고 생각하기 때문. consociationalism을 도입하면 구조적이지 않은 것을 구조화할 우려가 있음.

바. (Neo-) corporatism

-사회의 중요한 집단들(특히 중요한 생산자 집단: 기업, 사용자 대표, 노동자 대표) 간에 사회적 협약(pact)을 통해 합의를 만들어 내는 것.

-지역대표(지역을 중심으로 나눈 선거구에서 선출된 대표)를 통해서는 그 사회의 중요한 생산자 집단의 강한 강도의 문제를 해결할 수 없기 때문.

※ 지금까지의 사례는 공통적으로 수로 해결이 안되는 것을 보여줌. 선호의 강조, 이익의 차이가 엇비슷할 때만 수로 해결할 수 있다. 때문에 다수결의 원리를 보완할 수 있는 다양한 메커니즘이 필요하고, 이에 따라 발전되어 온 것임. 그러나 우리나라는 오직 다수결만 있을 뿐 다른 제도적 대안이 부재. 그 결과 사회의 대표되지 않는 부분이 많다.

(12) 그룹(group)이 할 수 있는 역할

가. 이익집단의 순기능

-토크빌(A. de Tocqueville)은 프랑스혁명 이후(19세기 초) 시민사회의 필요성을 강조. 프랑스혁명은 국가권력을 통해 국민의 평등과 이익을 실현하려는 것. 견제하고 균형을 맞출 수 있는 세력이 없으면 독재로 귀결. 토크빌은 전체이익을 일방적으로 결정하는 것에 대해 부정적. 국가와 개인 사이의 중간집단이 강할 때 국가권력의 독재 가능성을 막을 수 있고, 민주주의를 발전시킬 수 있다고 생각.

-토크빌의 핵심: 시민사회 자율성의 가치와 민주주의 기여를 강조한 것. 중심적 행위자는 자율적인 결사체.

-우리나라의 경우는 이익집단을 대단히 부정적으로 보고 이익집단의 활동을 집단이기주의(도덕적 잣대)로 매도함. 반면에 사회운동이 중심이 됨. 하지만 많은 개인적 희생을 요구하는 사회운동은 '열망-실망'을 반복하게 함.

-이익집단이 제 기능을 하도록 하는 것이 장기적 관점에서 보다 안정적이라고 할 수 있다.

-이익집단은 개인의 권리와 자유에 바탕을 두고 있음.

-이익집단은 정보에 밝으므로 대표들을 정책과정에 참여시키는 것이 필요.

나. 이익집단의 역기능 / 부작용

-다원주의적 민주주의의 핵심은 분산성(decentralization). 이것은 사회의 다양한 이해 갈등을 인정하는 것임.

-이 과정에서 필연적으로 공공영역, 공익에 대한 관심이 줄어들 수밖에 없음. 분산된 것에 대한 통제가 되지 않음.

-사적 〈--〉 공적
분산성, 자율성(autonomy) 강조

-사적 영역의 확장은 필연적으로 공적 영역의 축소: "공익은 뭐고, 어떻게 끌어내고, 어떻게 이해해야 하는가?"

(13) 민주적 과정에서 이익집단의 영향력

-매디슨은 파벌 간의 경쟁을 필요악으로 봤음(『페더랄 리스트 페이퍼』 No. 10), 매디슨의 관심은 어떻게 파벌을 통제(control)할 수 있고, 공익과 상보적이게 만들 수 있느냐 하는 것임.

가. 큰 이익집단 vs 작은 이익집단

-큰 이익집단은 강력한 자원을 많이 가지고 있으므로 자신의 이익을 실현하는 데 유리하다. 이는 필연적으로 자원이 적은 작은 이익집단의 손해를 가져온다(배타적 관계).
-그렇다면 영향력의 불균등 배분이 발생할 가능성이 커지고, 영향력의

불균등 배분은 시장의 영향을 그대로 반영하기 쉽다.

-정치적 영향력을 수로 만들어 냄: 생산자 집단은 이익집단 정치에서 가장 강한 영향력을 가질 가능성이 크므로, 노동자 집단은 수를 이용하여 정치적 영향력을 만들어 낼 수밖에 없다.

나. 정당과 이익집단의 관계

무수한 개인	→	이익집단	→	정 당	→	국가/정부
잠재적 이익		현재적 이익				정책결정

-개인이 자신의 이익을 결합시키는 행위(combination act)가 이익집단을 만듦.

-정당은 대개 2~3개임에 반해, 이익집단은 무수히 많음. 정당의 하부기관으로 이익집단이 핵심적 기능을 할 수 있다.

-강력한 이익집단은 정책결정과정에서 큰 영향력을 행사할 수 있다.

-다원주의적 사회에서는 잠재적 이익이 현재적 이익으로 쉽게 바뀔 수 있다(문턱이 낮다).

-한국사회에서는 이익은 존재하지만 이익집단으로 조직화되기 어렵고, 잠재적 이익이 현재적 이익이 되는 데 장애가 많다. 이익집단이 사회의 이익을 그대로 반영하지 못함.

한국사회에서 잠재적 이익이 현재적 이익이 되는 문턱이 높은 이유

① 냉전반공 이데올로기

노동자, 농민의 이익이 조직되고, 대변되기 힘듦. 잘사는 사람의 오만이 일반화되어 있음. 노동문제나 파업을 공생이 아니라 계급배제의 논리로 본다. 냉전반공주의는 이미 문제를 균형 있게 볼 수 있는 시각을 상실시킴.

② 두려움의 동원

-영화 "Bowling for Columbine"은 미국 사회(언론)의 '두려움의 동원'(mobilization of fear)을 잘 보여줌. 이것은 일종의 이데올로기, 증오를 부추겨서 결국 이익을 보는 것은 기업. 미국을 볼 때 균형적인 시각이 필요함. 한국은 완벽하게 미국에 예속되어 있음. 한국은 미국의 축소판이라고 할 수 있음.

-한국사회의 두려움의 동원이 존재. 작은 파업에도 국가 경제가 금방 파탄이 날 것처럼 오도해서 보도. 최근의 항만노조 파업의 경우만 보더라도 쉽게 알 수 있다.

③ 집단 이기주의로 매도: 자율적 집단이 진입하기 어려움

-전체적으로 이익집단이 약하고, 강한 집단만 강하다. 강한 그룹(재벌이나 언론)에 대해서는 집단 이기주의라고 말하지 않음.

-우리는 복지도 없고, 특수이익을 반영할 길도 없음→학연, 지연, 혈연 등이 이익집단을 대체하는 역할을 했으며, 나름대로 긍정적인 역할도 했다고 할 수 있다(IMF 구제금융 시 실직자들은 이런 연에 의존).

-이익집단 정치가 개방적이지 못하고 입법화가 되어 있지 않음. 그러나 알력 집단들의 로비가 정책결정에 가장 큰 영향력을 행사하는 것은 외국과 다르지 않다.

(14) 현대사회와 이익집단

-이익이 존재하는 곳에 이익집단이 존재하는 것이 일반적이고, 당연하다.

-중첩적으로 사회적 결사체에 가입하는 것은 자신의 이익을 대변하는 것이 다차원적임을 뜻함.

-권력과의 관계에서 볼 때, 문제가 나타나고 이슈화될 때만 정책으로 나타날 수 있다.

-'비 결정/무 결정'(non-decision)의 문제: 이슈가 없는 곳은 갈등이 없다고 가정하고, 실제 정책결정에 반영되지 않음. 그러나 이슈화되지 않는다고 해서 문제가 없는 것은 아니다.

-다원주의 사회에서는 이익집단이 있어야 이슈화될 수 있다.

(15) 이익집단 vs 공익의 문제

-이익집단은 분산되어 있고, 상호 연계가 되어 있지 않으며, 이익의 확산을 통해 결성된다. 그리고 로비를 통해 자기에게 유리한 정책결정을 이끌어 낸다.

-그렇다면 공익은 누가 대변하는가? 이익집단 정치는 공익을 왜곡시키는 효과를 가져올 수 있다.

-우리나라가 이익집단이 활동하지 않는 것은 아님. 문제는 그 활동이 미국과 달리 이익집단이 움직이는 게 전혀 드러나지 않는다는 것. 마치 공익만 움직이는 것처럼 보인다.

(16) 갈등의 문제

-갈등의 범위(scope)가 좁은 범위에서 움직이는 이익집단과 넓은 범위에서 움직이는 이익집단이 있을 수 있음. 영향력의 폭, 이익의 범위가 어느

정도냐에 따라서도 이익집단을 분류할 수 있음.

-같은 이익집단이라 할지라도 갈등의 범위가 클 때 다른 이익집단들의 반작용을 불러일으킬 가능성도 커진다.

-테오르도 로이(Lowi): 갈등의 범위로 이익집단을 구분

-샤츠슈나이더(Schattschneider)는 이익집단 정치와 정당정치를 구분해서 설명

- 이익집단 정치: 갈등을 전사회화하지 않고, 갈등의 국소화. 중요한 이슈가 전국적으로 논의되지 않고, 강력한 이익만 대변된다.
- 정당정치가 강해져야 사회의 큰 문제가 해소된다. 국지적 이익만 있어서는 안 된다.
- 한국의 지역갈등도 이익이 국지화된 것이라고 할 수 있다.
- 정당정치가 강하지 않으면, 전체적인 문제가 논의되지 않고, 삶과 직결된 문제를 다루기 힘들다.

(17) 이익집단의 변용/변화

-다원주의: 다양한 이익의 경쟁. 공익은 이익집단의 힘이 결정. 자유 시장 경쟁의 상황과 비슷.

-그러나 현실은 거대기업, 독점, 과점이 나타나는 것처럼 완전 경쟁이 아님.

-이익집단의 조직과 성격이 많이 변함

→(Neo-)Corporatism 현상: 거대 생산자 집단의 과점, 독점적 시장. 핵심적 내용은 사회협약Social pact(s)

-일반적 선거는 지역[291] 대표(territorial representation)

-코포라티즘은 기능적 대표(functional representation): 기능적 이

291) 선출의 단위가 지역이라는 뜻. 선거구(district).

익의 결사체가 공동의 이익을 추구

강격한 소수의 이익집단이 큰 영향력을 미침. 기능적 대표의 협약을 통해 결정

-코포라티즘적 결정구조: 이익집단의 기능적 대표들이 협상테이블에서 결정.

→민주주의의 구조적 변화: 점점 더 기능적 대표의 협약이 중요해짐

→정치적 함의: 이들의 결정은 국민에게 책임을 지지(accountable) 않음. 국민이 선출한 대표가 아니기 때문에.

-자본주의 발전의 한 결과물인 코포라티즘은 민주적이지 않을 경우도 많다.

-이익집단의 거대화: 특정 영역에서 대표를 독점. 1개의 정상노조(peak association)[292)]

-우리나라는 다원주의가 충분히 발전하지 못했고, 서구적 형태의 코포라티즘 형태가 아님.

- 서구적 형태의 코포라티즘: 대표(representation)의 기능과 통제(control)의 기능을 갖는다.
- 우리나라는 통제의 기능이 약함. 잦은 파업은 코포라티즘이 약하다는 것을 보여줌. 전체적으로 노동자의 힘이 약하다고 할 수 있음. 파업은 노동자 세력이 공식화되지 않기 때문에 반복적으로 나타남.
- 자본주의 사회에서는 자본가, 노동자가 매우 중요한 집단. 이 둘이 갈등관계에 놓이면 누구에게도 도움이 되지 않음. 우리는 정치력이 부재하고, 노동자가 약함.

→모든 측면에서 노동자 집단이 정책결정에 참여할 수 있어야(Mitbestimmny, co-determination)

- 우리는 변화의 breakthrough를 갖지 못함. 사회 평화(social peace)가 만들어지지 못함.

---

292) 전국 수준에서 노동자 전체를 대표. 조직률이 높을 때 힘이 생김.

강력한 이익집단들을 어떻게 통제하나? 어떻게 공적 책임성을 부과할 수 있나?

- 이익집단의 거대화[293], 자율화(autonomy)를 어떻게 통제할 수 있느냐는 민주주의 이론의 난제.

→ 한 사회 전체의 이익을 만들어 내고, 통제하는 것이 문제

- 이에 대한 이상적인 해결책은 없다.

- 루소(Rousseau) / 그리스 모델: civic virtue를 대단히 중요시 → 사회를 통합시키는 힘. '공동체적 가치'를 강조.

- 루소는 일반의지(general will)로 공익을 정의
- 그리스 아테네 민주주의를 모델. 작은 사회의 모델을 큰 사회에 적용. 로마와 르네상스 이탈리아 공화주의.
- 퇴니스(Tönnies)의 Gemeinschaft: 사회 전체의 유기적, 종합적 이익 Gesellschaft: 개인 자율성. 파편화.
- J. S. Mill, *Representative Government*: 공공선에 우선하여 자신의 계급이익을 추구하기 쉬운 사람들을 투표권에서 배제(가난한 사람, 교육받지 못한 사람). Citizenship을 공공의 선을 아는 사람에게만 줌.

- 결사체 모델(associative democracy): 이탈리아, 프랑스, 카탈로니아. 중세의 길드 모델.

- 코포라티즘 모델: 사회협약을 통해 사회갈등을 해소.
- 결사체에 준공적 지위(semi-public status)를 부여 / 인정
- 토크빌: 공익을 이해하는 사익의 추구.
- 더 나은 시민이 되도록 결사체를 장려. 좀더 균등한 기초에서 경쟁할 수 있도록 서로를 대우하고, 전체로서의 공공이익을 존경하게 함.

- 슈미터(schmitter)의 제안: 모든 이익집단의 등록. 이익집단들의 권

---

293) 분산, 구심력이 작용. 분산된 세력이 증가.

익과 의무를 규정하는 법을 제도화. 이익집단을 도와줄 수 있는 공 기관을 제도화.

- 일차적(기본적) 시민(primacy citizen)
- 이차적 시민(secondary citizen): 이익집단→정책결정에 참여
- 결사체(이익집단)의 집행부 선출의 민주적 절차 보장.
- 가입의 개방
- 이익집단의 재정 공개
- 폭력, 인종주의, 다른 범죄적 행위의 금압
- 이익추구 행위 금지
- 공권력의 불개입
- 공공정책 수행 시 직접적인 참여능력 인정

ex) 유럽의 Ghent system: 노동조합이 관리하는 공동 자금→노동자의 책임성이 늘어남

- 사적 이익집단에 책임성 부과→바우처(voucer) 제도: 이익집단에 투표할 권리를 준다. 앞으로는 가능하다고 생각한다.

-우리사회는 '이익'이란 말 자체에 대해 거부해서, 정당성을 갖지 못한다.

-도덕주의적 정치문화. 도덕주의적 기준 너무 강해→정치의 부패문제 많은 비중→정치발전 저해.

-언론의 부패강조: 정치에 대한 무관심과 부정적 가치(인식) 증가시킴.

-부정부패의 강조는 사람과 사람의 대면을 모두 부패라는 이름으로 단절시키려 하기 때문에 책임을 져야 하는 대표와 선출하는 유권자 사이의 거리가 점점 더 멀어짐. 사회의 하위층 사람들이 대표되지 못함.

-민주주의에서는 모든 이익이 다 분출되어야 함. 밑으로부터 다중의 이익이 대변되어야.

-정당이 사회적 기반을 가져야 한다.

-한국사회는 여전히 권위주의적 방법으로 이 문제를 해결하려 함→통합

에 대한 강조

-이익의 문제를 현실적으로 볼 필요가 있다.

(18) 민주주의와 당파성(partisanship)

-당파성이 왜 비판적으로 인식되나? 당파성이 인정되지 않는 것이 비민주적일 것은 없지만, 당파성을 인정하는 것이 민주주의가 보다 건강하게 발전하는 데 기여

-우리는 차이와 갈등을 인정하지 않는 문화

-민주주의 및 정당의 발전과정과 직접적으로 연관

-냉전반공주의에 의한 이념적 양극화: 주류 이념으로서 냉전반공주의는 이분법적 사고, 비이성적 사고를 불러옴. 비주류 이념은 억압.

-한국의 정당체제는 이념적 분화에 의거한 정당발전이 아님. 사회는 분화되고 갈등은 증가했지만, 정치의 담론과 이데올로기는 분화되지 않음.

-정당체제의 발전은 정당민주주의 단계를 거치지 않고 포괄정당(catch-all party)[294] 청중 민주주의(audience democracy)

-민주주의 발전의 세 단계[295]

294) Otto Kirchheimer, "The transformation of the Western European Party System,", in LaPalombara and Weiner eds., *Political Parties and Political Development*, Princeton U. P., 1966에서 2차 세계대전 이후 유럽 정당의 변화를 분석하고 위해 사용한 개념. 전후 정당과 국가의 업무 구분이 불명확하고 탈이데올로기 시대에 나타난 정당유형. 정당의 기능은 '표출' 보다는 지지 확보와 비판적 기능 두 가지 사이에서 이동(shift). 포괄정당 제한적 통합과 제한적 참여를 특징으로 함. 대중정당에 비해 강력한 지지기반이 없이 리더십 선출이라는 제한적 참여로 통합성 유지. 이념적 차별성이 약해지고 대중 일반에 호소하는 정당으로 수렴되는 경향(사회복지국가의 콘센서스).

295) Bernard Manin, *The principles of representative government*, Cambridge U. P., 1997, p. 235.

	의회 민주주의 (Parliamentarianism)	정당 민주주의 (Party democracy)	청중 민주주의 (audience democracy)
대표의 선거	-신뢰를 갖는 인물을 선택 -local links의 표현 -명사(名士)	-하나의 정당에 대한 충성 -계급의 멤버십 표현 -활동가, 정당 관료	-신뢰를 갖는 인물을 선택 -electal terms에 대한 반응 -미디어 전문가
대표의 부분적 자율성	선출된 구성권은 양심이 가리키는 대로 의회에서 투표	플랫폼 내에서 정당 지도자는 우선순위를 결정한 자유	이미지에 기반을 둔 선거
여론의 자유	-여론과 선거가 부합되지 않음 -"의회의 입구에서" 사람들의 목소리	-여론과 선거적 표현(electral expression)이 부합 -반대의 자유	-여론과 선거적 표현이 부합되지 않음. -여론조사
토론을 통한 trial	의회	-당내 논쟁 -당간 협상 -신코포라티즘	-정부와 이익집단 사이의 협상 -미디어에서의 노쟁/부동층

-의회 민주주의(영국 18세기~19세기 전반): 명사정당→정당 민주주의(19~20세기 전반): 이념적 계급적 차이가 분명한 정당 간의 경쟁(정당의 전성기)→청중민주주의(20세기~현재): 매스미디어의 발전. 여론과 인기에 의존. 이미지의 정치.

-한국은 우연한 역사발전의 결과 보수적인 우파 정당만 생김. 정당기반이 지역적 기반 외에는 대단히 약함. 모두 비슷한 성격을 갖는 포괄 정당적 성격. 정당에 대한 불신이 증가.

-지식인도 자신의 정체성이 없다.

-이런 상황 속에서는 차이에 대한 상호 인정에 기반을 둔 이성적 논의를 하는 심의(審議) 민주주의(deliberative democracy)가 어렵다. Forum으로서의 민주주의. 누가 답을 정해주는 것이 아니다.

-반공/용공, 반북/친북, 반미/친미의 양자택일·이분법적 사유구조 속에서는 이성적 논의가 가능하지 않음.

-power가 곧 진리. 문제를 정의하기 때문에 power가 곧 헤게모니를 갖는다.

-더이상 논의가 필요없어. deliberation이 안됨.

-갈등을 뛰어넘는 초월적인 것은 허용되지 않음.

-당파성에 관한 문제는 갈등 부문과 밀접하게 관련된다.

-갈등과 당파성을 바라보는 시각이 지배담론의 영향을 가장 많이 받는다.

-갈증에 대한 부정적 인식, 통합/화합을 정치적 목표로 여김.

-한국사회 보수이데올로기의 핵심적 요소: 당파성과 갈등 부정, 통합을 칭송

-정당과 직접적으로 연결

-정당 간의 파당적 활동/역할을 갈등, 투쟁, 싸움박질로 인식

→정치인에 대한 부정적 인식: 사익추구, 무능하다. 정당: 부패집단

→실상이긴 하지만 정당과 정치인의 역할을 올바르게 인식한다는 것과 그들을 부정적으로 보는 것은 별개의 문제

→언론이 내세우는 대안적 가치는 전문가주의[296]와 시장효율성으로 정치의 역할을 대체하려는 것.

-"Qui bono? Who benefit?"의 인식이 부재

-정치, 정당의 역할은 기존의 정책이 차별적 효과를 나타내는 것을 해소시켜 주는 것.

-대의제 민주주의의 중심적 행위자는 정당

-필립 슈미터는 민주주의를 현대 국민국가의 현대적(modern), 대의제적(representative), 자유주의적(liberal), 정치적 민주주의로 이해해서는 안 된다고 지적→민주주의는 변화하는 조건/상황에 따라서 대단히 폭넓은 스펙트럼을 갖는다.

-그럼에도 불구하고 현대 민주주의는 대의제 민주주의가 지배적일 수밖에 없는 현실성을 인정해야 한다.

-대의제 민주주의의 발전은 보통선거권의 확대와 정당의 발전을 통해 이루어져 왔음.

-정당이 출현한 후 경쟁을 통해 야당(opposition party)의 출현은 민

296) 초당적 이익을 추구할 수 있는 엘리트집단이 존재한다. 파당적 이익을 극복하고 공익에 봉사하는 것이 정치의 역할이라는 시각을 취한다.

주주의 발전의 전환점(turning point).

-정당: part(y)→부분을 대표하는 것. 정치적 파당의 자율적 조직.

-민주주의의 다수결 원리: party가 집권→정부관리. 이중적 역할을 하지 않을 수 없다. 하나는 정당으로서 특정 부분의 이익을 대변하는 것이고, 다른 하나는 공동체 전제의 이익을 대변하는 것이다.

-루소는 부분의 이익을 부정하고, 인정하지 않음(르샤틀리에 법)→공화주의적 모델을 대변. 이것은 작은 공동체의 모델→부분의 이익을 부정하면, 대의제 민주주의가 존재/발전할 수 없다.

-제임스 매디슨(James Madison): 대의제 민주주의를 주장. 큰 사회에서는 다른 논리가 필요함을 역설. 파벌(faction)을 통제하는 방법으로 접근→다원주의의 이론적 통로(기반)

-12세기 말~13세기 초 최초의 정당모습 출현: 이탈리아 도시공화국의 Guelf(s), Ghibelline(s)

-17세기 초~19세기 중 영국의 Tories(보수당의 전신) vs Whigs(자유당→노동당)

- Exclusive crisis(1679-81): 찰스 2세의 동생인 제임스 듀크를 가톨릭 신자라는 이유로 왕위계승에서 배척시키기 위한 투쟁. 후에 제임스 2세가 왕이 됨.

-미국: Federalist vs Antifederalist 최초의 파당

- Democrat: J. 매디슨, T. 제퍼슨 (상당히 진보파)
- National Republican→Whig→Republican

-지금까지 살펴본 것처럼 정치적 운동과 발전이 있는 곳에서는 정당이 발전.

-한 사회는 중요한 균열라인이 존재하고 이것이 정당으로 발전.

-1차대전 직후 1920년대 계급 중심의 정당이 등장→Lipset & Rokkan 정당체제 결빙(freezing)

-선진민주주의 국가에서는 정차적 지지를 갖는다는 것은 대단히 자연스

러운 일. 반면, 우리나라의 지배적 담론: 전체이익, 국가이익, 통합을 강조.

-모든 정치철학가도 당대의정치적 line에 서 있다.

-갈등으로부터 초월적 존재는 사회를 개선할 수 없다.

우리는 왜 당파성을 부정하고, 통합을 강조하나?

① 정당, 민주주의 발전과 직결. 이승만의 '대동단결' 외침은 사실상 좌파, 민족주의 배제 논리, 우파만의 대동단결.

② 권위주의는 정당을 인정하지 않음

③ 민주화 이후 보수정당의 연장→현실과 상당히 괴리

-운동에 의한 민주화. 운동권 세력이 제도권 편입 안됨. 운동세력들도 파당성에 대해 부정적 인식. 현명성, 급진주의. 정치적 Absolutianism, 선거불참주의.

-정권교체 이후 여당이 된 과거의 야당이 제대로 역할을 하지 못함. 정부수행에 대한 과거의 경험이 전무하기 때문에.

-반면에 상대적으로 언론의 역할이 대단히 커짐: 권위화, 공익대변, 정치 평가, 정당에 영향력

-한국의 정치는 민주화 이후 언론이 지배: 정치적 agenda 설정, 평가

→정치의 자립성이 줄어듦. 정치를 공격해서 무력화. 탈정치화(de-politicalization), 탈민주화(de-democratization). 민주주의는 정치의 토대 위에서 나오는 것.

-소위 "통합"(integration, harmonization) 논리의 전제는 한국사회에 대단히 갈등이 많다는 것인데, 갈등에 속하는 특수이익의 집단이기주의는 상대적 약자의 파업이 대부분. 거대 사익집단의 이익은 특수이익이라고 규정하지 않음. "분열적 행태. 기업 못해 먹겠다. 노동조합 없어지거나 가만히 있어라."

→Who benefit? upper class의 동원

-언론이 전체이익과 공익의 대변자를 자청. 정부는 파당적, 민중주의적, 갈등세력의 요구에 귀 기울여서는 안 됨. 언론이 감시.

−통합 주의적 가치 / 시각 / 담론: "정서적 전체주의"(emotive totalitarianism). 다원주의 인식부재. 진보파(mirror image)나 보수파 모두 가지고 있음.

−기자들은 마이크를 잡는 순간 도덕 교사가 되려고 한다.

−우리나라는 모든 문제에 답이 다 있다. →냉전반공주의 이분법적 사고의 결과. 이성적 사고를 진행하지 못함. 시작하자마자 답이 정해짐.

−현대 민주주의는 심의민주주의.[297] 이를 통해 "공익이 무엇인가?"를 결정→우리나라는 얘기할 수가 없음. 얘기하기도 전에 친미, 반미, 친북, 반북의 틀로 재단해 버림.

−우리나라의 정신세계는 spiritual soul이 없다. 머리 속은 점점 더 황폐화되어 간다.

−통합은 권위주의 시기만큼 잘된 때가 없다.

(19) 다른 수단에 의한 정치[298]

−민주주의에서 언론자유는 가장 중요

−50~70년대: 정치적으로 독립, 기자들의 역할이 컸음. 민주주의 가치 대변. 학생운동과 함께 4·19에 큰 역할

−외국의 경우 언론은 처음에 정당의 기관지. 미국도 1800년대 정당의 기관지로 출발. 작은 규모의 언론이 많았음. 토크빌도 작은 규모의 언론을 중요하게 생각했음.

−프랑스혁명시기에도 매우 다양한 언론이 등장.

−그러나 20세기 이후 현재의 언론은 과거와 성격이 대단히 다름: 자본화된 대형 언론이 언론시장 독점. TV의 역할이 증대되는 것은 전세계적 추세.

---

297) 헌법은 틀만 지워줌.

298) Benjamin Ginsberg and Martin Shefter, *Politics by Other Means*, W. W. Norton & Company, 1999.

-우리나라 70년대 중반 동아투위, 조선투위 사건: 72년 유신체제(본격적 권위주의체제)가 등장하면서, 언론통제 필요. 이후 언론이 군부독재의 대변인 역할을 하게 됨.

-5공 때 대거 특혜, 거대 재벌화.

-거대 자본의 언론시장 독점.

ex)AOL→언론 재벌, 새끼매체 소유→출판, 레저에 투자.

미국의 CNN: 세계 언론시장 독점. 한국의 조중동

-언론은 agenda setting 능력을 가짐→공익을 대변하는가?

언론은 스스로 공익을 대변한다고 하는데, 과연 누구의 이익을 대변하는가?→독점화된 기업, 주로 냉전반공주의 논리를 지님. 가장 보수기득적 소리를 대변. 상층의 이익 반영.

(20) 민주화 이후 언론의 역할

-언론자유, 보도의 자유라는 정당성(일반적인 민주주의 인식)의 기초 위에서 자유 만끽.→정부의 통제를 "언론자유 침해" 논리로 비판.

-사회와 소통하는 역할: 과거에는 주로 정당이 했지만, 정당의 역할이 약해지고 언론의 역할이 커짐.

-특히 선거과정에서 언론이 큰 영향을 미침

-언론의 주요 기능

① 지배이데올로기 중심 교육자. 사회화의 역할. 우리나라의 언론은 보수/극우 편향적

② 거대 자본의 대변자: 자사 이익 대변

③ 정치의제(political agenda)의 설정자→언론의 가장 큰 파워. 공익을 대변하는 것처럼 말함.

(21) 결정과 비결정

-결정(decision): 다원주의적 이해. ex) NEIS: 정책적 이슈

-비결정(non-decision): 무작위적 결정. 다원주의 비판. 사회적 이슈로 제기되지 못함. 바라크, 바크라크.

-민주화 이후 반부패가 가장 중요한 이슈로 등장→보다 중요한 이슈가 제기되지 못함.

- 일상적 담론, 보이는 권력→결정
- 보이지 않는 권력→비결정. 잠재적 이익이 현재적 이익으로 표출된다는 보장이 없음. 권력의 2차원적 접근→이데올로기 작용. 그람시 헤게모니. 권력의 3차원적 접근.

정치의 민영화(privatized, privatization)-미국 민주주의를 비판하는 Ginsberg의 표현

-사회의 강력한 사적 권력에게 권력을 내줌.

-언론의 주도적 역할

-대안담론의 흡수→같은 곳으로 수렴. 대안적인 vision 없음.

- 조야 학계 폭력적으로 대안 억제(이데올로기적)
- 대안담론이 너무 강해서 쉽게 받아들여 상식화된다. 상식과 대면할 때 설득하기가 어렵다.

(22) 언론개혁 어떤 방향으로 해야 하는가?

-운동에 의한 민주화: 이념, 이론, 문화 등이 전혀 나오지 못함.

-운동권도 지배담론 수용. 386의 빠른 사회화.

-언론의 문제는 정당 실패의 결과물. 정당정치가 시대변화를 따라가지 못하기 때문에 생기는 것.

① 언론개혁은 언론 그 자체로 접근해서는 안 됨. 대안은 정치의 활성화. 사회를 폭넓게 대변하는 정당의 발전.

-언론의 정치인은 훈육하고, 교육. 언론인의 오만 불손

② 거대 자본과 언론의 역할이 연계되어 있다. →이 둘이 독립되어, 단절되어야 한다.

③ 언론시장도 경쟁적 시장으로 변화되어야. 중앙 자원을 독점적으로 활용할 수 있었던 것은 권위주의시기에 고착화.

④ 사회적 영향력이 큰 만큼 책임성을 강조해야 한다. 민주적 통제하에 들어와야.

-민주화 이후 사익집단이 너무 강해짐. 책임성을 갖도록 하는 전체적인 방향과 범위 설정이 중요.

(23) 다른 수단에 의한 정치

-미국 정치 설명: 분할정부(divided government): 대통령의 당과 의회 다수당이 나눠져 있는 것. 교착상태(gridlock)

-1960말~현재: 대개 분할정부 기록.

-제도적 경쟁(institutional battle): 대통령 vs 의회

-RIP: 폭로(revelation)-기소(invertigation)-검찰수사(prosecution)

-60년 말 백악관 Staff 증가. 의회도 자신의 정책역할 증대.

-선거경쟁이 정당중심이 아니라, 다른 형태(언론, 검찰의 역할)가 중심이 됨.

-우리나라의 정치도 이와 유사.

(24) 부패문제

-DJ정부 말부터 현재까지 부패가 창궐한다고 묘사하기 시작

-권위주의 시기 부패 얘기 못함. 후원-수혜 관계

-민주화 이후 부패의 정부인 듯한 인식을 강화.

-민간부문의 부패는 증가. 공적 부문의 부패는 감소. 이를 과장하여 정부불신 담론을 가져옴. 정치는 더러운 것이라는.

-대통령을 약화시키는 수단으로 부패 강조.

-민주화의 결과로서 부패가 척결되는 것.

-반부패가 정치개혁의 목표가 되어서는 안 됨(주객이 전도된 것) → 지배담론의 상식화

-정치자금을 엄격하게 하면 정치인과 유권자의 접촉을 줄이는 결과를 가져옴.

-언론의 역할이 늘어나고, 정당의 역할이 감소되면 결국 사회 저변층, 대중의 요구가 반영 안 되고, 상류 중산층만 일방적으로 반영하는 결과를 낳음.

-미국 진보주의 시대 정치개혁 결과 전문가를 강조. 선거등록제. 그 결과는 투표율 감소. 회복이 안됨. 그 결과는 상위 중산층이 중심이 된 정치.

Ⅳ.
국회의원이 하는 일

1. 국회의원

1) 국회의원은 법률과 규칙을 제정한다. 국회를 대표·대리하며 국회나 특수이익단체의 정책을 결정하고 이에 대해 지휘·조언한다.

① 법률과 규칙을 제정한다.
② 국회를 대표·대리한다.

2) 국회의원은 국가 및 지방자치단체의 법령을 제정, 비준, 개정 또는 폐지한다.

〈주요업무〉

① 국가 또는 지방자치단체의 의회를 주재하거나 그에 참여한다.
② 헌법의 수권범위 내에서 법령을 제정, 비준, 개정 및 폐지한다.
③ 그들이 대표하는 선거구민의 이익을 대변한다.

국회의원은 국민 전체의 대표이자 회의체 구성원으로서 국회의 의사형성에 적극적으로 참가하여야 할 책무를 지며, 그 직책을 충분히 수행하기 위하여 발언·표결의 자유와 불체포특권 및 상당한 세비(歲費)와 기타 편익을 받을 권리를 인정받고 있다. 이는 국회의원이 여러 가지 이해나 편견에 사로잡히는 일 없이 자유롭게 활동할 수 있는 자주성·독립성을 확보하기 위하여 인정되고 있는 것이다.

(1) 〔입법에 관한 권한〕

국회가 가지고 있는 권한 중에서 대표적인 것이 입법에 관한 권한이다. 법률은 민주국가에 있어서는 국민의 의사일 뿐 아니라, 법치국가에서는 모든 국가 작용의 근거가 되기 때문에, 이를 제정하는 일은 국가의 가장 중요한 일 중의 하나이다.

국회는 헌법개정안을 제안하고 의결하며 법률을 제정하는데, 법률을 제정하려면 법률안의 제안과 의결 및 공포(公布)의 절차를 거쳐야 한다. 법률안의 제안은 국회의원과 정부가 할 수 있다. 제출된 법률안은 소관(所管) 상임위원회의 심사를 거쳐 본회의에 회부되며, 본회의에 회부된 법률안은 질의와 토론을 거쳐 의결된다. 의결된 법률안은 정부로 이송되어 15일 이내에 대통령이 공포하고, 법률에 특별한 규정이 없으면 공포한 날로부터 20일을 경과함으로써 효력을 발생한다. 그러나 국회에서 의결된 법률안에 대해 이의(異議)가 있을 때에는 대통령은 이송된 날로부터 15일 이내에 국회로 환부할 수 있는데, 이 경우에 국회가 재적의원 과반수의 출석과 출석의원 2/3 이상의 찬성으로 재의결할 때에는 법률로서 확정된다. 또 국회는 정부가 체결·비준하는 일정한 조약에 대한 동의권(同意權)을 가지고 있다.

(2) 〔재정에 관한 권한〕

국회의 재정에 관한 권한도 입법에 관한 권한에 못지않게 중요하다. 그것은 나라의 살림살이를 감시하는 일이기 때문이다. 국회의 재정에 관한 권한 중 중요한 것은 예산안의 심의·확정권, 국채(國債)의 모집과 예산 외에 국가의 부담이 될 계약의 체결에 대한 동의권, 예비비 설치에 대한 동의권과 그 지출에 대한 승인권 등이다.

예산이란 국가의 1년간 수입과 지출에 대한 예정계산서(豫定計算書)이다. 예산에는 본예산(本豫算)과 추가경정예산(追加更正豫算)이 있다. 정부는 회계년도(會計年度) 개시 90일 전까지 예산안을 국회에 제출해야 하며, 국회는 회계년도가 개시되기 30일 전까지 예산안을 의결해야 한다. 또, 국회는 결산심사권(決算審査權)을 가지는데, 이는 국회의결을 얻은 예산의 집행결과인 결산을 국회가 심사함으로써 국회의 재정에 대한 감시권을 실효성 있게 하려는 것이다.

(3) 〔일반 국무에 관한 권한〕

국회는 헌법기관의 구성에 대한 동의권을 가질 뿐 아니라, 국정을 감시하고 통제할 수 있는 여러 가지 권한을 가지고 있다.

첫째, 국회는 일정한 헌법기관의 임명에 대하여 동의권을 가진다. 대부분의 공무원은 법률이 정하는 바에 따라 대통령이 임명하도록 되어 있으나, 특히 헌법재판소의 장(長)·대법원장·국무총리·감사원장·대법관의 임명에는 국회의 동의가 필요하다. 그리고 국회는 헌법재판소의 재판관 9인 중 3인과 중앙선거관리위원회 위원 9인 중 3인을 선출한다.

둘째, 국회는 국정을 감시하고 통제할 수 있는 여러 가지 권한을 가지는데, 그 주요한 것은 다음과 같다.

국회는 대통령이 외국에 대하여 선전포고(宣戰布告)를 하거나 국군(國軍)을 외국으로 파견할 때, 또는 외국군대가 대한민국의 영토에 주둔(駐屯)할 때에는 이에 대한 동의권을 가지며, 대통령의 일반사면(一般赦免)에 대해서도 동의권을 가진다. 국회는 대통령이 발한 계엄선포(戒嚴宣布)의 해제를 요구할 수 있는데, 이때 대통령은 계엄을 해제해야 한다. 국회는 국무총리·국무위원과 정부위원을 국회나 위원회에 출석시켜 국정의 처리상황에 대한 보고를 받거나, 질문을 할 권한을 가진다.

또 국회는 국무총리 또는 국무위원의 해임을 대통령에게 건의할 수 있다. 국회는 대통령을 비롯하여 국무총리·국무위원·행정 각 부(部)의 장·헌법재판소 재판관·법관·중앙선거관리위원회 위원·감사원장·감사위원·기타 법률이 정한 공무원이 직무를 집행함에 있어서 헌법이나 법률에 위배된 때에는 탄핵의 소추를 의결할 수 있다. 또 국회는 필요하다고 판단될 때에는 법률이 정하는 바에 의하여 국정을 감시하거나 특정한 국정사안(國政事案)에 대하여 조사를 할 수 있다.

국회의원들이 하는 일은 입법에 관한 일과 재정에 관한 일, 일반 국정에 관한 일을 한다.

(4) 재정에 관한 일

① 예산안 심의·확정: 정부에서 쓰는 돈은 대부분 국민들이 낸 세금으로

마련되기 때문에 꼭 필요한 곳에 써야 한다. 그러기 때문에 정부가 제출한 예산안을 국회는 상임 위원회 예비 심사와 예산 결산 특별 위원회를 거쳐 본회의에서 심의하고 의결을 한다.

② 재정 입법: 세금의 종류, 납세 의무자, 납세의 의무 등을 법률로써 규정한다.

③ 결산 심사: 한 해 동안 국가의 수입과 세출 등을 심사하여 정부의 예산 집행에 대한 정치적 책임을 밝힌다. 또 장래의 재정 계획의 자료를 제공한다.

(5) 입법에 관한 일

① 헌법의 개정·제안·의결: 국회는 헌법에 규정된 개정 절차에 따라 특정 조항을 수정 또는 삭제하거나 새로운 조항을 추가하여 헌법의 형식이나 내용을 변경한다.

② 법률의 제정·개정: 국회는 법률을 새로 만들거나 이미 만들어진 법률을 고친다.

③ 조약 체결 및 비준에 관한 동의: 나라와 나라 사이에 조약을 체결하거나 국교를 맺을 때에는 국회의 동의를 얻어야 한다. 또한 사전에 동의 없이 조약을 체결했을 때에는 사후에 국회의 동의를 얻는다.

(6) 일반 국정에 관한 일

① 탄핵소추: 대통령, 국무총리, 국무위원 등 직무를 수행하면서 헌법이나 법률에 위배될 때 재적의원 ⅓이상의 발의와 과반수의 찬성으로 탄핵한다.

② 국정조사: 국회는 행정부가 법에 따라 일을 잘 처리하는지 살펴본다. 이때, 국회는 관련되는 사람들을 불러 질문을 한다.

③ 국정감사: 나라의 운영 실태를 정확히 파악하고 입법과 예산 심의를 위한 자료를 수집한다. EH 잘못된 부분을 적발하여 시정한다.

국회의 조직은 국회의 의사를 최종적으로 결정하는 본회의, 전문분야별로 나뉘어 있는 17개 상임위원회(운영, 법제사법, 외무통일, 내무, 국방, 노동 등)와 정당별로 20인 이상이 모여 구성하는 교섭단체, 국회의 각종 사무를 보조하는 국회사무처, 그리고 도서 및 입법 자료에 관한 사무를 처리하기 위한 국회도서관 등으로 구성되어 있다. 국회의원 가장 기본적이면서 중요한 일은 법을 제(개)정하는 것이다.

국회는 정부나 국회의원이 제안한 법률안을 심의 확정하고, 행정부는 법률에 따라 시행령과 시행규칙 등을 마련하여 집행하게 된다. 이때 법률이란 사회적 약속을 글로 명문화하는 것인데, 하나의 법률을 제(개)정할 때는 반드시 그 법률에 관련된 이해 당사자들이 있게 마련이다. 따라서 국회는 지역주민의 의사를 대표하는 지역구(선출직)국회의원과 각계각층의 이해를 대변하는 전국구(비선출직, 비례대표제)의원으로 구성하여 최대한 국민의 의사를 공정하게 수렴하기 위해 노력하는 것이다. 둘째, 행정부를 감시하는 역할을 한다. 우리나라는 국민이 직접 행정부를 감시하는 기능을 가지지 못하고 있기 때문에, 국민을 대신하여 행정부의 기능을 감시하는 역할을 국회가 담당하고 있다. 지난 13대 국회부터 부활된 '국정감사'나 사회적 관심이 높은 사건에 대한 '국정조사' 혹은 '청문회' 등이 대표적인 감시제도라 하겠다. 셋째 국가의 살림살이인 예산을 심의, 확정한다. 국민의 각종 세금으로 운영되는 예산의 제정권은 행정부에 있지만, 이를 심의 의결하는 기능은 국회에 있다. 따라서 국회는 국민의 세금으로 운영되는 '일반회계', 특정한 목적을 수행하기 위해 운영되는 '특별회계' 등과 각종 기금 등에 대해 매년 예산을 확정하여 수십조 원에 달하는 예산이 나라의 발전과 국민의 복리증진에 제대로 사용될 수 있도록 하는 일을 수행한다. 넷째 국가와 사회, 정부와 국민을 연결시키는 대표기능을 수행한다. 원래 민주정치는 직접민주주의가 최선이다. 그러나 사회구성원이 많아지고 사회가 고도화될수록 직접민주주의를 행하기가 어려워지기 때문에, 국민은 자신의 의사를 대변할 사람을 선출하여 대의정치를 하게 된다. 의원은 자신의 속한 정당, 지역, 계층, 직능의 이익을 실현하기 위해 노력하는데, 이것이 곧 국가와 사회를 연결시키는 과정이 된다. 다섯째 정치체제의 안정과 유지에 기여하는 체제유지 기능이 있다. 어느 사회건 사회 내의 지역 간, 계급 간, 계층 간 이념적 갈등이 존재하기 마련이다. 그런데 이러한 갈등이 정당한 통로를 통해 표현될 수 없을 때에는 대개 폭발적인 형태로 나타나게 된다. 우리나라의 경우 87년 6월 민주항쟁이 그 대표적인 경우이고 거슬러 올라가면 60년 4.19혁명이나 79년 부마항쟁, 80년 광주민주항쟁 등을 들 수 있다. 국회는 이와 같은 갈등을 의회에 수렴하여 다수의견뿐 아니라 소수의견까지도 포괄해 냄으로써 사회적 갈등을 해소하고 일체감을 유지할 수 있게 하는 것이다.

국회의원은 1개 이상의 상임위원회에 참여하여 소관 행정부처와 연관된 입법활동 및 감시활동, 혹은 국민의 청원심사 활동을 벌인다. 또한 정당에 소속된 의원의 경우에는 자신이 소속된 정당이 다수당(집권당)이 되기 위한 각종의 정치활동을 전개한다. 각종 선거 때에는 자기 당의 후보를 당선시키기 위해 혼신의 힘을 다하는 것이다. 더불어 지역구 출신 의원의 경우에는 지역주민의 의사를 반영하고 전달하기 위한 지역구 활동을 한다. 늘 지역주민과 접촉하면서 그들의 의견을 경청하고 또 필요한 도움을 주는 '심부름꾼'의 역할을 충실히 해야 하는 것이다. 또 정책을 잘 수립하기 위해서 각종 사회적 문제에 대한 조사, 연구, 실천 활동을 전개한다. 이러한 활동은 매우 범위가 넓고 많은 것이어서 국회의원은 보통 쉴 틈이 없는 바쁜 일정 속에서 움직이게 되며, 그만큼 커다란 보람을 느낄 수 있다. 국회의원은 국회 전반에 관한 일을 하고 있다고 보아도 과언이 아니다.

ⓐ 국정운영 피그말리온 효과

모든 국회의원들은 국정운영에 있어 피그말리온 효과를 경험할 수 있어야 한다.

피그말리온 효과란, 로젠탈효과, 자성적 예언, 자기충족적 예언이라고도 한다. 그리스신화에 나오는 조각가 피그말리온의 이름에서 유래한 심리학 용어이다. 조각가였던 피그말리온은 아름다운 여인상을 조각하고, 그 여인상을 진심으로 사랑하게 된다. 여신(女神) 아프로디테((로마신화의 비너스)는 그의 사랑에 감동하여 여인상에게 생명을 주었다. 이처럼 타인의 기대나 관심으로 인하여 능률이 오르거나 결과가 좋아지는 현상을 말한다.

심리학에서는 타인이 나를 존중하고 나에게 기대하는 것이 있으면 기대에 부응하는 쪽으로 변하려고 노력하여 그렇게 된다는 것을 의미한다. 특히 교육심리학에서는 교사의 관심이 학생에게 긍정적인 영향을 미치는 심리적 요인이 된다는 것을 말한다.

1968년 하버드대학교사회심리학과 교수인 로버트 로젠탈(Robert Rosenthal)과 미국에서 20년 이상 초등학교 교장을 지낸 레노어 제이콥슨(Lenore Jacobson)은 미국 샌프란시스코의 한 초등학교에서 전교생을 대상으로 지능검사를 한 후 검사 결과와 상관없이 무작위로 한 반에서 20% 정도의 학생을 뽑았다. 그 학생들의 명단을 교사에게 주면서 '지적 능력이나 학업성취의 향상 가능성이 높은 학생들'이라고 믿게 하였다.

8개월 후 이전과 같은 지능검사를 다시 실시하였는데, 그 결과 명단에 속한 학생들은 다른 학생들보다 평균 점수가 높게 나왔다. 뿐만 아니라 학교 성적도 크게 향상되었다. 명단에 오른 학생들에 대한 교사의 기대와 격려가 중요한 요인이었다.

이 연구결과는 교사가 학생에게 거는 기대가 실제로 학생의 성적 향상에 효과를 미친다는 것을 입증하였다. 정치를 함에 있어서도 국가발전을 위하고 국민을 위할 수 있는 피그말리온 효과를 줄 수 있어야 한다.

ⓑ 국정운영 로고데라피효과

사람들에게 삶의 과업에 대해 보다 충분한 의식을 가질 수 있도록 일깨워 주어 의미를 찾아 질환을 극복할 수 있는 능력을 가지게 해주는 치료법 중에 고데라피(Logotherapy)라는 것이 있다. 로고데라피는 오스트리아 정신과 의사 빅터 프랭클(Victor E. Frankl)이 아우슈비츠의 수용소 생활에서 살아남은 뒤 살아가는 의미를 아는 사람은 어떠한 악조건이나 상황, 질병도 이겨낼 수 있다는 것을 강조한 치료법이다. 빅터 프랭클은 저서 《죽음의 수용소에서 실존주의로》에서 로고데라피에 대해 실제 임상치료 예를 들어 설명하고 있다. 로고스(logos)는 '의미'를 뜻하는 그리스어로 로고데라피는 인간 실존의 의미와 더불어 그러한 의미를 찾으려는 인간의 의지에 초점을 맞춘다. 인간은 그의 이상과 가치를 위해 살 수도, 죽을 수도 있는 존재이다. 사람에겐 삶을 위하여 '무엇인가 뜻있는 것(의미)'이 필요하다. 나치의 강제수용소에서도 자기가 해야 할 일이 있음을 알고 있던 사람들만이 끝까지 살아남을 수 있었다. 빅터 프랭클이 아우슈비츠의 강제수용소로 이송되었을 때 출판하려고 했던 원고를 몰수당해 그 원고를 다시 써야겠다는 강렬한 욕구가 수용소의 혹독한 환경에서 살아남을 수 있도록 도와주었다. 누구나 이미 성취한 것과 앞으로 달성해야 하는 것, 현재 어떤 사람인가 하는 것과 미래에 어떤 사람이 될 것인가의 차이에서 오는 긴장을 유지해야 한다. 삶에 가치가 있음을 느끼지 못하는 실존적 공허는 자유시간에 무엇을 해야 할지 모르는 권태를 가져오고, 자살은 흔히 그 실존적 공허가 원인이 된다.

로고데라피의 절대적인 명제는 '인생을 이미 두 번째 살고 있는 것처럼 살아가라. 그리고 첫 번째 인생은 지금 막 하려고 하는 행동만큼이나 형편없이 행동했던 것처럼 살아라'는 것이다. 삶 속에 존재하는 의미를 발견하는 방법은 ① 행위를 함으로써 ② 가치를 체험함으로써 ③ 고통을 받아들임으로써이다. 고통의 잠재적 의미까지 포함하기 때문에 삶의 의미는 절대적이다. 고통의 의미를 확신하면 기꺼이 그것을 받아들일 수 있다. 의미를 찾고자 하는 의지만 있으면 삶의 마지막 순간까지 자기 자신을 책임지고 살 수 있다. 정치인인 국회의원들도 이렇게 국민들에게 의미를 주어야 한다.

국회의원의 권리와 의무를 망각해서는 안 된다. 권리와 의무를 요약하면 다음과 같다.

국회의원은 국민 전체의 대표이자 회의체 구성원으로서 국회의 의사형성에 적극적으로 참가하여야 할 책무를 지며, 그 직책을 충분히 수행하기 위하여 발언·표결의 자유와 불체포특권 및 상당한 세비(歲費)와 기타 편익을 받을 권리를 인정받고 있다. 이는 국회의원이 여러 가지 이해나 편견에 사로잡히는 일 없이 자유롭게 활동할 수 있는 자주성·독립성을 확보하기 위하여 인정되고 있다.

불체포특권: 헌법 제44조에 의하면 "국회의원은 현행범인인 경우를 제외하고는 회기 중 국회의 동의 없이 체포 또는 구금되지 아니한다. 국회의원이 회기 전에 체포 또는 구금된 때는 현행범인이 아닌 한 국회의 요구가 있으면 회기 중 석방된다"라고 규정되어 있다. 이 불체포특권은 영국에서 그 유래를 찾아볼 수 있는데, 영국에서는 16세기 후반에 성문법으로 인정된 것으로 이는 전제군주의 대권에 대항하여 획득한 의원과 국회의 특권이라고 하겠다. 이것이 근대에 와서 미국헌법에 명문으로 규정되어 각국 헌법에 보급되었다. 이와 같은 불체포특권은 행정부의 불법한 억압으로부터 국회의 자율적인 자유활동을 보장하기 위하여 인정된 것이므로, 의원의 범죄행위에 대한 책임면제가 아니고 행정부에 의한 부당한 체포·구금으로부터 자유로운 국회기능을 보장하는 것이 그 목적이다. 그만큼 소신 있게 일하라는 것이다.

면책특권: 헌법 제45조는 "국회의원은 국회에서 직무상 행한 발언과 표결에 관하여 국회 외에서 책임을 지지 아니한다"라고 규정하여 의원의 발언·표결의 면책특권을 인정하고 있다. 이때의 발언은 국회의원의 직무상 행하는 모든 의사표시를 의미하고, 여기에는 토론·연설·질문·사실의 진술 등이 포함되며, 표결이라 함은 의제에 관하여 찬부의 의사를 표시하는 것을

말한다. 그리고 국회 외에서 책임을 지지 아니한다는 것은 일반국민이 당연히 지는 법적 책임, 즉 민법상・형사상의 책임을 지지 않는다는 의미이다.

이러한 면책특권은 일찍이 1689년 영국의 권리장전에서 그 기원을 찾아볼 수 있으나, 미국헌법에 와서 비로소 의원의 특권으로 인정하게 되었다. 오늘날에는 세계 각국이 헌법으로 규정하였다. 이것은 국회가 정부에 대한 정책통제기관으로서의 기능을 다하고 국민의 대표자로서 공정한 입법 및 민의의 충실한 반영을 다할 수 있게 하기 위하여 국회의원이 자유롭게 직무를 수행하는 것을 보장하기 위한 것이다.

세비와 기타 편익을 받을 권리: 국회의원은 상당한 보수와 여비를 받으며(국회법 30조). 무료로 국유의 철도・선박과 항공기를 승용할 수 있다(국회법 31조). 이와 같은 의원의 세비는 그 직무를 수행하는 의원에 대한 보수로서 의원 개인과 그 가족의 생계를 유지하기 위하여 국고에서 지급되는 급여의 성격을 가지는 것으로 볼 수 있다.

이 외에도 전 국민의 대표자인 국회의원이 그 직책을 충분히 수행하기 위해서는 자유로운 언어활동이 보장되어야 하므로, 국회법은 이를 보장하기 위하여 국회의 활동에 참가할 권리를 인정하고 있다.

발의권: 의원의 발의권은 국회의 의제로 될 수 있는 의안을 제출할 수 있는 권리를 말한다. 국회는 20인 이상의 의원의 찬성으로 의안을 발의할 수 있다. 국회의원은 법률안제출권(52조)・헌법개정안제출권(128조 1항)・탄핵소추발의권(65조 1항) 및 의안발의권(국회법 74조) 등을 가지나 예산안・조약안의 발의권은 없다.

질문권: 의원은 정부에 대하여 질문할 수 있는 권리를 가진다. 질문이란

국무총리·국무위원 및 정부위원에 대한 질문을 말하며, 이에는 서면으로 하는 일반질문과 구두로 하는 긴급질문이 있다.

질의권: 의원은 현재 의제가 되어 있는 의안에 대하여 위원장·발의자·국무위원·정부위원에 대하여 의의(疑義)를 물을 수 있다. 이를 질문과 구별하여 질의라 한다.

토론권: 의원은 의제가 되어 있는 의안에 대하여 찬반의 토론을 할 수 있다(국회법 99조). 토론하고자 하는 의원은 미리 반대 또는 찬성의 의사를 의장에게 통지하여야 한다.

표결권: 의원은 본회의·위원회 등에 있어서 표결에 참가할 권리가 있으며, 표결의 자유는 특히 헌법이 보장하고 있다. 그러나 정당국가적 의회에 있어서는 의원의 표결은 대체로 정당의 지시에 따르는 관례가 있으나, 법적으로는 표결의 자유는 보장된다.

자율권: 그 밖에 의원은 의장·부의장의 선거(국회법 15조)·임시국회의 소집요구(47조)·의사규칙의 제정(64조 1항) 등 자율권을 가진다.

이상과 같은 각종의 특권과 권리를 가지는 반면 여기에 따라서 일반공무원이 부담하는 의무와는 구별되는 특수한 의무를 지고 있다. 헌법상의 의무로는, ① 청렴·국익우선의 의무, ② 지위남용의 금지, ③ 법률이 정한 바에 따른 겸직금지 등을 들 수 있으며, 국회법상의 의무를 보면 의원은 국회 본회의와 위원회에 출석하여야 하며, 회의에 있어서 의사에 관한 법령규칙을 준수하고, 회의장의 질서를 문란하게 하거나 국회의 위신을 손상시킬 수 없으며, 다른 의원을 모독하거나 언론을 방해할 수 없고 의원의 질서유지에 관한 명령에 복종하여야 한다. 의원이 이러한 의무를 이행하지 않으면 국회의결로써 징계할 수 있다. 의원의 징계에 대해서는 사법 심사를 할 수 없다. 국회의원의 권리와 의무를 망각해서는 안 되며, 또한 임기 초에 실시하는 국회의원 선서를 명심해야 할 것이다.

""나는 헌법을 준수하고 국민의 자유와 복리의 증진 및 조국의 평화적 통일을 위하여 노력하며, 국가이익을 우선으로 하여 국회의원의 직무를 양심에 따라 성실히 수행할 것을 국민 앞에 엄숙히 선서합니다.

국회의원은 거저 되는 것이 아니다. 많은 노력과, 국민에 대한 사랑, 지역에 대한 애착감, 봉사정신이 있는 사람을 뽑아야 하고 그런 사람이 나와야 한다.

단순하게 권력에 눈이 멀거나, 명예심으로 나와 국민을 등에 업고 등치는 사람들이 되어서는 안 된다.

소신 있고, 신의 성실한 국회의원이 되어야 이 나라가 잘 사는 나라가 될 것이며 더불어 함께하는 공동체가 되어 세계에 빛날 것이다. 이에 함부로 국회의원이 되려고 하지 말 것이며, 만약에 국회의원의 길을 걷고자 한다면 인품과 덕성, 지성이 겸비한 사람으로 거듭난 후에 이 일에 임하여야 할 것이다.

국민은 그런 지도자를 원한다. 살아 있는 지도자, 꿈과 비전을 주는 지도자, 생동하는 지도자를 원한다는 점을 기억하여야 할 것이다.

국회의원은 나라의 대표자들인 동시에 국민의 대표자란 점도 기억하자.

국민이 무슨 소원을 가지고 있고, 어떠한 일을 처리해 주었으면 하는지를 파악하는 발로 뛰고, 땀으로 일하는 사람이 이 시대에는 필요하다.

국회법

국회법의 법조문을 살펴보면 다음과 같다. 아래는 법조문을 나열한 것입니다.

第1章 總則

第1條 (目的) 이 法은 國會의 組織·議事 기타 필요한 사항을 規定함으로써 國民의 代議機關인 國會의 民主的이고 효율적인 운영에 기여함을 目的으로 한다.

第2條 (당선통지 및 登錄)
① 中央選擧管理委員會委員長은 國會議員當選人이 決定된 때에는 그 名單을 즉시 國會에 통지하여야 한다.
② 國會議員當選人은 當選人으로 決定된 후 當選證書를 國會事務處에 제시하고 登錄하여야 한다.

〔전문개정 1994.6.28〕

第3條 (議席配定) 國會議員(이하 "議員"이라 한다)의 議席은 議長이 각 交涉團體代表議員과 協議하여 이를 정한다. 다만, 協議가 이루어지지 아니할 때에는 議長이 暫定的으로 이를 정한다. 〈개정 1994.6.28〉

第4條 (定期會) 定期會는 매년 9月 1日에 集會한다. 그러나 그 날이 公休日인 때에는 그다음 날에 集會한다. 〈개정 2000.2.16〉

第5條 (臨時會)
① 臨時會의 集會要求가 있을 때에는 議長은 集會期日 3日 전에 公告한다. 이 경우 2이상의 集會要求가 있을 때에는 集會日이 빠른 것을 公告하되, 集會日이 같은 때에는 그 要求書가 먼저 제출된 것을 公告한다. 〈개정 2000.2.16〉
② 議長은 第1項의 規定에 불구하고 內憂·外患·天災·地變 또는 중대한 財政·經濟上의 危機, 國家의 安危에 관계되는 중대한 交戰狀態나 戰時·事變 또는 이에 준하는 國家非常事態에 있어서는

集會期日 1日 전에 公告할 수 있다. 〈신설 2000.2.16〉

③ 國會議員總選擧후 최초의 臨時會는 議員의 任期開始후 7日에 集會하며, 처음 選出된 議長의 任期가 만료되는 때가 閉會 중인 경우에는 늦어도 임기만료일 전 5일까지 集會한다. 그러나 그날이 公休日인 때에는 그다음 날에 集會한다. 〈개정 1994.6.28, 2003.2.4〉

第5條의2 (年間 國會運營基本日程 등)

① 議長은 國會의 年中 상시운영을 위하여 각 交涉團體代表議員과의 協議를 거쳐 매년 12月 31日까지 다음 年度의 國會運營基本日程을 정하여야 한다. 다만, 國會議員總選擧후 처음 구성되는 國會의 당해年度의 國會運營基本日程은 6月 30日까지 정하여야 한다.

② 第1項의 年間 國會運營基本日程은 다음 各號의 기준에 따라 작성한다. 〈개정 2005.7.28〉

1. 매 짝수月(8月・10月 및 12月을 제외한다) 1日(그날이 公休日인 때에는 그다음 날)에 臨時會를 集會한다. 다만, 國會議員總選擧가 있는 月의 경우에는 그러하지 아니하다.
2. 定期會의 會期는 100日로, 第1號의 規定에 의한 臨時會의 會期는 30日로 한다.
3. 제1호의 규정에 의한 임시회의 회기 중 1주(週)는 제122조의2의 규정에 따라 정부에 대하여 질문을 행한다.

〔전문개정 2000.2.16〕

第5條의3 (法律案提出計劃의 통지) 政府는 부득이한 경우를 제외하고는 매년 3月 31日까지 당해年度에 제출할 法律案에 관한 計劃을 國會에 통지하여야 한다. 그 計劃을 변경한 때에는 分期別로 주요사항을 國會에 통지하여야 한다.

〔본조신설 2000.2.16〕

第6條 (開會式) 國會는 集會日에 開會式을 행한다. 다만, 臨時會의 경우에는 開會式을 생략할 수 있다. 〈개정 2000.2.16〉

第2章 國會의 會期와 休會

第7條 (會期)

① 國會의 會期는 議決로 이를 정하되, 議決로 延長할 수 있다.

② 國會의 會期는 集會 후 즉시 이를 정하여야 한다.

第8條 (休會)

① 國會는 議決로 期間을 정하여 休會할 수 있다.

② 국회는 休會 중이라도 大統領의 요구가 있을 때, 議長이 긴급한 필요가 있다고 인정할 때 또는 在籍議員 4分의 1이상의 요구가 있을 때에는 會議를 再開한다. 〈개정 2003.2.4〉

第3章 國會의 機關과 經費

第9條 (議長·副議長의 任期)

① 議長과 副議長의 任期는 2年으로 한다. 다만, 國會議員總選擧 후 처음 選出된 議長과 副議長의 任期는 그 選出된 날부터 開始하여 議員의 任期開始 후 2年이 되는 날까지로 한다.

② 補闕選擧에 의하여 당선된 議長 또는 副議長의 任期는 前任者의 殘任期間으로 한다.

〔전문개정 1994.6.28〕

第10條 (議長의 職務) 議長은 國會를 代表하고 議事를 整理하며, 秩序를 유지하고 사무를 監督한다.

第11條 (議長의 委員會出席과 發言) 議長은 委員會에 출석하여 發言할 수 있다. 그러나 表決에는 참가할 수 없다.

第12條 (副議長의 議長職務代理)

① 議長이 事故가 있을 때에는 議長이 지정하는 副議長이 그 職務를 代理한다.

② 議長이 心神喪失 등 부득이한 사유로 의사표시를 할 수 없게 되어 職務代理者를 지정할 수 없는 때에는 所屬議員數가 많은 交涉團體所屬인 副議長의 순으로 議長의 직무를 대행한다. 〈신설 2002.3.7〉

第13條 (臨時議長) 議長과 副議長이 모두 事故가 있을 때에는 臨時議長을 選出하여 議長의 職務를 代行하게 한다.

第14條 (事務總長의 議長職務代行) 國會議員總選擧 후 議長이나 副議長이 選出될 때까지의 臨時會의 集會公告에 관하여는 事務總長이 議長의 職務를 代行한다. 최초로 選出된 議長과 副議長의 任期滿了日까지 부득이한 사유로 議長이나 副議長을 選出하지 못한 때에도 또한 같다. 〈개정 2000.2.16〉

第15條 (議長·副議長의 選擧)

① 議長과 副議長은 國會에서 無記名投票로 選擧하되 在籍議員 過半數의 得票로 當選된다.

② 第1項의 選擧는 國會議員總選擧 후 最初集會日에 실시하며, 처음 選出된 議長 또는 副議長의 任期가 만료되는 때에는 그 任期滿了日 전 5日에 실시한다. 그러나 그날이 公休日인 때에는 그다음 날에 실시한다. 〈개정 1994.6.28〉

③ 第1項의 得票者가 없을 때에는 2次投票를 하고, 2次投票에도 第1項의 得票者가 없을 때에는 最高得票者가 1人이면 最高得票者와 次點者에 대하여, 最高得票者가 2人 이상이면 最高得票者에 대하여 決選投票를 하되, 在籍議員過半數의 출석과 出席議員 多數得票者를 當選者로 한다. 〈개정 2000.2.16〉

第16條 (補闕選擧) 議長 또는 副議長이 闕位된 때나 議長과 副議長이 모두 闕位된 때에는 지체 없이 補闕選擧를 실시한다.

第17條 (臨時議長의 選擧) 臨時議長은 無記名投票로 選擧하되 在籍議員 過半數의 출석과 出席議員 다수득표자를 當選者로 한다. 〈개정 2003.2.4〉

第18條 (議長 등 選擧時의 議長職務代行) 議長 등 選擧에 있어서 다음 各號의 1에 해당될 때에는 出席議員 중 最多選議員이, 最多選議員이 2人 이상인 경우에는 그중 年長者가 議長의 職務를 代行한다. 〈개정 1997.1.13, 2000.2.16〉

1. 國會議員總選擧 후 최초의 集會에서 議長과 副議長을 選擧할 때
2. 第15條第2項의 規定에 의하여 처음 選出된 議長 또는 副議長의 任期가 만료되는 때 그 任期滿了日 전 5日에 議長과 副議長의 選擧가 실시되지 못하여 그 任期滿了 후 議長과 副議長을 選擧할 때
3. 議長과 副議長이 모두 闕位되어 그 補闕選擧를 할 때
4. 議長 또는 副議長의 補闕選擧에 있어서 議長과 副議長이 모두 事故가 있을 때
5. 議長과 副議長이 모두 事故가 있어 臨時議長을 選擧할 때

第19條 (議長·副議長의 辭任) 議長과 副議長은 國會의 同意를 얻어 그 職을 辭任할 수 있다.

第20條 (議長·副議長의 兼職制限)

① 議長과 副議長은 특히 法律로 정한 경우를 제외하고는 議員 외의 職을 겸할 수 없다.

② 다른 職을 겸한 議員이 議長 또는 副議長으로 當選된 때에는 當選된 날에 그 職에서 解職된 것으로 본다.

제20조의2 (의장의 당적보유금지)

① 의원이 의장으로 당선된 때에는 당선된 다음 날부터 그 직에 있는 동안은 당적을 가질 수 없다. 다만, 국회의원총선거에 있어서 공직

선거 및 선거부정방지법 제47조의 규정에 의한 정당추천후보자로 추천을 받고자 하는 경우에는 의원 임기만료일 전 90일부터 당적을 가질 수 있다.

② 제1항 본문의 규정에 의하여 당적을 이탈한 의장이 그 임기를 만료한 때에는 당적을 이탈할 당시의 소속정당으로 복귀한다.

〔본조신설 2002.3.7〕

第21條 (國會事務處)

① 國會의 立法·豫算決算審査 등의 活動을 지원하고 行政事務를 처리하기 위하여 國會에 事務處를 둔다. 〈개정 1994.6.28〉

② 國會事務處에 事務總長 1人과 기타 필요한 公務員을 둔다.

③ 事務總長은 議長이 각 交涉團體代表議員과의 協議를 거쳐 本會議의 승인을 얻어 任免한다.

④ 事務總長은 議長의 監督을 받아 國會의 사무를 統轄하고 所屬公務員을 指揮·監督한다.

⑤ 國會事務處는 國會의 立法 및 豫算決算審査 등의 活動을 지원함에 있어 議員 또는 委員會의 요구가 있는 경우 필요한 資料 등을 제공하여야 한다. 〈신설 1994.6.28, 2005.7.28〉

⑥ 第5項에서 規定한 사항과 관련하여 事務總長 또는 事務總長이 지정하는 所屬公務員은 委員會의 요구에 응하여 해당 委員會에서 보고·說明할 수 있으며, 事務總長은 議長의 許可를 얻어 필요한 資料의 제공을 政府·行政機關 기타에 대하여 요청할 수 있다. 〈신설 1994.6.28〉

⑦ 이 法에 정한 외에 國會事務處에 관하여 필요한 사항은 따로 法律로 정한다.

第21條의2

〔종전 제21조의2는 제22조의2로 이동〈1995.3.3〉〕

第22條 (國會圖書館)

① 國會의 圖書 및 立法資料에 관한 業務를 처리하기 위하여 國會圖書館을 둔다.

② 國會圖書館에 圖書館長 1人과 기타 필요한 公務員을 둔다.

③ 圖書館長은 議長이 國會運營委員會의 同意를 얻어 任免한다.

④ 圖書館長은 國會立法活動을 지원하기 위하여 圖書 기타 圖書館資料의 蒐集·整理·보존 및 圖書館奉仕를 행한다.

⑤ 이 法에 정한 외에 國會圖書館에 관하여 필요한 사항은 따로 法律로 정한다.

▤ 제22조의2 (국회예산정책처)
① 국가의 예산결산·기금 및 재정운용과 관련된 사항에 관하여 연구·분석·평가하고 의정활동을 지원하기 위하여 국회예산정책처를 둔다.
② 국회예산정책처에 처장 1인과 필요한 공무원을 둔다.
③ 처장은 의장이 국회운영위원회의 동의를 얻어 임면한다.
④ 이 법에서 정한 사항 외에 국회예산정책처에 관하여 필요한 사항은 따로 법률로 정한다.

〔본조신설 2003.7.18〕

▤ 第23條 (國會의 經費)
① 國會의 經費는 獨立하여 國家豫算에 이를 計上한다.
② 의장은 국회소관예산요구서를 작성하여 국회운영위원회의 심사를 거쳐 정부에 제출한다. 다만, 예산회계법에서 정한 예산요구서 제출기일 전일까지 국회운영위원회가 국회소관예산요구서의 심사를 마치지 못한 경우에는 의장은 직접 국회소관예산요구서를 정부에 제출할 수 있다. 〈개정 2003.2.4〉
③ 第1項의 豫算 중에는 豫備金을 둔다.
④ 國會의 豫備金은 事務總長이 管理하되, 國會運營委員會의 同意와 議長의 승인을 얻어 支出한다. 다만, 閉會 중일 때에는 議長의 승인으로 支出하고 다음 會期初에 國會運營委員會에 보고한다.
⑤ 政府가 豫算會計法 第29條의 規定에 의한 國會所管歲出豫算要求額의 削減에 대하여 의견을 구하고자 할 때에는 그 削減內容 및 사유를 기재하여 國務會議 7日 전까지 이를 議長에게 송부하여야 한다. 〈신설 2000.2.16〉
⑥ 議長은 第5項의 規定에 의한 송부가 있은 때에는 그 削減內容에 대한 의견서를 당해國務會議 1日 전까지 政府에 송부한다. 〈신설 2000.2.16〉

第4章 議員

▤ 第24條 (宣誓) 議員은 任期初에 國會에서 다음의 宣誓를 한다.
"나는 憲法을 준수하고 國民의 自由와 福利의 增進 및 祖國의 平和的 統一을 위하여 노력하며, 國家利益을 우선으로 하여 國會議員의 職務를 良心에 따라 성실히 수행할 것을 國民 앞에 엄숙히 宣誓합니다."

▤ 第25條 (品位維持의 義務) 議員은 議員으로서의 品位를 유지하여야 한다.

第26條 (逮捕同意要請의 節次)

① 議員을 逮捕 또는 拘禁하기 위하여 國會의 同意를 얻으려고 할 때에는 管轄法院의 判事는 令狀을 발부하기 전에 逮捕同意要求書를 政府에 제출하여야 하며, 政府는 이를 受理한 후 지체 없이 그 寫本을 첨부하여 國會에 逮捕同意를 요청하여야 한다.

② 의장은 제1항의 규정에 따른 체포동의를 요청받은 후 처음 개의하는 본회의에 이를 보고하고, 본회의에 보고된 때부터 24시간 이후 72시간 이내에 표결한다. 〈신설 2005.7.28〉

第27條 (議員逮捕의 통지) 政府는 逮捕 또는 拘禁된 議員이 있을 때에는 지체 없이 議長에게 令狀의 寫本을 첨부하여 이를 통지하여야 한다. 拘束期間의 延長이 있을 때에도 또한 같다.

第28條 (釋放要求의 節次) 議員이 逮捕 또는 拘禁된 議員의 釋放要求를 發議할 때에는 재적의원 4분의 1 이상의 連署로 그 이유를 첨부한 要求書를 議長에게 제출하여야 한다. 〈개정 2005.7.28〉

第29條 (兼職)

① 議員은 政治活動 또는 兼職을 금지하는 다른 法令의 規定에 불구하고 다음 各號의 1에 해당하는 職을 제외한 다른 職을 겸할 수 있다. 〈개정 1994.6.28, 2003.2.4, 2004.12.31, 2005.7.28〉

1. 國家公務員法 第2條에 規定된 國家公務員과 地方公務員法 第2條에 規定된 地方公務員. 다만, 國家公務員法 제3조제3항의 規定에 의하여 政治運動이 허용되는 公務員은 제외한다.
2. 大統領·憲法裁判所裁判官·各級選擧管理委員會委員·地方議會議員
3. 다른 法令의 規定에 의하여 公務員의 身分을 가지는 職
4. 政府投資機關管理基本法 第2條에 規定된 政府投資機關(韓國銀行을 포함한다)의 任·職員
5. 農業協同組合·수산업협동조합법에 의한 조합과 중앙회의 任·職員
6. 政黨法 第6條 但書의 規定에 의하여 政黨의 黨員이 될 수 없는 教員

② 議員이 當選 전부터 第1項의 兼職이 금지된 職을 가진 경우에는 任期開始日에 그 職에서 解職된다.

③ 政黨法 第6條의 規定에 의하여 政黨의 黨員이 될 수 있는 教員이 議員으로 當選된 때에는 任期 중 그 教員의 職은 休職된다. 〈개정 1994.6.28〉

④ 議員이 當選 전부터 다른 職을 가진 경우에는 任期開始 후 1月 이내에, 任期 중에 다른 職에 就任한 경우에는 就任 후 15日 이내에 議長

에게 書面으로 申告하여야 한다.

⑤ 議長은 議員이 다른 職을 겸하는 것이 第25條의 規定에 위반된다고 인정될 때에는 그 겸한 職을 辭任할 것을 勸告할 수 있다.

第30條 (手當·旅費) 議員은 따로 法律이 정하는 바에 의하여 手當과 旅費를 받는다.

第31條 (交通機關利用) 議員은 國有의 鐵道·船舶과 航空機에 無料로 乘用할 수 있다. 다만, 閉會 중에는 公務의 경우에 한한다.

第32條 (請暇 및 缺席)

① 議員이 事故로 인하여 國會에 출석하지 못하게 되거나 못한 때에는 請暇書 또는 缺席屆를 議長에게 제출하여야 한다.

② 議員이 請暇書를 제출하여 議長의 許可를 받거나 정당한 사유로 缺席하여 缺席屆를 제출한 경우 외에는 國會議員手當등에관한法律의 規定에 의한 特別活動費에서 그 缺席한 會議日數에 상당하는 금액을 減額한다. 〈신설 1994.6.28〉

③ 第1項의 請暇 및 缺席에 관하여 필요한 사항은 國會規則으로 정한다.

第5章 交涉團體·委員會와 委員

第33條 (交涉團體)

① 國會에 20人 이상의 所屬議員을 가진 政黨은 하나의 交涉團體가 된다. 그러나 다른 交涉團體에 속하지 아니하는 20人 이상의 議員으로 따로 交涉團體를 구성할 수 있다.

② 交涉團體의 代表議員은 그 團體의 所屬議員이 連署·捺印한 名簿를 議長에게 제출하여야 하며, 그 所屬議員에 異動이 있거나 所屬政黨의 變更이 있을 때에는 그 사실을 지체 없이 議長에게 보고하여야 한다. 다만, 특별한 사유가 있을 때에는 당해 議員이 關係書類를 첨부하여 이를 보고할 수 있다. 〈개정 1994.6.28〉

③ 어느 交涉團體에도 속하지 아니하는 議員이 黨籍을 취득하거나 所屬政黨을 變更한 때에는 그 사실을 즉시 議長에게 보고하여야 한다.

第34條 (交涉團體政策研究委員)

① 交涉團體所屬議員의 立法活動을 補佐하기 위하여 交涉團體에 政策研究委員을 둔다.

② 政策研究委員은 당해 交涉團體代表議員의 提請에 따라 議長이 任

免한다.

③ 政策硏究委員은 別定職公務員으로 하고, 그 人員·資格·任免節次·職級 등에 관하여 필요한 사항은 國會規則으로 정한다.

第35條 (委員會의 종류) 國會의 委員會는 常任委員會와 特別委員會의 2種으로 한다.

第36條 (常任委員會의 職務) 常任委員會는 그 所管에 속하는 議案과 請願 등의 審査 기타 法律에서 정하는 職務를 행한다.

第37條 (常任委員會와 그 所管)

① 常任委員會와 그 所管은 다음과 같다. 〈개정 1998.3.18, 2000.2.16, 2002.3.7, 2003.2.4, 2003.7.18, 2005.7.28〉

1. 國會運營委員會
   가. 國會運營에 관한 사항
   나. 國會法 기타 國會規則에 관한 사항
   다. 國會事務處所管에 속하는 사항
   라. 國會圖書館所管에 속하는 사항
   마. 국회예산정책처소관에 속하는 사항
   바. 대통령비서실소관에 속하는 사항
   사. 대통령경호실소관에 속하는 사항
2. 法制司法委員會
   가. 法務部所管에 속하는 사항
   나. 法制處所管에 속하는 사항
   다. 監査院所管에 속하는 사항
   라. 憲法裁判所事務에 관한 사항
   마. 法院·軍事法院의 司法行政에 관한 사항
   바. 국가인권위원회소관에 속하는 사항
   사. 국가청렴위원회소관에 속하는 사항
   아. 彈劾訴追에 관한 사항
   자. 法律案·國會規則案의 體系·形式과 字句의 審査에 관한 사항
3. 政務委員會
   가. 國務總理室所管에 속하는 사항
   나. 國家報勳處所管에 속하는 사항
   다. 公正去來委員會所管에 속하는 사항
   라. 金融監督委員會所管에 속하는 사항
4. 財政經濟委員會
   가. 財政經濟部所管에 속하는 사항
   나. 국민경제자문회의사무에 관한 사항
   다. 韓國銀行所管에 속하는 사항

5. 統一外交通商委員會
   가. 統一部所管에 속하는 사항
   나. 外交通商部所管에 속하는 사항
   다. 民主平和統一諮問會議事務에 관한 사항
6. 國防委員會
   가. 國防部所管에 속하는 사항
   나. 國家安全保障會議事務에 관한 사항
7. 行政自治委員會
   가. 行政自治部所管에 속하는 사항
   나. 중앙인사위원회소관에 속하는 사항
   다. 中央選擧管理委員會事務에 관한 사항
   라. 地方自治團體에 관한 사항
8. 教育委員會
   교육인적자원부처소관에 속하는 사항
9. 科學技術情報通信委員會
   가. 科學技術部所管에 속하는 사항
   나. 情報通信部所管에 속하는 사항
10. 文化觀光委員會
   가. 文化觀光部所管에 속하는 사항
   나. 國政弘報處所管에 속하는 사항
   다. 放送委員會所管에 속하는 사항
11. 農林海洋水産委員會
   가. 農林部所管에 속하는 사항
   나. 海洋水産部所管에 속하는 사항
12. 産業資源委員會
   가. 産業資源部所管에 속하는 사항
   나. 중소기업특별위원회소관에 속하는 사항
13. 保健福祉委員會
   保健福祉部所管에 속하는 사항
14. 環境勞動委員會
   가. 環境部所管에 속하는 사항
   나. 勞動部所管에 속하는 사항
15. 建設交通委員會
   建設交通部所管에 속하는 사항
16. 情報委員會
   가. 國家情報院所管에 속하는 사항
   나. 國家情報院法 第3條第1項第5號에 規定된 情報 및 保安業務의 企劃·調整 對象部處所管의 情報豫算案과 決算審査에 관한 사항

17. 여성가족위원회
여성가족부소관에 속하는 사항
② 議長은 어느 常任委員會에도 속하지 아니하는 사항은 國會運營委員會와 協議하여 所管常任委員會를 정한다.

第38條 (常任委員會의 委員定數) 常任委員會의 委員定數는 國會規則으로 정한다. 다만, 情報委員會의 委員定數는 12人으로 한다. 〈개정 1994.6.28〉

第39條 (常任委員會의 委員)
① 議員은 2이상의 常任委員會의 委員(이하 "常任委員"이라 한다)이 될 수 있다. 〈개정 1997.1.13, 2005.7.28〉
② 각 交涉團體의 代表議員은 國會運營委員會의 委員이 된다.
③ 議長은 常任委員이 될 수 없다.
④ 國務總理·國務委員·國務調整室長·處의 長, 行政各部의 次官 기타 國家公務員의 職을 겸한 議員은 常任委員을 辭任할 수 있다. 〈개정 1998.3.18〉

第40條 (常任委員의 任期)
① 常任委員의 任期는 2年으로 한다. 다만, 國會議員總選擧 후 처음 選任된 委員의 任期는 그 選任된 날부터 開始하여 議員의 任期開始 후 2年이 되는 날까지로 한다. 〈개정 1994.6.28〉
② 情報委員會의 委員은 第1項의 規定에 불구하고 議員의 任期 동안 在任한다. 〈신설 1994.6.28〉
③ 補任 또는 改選된 常任委員의 任期는 前任者의 殘任期間으로 한다. 〈개정 1990.6.29〉

제40조의 2 (상임위원의 직무관련 영리행위 금지) 상임위원은 소관 상임위원회의 직무와 관련한 영리행위를 하지 못한다.
〔본조신설 2005.7.28〕

第41條 (常任委員長)
① 常任委員會에 委員長(이하 "常任委員長"이라 한다) 1人을 둔다.
② 常任委員長은 第48條第1項 내지 第3項의 規定에 의하여 選任된 당해 常任委員 중에서 臨時議長選擧의 예에 準하여 國會의 會議(이하 "本會議"라 한다)에서 選擧한다. 〈개정 1994.6.28〉
③ 第2項의 選擧는 國會議員總選擧 후 最初集會日부터 3日 이내에 실시하며, 처음 選出된 常任委員長의 任期가 만료되는 때에는 그 任期滿了日까지 실시한다. 〈신설 1994.6.28〉
④ 常任委員長의 任期는 常任委員으로서의 任期와 같다.
⑤ 常任委員長은 本會議의 同意를 얻어 그 職을 辭任할 수 있다. 다

만, 閉會 중에는 議長의 許可를 받아 辭任할 수 있다.

第42條 (專門委員과 公務員)

① 委員會에 委員長 및 委員의 立法活動 등을 지원하기 위하여 議員 아닌 專門知識을 가진 委員(이하 "專門委員"이라 한다)과 필요한 公務員을 둔다. 委員會에 두는 專門委員과 公務員은 國會事務處法에서 정하는 바에 의한다. 〈개정 1994.6.28〉

② 위원회에 두는 전문위원과 공무원은 그 직무를 수행함에 있어서 정치적 중립성을 유지하여야 한다. 〈신설 2005.7.28〉

③ 專門委員은 事務總長의 提請으로 議長이 任命한다.

④ 專門委員은 委員會에서 議案과 請願 등의 審査, 國政監査, 國政調査 기타 所管事項과 관련하여 檢討報告 및 關聯資料의 蒐集·調査·硏究를 행한다. 〈신설 1994.6.28〉

⑤ 專門委員은 제4항의 職務를 수행함에 있어 필요한 資料의 제공을 政府·行政機關 기타에 대하여 요청할 수 있다. 이 경우 그 요청은 委員長의 許可를 얻어 委員長名義로 하여야 한다. 〈신설 1994.6.28, 2005.7.28〉

⑥ 專門委員은 委員會에서 發言할 수 있으며 本會議에서는 本會議議決 또는 議長의 許可를 받아 發言할 수 있다.

第43條 (專門家의 활용)

① 委員會는 그 議決로 중요한 案件 또는 專門知識을 요하는 案件의 審査와 관련하여 필요한 경우 당해 案件에 관하여 學識과 經驗이 있는 3人 이내의 專門家를 審査補助者로 위촉할 수 있다. 〈개정 2000.2.16〉

② 委員會가 第1項의 規定에 의하여 專門家를 審査補助者로 위촉하고자 할 때에는 委員長이 議長에게 이를 요청한다. 이 경우 議長은 豫算事情 등을 감안하여 그 人員 또는 위촉기간 등을 調整할 수 있다.

③ 第1項의 規定에 의하여 위촉된 審査補助者는 國家公務員法 第33條의 결격사유에 해당하지 아니하는 者여야 하며, 위촉된 업무의 성질에 반하지 아니하는 한 國家公務員法 第7章 服務에 관한 規定이 準用된다.

④ 위촉된 審査補助者에 대한 手當의 支給基準 기타 필요한 사항은 議長이 정한다.

〔본조신설 1991.5.31〕

第44條 (特別委員會)

① 國會는 數個의 常任委員會所管과 관련되거나 특히 필요하다고 인정한 案件을 효율적으로 審査하기 위하여 本會議의 議決로 特別委

員會를 둘 수 있다.
② 第1項의 規定에 의한 特別委員會를 구성할 때에는 그 活動期限을 정하여야 한다. 다만, 本會議의 議決로 그 기간을 연장할 수 있다.
③ 特別委員會는 活動期限의 종료 시까지 存續한다. 다만, 활동기한의 종료 시까지 제86조의 규정에 따라 법제사법위원회에 체계·자구심사를 의뢰하였거나 제66조의 규정에 따라 심사보고서를 제출한 경우에는 해당 안건이 본회의에서 의결될 때까지 존속하는 것으로 본다. 〈개정 2005.7.28〉

〔전문개정 1994.6.28〕

第45條 (豫算決算特別委員會)
① 예산안·결산·기금운용계획안 및 기금결산을 審査하기 위하여 豫算決算特別委員會를 둔다. 〈개정 2003.2.4〉
② 豫算決算特別委員會의 委員數는 50人으로 한다. 이 경우 그 選任은 交涉團體所屬議員數의 比率과 常任委員會의 委員數의 比率에 의하여 각 交涉團體代表議員의 요청으로 議長이 행한다.
③ 豫算決算特別委員會의 委員의 任期는 1年으로 한다. 다만, 國會議員總選擧 후 처음 選任된 委員의 任期는 그 選任된 날부터 開始하여 議員의 任期開始 후 1年이 되는 날까지로 하며, 補任 또는 改選된 委員의 任期는 前任者의 殘任期間으로 한다.
④ 豫算決算特別委員會의 委員長은 豫算決算特別委員會의 委員 중에서 臨時議長選擧의 예에 준하여 本會議에서 選擧한다.
⑤ 第44條第2項 및 第3項의 規定은 豫算決算特別委員會에 적용되지 아니한다.
⑥ 第41條第3項 내지 第5項, 第48條第1項 後段 및 第2項의 規定은 豫算決算特別委員會의 委員長의 選擧 및 任期 등과 委員의 選任에 관하여 이를 準用한다.

〔전문개정 2000.2.16〕

第46條 (倫理特別委員會)
① 議員의 資格審査·倫理審査 및 懲戒에 관한 사항을 審査하기 위하여 倫理特別委員會를 둔다.
② 第44條第2項 및 第3項의 規定은 倫理特別委員會에 적용되지 아니한다. 〈개정 1994.6.28〉
③ 倫理特別委員會의 委員의 任期와 委員長의 任期 및 選擧 등에 관하여는 第40條第1項 및 第3項, 第41條第2項 내지 第5項의 規定을 準用한다. 〈신설 1994.6.28〉
④ 倫理特別委員會의 構成과 이 法에 정한 이외의 委員會運營에 관하여 필요한 사항은 國會規則으로 정한다.

〔본조신설 1991.5.31〕

▣ 第46條의2 삭제 〈2002.3.7〉

▣ 第46條의3 (人事聽聞特別委員會)

① 國會는 憲法에 의하여 그 任命에 國會의 同意를 요하는 大法院長·憲法裁判所長·國務總理·監査院長 및 大法官과 國會에서 選出하는 憲法裁判所 裁判官 및 中央選擧管理委員會委員에 대한 任命同意案 또는 議長이 각 交涉團體代表議員과 協議하여 제출한 選出案 등을 審査하기 위하여 人事聽聞特別委員會를 둔다. 다만, 대통령직인수에관한법률 제5조제2항의 규정에 의하여 대통령당선인이 국무총리후보자에 대한 인사청문의 실시를 요청하는 경우에 의장은 각 교섭단체대표의원과 협의하여 그 인사청문을 실시하기 위한 인사청문특별위원회를 둔다. 〈개정 2003.2.4〉

② 人事聽聞特別委員會의 구성과 운영에 관하여 필요한 사항은 따로 法律로 정한다.

〔본조신설 2000.2.16〕

▣ 第47條 (特別委員會의 委員長)

① 特別委員會에 委員長 1人을 두되 委員會에서 互選하고 本會議에 보고한다.

② 特別委員會의 委員長이 選任될 때까지는 委員 중 年長者가 委員長의 職務를 代行한다.

③ 特別委員會의 委員長은 그 委員會의 同意를 얻어 그 職을 辭任할 수 있다. 다만, 閉會 중에는 議長의 許可를 받아 辭任할 수 있다.

▣ 第48條 (委員의 選任 및 改選)

① 常任委員은 交涉團體所屬議員數의 比率에 의하여 각 交涉團體代表議員의 요청으로 議長이 選任 및 改選한다. 이 경우 각 交涉團體代表議員은 國會議員總選擧 후 최초의 臨時會의 集會日부터 2日 이내에 그리고 國會議員總選擧 후 처음 選任된 常任委員의 任期가 만료되는 때에는 그 임기만료일 3일 전까지 議長에게 委員의 選任을 요청하여야 하며, 이 期限 내에 요청이 없는 때에는 議長이 委員을 選任할 수 있다. 〈개정 2005.7.28〉

② 어느 交涉團體에도 속하지 아니하는 議員의 常任委員選任은 議長이 이를 행한다.

③ 情報委員會의 委員은 議長이 각 交涉團體代表議員으로부터 당해 交涉團體所屬議員 중에서 候補를 추천받아 副議長 및 각 交涉團體代表議員과 協議하여 選任 또는 改選한다. 다만, 각 交涉團體代表議員은 情報委員會의 委員이 된다. 〈개정 1995.3.3, 1998.3.18, 2000.2.16〉

④ 特別委員會의 委員은 第1項 및 第2項의 規定에 따라 議長이 常任

委員 중에서 選任한다. 이 경우 그 選任은 特別委員會構成決議案이 本會議에서 議決된 날부터 5日 이내에 하여야 한다.

⑤ 委員의 選任이 있은 후 交涉團體所屬議員數의 異動이 있을 때에는 議長은 委員會의 交涉團體別 割當數를 변경하여 委員을 改選할 수 있다.

⑥ 제1항 내지 제4항의 규정에 의하여 위원을 개선할 때 임시회의 경우에는 회기 중 개선될 수 없고, 정기회의 경우에는 선임 또는 개선 후 30일 이내에는 개선될 수 없다. 다만, 위원이 질병 등 부득이한 사유로 의장의 허가를 받은 경우에는 그러하지 아니하다. 〈신설 2003.2.4〉

⑦ 議長 및 交涉團體代表議員은 議員이 企業體 또는 團體의 任·職員 등 다른 職을 겸하고 있는 경우 그 職과 직접적인 이해관계를 가지는 常任委員會의 委員으로 選任하는 것이 공정을 기할 수 없는 현저한 사유가 있다고 인정하는 때에는 해당 常任委員會의 委員으로 選任하거나 選任을 요청하여서는 아니 된다.

〔전문개정 1994.6.28〕

第49條 (委員長의 職務)

① 委員長은 委員會를 代表하고 議事를 整理하며, 秩序를 유지하고 사무를 監督한다.

② 委員長은 委員會의 議事日程과 開會日時를 幹事와 協議하여 정한다.

第50條 (幹事)

① 委員會에 각 交涉團體別로 幹事 1人을 둔다.

② 幹事는 委員會에서 互選하고 이를 本會議에 보고한다.

③ 委員長이 事故가 있을 때에는 委員長이 지정하는 幹事가 委員長의 職務를 代理한다.

④ 委員長이 闕位된 때에는 所屬議員數가 많은 交涉團體所屬인 幹事의 順으로 委員長의 職務를 代理한다.

⑤ 委員長이 委員會의 開會 또는 議事進行을 거부·기피하거나 第3項의 規定에 의한 職務代理者를 지정하지 아니하여 委員會가 活動하기 어려운 때에는 委員長이 소속하지 아니하는 交涉團體所屬의 幹事 중에서 所屬議員數가 많은 交涉團體所屬인 幹事의 順으로 委員長의 職務를 代行한다. 〈신설 1990.6.29〉

第51條 (委員會의 提案)

① 委員會는 그 所管에 속하는 사항에 관하여 法律案 기타 議案을 제출할 수 있다.

② 第1項의 議案은 委員長이 提出者가 된다.

第52條 (委員會의 開會) 委員會는 本會議의 議決이 있거나 議長 또는 委員長이 필요하다고 인정할 때, 在籍委員 4分의 1 이상의 요구가 있을 때에 開會한다.

〔전문개정 1994.6.28〕

第53條 (閉會 중 常任委員會의 定例會議)

① 常任委員會(國會運營委員會를 제외한다. 이하 이 條에서 같다)는 閉會 중 최소한 月 2回 정례적으로 開會(이하 "定例會議"라 한다)한다. 다만, 情報委員會는 최소한 月 1回로 한다.

② 常任委員會는 定例會議의 開會日을 委員會의 議決로 정하되, 1回는 미리 그 開會 週·曜日을 지정하여 자동 開會한다. 〈개정 1997.1.13〉

③ 定例會議는 당해 常任委員會에 계류 중인 法律案 및 請願 기타 案件과 主要懸案 등을 審査한다.

④ 常任委員會가 定例會議 당일의 議事日程을 마치지 못한 경우에는 委員長이 幹事와 協議하거나 委員會의 議決로 會議를 延長할 수 있다.

〔전문개정 1994.6.28〕

第54條 (委員會의 議事·議決定足數) 委員會는 在籍委員 5分의 1이상의 출석으로 開會하고, 在籍委員 過半數의 출석과 出席委員 過半數의 贊成으로 議決한다. 〈개정 1997.1.13〉

第54條의2 (情報委員會에 대한 特例)

① 情報委員會의 會議는 公開하지 아니한다. 다만, 공청회 또는 제65조의2의 규정에 의한 인사청문회를 실시하는 경우에는 위원회의 의결로 이를 공개할 수 있다. 〈개정 2005.7.28〉

② 情報委員會의 委員 및 所屬公務員(議員補助職員을 포함한다. 이하 이 條에서 같다)은 職務遂行상 알게 된 國家機密에 속하는 사항을 公開하거나 他人에게 누설하여서는 아니 된다.

③ 情報委員會의 활동을 補佐하는 所屬公務員에 대하여는 國家情報院長에게 身元調査를 의뢰하여야 한다. 〈개정 2000.2.16〉

④ 이 法에 정한 외에 情報委員會의 구성과 운영 등에 관하여 필요한 사항은 國會規則으로 정한다.

〔본조신설 1994.6.28〕

第55條 (委員會에서의 傍聽 등)

① 委員會에서는 議員이 아닌 者는 委員長의 許可를 받아 傍聽할 수 있다.

② 委員長은 秩序를 유지하기 위하여 필요한 때에는 傍聽人의 退場을 命할 수 있다.

第56條 (本會議 중 委員會의 開會) 委員會는 本會議의 議決이 있거나 議長이 필요하다고 인정하여 각 交涉團體代表議員과 協議한 경우를 제외하고는 本會議 중에는 開會할 수 없다. 다만, 國會運營委員會는 그러하지 아니하다.

第57條 (小委員會)
① 委員會는 특정한 案件의 審査를 위하여 小委員會를 둘 수 있다.
② 常任委員會(情報委員會를 제외한다)는 그 소관사항을 分擔·審査하기 위하여 상설소위원회를 둘 수 있다. 〈개정 2000.2.16, 2005.7.28〉
③ 常設小委員會의 委員長은 委員會에서 小委員會의 委員 중에서 選出하고 이를 本會議에 보고하며, 小委員會의 委員長이 事故가 있을 때에는 小委員會의 委員長이 小委員會의 委員 중에서 지정하는 委員이 그 職務를 代理한다.
④ 小委員會의 활동은 委員會가 議決로 정하는 범위에 한한다.
⑤ 小委員會의 會議는 公開한다. 다만, 小委員會의 議決로 公開하지 아니할 수 있다. 〈신설 2000.2.16〉
⑥ 小委員會는 閉會 중에도 활동할 수 있으며 그 議決로 議案의 審査와 직접 관련된 보고 또는 書類의 제출을 政府·行政機關 기타에 대하여 요구할 수 있고, 證人·鑑定人·參考人의 출석을 요구할 수 있다. 이 경우 그 요구는 委員長의 名義로 한다.
⑦ 小委員會에 관하여는 이 法에서 다르게 정하거나 성질에 반하지 아니하는 한 委員會에 관한 規定이 적용된다. 다만, 小委員會는 逐條審査를 생략하여서는 아니 된다. 〈개정 2000.2.16〉
⑧ 豫算決算特別委員會는 第1項의 小委員會 외에 그 審査의 필요에 의하여 이를 數個의 分科委員會로 나눌 수 있다.

〔전문개정 1991.5.31〕

第58條 (委員會의 審査)
① 委員會는 案件을 審査함에 있어서 먼저 그 취지의 설명과 專門委員의 檢討報告를 듣고 大體討論(案件 全體에 대한 문제점과 當否에 관한 一般的 討論을 말하며 提案者와의 質疑·答辯을 포함한다)과 逐條審査 및 贊反討論을 거쳐 表決한다. 〈개정 2000.2.16〉
② 常任委員會는 案件을 審査함에 있어서 第57條第2項의 規定에 의한 常設小委員會에 회부하여 이를 審査·보고하도록 한다. 다만, 필요한 경우 第57條第1項의 規定에 의한 小委員會에 이를 회부할 수 있다. 〈신설 2000.2.16〉
③ 委員會가 案件을 小委員會에 회부하고자 하는 때에는 第1項의 規定에 의한 大體討論이 끝난 후가 아니면 회부할 수 없다.
④ 제1항 및 제3항의 규정에 불구하고 소위원회에 회부되어 심사 중인

안건과 직접 관련된 안건이 위원회에 새로이 회부된 경우 위원장이 간사와 협의를 거쳐 필요하다고 인정하는 때에는 이를 바로 해당 소위원회에 회부하여 함께 심사하게 할 수 있다. 〈신설 2005.7.28〉

⑤ 第1項의 規定에 의한 逐條審査는 委員會의 議決로 이를 생략할 수 있다. 다만, 制定法律案 및 전부개정법률안에 대하여는 그러하지 아니하다. 〈신설 2000.2.16, 2005.7.28〉

⑥ 委員會는 制定法律案 및 전부개정법률안에 대하여는 公聽會 또는 聽聞會를 開催하여야 한다. 다만, 委員會의 議決로 이를 생략할 수 있다. 〈신설 2000.2.16, 2005.7.28〉

⑦ 委員會는 案件이 豫算상의 措置를 隨伴하는 경우에는 政府의 의견을 들어야 한다.

⑧ 第1項의 規定에 의한 專門委員의 檢討報告書는 특별한 사정이 없는 한 당해 案件의 委員會上程日 48時間 전까지 所屬委員에게 配付되어야 한다.

⑨ 제5항 단서 및 제6항의 規定은 法制司法委員會의 體系·字句審査에 있어서는 이를 적용하지 아니한다. 〈신설 2000.2.16, 2005.7.28〉

〔전문개정 1994.6.28〕

第59條 (法律案의 上程時期) 委員會는 發議 또는 제출된 法律案이 그 委員會에 회부된 후 일부개정법률안의 경우에는 15일, 제정법률안 및 전부개정법률안의 경우에는 20일(法制司法委員會의 體系·字句審査의 경우에는 5일)을 경과하지 아니한 때에는 이를 議事日程으로 上程할 수 없다. 다만, 긴급하고 불가피한 사유로 委員會의 議決이 있는 경우에는 그러하지 아니하다. 〈개정 1994.6.28, 2000.2.16, 2003.2.4, 2005.7.28〉

〔본조신설 1991.5.31〕

第60條 (委員의 發言)

① 委員은 委員會에서 同一議題에 대하여 回數 및 時間 등에 제한 없이 發言할 수 있다. 다만, 委員長은 發言을 원하는 委員이 2人 이상일 경우에는 幹事와 協議하여 15分의 범위 안에서 각 委員의 첫번째 發言時間을 균등하게 정하여야 한다. 〈개정 1994.6.28〉

② 委員會에서의 質疑는 一問一答의 方式으로 한다. 다만, 委員會의 議決이 있는 경우 一括質疑의 方式으로 할 수 있다. 〈개정 1997.1.13〉

第61條 (委員 아닌 議員의 發言聽取) 委員會는 案件에 관하여 委員 아닌 議員의 發言을 들을 수 있다.

第62條 (非公開會議錄 등의 閱覽과 帶出禁止) 委員長은 議員으로부터 非公開會議錄 기타 秘密參考資料의 閱覽의 요구가 있을 때에는 審查·監查 또는 調査에 지장이 없는 한 이를 허용하여야 한다. 그러나 國會 밖으로는 帶出하지 못한다.

第63條 (連席會議)

① 所管委員會는 다른 委員會와 協議하여 連席會議를 열고 의견을 交換할 수 있다. 그러나 表決은 할 수 없다.

② 連席會議를 열고자 하는 委員會는 委員長이 附議할 案件名과 이유를 書面으로 제시하여 다른 委員會의 委員長에게 요구하여야 한다.

③ 連席會議는 案件의 所管委員會의 會議로 한다.

④ 歲入豫算案과 관련 있는 法案을 회부받은 委員會는 豫算決算特別委員會委員長의 요청이 있을 때에는 連席會議를 열어야 한다.

第63條의2 (全院委員會)

① 國會는 委員會의 審查를 거치거나 委員會가 提案한 議案 중 政府組織에 관한 法律案, 租稅 또는 國民에게 부담을 주는 法律案 등 主要議案의 本會議上程 전이나 本會議上程 후에 在籍議員 4分의 1이상의 요구가 있는 때에는 그 審查를 위하여 議員全員으로 구성되는 全院委員會를 開會할 수 있다. 다만, 議長은 主要議案의 審議 등 필요하다고 인정하는 경우 각 交涉團體代表議員의 同意를 얻어 全院委員會를 開會하지 아니할 수 있다.

② 全院委員會는 第1項의 規定에 의한 議案에 대한 修正案을 제출할 수 있다. 이 경우 당해 修正案은 全院委員長이 提出者가 된다.

③ 全院委員會에 委員長 1人을 두되 議長이 지명하는 副議長으로 한다.

④ 全院委員會는 第54條의 規定에 불구하고 在籍委員 5分의 1이상의 출석으로 開會하고, 在籍委員 4分의 1이상의 출석과 出席委員 過半數의 贊成으로 議決한다.

⑤ 삭제 〈2005.7.28〉

⑥ 기타 全院委員會運營에 관하여 필요한 사항은 國會規則으로 정한다.

〔본조신설 2000.2.16〕

第64條 (公聽會)

① 委員會(小委員會를 포함한다. 이하 이 條에서 같다)는 중요한 案件 또는 專門知識을 요하는 案件을 審查하기 위하여 그 議決 또는 在籍委員 3分의 1이상의 요구로 公聽會를 열고 이해관계자 또는 學識·經驗이 있는 者 등(이하 "陳述人"이라 한다)으로부터 의견을 들을 수 있다. 다만, 制定法律案 및 전부개정법률안의 경우에는 제58조제6항의 規定에 의한다. 〈개정 2000.2.16, 2005.7.28〉

② 委員會에서 公聽會를 열 때에는 案件·日時·場所·陳述人·經費 기타 參考事項을 기재한 文書로 議長에게 보고하여야 한다.
③ 陳述人의 選定과 陳述人 및 委員의 發言時間은 委員會에서 정하며, 陳述人의 發言은 그 의견을 듣고자 하는 案件의 범위를 넘어서는 아니 된다. 〈개정 1994.6.28〉
④ 委員會가 主管하는 公聽會는 그 委員會의 會議로 한다.
⑤ 기타 公聽會運營에 필요한 사항은 國會規則으로 정한다.

第65條 (聽聞會)
① 委員會는 중요한 案件(國政監査 및 調査를 포함한다)의 審査에 필요한 경우 證人·鑑定人·參考人으로부터 證言·陳述의 청취와 증거의 採擇을 위하여 그 議決로 聽聞會를 열 수 있다. 〈개정 2000.2.16〉
② 第1項의 規定에 불구하고 法律案의 審査를 위한 聽聞會의 경우에는 在籍委員 3分의 1이상의 요구로 開會할 수 있다. 다만, 制定法律案 및 전부개정법률안의 경우에는 제58조제6항의 規定에 의한다. 〈개정 2000.2.16, 2005.7.28〉
③ 委員會는 聽聞會開會 5日 전에 案件·日時·場所·證人 등 필요한 사항을 公告하여야 한다. 〈개정 2000.2.16〉
④ 聽聞會는 公開한다. 다만, 委員會의 議決로 聽聞會의 전부 또는 일부를 公開하지 아니할 수 있다.
⑤ 委員會는 필요한 경우 專門家를 위촉하여 聽聞會에 필요한 事前調査를 실시하게 할 수 있다. 〈신설 2000.2.16〉
⑥ 聽聞會에서의 發言·鑑定 등에 대하여 이 法에서 정한 것을 제외하고는 國會에서의 證言·鑑定 등에 관한 法律에 따른다.
⑦ 第64條第2項 내지 第4項의 規定은 聽聞會에 準用한다. 〈개정 1991.5.31〉
⑧ 기타 聽聞會運營에 필요한 사항은 國會規則으로 정한다.

第65條의2 (人事聽聞會)
① 第46條의3의 規定에 의한 심사 또는 인사청문을 위하여 人事에 관한 聽聞會(이하 "人事聽聞會"라 한다)를 연다. 〈개정 2003.2.4〉
② 대통령이 다른 법률에 따라 헌법재판소 재판관·중앙선거관리위원회 위원·국무위원·국가정보원장·국세청장·검찰총장 또는 경찰청장의 후보자에 대한 인사청문을 요청한 경우와 대법원장이 다른 법률에 따라 헌법재판소 재판관 또는 중앙선거관리위원회 위원의 후보자에 대한 인사청문을 요청한 경우에는 그 인사청문을 실시하기 위하여 각각 소관상임위원회별로 인사청문회를 연다. 〈신설 2003.2.4, 2005.7.28〉

③ 人事聽聞會의 절차 및 운영 등에 관하여 필요한 사항은 따로 法律로 정한다.

〔본조신설 2000.2.16〕

第66條 (審査報告書의 제출)

① 委員會는 案件의 審査를 마친 때에는 審査經過와 결과 기타 필요한 사항을 書面으로 議長에게 보고하여야 한다.

② 第1項의 報告書에는 少數意見의 要旨 및 關聯委員會의 意見要旨를 기재하여야 한다. 〈개정 1991.5.31〉

③ 議長은 報告書가 제출된 때에는 本會議에서 議題가 되기 전에 印刷하여 議員에게 配付한다. 다만, 긴급을 요할 때에는 이를 생략할 수 있다.

第67條 (委員長의 보고)

① 委員長은 所管委員會에서 審査를 마친 案件이 本會議에서 議題가 된 때에는 委員會의 審査經過 및 결과와 少數意見 및 關聯委員會의 意見 등 필요한 사항을 本會議에 보고한다. 〈개정 1991.5.31〉

② 委員長은 다른 委員으로 하여금 第1項의 보고를 하게 할 수 있다.

③ 委員長은 小委員會의 委員長 또는 幹事로 하여금 補充報告를 하게 할 수 있다.

④ 委員長이 第1項의 보고를 할 때에는 자기의 의견을 加할 수 없다.

第68條 (小委員會委員長의 보고) 小委員會에서 審査를 마친 때에는 小委員會의 委員長은 그 審査經過와 결과를 委員會에 보고한다. 이 경우 小委員會의 委員長은 審査報告書에 小委員會의 會議錄 또는 그 要旨를 첨부하여야 한다. 〈개정 1994.6.28〉

第69條 (委員會會議錄)

① 委員會는 委員會會議錄을 작성하고 다음 사항을 기재한다. 〈개정 2005.7.28〉

1. 開議·會議中止와 散會의 日時
2. 議事日程
3. 출석위원의 수 및 성명
4. 출석한 委員 아닌 議員의 姓名
5. 출석한 國務委員·政府委員 또는 證人·鑑定人·參考人·陳述人의 姓名
6. 審査案件名
7. 議事
8. 表決數
9. 委員長의 보고

10. 委員會에서 終結되거나 本會議에 附議할 필요가 없다고 決定된 案件名과 그 내용
11. 기타 委員會 또는 委員長이 필요하다고 인정하는 사항
② 委員會의 議事는 速記方法으로 이를 記錄한다. 〈개정 2000.2.16〉
③ 委員會會議錄에는 委員長 또는 委員長을 代理한 幹事가 署名·捺印한다.
④ 小委員會의 會議錄에 관하여는 第1項 내지 第3項의 規定을 準用한다. 〈개정 1991.5.31, 2000.2.16, 2005.7.28〉

第70條 (委員會의 文書管理와 발간)
① 委員會에 제출된 報告書 또는 書類 등은 당해 委員會의 文書로 한다.
② 委員長은 文書의 종류 기타 성질 등을 고려하여 다른 書類와 분리하여 이를 保管하여야 한다.
③ 委員은 당해 委員會의 文書를 열람하거나 秘密이 아닌 文書를 복사할 수 있다. 다만, 委員長의 許可가 있는 경우에는 委員 아닌 議員도 또한 같다.
④ 委員長이 필요하다고 인정하거나 委員會의 議決이 있는 경우에는 당해 委員會의 公聽會 또는 聽聞會 등의 경과 및 결과나 보관 중인 文書를 발간하여 議員에게 配付하고 일반에게 頒布할 수 있다.
⑤ 委員會에서 生産되거나 委員會에 제출된 秘密文件의 保安管理에 관하여 이 法에서 정한 사항 외에는 國會運營委員會의 同意를 얻어 議長이 이를 정한다. 〈신설 1994.6.28〉
⑥ 기타 委員會의 文書保管에 필요한 사항은 委員長이 정한다.

〔본조신설 1991.5.31〕

第71條 (準用規定) 委員會에 관하여는 이 章에 規定한 외에 第6章 및 第7章의 規定을 準用한다. 그러나 委員會에서의 動議는 특별히 多數의 贊成者를 요하는 規定에 불구하고 動議者외 1人 이상의 贊成으로 議題가 될 수 있으며 表決에 있어서는 擧手로 表決할 수 있다.

第6章 會議

第1節 開議·散會와 議事日程

第72條 (開議) 本會議는 午後 2時(土曜日은 午前 10時)에 開議한다. 다만, 議長은 각 交涉團體代表議員과 協議하여 그 開議時를 변경할 수 있다.

〔전문개정 1994.6.28〕

第73條 (議事定足數)

① 本會議는 在籍議員 5分의 1이상의 출석으로 開議한다. 〈개정 1997.1.13〉

② 議長은 第72條의 規定에 의한 開議時로부터 1時間이 경과할 때까지 第1項의 定足數에 達하지 못할 때에는 流會를 宣布할 수 있다. 〈개정 1991.5.31〉

③ 會議 중 第1項의 定足數에 達하지 못할 때에는 議長은 會議의 中止 또는 散會를 宣布한다. 다만, 議長은 交涉團體代表議員이 議事定足數의 충족을 요청하는 경우 외에는 효율적인 議事進行을 위하여 會議를 계속할 수 있다. 〈개정 2000.2.16〉

第74條 (散會) 議事日程에 올린 案件의 議事가 끝났을 때에는 議長은 散會를 宣布한다.

第75條 (會議의 公開)

① 本會議는 公開한다. 다만, 議長의 提議 또는 議員 10人 이상의 連署에 의한 動議로 本會議의 議決이 있거나 議長이 각 交涉團體代表議員과 協議하여 國家의 安全保障을 위하여 필요하다고 인정할 때에는 公開하지 아니할 수 있다.

② 第1項 但書에 의한 提議나 動議에 대하여는 討論을 하지 아니하고 表決한다.

第76條 (議事日程의 작성)

① 議長은 本會議에 附議要請된 案件의 目錄을 그 순서에 따라 작성하고 이를 매주 公表하여야 한다. 〈신설 2000.2.16〉

② 의장은 회기 중 본회의 개의일시 및 심의대상 안건의 대강을 기재한 회기 전체 의사일정과 본회의 개의시간 및 심의대상 안건의 순서를 기재한 당일 의사일정을 작성한다. 〈개정 2005.7.28〉

③ 제2항의 규정에 따른 의사일정 중 회기 전체 의사일정의 작성에 있어서는 국회운영위원회와 협의하되, 협의가 이루어지지 아니할 때에는 의장이 이를 결정한다. 〈개정 2005.7.28〉

④ 의장은 제2항 및 제3항의 규정에 의하여 작성한 의사일정을 지체없이 의원에게 통지하고 전산망 등을 통하여 공표한다. 〈신설 2005.7.28〉

⑤ 議長은 특히 긴급을 요한다고 인정할 때에는 會議의 日時만을 議員에게 통지하고 開議할 수 있다.

第77條 (議事日程의 變更) 議員 20인 이상의 連署에 의한 動議로 本會議의 議決이 있거나 議長이 각 交涉團體代表議員과 協議하여 필요하다고 인정할 때에는 議長은 회기 전체 의사일정의 일부를 변경하거나 당일 의사일정의 안건 추가 및 순서 변경을 할 수 있다. 이 경우 議員

의 動議에는 理由書를 첨부하여야 하며, 그 動議에 대하여는 討論을 하지 아니하고 表決한다. 〈개정 2005.7.28〉

第78條 (議事日程의 未了案件) 議長은 議事日程에 올린 案件에 대하여 會議를 열지 못하였거나 會議를 마치지 못한 때에는 다시 그 日程을 정한다.

第2節 發議·委員會回附·撤回와 飜案

第79條 (議案의 發議 또는 제출)

① 議員은 10인 이상의 贊成으로 議案을 發議할 수 있다. 〈개정 2003.2.4〉

② 議案을 發議하는 議員은 그 案을 갖추고 이유를 붙여 소정의 贊成者와 連署하여 이를 議長에게 제출하여야 한다. 〈개정 2005.7.28〉

③ 議員이 法律案을 發議하는 때에는 發議議員과 贊成議員을 구분하되, 당해 法律案에 대하여 그 題名의 副題로 發議議員의 姓名을 기재한다. 다만, 發議議員이 2人 이상인 경우에는 代表發議議員 1人을 明示하여야 한다. 〈신설 2000.2.16〉

④ 議員이 發議한 法律案 중 國會에서 議決된 制定法律案 또는 전부개정법률안을 公表 또는 弘報하는 경우에는 당해 法律案의 副題를 함께 表記할 수 있다. 〈신설 2000.2.16, 2005.7.28〉

제79조의2 (의안에 대한 비용추계자료 등의 제출)

① 의원 또는 위원회가 예산 또는 기금상의 조치를 수반하는 의안을 발의 또는 제안하는 경우에는 그 의안의 시행에 수반될 것으로 예상되는 비용에 대한 추계서를 아울러 제출하여야 한다.

② 정부가 예산 또는 기금상의 조치를 수반하는 의안을 제출하는 경우에는 그 의안의 시행에 수반될 것으로 예상되는 비용에 대한 추계서와 이에 상응하는 재원조달방안에 관한 자료를 의안에 첨부하여야 한다.

③ 제1항 또는 제2항의 규정에 의한 비용추계 및 재원조달방안에 대한 자료의 작성 및 제출절차 등에 관하여 필요한 사항은 국회규칙으로 정한다.

〔본조신설 2005.7.28〕

第80條 (국회공보의 발간〈개정 2005.7.28〉)

① 議長은 本會議 또는 委員會의 運營 및 議事日程, 發議 또는 제출되거나 審査豫定인 議案目錄, 國會의 주요행사 기타 필요한 사항을 기재한 國會公報를 발간하여 議員에게 配付한다.

② 第1項의 國會公報는 특별한 사정이 없는 한 會期 중 매일 발간한다.

③ 삭제 〈2005.7.28〉
④ 국회공보의 발간 및 配付 기타 필요한 사항은 議長이 정한다. 〈개정 2005.7.28〉

〔본조신설 1991.5.31〕

第81條 (常任委員會 回附)
① 議長은 議案이 發議 또는 제출된 때에는 이를 印刷하여 議員에게 配付하고 本會議에 보고하며, 所管常任委員會에 회부하여 그 審査가 끝난 후 本會議에 附議한다. 다만, 閉會 또는 休會 등으로 本會議에 보고할 수 없을 때에는 이를 생략하고 회부할 수 있다. 〈개정 2000.2.16〉
② 議長은 案件이 어느 常任委員會의 所管에 속하는지 명백하지 아니할 때에는 國會運營委員會와 協議하여 常任委員會에 회부하되 協議가 이루어지지 아니할 때에는 議長이 所管常任委員會를 決定한다.
③ 의장은 발의 또는 제출된 의안과 직접적인 이해관계를 가지는 위원이 소관상임위원회 재적위원 과반수로 해당 의안의 심사에 공정을 기할 수 없다고 인정하는 경우에는 제1항의 규정에 불구하고 그 의안을 국회운영위원회와 협의하여 다른 위원회에 회부하여 심사하게 할 수 있다. 〈신설 2005.7.28〉
④ 議長은 第1項의 規定에 의하여 議案을 議員에게 配付할 때에는 이를 電算網에 입력하여 議員이 이용할 수 있도록 하여야 한다. 〈신설 1994.6.28〉

第82條 (特別委員會 回附)
① 議長은 특히 필요하다고 인정하는 案件에 대하여는 本會議의 議決을 얻어 이를 特別委員會에 회부한다.
② 議長은 特別委員會에 회부된 案件에 관련이 있는 다른 案件을 그 特別委員會에 회부할 수 있다.

第82條의2 (立法豫告)
① 委員會는 審査對象인 法律案에 대하여 그 立法趣旨·주요내용 등을 國會公報 등에 게재하여 立法豫告할 수 있다. 다만, 閉會 중에는 委員長이 幹事와 協議하여 豫告할 수 있다.
② 委員長은 第1項의 規定에 의하여 立法豫告를 할 때에는 議長에게 미리 보고하여야 한다.
③ 立法豫告의 방법·節次 기타 필요한 사항은 國會規則으로 정한다.

〔본조신설 1994.6.28〕

第83條 (關聯委員會回附)
① 議長은 所管委員會에 案件을 회부하는 경우에 그 案件이 다른 委

員會의 所管事項과 관련이 있다고 인정할 때에는 關聯委員會에 이를 회부하되, 所管委員會와 關聯委員會를 명시하여야 한다. 案件이 所管委員會에 회부된 후 다른 委員會로부터 회부요청이 있는 경우 필요하다고 인정한 때에도 또한 같다.

② 議長이 第1項의 規定에 의하여 關聯委員會에 案件을 회부할 때에는 關聯委員會가 所管委員會에 그 의견을 제시할 期間을 정하여야 하며, 필요한 경우 그 期間을 延長할 수 있다.

③ 所管委員會는 關聯委員會로부터 특별한 이유 없이 第2項의 期間 내에 의견의 제시가 없는 경우 바로 審査報告를 할 수 있다.

〔본조신설 1991.5.31〕

제83조의2 (예산 관련 법률안에 대한 예산결산특별위원회와의 협의)

① 기획예산처소관에 속하는 법률안과 상당한 규모의 예산 또는 기금상의 조치를 수반하는 법률안을 심사하는 소관위원회는 미리 예산결산특별위원회와의 협의를 거쳐야 한다.

② 소관위원회의 위원장은 제1항의 규정에 따른 법률안을 심사함에 있어 20일의 범위 이내에서 협의기간을 정하여 예산결산특별위원회에 협의를 요청하여야 한다. 다만, 예산결산특별위원장의 요청에 따라 그 기간을 연장할 수 있다.

③ 소관위원회는 기획예산처소관에 속하는 법률안을 예산결산특별위원회와 협의하여 심사함에 있어서 예산결산특별위원장의 요청이 있는 때에는 연석회의를 열어야 한다.

④ 소관위원회는 제1항 내지 제3항의 규정에 따른 협의가 이루어지지 아니하는 경우에는 바로 심사보고를 할 수 있다.

⑤ 제1항의 규정에 따른 상당한 규모의 예산 또는 기금상의 조치를 수반하는 법률안의 범위 등에 관하여 필요한 사항은 국회규칙으로 정한다.

〔본조신설 2005.7.28〕

第84條 (豫算案·決算의 회부 및 審査〈개정 1994.6.28〉)

① 豫算案과 決算은 所管常任委員會에 회부하고, 所管常任委員會는 豫備審査를 하여 그 결과를 議長에게 보고한다. 이 경우 豫算案에 대하여는 本會議에서 政府의 施政演說을 듣는다. 〈개정 1994.6.28〉

② 議長은 豫算案과 決算에 第1項의 報告書를 첨부하여 이를 豫算決算特別委員會에 회부하고 그 審査가 끝난 후 本會議에 附議한다. 결산의 심사결과 위법 또는 부당한 사항이 있는 때에 국회는 본회의 의결 후 정부 또는 해당기관에 변상 및 징계조치 등 그 시정을 요구하고, 정부 또는 해당기관은 시정요구를 받은 사항을 지체 없이 처리하여 그 결과를 국회에 보고하여야 한다. 〈개정 2003.2.4〉

③ 豫算決算特別委員會의 豫算案 및 決算의 審査는 提案說明과 專門委員의 檢討報告를 듣고 綜合政策質疑, 部別審査 또는 分科委員會審査 및 贊反討論을 거쳐 表決한다. 이 경우 委員長은 綜合政策質疑를 함에 있어서 幹事와 協議하여 각 交涉團體別 代表質疑 또는 交涉團體別 質疑時間割當 등의 방법으로 그 기간을 정한다. 〈신설 1994.6.28〉

④ 情報委員會는 第1項 및 第2項의 規定에 불구하고 國家情報院所管豫算案과 決算, 國家情報院法 第3條第1項第5號에 規定된 情報 및 保安業務의 企劃·調整 對象部處所管의 情報豫算案과 決算에 대한 審査를 하여 그 결과를 해당 部處別 總額으로 하여 議長에게 보고하고, 議長은 情報委員會에서 審査한 豫算案과 決算에 대하여 總額으로 豫算決算特別委員會에 통보한다. 이 경우 情報委員會의 審査는 豫算決算特別委員會의 審査로 본다. 〈신설 1994.6.28, 2000.2.16〉

⑤ 豫算決算特別委員會는 所管常任委員會의 豫備審査內容을 존중하여야 하며, 所管常任委員會에서 삭감한 歲出豫算 各項의 금액을 증가하게 하거나 새 費目을 설치할 경우에는 소관상임위원회의 동의를 얻어야 한다. 다만, 새 비목의 설치에 대한 동의요청이 소관상임위원회에 회부되어 그 회부된 때부터 72시간 이내에 동의여부가 예산결산특별위원회에 통지되지 아니한 경우에는 소관상임위원회의 동의가 있는 것으로 본다. 〈신설 1991.5.31, 2002.3.7, 2003.2.4〉

⑥ 議長은 豫算案과 決算을 所管常任委員會에 회부할 때에는 審査期間을 정할 수 있으며, 常任委員會가 이유 없이 그 期間 내에 審査를 마치지 아니한 때에는 이를 바로 豫算決算特別委員會에 회부할 수 있다.

⑦ 삭제 〈2003.2.4〉

⑧ 委員會는 稅目 또는 稅率과 관계있는 法律의 制定 또는 改正을 전제로 하여 미리 제출된 歲入豫算案은 이를 審査할 수 없다.

제84조의2 (기금운용계획안·기금결산의 회부 등)

① 국회는 기금관리기본법 제7조제1항의 규정에 의하여 제출된 기금운용계획안을 회계연도개시 30일 전까지 심의·확정한다.

② 제1항의 기금운용계획안, 기금관리기본법 제8조제2항의 규정에 의한 기금운용계획의 변경 및 동법 제9조의 규정에 의한 기금의 결산에 관하여는 예산안 및 결산에 관한 제84조의 규정을 준용한다.

〔본조신설 2001.12.31〕

제84조의3 (예산안 및 기금운용계획안에 대한 공청회) 예산결산특별위원회는 예산안 및 기금운용계획안에 대하여 공청회를 개최하여야 한

다. 다만, 추가경정예산안 또는 기금운용계획변경안의 경우에는 위원회의 의결로 이를 생략할 수 있다.

〔본조신설 2005.7.28〕

第85條 (審査期間)

① 의장은 위원회에 회부하는 안건 또는 회부된 안건에 대하여 심사기간을 지정할 수 있다. 이 경우 議長은 각 交涉團體代表議員과 協議하여야 한다. 〈개정 2005.7.28〉

② 第1項의 경우 委員會가 이유 없이 그 期間 내에 審査를 마치지 아니한 때에는 議長은 中間報告를 들은 후 다른 委員會에 회부하거나 바로 本會議에 附議할 수 있다.

第86條 (體系·字句의 審査)

① 委員會에서 法律案의 審査를 마치거나 立案한 때에는 法制司法委員會에 회부하여 體系와 字句에 대한 審査를 거쳐야 한다. 이 경우 法制司法委員長은 幹事와 協議하여 그 審査에 있어서 提案者의 趣旨說明과 討論을 생략할 수 있다.

② 第1項의 審査에 대하여 議長은 각 交涉團體代表議員과의 協議를 거쳐 審査期間을 정할 수 있으며 이유 없이 그 期間 내에 審査를 마치지 아니한 때에는 바로 本會議에 附議할 수 있다. 〈개정 2000.2.16〉

第87條 (委員會에서 폐기된 議案)

① 委員會에서 本會議에 附議할 필요가 없다고 決定된 議案은 本會議에 附議하지 아니한다. 그러나 委員會의 決定이 本會議에 보고된 날로부터 閉會 또는 休會 중의 期間을 제외한 7日 이내에 議員 30人 이상의 요구가 있을 때에는 그 議案을 本會議에 附議하여야 한다.

② 第1項 但書의 요구가 없을 때에는 그 議案은 폐기된다.

第88條 (委員會의 提出議案) 委員會에서 제출한 議案은 그 委員會에 회부하지 아니한다. 다만, 議長은 國會運營委員會의 議決에 따라 이를 다른 委員會에 회부할 수 있다.

第89條 (動議) 이 法에 다른 規定이 있는 경우를 제외하고 動議는 動議者외 1人 이상의 贊成으로 議題가 된다.

第90條 (議案·動議의 撤回)

① 議員은 그가 發議한 議案 또는 動議를 撤回할 수 있다. 그러나 本會議에서 議題가 된 후에는 本會議의 委員會에서 議題가 된 후에는 委員會의 同意를 얻어야 한다.

② 政府가 本會議 또는 委員會에서 議題가 된 政府提出의 議案을 修正 또는 撤回할 때에는 本會議 또는 委員會의 同意를 얻어야 한다.

第91條 (飜案)

① 本會議에 있어서의 飜案動議는 議案을 發議한 議員이 그 議案을 發議할 때의 發議議員 및 贊成議員 3分의 2이상의 同意로, 政府 또는 委員會가 제출한 議案은 所管委員會의 議決로, 각각 그 案을 갖춘 書面으로 제출하되 在籍議員 過半數의 출석과 出席議員 3分의 2이상의 贊成으로 議決한다. 그러나 議案이 政府에 移送된 후에는 飜案할 수 없다.

② 委員會에 있어서의 飜案動議는 委員의 動議로 그 案을 갖춘 書面으로 제출하되, 在籍委員 過半數의 출석과 出席委員 3分의 2이상의 贊成으로 議決한다. 그러나 本會議에 議題가 된 후에는 飜案할 수 없다.

〔전문개정 2000.2.16〕

第92條 (一事不再議) 否決된 案件은 같은 會期 중에 다시 發議 또는 제출하지 못한다.

第3節 議事와 修正

第93條 (案件審議) 本會議는 案件을 審議함에 있어서 그 案件을 審査한 委員長의 審査報告를 듣고 質疑·討論을 거쳐 表決한다. 다만, 委員會의 審査를 거치지 아니한 案件에 대하여는 提案者가 그 趣旨를 說明하여야 하고, 委員會의 審査를 거친 案件에 대하여는 議決로 質疑와 討論 또는 그중의 하나를 생략할 수 있다.

제93조의2 (법률안의 본회의 상정시기)

① 본회의는 위원회가 법률안에 대한 심사를 마치고 의장에게 그 보고서를 제출한 후 1일을 경과하지 아니한 때에는 이를 의사일정으로 상정할 수 없다. 다만, 의장이 특별한 사유로 각 교섭단체대표의원과의 협의를 거쳐 이를 정한 경우에는 그러하지 아니하다.

② 정기회 기간 중에 위원회 또는 본회의에 상정하는 법률안은 다음 연도의 예산안처리에 부수하는 법률안에 한한다. 다만, 긴급하고 불가피한 사유로 위원회 또는 본회의 의결이 있는 경우에는 그러하지 아니하다. 〈신설 2003.2.4〉

〔본조신설 2002.3.7〕

第94條 (再回附) 本會議는 委員長의 보고를 받은 후 필요하다고 인정할 때에는 그 議決로 다시 그 案件을 같은 委員會 또는 다른 委員會

에 회부할 수 있다.

第95條 (修正動議)

① 議案에 대한 修正動議는 그 案을 갖추고 이유를 붙여 議員 30人 이상의 贊成者와 連署하여 미리 議長에게 제출하여야 한다. 그러나 豫算案에 대한 修正動議는 議員 50人 이상의 贊成이 있어야 한다.

② 委員會에서 審査報告한 修正案은 贊成 없이 議題가 된다.

③ 委員會는 所管事項 외의 案件에 대하여는 修正案을 제출할 수 없다.

④ 議案에 대한 代案은 委員會에서 그 原案을 審査하는 동안에 제출하여야 하며, 議長은 이를 그 委員會에 회부한다.

第96條 (修正案의 表決順序)

① 同一議題에 대하여 數個의 修正案이 제출된 때에는 議長은 다음 各號에 의하여 表決의 順序를 정한다.

1. 최후로 제출된 修正案부터 먼저 表決한다.
2. 議員의 修正案은 委員會의 修正案보다 먼저 表決한다.
3. 議員의 修正案이 數個 있을 때에는 原案과 差異가 많은 것부터 먼저 表決한다.

② 修正案이 전부 否決된 때에는 原案을 表決한다.

第97條 (議案의 整理) 本會議는 議案의 議決이 있은 후 서로 저촉되는 條項·字句·숫자 기타의 整理를 필요로 할 때에는 이를 議長 또는 委員會에 委任할 수 있다.

第98條 (議案의 移送)

① 國會에서 議決된 議案은 議長이 이를 政府에 移送한다.

② 정부는 대통령이 법률안을 공포한 경우에는 이를 지체 없이 국회에 통지하여야 한다. 〈신설 2002.3.7〉

③ 憲法 第53條第6項의 規定에 의하여 大統領이 公布를 하지 아니한 때에는 그 公布期日이 경과한 날로부터 5日 이내에 議長이 이를 公布한다. 이 경우에는 大統領에게 통지하여야 한다.

第98條의2 (大統領令 등의 제출 등)

① 中央行政機關의 長은 法律에서 위임한 사항이나 法律을 執行하기 위하여 필요한 사항을 規定한 大統領令·總理令·部令·訓令·例規·告示 등이 制定·改正 또는 廢止된 때에는 10일 이내에 이를 國會 所管常任委員會에 제출하여야 한다. 다만, 대통령령의 경우에는 입법예고를 하는 때(입법예고를 생략하는 경우에는 법제처장에게 심사를 요청하는 때를 말한다)에도 그 입법예고안을 10일 이내에 제출하여야 한다. 〈개정 2002.3.7, 2005.7.28〉

② 제1항의 기간 이내에 이를 제출하지 못한 경우에는 그 이유를 소관 상임위원회에 통지하여야 한다. 〈신설 2005.7.28〉
③ 常任委員會는 委員會 또는 常設小委員會를 정기적으로 開會하여 그 소관中央行政機關이 제출한 大統領令·總理令 및 部令(이하 이 條에서 "大統領令 등"이라 한다)에 대하여 法律에의 위반여부 등을 檢討하여 당해 大統領令 등이 法律의 취지 또는 내용에 합치되지 아니하다고 판단되는 경우에는 소관中央行政機關의 長에게 그 내용을 통보할 수 있다. 이 경우 중앙행정기관의 장은 통보받은 내용에 대한 처리 계획과 그 결과를 지체 없이 소관상임위원회에 보고하여야 한다. 〈개정 2005.7.28〉
④ 專門委員은 제3항의 規定에 의한 大統領令 등을 檢討하여 그 결과를 당해委員會 委員에게 제공한다. 〈개정 2005.7.28〉

〔전문개정 2000.2.16〕

第4節 發言

第99條 (發言의 許可)
① 議員이 發言하려고 할 때에는 미리 議長에게 통지하여 許可를 받아야 한다.
② 發言通知를 하지 아니한 議員은 통지를 한 議員의 發言이 끝난 다음 議長의 許可를 받아 發言할 수 있다.
③ 議事進行에 관한 發言은 發言要旨를 議長에게 미리 통지하여야 하며, 議長은 議題에 직접 관계가 있거나 긴급히 처리할 필요가 있다고 인정되는 것은 즉시 許可하고, 그 외의 것은 議長이 그 許可의 時期를 정한다.

第100條 (發言의 계속) 發言은 그 途中에 다른 議員의 發言에 의하여 정지되지 아니하며, 散會 또는 會議의 中止로 發言을 마치지 못한 때에는 다시 그 議事가 開始되면 議長은 먼저 發言을 계속하게 한다.

第101條 (補充報告) 議長은 委員長 또는 委員長이 指名한 小數意見者가 委員會의 보고를 補充하기 위하여 發言하려고 할 때에는 다른 發言에 우선하여 發言하게 할 수 있다.

第102條 (議題외 發言의 금지) 모든 發言은 議題 외에 미치거나 許可받은 發言의 性質에 반하여서는 아니 된다.

第103條 (發言回數의 제한) 議員은 同一議題에 대하여 2回에 한하여 發言할 수 있다. 그러나 質疑에 대하여 答辯할 때와 委員長·發議者 또는 動議者가 그 趣旨를 說明할 때에는 그러하지 아니하다.

第104條 (發言原則)

① 政府에 대한 質問 외의 議員의 發言時間은 15分을 초과하지 아니하는 범위 안에서 議長이 정한다. 다만, 議事進行發言·身上發言 및 補充發言은 5分을, 다른 議員의 發言에 대한 反論發言은 3分을 초과할 수 없다. 〈개정 2000.2.16〉

② 交涉團體를 가진 政黨을 代表하는 議員이나 交涉團體의 代表議員이 政黨 또는 交涉團體를 代表하여 연설(이하 "교섭단체대표연설"이라 한다) 기타 發言을 할 때에는 40分까지 發言할 수 있다. 이 경우 교섭단체대표연설은 매년 첫 번째 임시회와 정기회에서 각 1회 실시하되, 전·후반기 원구성을 위한 임시회의 경우와 의장이 각 교섭단체대표의원과 합의를 하는 경우에는 추가로 각 1회 실시할 수 있다. 〈개정 2003.2.4〉

③ 議長은 각 交涉團體代表議員과 協議하여 同一議題에 대한 總發言時間을 정하여 이를 交涉團體別로 그 所屬議員數의 比率에 따라 할당한다. 이 경우 각 交涉團體代表議員은 할당된 時間 내에서 發言者數 및 發言者別 發言時間을 정하여 미리 議長에게 통보하여야 한다.

④ 議長은 필요한 경우 第3項의 規定에 불구하고 각 交涉團體代表議員과 協議하여 同一議題에 대하여 交涉團體別로 그 所屬議員數의 比率에 따라 發言者數를 정할 수 있다.

⑤ 交涉團體에 속하지 아니하는 議員의 發言時間 및 發言者數는 議長이 각 交涉團體代表議員과 協議하여 정한다.

⑥ 議員이 時間制限으로 發言을 마치지 못한 부분에 대하여는 議長이 인정하는 범위 안에서 이를 會議錄에 게재할 수 있다.

〔전문개정 1994.6.28〕

第105條 (5分自由發言〈개정 1997.1.13〉)

① 議長은 本會議가 開議되는 경우 그 開議時부터 1時間을 초과하지 아니하는 범위 내에서 議員에게 國會가 審議 중인 議案과 請願 기타 중요한 관심사안에 대한 의견을 발표할 수 있도록 하기 위하여 5分 이내의 發言(이하 "5分自由發言"이라 한다)을 許可할 수 있다. 다만, 議長은 당일 本會議에서 審議할 議案이 다수 있는 등 효율적인 議事進行을 위하여 필요하다고 인정하는 경우에는 각 交涉團體代表議員과 協議하여 開議 중에 이를 許可할 수 있다. 〈개정 1997.1.13, 2000.2.16〉

② 5分自由發言을 하고자 하는 議員은 늦어도 本會議開議 4時間 전까지 그 發言趣旨를 간략히 기재하여 議長에게 申請하여야 한다. 〈개정 1997.1.13, 2000.2.16〉

③ 5分自由發言의 發言者數와 發言順序는 交涉團體別 所屬議員數의

比率을 고려하여 議長이 각 交涉團體代表議員과 協議하여 정한다. 〈개정 1997.1.13〉

〔전문개정 1994.6.28〕

第106條 (討論의 통지)
① 議事日程에 올린 案件에 대하여 討論하고자 하는 議員은 미리 反對 또는 贊成의 뜻을 議長에게 통지하여야 한다.
② 議長은 第1項의 통지를 받은 順序와 그 所屬交涉團體를 고려하여 反對者와 贊成者를 交代로 發言하게 하되 反對者에게 먼저 發言하게 한다.

第107條 (議長의 討論參加) 議長이 討論에 참가할 때에는 議長席에서 물러나야 하며, 그 案件에 대한 表決이 끝날 때까지 議長席에 돌아갈 수 없다.

第108條 (質疑 또는 討論의 終結)
① 質疑 또는 討論이 끝났을 때에는 議長은 그 終結을 宣布한다.
② 각 交涉團體에서 1人 이상의 發言이 있은 후에는 本會議의 議決로 議長은 質疑나 討論의 終結을 宣布한다. 그러나 質疑 또는 討論에 참가한 議員은 質疑나 討論의 終結을 動議할 수 없다.
③ 第2項의 動議는 討論을 하지 아니하고 表決한다.

第5節 表決

第109條 (議決定足數) 議事는 憲法 또는 이 法에 특별한 規定이 없는 한 在籍議員 過半數의 출석과 出席議員 過半數의 贊成으로 議決한다.

第110條 (表決의 宣布)
① 表決할 때에는 議長이 表決할 案件의 題目을 議長席에서 宣布하여야 한다. 〈개정 2002.3.7〉
② 議長이 表決을 宣布한 때에는 누구든지 그 案件에 관하여 發言할 수 없다.

第111條 (表決의 참가와 意思變更의 금지)
① 表決을 할 때에는 會議場에 있지 아니한 議員은 表決에 참가할 수 없다. 그러나 記名·無記名投票에 의하여 表決할 때에는 投票函이 閉鎖될 때까지 表決에 참가할 수 있다. 〈개정 2000.2.16〉
② 議員은 表決에 있어서 표시한 意思를 變更할 수 없다.

第112條 (表決方法)

① 表決할 때에는 電子投票에 의한 記錄表決로 可否를 決定한다. 다만, 投票器機의 고장 등 특별한 사정이 있을 때에는 起立表決로 可否를 決定할 수 있다. 〈개정 2000.2.16〉
② 중요한 案件으로서 議長의 提議 또는 議員의 動議로 本會議의 議決이 있거나 在籍議員 5分의 1이상의 요구가 있을 때에는 記名·呼名 또는 無記名投票로 表決한다. 〈개정 1994.6.28, 2000.2.16〉
③ 議長은 案件에 대한 異議의 有無를 물어서 異議가 없다고 인정한 때에는 可決되었음을 宣布할 수 있다. 그러나 異議가 있을 때에는 第1項 또는 第2項의 방법으로 表決하여야 한다.
④ 憲法改正案은 記名投票로 表決한다.
⑤ 大統領으로부터 還付된 法律案과 기타 人事에 관한 案件은 無記名投票로 表決한다. 다만, 兼職으로 인한 議員辭職과 委員長辭任에 대하여 議長이 각 交涉團體代表議員과 協議한 경우에는 그러하지 아니하다. 〈개정 1994.6.28〉
⑥ 國會에서 실시하는 각종 選擧는 法律에 특별한 規定이 없는 한 無記名投票로 한다. 投票의 결과 當選者가 없을 때에는 最高得票者와 次點者에 대하여 決選投票를 함으로써 多數得票者를 當選者로 한다. 다만, 得票數가 같을 때에는 年長者를 當選者로 한다.
⑦ 國務總理 또는 國務委員의 解任建議案이 발의된 때에는 의장은 그 해임건의안이 발의된 후 처음 개의하는 본회의에 이를 보고하고, 本會議에 보고된 때로부터 24時間 이후 72時間 이내에 無記名投票로 表決한다. 이 期間 내에 表決하지 아니한 때에는 그 解任建議案은 폐기된 것으로 본다. 〈개정 2003.2.4〉

第113條 (表決結果宣布) 表決이 끝났을 때에는 議長은 그 결과를 議長席에서 宣布한다. 〈개정 2002.3.7〉

第114條 (記名·無記名投票節次 〈개정 2000.2.16〉)
① 記名·無記名投票할 때에는 각 議員은 먼저 名牌를 名牌函에, 다음에 投票用紙를 投票函에 投入한다. 〈개정 2000.2.16〉
② 記名·無記名投票할 때에는 議長은 議員 중에서 若干人의 監票委員을 指名하고 그 委員의 참여하에 職員으로 하여금 名牌와 記名·無記名投票의 數를 點檢·計算하게 한다. 이 경우 監票委員으로 지명된 議員이 이에 응하지 아니하는 때에는 당해 議員을 제외하거나 다른 議員을 監票委員으로 지명할 수 있다. 〈개정 2000.2.16, 2002.3.7〉
③ 投票의 數가 名牌의 數보다 많을 때에는 再投票를 한다. 다만, 投票의 결과에 영향을 미치지 아니할 때에는 그러하지 아니하다.

제114조의2 (자유투표) 의원은 국민의 대표자로서 소속정당의 의사에

기속되지 아니하고 양심에 따라 투표한다.

〔본조신설 2002.3.7〕

第7章 會議錄

第115條 (會議錄)

① 國會는 會議錄을 작성하고 다음 사항을 기재한다. 〈개정 1994.6.28, 2005.7.28〉

1. 開議·會議中止와 散會의 日時
2. 議事日程
3. 출석의원의 수 및 성명
4. 開會式에 관한 사항
5. 議員의 異動
6. 議席의 配定과 變動
7. 議案의 發議·제출·회부·還付·移送과 撤回에 관한 사항
8. 출석한 國務委員과 政府委員의 姓名
9. 附議案件과 그 내용
10. 議長의 보고
11. 委員會의 報告書
12. 議事
13. 表決數
14. 記名·電子·呼名投票의 投票者 및 贊反議員 姓名
15. 議員의 發言補充書
16. 書面質問과 答辯書
17. 政府의 請願處理結果報告書
18. 政府의 國政監査 또는 調査結果處理報告書
19. 기타 本會議 또는 議長이 필요하다고 인정하는 사항

② 本會議의 議事는 速記方法으로 이를 記錄한다.

③ 會議錄에는 議長, 議長을 代理한 副議長, 臨時議長과 事務總長 또는 그 代理者가 署名·捺印하여 國會에 보존한다.

第116條 (參考文書의 게재) 議員이 그 發言에 참고 되는 간단한 文書를 會議錄에 게재하려고 할 때에는 議長의 許可를 받아야 한다.

第117條 (字句의 訂正과 異議의 決定)

① 發言한 議員은 會議錄이 配付된 날의 다음 날 午後 5時까지 그 字句의 訂正을 議長에게 요구할 수 있다. 그러나 發言의 趣旨를 變更할 수 없다.

② 會議에서 發言한 國務總理·國務委員 및 政府委員 기타 發言者에 있어서도 第1項과 같다.
③ 속기방법에 의하여 작성한 회의록의 내용은 삭제할 수 없으며, 발언을 통하여 자구정정 또는 취소의 발언을 한 경우에는 그 발언을 회의록에 기재한다. 〈신설 2003.2.4〉
④ 議員이 會議錄에 기재한 사항과 會議錄의 訂正에 관하여 異議를 申請한 때에는 討論을 하지 아니하고 本會議의 議決로 이를 決定한다.

第118條 (會議錄의 配付·頒布)
① 會議錄은 議員에게 配付하고 一般에게 頒布한다. 그러나 議長이 秘密을 요하거나 國家安全保障을 위하여 필요하다고 인정한 부분에 관하여는 發言者 또는 그 所屬交涉團體代表議員과 協議하여 이를 게재하지 아니할 수 있다.
② 議員이 第1項의 規定에 의하여 게재되지 아니한 會議錄部分에 관하여 閱覽·複寫 등을 申請한 때에는 정당한 사유가 없는 한 議長은 이를 거절하여서는 아니 된다.
③ 第2項에 의하여 許可받은 議員은 타인에게 이를 閱覽하게 하거나 轉載·複寫하게 하여서는 아니 된다.
④ 公開하지 아니한 會議의 내용은 公表되어서는 아니 된다. 다만, 本會議의 議決 또는 議長의 決定으로 第1項 但書의 사유가 消滅되었다고 判斷되는 경우에는 이를 公表할 수 있다.
⑤ 公表할 수 있는 會議錄은 一般에게 有償으로 頒布할 수 있다.
⑥ 會議錄의 公表에 관한 期間·節次 기타 필요한 사항은 國會規則으로 정한다.

第8章 國務總理·國務委員·政府委員과 質問

第119條 (國務總理·國務委員 및 政府委員의 任免通知) 政府는 國務總理와 國務委員 및 政府委員인 公務員을 任免한 때에는 이를 國會에 통지한다.

第120條 (國務委員 등의 發言)
① 國務總理·國務委員 또는 政府委員은 本會議나 委員會에서 發言하려고 할 때에는 미리 議長 또는 委員長의 許可를 받아야 한다.
② 法院行政處長·憲法裁判所事務處長·中央選擧管理委員會事務總長은 議長 또는 委員長의 許可를 받아 本會議나 委員會에서 그 所管事務에 관하여 發言할 수 있다. 〈신설 1991.5.31, 1998.3.18〉

第121條 (國務委員 등의 출석요구)

① 本會議는 그 議決로 國務總理·國務委員 또는 政府委員의 출석을 요구할 수 있다. 이 경우 그 發議는 議員 20人 이상이 이유를 명시한 書面으로 하여야 한다.

② 委員會는 그 議決로 國務總理·國務委員 또는 政府委員의 출석을 요구할 수 있다. 이 경우 委員長은 議長에게 이를 보고하여야 한다. 〈개정 1994.6.28〉

③ 第1項 또는 第2項의 요구가 있을 때에는 國務總理·國務委員 또는 政府委員은 출석·答辯하여야 하며, 國務總理 또는 國務委員이 출석요구를 받은 때에는 議長 또는 委員長의 승인을 얻어 國務總理는 國務委員으로 하여금, 國務委員은 政府委員으로 하여금 代理하여 출석·答辯하게 할 수 있다. 이 경우 議長은 각 交涉團體代表議員과, 委員長은 幹事와 協議하여야 한다.

④ 本會議 또는 委員會는 특정한 事案에 대하여 質問하기 위하여 大法院長·憲法裁判所長·中央選擧管理委員會委員長·監査院長 또는 그 代理人의 출석을 요구할 수 있다. 이 경우 委員長은 議長에게 이를 보고하여야 한다. 〈개정 1994.6.28〉

第122條 (政府에 대한 書面質問)

① 議員이 政府에 書面으로 質問하려고 할 때에는 質問書를 議長에게 제출하여야 한다.

② 議長은 第1項의 質問書가 제출된 때에는 지체 없이 이를 政府에 移送한다.

③ 政府는 質問書를 받은 날로부터 10日 이내에 書面으로 答辯하여야 한다. 그 期間 내에 答辯하지 못할 때에는 그 이유와 答辯할 수 있는 期限을 國會에 통지하여야 한다.

④ 政府는 書面質問에 대하여 答辯할 때 會議錄에 게재할 答辯書와 기타 答辯關係資料를 구분하여 國會에 제출하여야 한다. 〈신설 1994.6.28〉

⑤ 第3項의 答辯에 대하여 補充하여 質問하고자 하는 議員은 書面으로 다시 質問할 수 있다.

第122條의2 (政府에 대한 質問)

① 本會議는 會期 중 기간을 정하여 國政全般 또는 國政의 특정분야를 대상으로 政府에 대하여 質問(이하 "對政府質問"이라 한다)을 할 수 있다.

② 대정부질문은 일문일답의 방식으로 하되, 의원의 질문시간은 20분을 초과할 수 없다. 이 경우 질문시간에는 답변시간이 포함되지 아니한다. 〈개정 2003.2.4〉

③ 제2항의 규정에 불구하고 시각장애 등 신체장애를 가진 의원이 대

정부질문을 하는 경우, 의장은 각 교섭단체 대표의원과 협의하여 별도의 추가 질문시간을 허가할 수 있다. 〈신설 2005.7.28〉

④ 의제별 질문의원수는 의장이 각 교섭단체대표의원과 협의하여 정한다. 〈개정 2003.2.4〉

⑤ 의장은 제4항에서 규정한 의제별 질문의원수를 교섭단체별로 그 소속의원수의 비율에 따라 배정한다. 이 경우 교섭단체에 속하지 아니하는 의원의 질문자수는 의장이 각 교섭단체대표의원과 협의하여 정한다. 〈개정 2003.2.4, 2005.7.28〉

⑥ 議長은 議員의 質問과 政府의 答辯이 교대로 균형 있게 유지되도록 하여야 한다.

⑦ 질문을 하고자 하는 의원은 미리 질문의 요지를 기재한 질문요지서를 구체적으로 작성하여 議長에게 제출하여야 하며, 議長은 늦어도 質問時間 48時間 전까지 質問要旨書가 政府에 도달되도록 송부하여야 한다. 〈개정 2000.2.16, 2003.2.4〉

⑧ 각 交涉團體代表議員은 質問議員과 질문순서를 質問日前日까지 議長에게 통지하여야 한다. 이 경우 議長은 각 交涉團體代表議員의 통지내용에 따라 質問順序를 정한 후 이를 本會議開議 전에 각 交涉團體代表議員과 政府에 통지하여야 한다. 〈개정 2003.2.4〉

〔본조신설 1994.6.28〕

第122條의3 (緊急懸案質問)

① 議員은 20人 이상의 贊成으로 會期 중 懸案이 되고 있는 중요한 사항을 對象으로 政府에 대하여 質問(이하 이 條에서 "緊急懸案質問"이라 한다)을 할 것을 議長에게 요구할 수 있다. 〈개정 2000.2.16〉

② 第1項의 規定에 의한 緊急懸案質問을 요구하는 議員은 그 이유와 質問要旨 및 출석을 요구하는 國務總理 또는 國務委員을 기재한 質問要求書를 本會議開議 24時間 전까지 議長에게 제출하여야 한다. 〈개정 2000.2.16〉

③ 議長은 質問要求書가 접수된 때에는 그 실시여부와 議事日程을 國會運營委員會와 協議하여 정한다. 다만, 議長은 필요한 경우 本會議에서 그 실시여부를 表決에 부쳐 정할 수 있다.

④ 第3項의 規定에 의한 議長의 決定 또는 本會議의 議決이 있은 때에는 해당 國務總理 또는 國務委員에 대한 출석요구의 議決이 있은 것으로 본다. 〈개정 2000.2.16〉

⑤ 緊急懸案質問時間은 總 120分으로 한다. 다만, 議長은 각 交涉團體代表議員과 協議하여 이를 연장할 수 있다. 〈개정 2000.2.16〉

⑥ 緊急懸案質問을 할 때의 議員의 質問은 10分을 초과할 수 없다. 다만, 補充質問은 5分을 초과할 수 없다.

⑦ 緊急懸案質問의 節次 등에 관하여 이 條에서 정한 것을 제외하고는

第122條의2의 規定을 準用한다.

〔본조신설 1994.6.28〕

第9章 請願

第123條 (請願書의 제출)

① 國會에 請願하려고 하는 者는 議員의 紹介를 얻어 請願書를 제출하여야 한다.

② 請願書에는 請願者의 住所·姓名(法人의 경우에는 그 名稱과 代表者의 姓名)을 기재하고 署名·捺印하여야 한다.

③ 裁判에 간섭하거나 國家機關을 冒瀆하는 내용의 請願은 이를 접수하지 아니한다.

第124條 (請願要旨書의 작성과 회부)

① 議長은 請願을 접수한 때에는 請願要旨書를 작성하여 각 議員에게 印刷·配付하는 동시에 그 請願書를 所管委員會에 회부하여 審査를 하게 한다.

② 請願要旨書에는 請願者의 住所·姓名·請願의 要旨·紹介議員의 姓名과 接受年月日을 기재한다.

第125條 (請願審査·보고 등)

① 委員會는 請願審査를 위하여 請願審査小委員會를 둔다.

② 委員長은 閉會 중이거나 기타 필요한 경우 請願을 바로 請願審査小委員會에 회부하여 審査報告하게 할 수 있다.

③ 請願을 紹介한 議員은 所管委員會 또는 請願審査小委員會의 요구가 있을 때에는 請願의 趣旨를 說明하여야 한다.

④ 委員會는 그 議決로 委員 또는 專門委員을 現場이나 關係機關 등에 파견하여 필요한 사항을 파악하여 보고하게 할 수 있다. 〈신설 1991.5.31〉

⑤ 委員會에서 本會議에 附議하기로 決定한 請願은 意見書를 첨부하여 議長에게 보고한다.

⑥ 委員會에서 本會議에 附議할 필요가 없다고 決定한 請願은 그 처리결과를 議長에게 보고하고, 議長은 請願人에게 통지하여야 한다. 다만, 閉會 또는 休會期間을 제외한 7日 이내에 議員 30人 이상의 요구가 있을 때에는 이를 本會議에 附議한다.

⑦ 請願審査에 관하여 기타 필요한 사항은 國會規則으로 정한다.

第126條 (政府移送과 처리보고)

① 國會가 採擇한 請願으로서 政府에서 처리함이 妥當하다고 인정되는 請願은 意見書를 첨부하여 政府에 移送한다.
② 政府는 第1項의 請願을 처리하고 그 처리결과를 지체 없이 國會에 보고하여야 한다.

第10章 國會와 國民 또는 行政機關과의 관계

第127條 (國政監査와 國政調査) 國會의 國政監査와 國政調査에 관하여 이 法이 정한 것을 제외하고는 國政監査및調査에관한法律이 정하는 바에 따른다.

제127조의2 (감사원에 대한 감사청구 등)
① 국회는 그 의결로 감사원에 대하여 감사원법에 의한 감사원의 직무범위에 속하는 사항 중 사안을 특정하여 감사를 청구할 수 있다. 이 경우 감사원은 감사청구를 받은 날부터 3월 이내에 감사결과를 국회에 보고하여야 한다.
② 감사원은 특별한 사유로 제1항에 규정된 기간 이내에 감사를 마치지 못하였을 때에는 중간보고를 하고 감사기간의 연장을 요청할 수 있다. 이 경우 의장은 2월의 범위 이내에서 감사기간을 연장할 수 있다.

〔본조신설 2003.2.4〕

第128條 (보고·書類提出要求)
① 本會議·委員會 또는 小委員會는 그 議決로 案件의 審議 또는 國政監査나 國政調査와 직접 관련된 보고 또는 書類의 제출을 政府·行政機關 기타에 대하여 요구할 수 있다. 다만, 委員會가 國政監査나 國政調査와 관련된 書類提出要求를 하는 경우에는 그 議決 또는 在籍委員 3分의 1이상의 요구로 할 수 있다. 〈개정 2000.2.16〉
② 제1항의 규정에 의한 서류제출은 서면, 전자문서 또는 컴퓨터의 자기테이프·자기디스크 그 밖에 이와 유사한 매체에 기록된 상태나 전산망에 입력된 상태로 제출할 것을 요구할 수 있다. 〈신설 2002.3.7〉
③ 第1項의 規定에 불구하고 閉會 중에 議員으로부터 書類提出要求가 있는 때에는 議長 또는 委員長은 交涉團體代表議員 또는 幹事와 協議하여 이를 요구할 수 있다. 〈신설 2000.2.16〉
④ 委員會(小委員會를 포함한다. 이하 이 章에서 같다)가 第1項의 요구를 할 때에는 議長에게 이를 보고하여야 한다. 〈개정 2000.2.16〉

⑤ 第1項의 요구를 받은 때에는 기간을 따로 정하는 경우를 제외하고는 요구를 받은 날부터 10日 이내에 보고 또는 書類를 제출하여야 한다. 다만, 특별한 사유가 있을 때에는 議長 또는 委員長에게 그 사유를 보고하고 그 期間을 연장할 수 있다. 이 경우 議長 또는 委員長은 第1項의 요구를 한 議員에게 그 사실을 통보한다. 〈신설 1997.1.13〉

⑥ 第1項의 보고·書類提出要求 등에 관하여 기타 필요한 節次는 다른 法律이 정하는 바에 따른다. 〈개정 1997.1.13〉

〔전문개정 1994.6.28〕

제128조의2 (결산의 제출요구 등)

① 국회는 감사원의 검사를 거친 결산(기금결산을 포함한다. 이하 이 조에서 같다)을 회계연도마다 다음 회계연도 5월 31일까지 제출하도록 정부에 대하여 요구한다.

② 국회는 결산에 대한 심의·의결을 정기회 개회 전까지 완료하여야 한다.

〔본조신설 2003.2.4〕

第129條 (證人·鑑定人 또는 參考人의 출석요구)

① 本會議 또는 委員會는 그 議決로 案件의 審議 또는 國政監査나 國政調査를 위하여 證人·鑑定人 또는 參考人의 출석을 요구할 수 있다.

② 委員會가 第1項의 요구를 할 때에는 議長에게 이를 보고하여야 한다. 〈개정 1994.6.28〉

③ 第1項의 證言·鑑定 등에 관한 節次는 다른 法律이 정하는 바에 따른다.

第11章 彈劾訴追

第130條 (彈劾訴追의 發議)

① 彈劾訴追의 發議가 있은 때에는 議長은 발의된 후 처음 개의하는 本會議에 보고하고, 本會議는 議決로 法制司法委員會에 회부하여 調査하게 할 수 있다. 〈개정 2003.2.4〉

② 本會議가 第1項에 의하여 法制司法委員會에 회부하기로 議決하지 아니한 때에는 本會議에 보고된 때로부터 24時間 이후 72時間 이내에 彈劾訴追의 여부를 無記名投票로 表決한다. 이 기간 내에 表決하지 아니한 때에는 그 彈劾訴追案은 폐기된 것으로 본다. 〈개정 2000.2.16〉

③ 彈劾訴追의 發議에는 被訴追者의 姓名·職位와 彈劾訴追의 사유·증거 기타 調査上 참고가 될 만한 資料를 제시하여야 한다.

第131條 (회부된 彈劾訴追事件의 調査)

① 法制司法委員會가 第130條의 發議를 회부받았을 때에는 지체 없이 調査·보고하여야 한다. 〈개정 1991.5.31〉

② 第1項의 調査에 있어서는 國政監査및調査에관한法律이 規定하는 調査의 방법 및 調査上의 注意義務規定을 準用한다.

第132條 (調査의 協助) 調査를 받는 國家機關은 그 調査를 신속히 완료시키기 위하여 충분한 協助를 하여야 한다.

第133條 (彈劾訴追의 議決) 本會議의 彈劾訴追의 議決은 被訴追者의 姓名·職位 및 彈劾訴追의 사유를 표시한 文書(이하 "訴追議決書"라 한다)로 하여야 한다.

第134條 (訴追議決書의 송달과 效果)

① 彈劾訴追의 議決이 있은 때에는 議長은 지체 없이 訴追議決書의 正本을 法制司法委員長인 訴追委員에게, 그 謄本을 憲法裁判所·被訴追者와 그 所屬機關의 長에게 송달한다.

② 訴追議決書가 송달된 때에는 被訴追者의 權限行使는 정지되며, 任命權者는 被訴追者의 辭職願을 접수하거나 解任할 수 없다.

第12章 辭職·退職·闕員과 資格審查

第135條 (辭職)

① 國會는 그 議決로 議員의 辭職을 許可할 수 있다. 다만, 閉會 중에는 議長이 이를 許可할 수 있다.

② 議員이 辭職하고자 할 때에는 本人이 署名·捺印한 辭職書를 議長에게 제출하여야 한다.

③ 辭職의 許可與否는 討論을 하지 아니하고 表決한다.

第136條 (退職)

① 議員이 겸할 수 없는 職에 就任하거나 第29條第2項의 規定에 의하여 任期開始日 이후에 解職된 職의 權限을 행사하거나 공직선거 및 선거부정방지법 제53조의 규정에 의하여 사직원을 제출하여 공직선거후보자로 등록된 때에는 議員의 職에서 退職된다. 〈개정 2003.2.4〉

② 議員이 法律에 規定된 被選擧權이 없게 된 때에는 退職된다.

③ 議員에 대하여 第2項의 被選擧權이 없게 되는 사유에 해당하는 刑을 宣告한 法院은 그 判決이 확정된 때에 이를 지체 없이 國會에 통지하여야 한다. 〈신설 1994.6.28〉

第137條 (闕員通知) 議員이 闕員된 때에는 議長은 15日 이내에 大統領과 中央選擧管理委員會에 이를 통지하여야 한다.

第138條 (資格審査의 請求) 議員이 다른 議員의 資格에 대하여 異議가 있을 때에는 30人 이상의 連書로 資格審査를 議長에게 請求할 수 있다.

第139條 (請求書의 委員會回附와 答辯書의 제출)
① 議長은 第138條의 請求書를 倫理特別委員會에 회부하고 그 副本을 被審議員에게 송달하여 期日을 정하여 答辯書를 제출하게 한다. 〈개정 1991.5.31〉
② 被審議員이 天災·地變 또는 疾病 기타 事故에 의하여 期日 내에 答辯書를 제출하지 못함을 증명한 때에는 議長은 다시 期日을 정하여 答辯書를 제출하게 할 수 있다.

第140條 (答辯書의 委員會審査)
① 議長이 答辯書를 접수한 때에는 이를 倫理特別委員會에 회부한다. 〈개정 1991.5.31〉
② 倫理特別委員會는 請求書와 答辯書에 의하여 審査한다. 〈개정 1991.5.31〉
③ 期日 내에 答辯書를 제출하지 아니한 때에는 倫理特別委員會는 請求書만으로 審査를 할 수 있다. 〈개정 1991.5.31〉

第141條 (當事者의 審問과 發言)
① 倫理特別委員會는 필요한 때에는 請求議員과 被審議員을 출석하게 하여 審問할 수 있다. 〈개정 1991.5.31〉
② 請求議員과 被審議員은 委員會의 許可를 받아 출석하여 發言할 수 있다. 이 경우 被審議員은 다른 議員으로 하여금 출석하여 發言하게 할 수 있다.

第142條 (議決)
① 倫理特別委員會에서 審査報告書를 議長에게 제출한 때에는 議長은 本會議에 附議하여야 한다. 〈개정 1991.5.31〉
② 被審議員은 本會議에서 스스로 辨明하거나 다른 議員으로 하여금 辨明하게 할 수 있다.
③ 本會議는 被審議員의 資格의 有無를 議決로 決定하되 그 資格이 없는 것을 議決함에는 在籍議員 3分의 2이상의 贊成이 있어야 한다.

④ 第3項의 決定이 있을 때에는 議長은 그 결과를 書面으로 請求議員과 被審議員에게 송부한다.

第13章 秩序와 警護

第143條 (議長의 警護權) 會期 중 國會의 秩序를 유지하기 위하여 議長은 國會 안에서 警護權을 행한다.

第144條 (警衛와 警察官)
① 國會의 警護를 위하여 國會에 警衛를 둔다.
② 議長은 國會의 警護를 위하여 필요한 때에는 國會運營委員會의 同意를 얻어 일정한 期間을 정하여 政府에 대하여 필요한 국가경찰공무원의 派遣을 요구할 수 있다. 〈개정 2006.2.21〉
③ 警衛와 派遣된 국가경찰공무원은 議長의 指揮를 받아 警衛는 會議場建物 안에서, 국가경찰공무원은 會議場建物 밖에서 警護한다. 〈개정 2006.2.21〉

第145條 (會議의 秩序維持)
① 議員이 本會議 또는 委員會의 會議場에서 이 法 또는 國會規則에 違背하여 會議場의 秩序를 문란하게 한 때에는 議長 또는 委員長은 이를 警告 또는 制止할 수 있다.
② 第1項의 措置에 응하지 아니한 議員이 있을 때에는 議長 또는 委員長은 當日의 會議에서 發言함을 금지하거나 退場시킬 수 있다.
③ 議長 또는 委員長은 會議場이 騷亂하여 秩序를 유지하기 곤란하다고 인정할 때에는 會議를 中止하거나 散會를 宣布할 수 있다.

第146條 (侮辱 등 發言의 금지) 議員은 本會議 또는 委員會에서 다른 사람을 侮辱하거나 다른 사람의 私生活에 대한 發言을 할 수 없다.

第147條 (發言妨害 등의 금지) 議員은 暴力을 행사하거나 會議 중 함부로 發言 또는 騷亂한 행위를 하여 다른 사람의 發言을 방해할 수 없다.

제148조 (회의진행 방해 물건 등의 반입 금지) 의원은 본회의 또는 위원회의 회의장 안에 회의진행에 방해가 되는 물건 또는 음식물을 반입하여서는 아니 된다.

〔전문개정 2005.7.28〕

제149조 (국회에 의한 방송)
① 국회는 방송채널을 확보하여 본회의 또는 위원회의 회의 그 밖의 국회 및 의원의 입법활동 등을 음성 또는 영상으로 방송하는 제도

를 마련하여 운용하여야 한다.
② 제1항의 방송은 공정하고 객관적이어야 하며, 정치적·상업적 목적으로 사용되어서는 아니 된다.
③ 국회운영위원회는 제1항의 방송에 대한 기본원칙의 수립 및 관리 등 필요한 사항을 심의하며, 이를 위하여 국회방송심의소위원회를 둔다.
④ 제1항의 방송에 관한 절차, 대상 그 밖에 필요한 사항은 국회규칙으로 정한다.

〔전문개정 2005.7.28〕

제149조의2 (중계방송의 허용 등)
① 본회의 또는 위원회의 의결로 공개하지 아니하기로 한 경우를 제외하고는 의장 또는 위원장은 회의장안(본회의장은 방청석에 한한다)에서의 녹음·녹화·촬영 및 중계방송을 국회규칙이 정하는 바에 따라 허용할 수 있다.
② 제1항의 녹음·녹화·촬영 및 중계방송을 하는 자는 회의장의 질서를 문란하게 하여서는 아니 된다.

〔본조신설 2005.7.28〕

第150條 (現行犯人의 逮捕) 國會 안에 現行犯人이 있을 때에는 警衛 또는 국가경찰공무원은 이를 逮捕한 후 議長의 指示를 받아야 한다. 다만, 議員은 會議場 안에 있어서는 議長의 命令 없이 이를 逮捕할 수 없다. 〈개정 2006.2.21〉

第151條 (會議場出入의 제한) 會議場 안에는 議員·國務總理·國務委員 또는 政府委員 기타 議案審議에 필요한 者와 議長이 許可한 者 외에는 出入할 수 없다.

第152條 (傍聽의 許可)
① 議長은 傍聽券을 발행하여 傍聽을 許可한다.
② 議長은 秩序를 유지하기 위하여 필요한 때에는 傍聽人數를 제한할 수 있다.

第153條 (傍聽의 금지와 身體檢查)
① 凶器를 휴대한 者, 酒氣가 있는 者, 精神에 異常이 있는 者 기타 行動이 수상하다고 인정되는 者는 傍聽을 許可하지 아니한다.
② 議長은 필요한 때에는 警衛 또는 국가경찰공무원으로 하여금 傍聽人의 身體를 檢查하게 할 수 있다. 〈개정 2006.2.21〉

第154條 (傍聽人에 대한 退場命令)
① 議長은 會議場 안의 秩序를 방해하는 傍聽人의 退場을 命할 수 있

으며 필요한 때에는 국가경찰관서에 引渡할 수 있다. 〈개정 2006.2.21〉

② 傍聽席이 騷亂할 때에는 議長은 모든 傍聽人을 退場시킬 수 있다.

第14章 倫理審査와 懲戒 〈개정 1991.5.31〉

第155條 (倫理審査 및 懲戒)

① 倫理特別委員會는 議員이 國會議員倫理綱領 및 國會議員倫理實踐規範을 違反하는 행위를 한 때에는 이를 審査하여 그 議決로써 해당 議員에게 違反事實을 통고할 수 있다.

② 國會는 議員이 다음 各號의 1에 해당하는 행위를 한 때에는 그 議決로써 이를 懲戒할 수 있다. 〈개정 1994.6.28〉

1. 憲法 第46條第1項(淸廉의 義務) 및 第3項(利權運動의 금지), 이 法 第146條(侮辱 등 發言의 금지)의 規定에 위반되는 행위를 한 때
2. 第54條의2(情報委員會에 대한 特例)第2項에 위반하여 國會에서 職務상 發言한 때
3. 第102條(議題 외 發言의 금지) 및 이 法에서 정한 發言時間의 制限規定에 위반하여 議事進行을 현저히 방해한 때
4. 第118條第3項의 規定에 위반하여 不揭載部分을 다른 사람에게 閱覽하게 하거나 이를 轉載 또는 複寫하게 한 때
5. 第118條第4項의 規定에 위반하여 非公開會議 내용을 公表한 때
6. 彈劾訴追事件의 調査를 함에 있어서 國政監査및調査에관한法律이 規定하는 調査上의 注意義務에 위반되는 행위를 한 때
7. 第145條第1項의 規定에 해당되는 會議場의 秩序紊亂行爲를 하거나 이에 대한 議長 또는 委員長의 措置에 不應한 때
8. 정당한 이유 없이 國會集會日로부터 7日 이내에 本會議 또는 委員會에 출석하지 아니하거나 議長 또는 委員長의 出席要求書를 받은 후 5日 이내에 출석하지 아니한 때
9. 第1項의 規定에 의한 통고를 2回 받았을 때
10. 國政監査및調査에관한法律에서 정한 懲戒事由에 해당한 때
11. 公職者倫理法에서 정한 懲戒事由에 해당한 때

〔전문개정 1991.5.31〕

第156條 (倫理審査 및 懲戒의 요구와 회부)

① 議長은 第155條의 規定에 해당하는 倫理審査對象議員(이하 "倫理審査對象者"라 한다) 또는 懲戒對象議員(이하 "懲戒對象者"라 한다)이 있을 때에는 이를 倫理特別委員會에 회부하고 本會議에 보고한다.

② 委員長은 所屬委員 중에서 倫理審査對象者 또는 懲戒對象者가 있을 때에는 議長에게 이를 보고한다. 이 경우 議長은 이를 倫理特別委員會에 회부하고 本會議에 보고한다.
③ 議員이 倫理審査對象者 또는 懲戒對象者에 대한 倫理審査 또는 懲戒를 요구하고자 할 때에는 議員 20人 이상의 贊成으로 그 事由를 기재한 要求書를 議長에게 제출하여야 한다.
④ 倫理審査對象者 또는 懲戒對象者에 대하여 侮辱을 당한 議員이 倫理審査 또는 懲戒를 요구할 때에는 贊成議員을 요하지 아니하며, 그 事由를 기재한 要求書를 議長에게 제출한다.
⑤ 第3項과 第4項의 倫理審査要求 또는 懲戒要求가 있을 때에는 議長은 이를 倫理特別委員會에 회부하고 本會議에 보고한다.
⑥ 倫理特別委員會의 委員長 또는 委員 5人 이상이 倫理審査對象者 또는 懲戒對象者에 대한 倫理審査 또는 懲戒의 요구를 한 때에는 倫理特別委員會는 이를 議長에게 보고하고 審査할 수 있다. 〈신설 1994.6.28〉
⑦ 第1項 내지 第6項의 規定에 불구하고 동일한 事由로 해당 議員에 대한 倫理審査와 懲戒를 중복하여 요구할 수 없다. 〈개정 1994.6.28〉

〔전문개정 1991.5.31〕

第157條 (倫理審査 및 懲戒의 요구 또는 회부의 時限 등)
① 第156條第1項·第2項 및 第5項의 規定에 의한 倫理審査回附 또는 懲戒回附는 議長이 그 事由가 발생한 날, 그 對象者가 있는 것을 알게 된 날, 委員長의 보고를 받은 날 또는 倫理審査要求書나 懲戒要求書를 제출받은 날부터 閉會 또는 休會期間을 제외한 3日 이내에 倫理特別委員會에 회부하여야 한다.
② 第156條第2項의 規定에 의한 委員長의 倫理審査對象者 또는 懲戒對象者 보고와 同條第3項·第4項 및 第6項의 規定에 의한 倫理審査要求 또는 懲戒要求는 그 事由가 발생한 날, 그 對象者가 있는 것을 알게 된 날부터 10일 이내에 하여야 한다. 다만, 閉會期間 중에 그 對象者가 있을 경우에는 次回國會의 集會日부터 3日 이내에 하여야 한다. 〈개정 1994.6.28, 2005.7.28〉
③ 윤리특별위원회는 제156조제1항 내지 제5항의 규정에 따른 윤리심사회부가 있거나 같은 조 제6항의 규정에 따른 윤리심사요구에 대한 보고가 있은 날부터 3월 이내에 그 심사를 종료하여야 한다. 다만, 부득이한 사유로 이 기간 이내에 그 심사를 종료하지 아니한 경우에 윤리특별위원회는 그 의결로 3월의 범위 이내에서 심사기간을 연장할 수 있다. 〈개정 2005.7.28〉

〔전문개정 1991.5.31〕

第158條 (倫理審査 및 懲戒의 議事) 倫理審査 및 懲戒에 관한 會議는 公開하지 아니한다. 다만, 本會議 또는 委員會의 議決이 있을 때에는 그러하지 아니하다. 〈개정 1994.6.28〉

〔전문개정 1991.5.31〕

第159條 (審問) 倫理特別委員會는 倫理審査對象者 또는 懲戒對象者와 關係議員을 출석하게 하여 審問할 수 있다.

〔본조신설 1991.5.31〕

제160조 (변명) 의원은 자기의 윤리심사안 또는 징계안에 관한 본회의 또는 위원회에 출석하여 변명하거나 다른 의원으로 하여금 변명하게 할 수 있다. 이 경우 의원은 변명이 끝난 후 회의장에서 퇴장하여야 한다.

〔전문개정 2005.7.28〕

第161條 (倫理特別委員會의 審査에 대한 特例) 倫理特別委員會는 懲戒對象者의 행위가 國會議員倫理綱領 및 國會議員倫理實踐規範의 規定에 위반된다고 인정할 때에는 懲戒를 하지 아니하고 第155條第1項의 規定에 의한 통고를 할 수 있다.

〔본조신설 1991.5.31〕

第162條 (倫理審査의 보고 및 懲戒의 議決)

① 議長은 倫理特別委員會로부터 倫理審査에 대한 審査報告書를 접수한 때에는 그 審査結果를 지체 없이 本會議에 보고하여야 한다.

② 議長은 倫理特別委員會로부터 懲戒에 대한 審査報告書를 접수한 때에는 지체 없이 本會議에 附議하여 이를 議決하여야 한다. 다만, 議長은 倫理特別委員會로부터 懲戒를 하지 아니하기로 議決(第161條의 경우를 포함한다)하였다는 審査報告書를 접수한 때에는 이를 지체 없이 本會議에 보고하여야 한다.

〔본조신설 1991.5.31〕

第163條 (懲戒의 종류와 그 宣布)

① 第155條第2項의 規定에 의한 懲戒의 종류는 다음과 같다. 〈개정 1991.5.31〉

1. 公開會議에서의 警告
2. 公開會議에서의 謝過
3. 30日 이내의 출석정지. 이 경우 출석정지기간에 해당하는 國會議員手當등에관한法律의 規定에 의한 手當 및 立法活動費·特別活動費는 그 2分의 1을 감액한다.
4. 除名

② 第1項第1號와 第2號의 경우에는 倫理特別委員會에서 그 文案을

작성하여 報告書와 함께 이를 議長에게 제출하여야 한다. 〈개정 1991.5.31〉

③ 除名이 議決되지 아니한 때에는 本會議는 다른 懲戒의 종류를 議決할 수 있다.

④ 懲戒를 議決한 때에는 議長은 公開會議에서 이를 宣布한다.

〔본조신설 1991.5.31〕

第164條 (除名된 者의 立候補制限) 第163條의 規定에 의한 懲戒로 除名된 者는 그로 인하여 闕員된 議員의 補闕選擧에 있어서는 候補者가 될 수 없다. 〈개정 1991.5.31〉

〔본조신설 1991.5.31〕

第15章 補則

第165條 (期間의 起算日) 이 法에 의한 期間의 計算에는 初日을 算入한다.

〔본조신설 1991.5.31〕

第166條 (規則制定)

① 國會는 憲法 및 法律에 저촉되지 아니하는 범위 안에서 議事와 內部規律에 관한 規則을 制定할 수 있다.

② 위원회는 이 법 및 제1항의 규칙에 저촉되지 아니하는 범위 안에서 국회운영위원회와 협의하여 회의 및 안건심사 등에 관한 위원회의 운영규칙을 정할 수 있다. 〈신설 2005.7.28〉

〔본조신설 1991.5.31〕

의원 법(국회의원, 지방의회 의원)

국회의원 법

국회법

〔일부개정 2006.2.21 법률 제7849호〕 최근개정법령

附則〈제4010호, 1988.6.15〉

① (施行日) 이 法은 公布한 날로부터 施行한다.

② (經過措置) 이 法 施行당시 國會事務處法에 의한 國會事務處圖書館은 第22條第5項의 規定에 의한 國會圖書館法이 制定·施行될 때까지 存續한다.

③ (다른 法律과의 관계) 이 法 施行당시 다른 法律에서 종전의 이 法 規定을 引用한 경우 이 法 중 그에 해당하는 規定이 있는 때에는 이 法의 해당 規定을 引用한 것으로 본다.

부칙〈제4237호,1990.6.29〉

이 法은 公布한 날부터 시행한다.

부칙〈제4385호,1991.5.31〉

① (施行日) 이 法은 公布한 날부터 施行한다. 다만, 第37條第1項第2號, 第139條 내지 第142條·第156條 내지 第163條(倫理審査 또는 倫理特別委員會에 관한 사항에 한한다) 및 第155條第1項·第2項第8號의 改正規定은 이 法에 의한 倫理特別委員會가 構成된 날부터, 第37條第1項第4號의 改正規定은 이 法 施行 후 최초의 서울特別市議會가 構成된 날부터 施行한다.

② (다른 法律과의 관계) 이 法 施行당시 다른 法律에서 종전의 이 法 規定을 引用한 경우 이 法 중 그에 해당하는 規定이 있는 때에는 이 法의 해당 規定을 引用한 것으로 본다.

부칙〈제4542호, 1993.3.6〉

① (施行日) 이 法의 施行日은 法律 第4541號 政府組織法中改正法律 附則 第1條 但書의 規定에 의한 施行日로 한다.
② (經過措置) 이 法 施行당시 教育體育青少年委員會·文化公報委員會·商工委員會의 委員 및 委員長은 각각 이 法에 의한 教育委員會·文化體育公報委員會·商工資源委員會 委員 및 委員長으로 選任된 것으로 보며, 그 任期는 종전의 委員任期의 殘任期間으로 한다.

부칙 〈제4761호, 1994.6.28〉

第1條 (施行日) 이 法은 公布한 날부터 施行한다.
第2條 (經過措置)
① 이 法 施行당시의 議長·副議長, 常任委員·常任委員長 및 倫理特別委員會의 委員·委員長의 任期는 第9條·第40條·第41條 및 第46條의 改正規定에 불구하고 1994年 6月 28日까지로 한다.
② 이 法 施行 후 최초의 議長·副議長, 常任委員長 및 倫理特別委員會委員長의 選擧는 第15條·第41條 및 第46條의 改正規定에 불구하고 第1項에 規定한 任期滿了日까지 할 수 있다.
第3條 (다른 法律과의 關係) 이 法 施行당시 다른 法律에서 종전의 이 法 規定을 인용한 경우 이 法 중 그에 해당하는 規定이 있는 때에는 이 法의 해당 規定을 인용한 것으로 본다.

부칙 〈제4943호, 1995.3.3〉

① (施行日) 이 法은 公布한 날부터 施行한다.
② (經過措置) 이 法 施行당시 外務統一委員會·行政經濟委員會·財務委員會·商工資源委員會·保健社會委員會·勞動環境委員會·遞信科學技術委員會의 委員 및 委員長은 각각 이 法에 의한 統一外務委員會·行政委員會·財政經濟委員會·通商産業委員會·保健福祉委員會·環境勞動委員會·通信科學技術委員會의 委員 및 委員長으로 選任된 것으로 본다.

부칙 〈제5154호,1996.8.8〉

① (施行日) 이 法의 施行日은 法律 第5153號 政府組織法中改正法律 附則 第1條의 規定에 의한 施行日로 한다.
② (經過措置) 이 法 施行당시 農林水産委員會의 委員 및 委員長은 이 法에 의한 農林海洋水産委員會의 委員 및 委員長으로 選任된 것으로 본다.

부칙 〈제5293호,1997.1.13〉

이 法은 公布한 날부터 施行하되, 第39條第1項의 改正規定은 1998年 5月 30日부터 施行한다.

부칙 〈제5530호,1998.3.18〉

① (施行日) 이 法은 公布한 날부터 施行한다. 다만, 第37條第1項第3號 라目의 改正規定은 1998年 4月 1日부터 施行한다.

② (經過措置) 이 法 施行당시 行政委員會, 統一外務委員會, 內務委員會, 文化體育公報委員會, 通商産業委員會, 通信科學技術委員會의 委員 및 委員長은 각각 이 法에 의한 政務委員會, 統一外交通商委員會, 行政自治委員會, 文化觀光委員會, 産業資源委員會, 科學技術情報通信委員會의 委員 및 委員長으로 選任된 것으로 보며, 그 任期는 종전의 委員任期의 殘任期間으로 한다.

부칙 〈제6266호,2000.2.16〉

이 法은 2000年 5月 30日부터 施行한다.

부칙(기금관리기본법) 〈제6590호, 2001.12.31〉

제1조 (시행일) 이 법은 2002년 3월 1일부터 시행한다. 〈단서 생략〉

제2조 및 제3조 생략

제4조 (다른 법률의 개정)

① 내지 〈19〉생략

〈20〉국회법 중 다음과 같이 개정한다.

제84조의2를 다음과 같이 신설한다.

제84조의2 (기금운용계획안·기금결산의 회부 등)

① 국회는 기금관리기본법 제7조제1항의 규정에 의하여 제출된 기금운용계획안을 회계연도개시 30일 전까지 심의·확정한다.

② 제1항의 기금운용계획안, 기금관리기본법 제8조제2항의 규정에 의한 기금운용계획의 변경 및 동법 제9조의 규정에 의한 기금의 결산에 관하여는 예산안 및 결산에 관한 제84조의 규정을 준용한다.

제5조 및 제6조 생략

부칙 〈제6657호, 2002.3.7〉

① (시행일) 이 법은 공포한 날부터 시행한다.

② (의장의 당적보유금지의 적용) 제20조의2의 개정규정은 이 법 시행 당시의 의장에게 적용한다. 이 경우 "당선된 다음 날"은 "이 법 시행일 다음 날"로 본다.

부칙 〈제6855호, 2003.2.4〉

제1조 (시행일) 이 법은 공포한 날부터 시행한다. 다만, 제128조의2의 개정규정은 2004년 1월 1일부터 시행한다.

제2조 (다른 법률의 개정)

① 국가정보원법 중 다음과 같이 개정한다.

제7조 제1항 중 "大統領이 任命하며"를 "국회의 인사청문을 거쳐 대통령이 임명하며"로 한다.

② 국가공무원법 중 다음과 같이 개정한다.
제32조제1항에 후단을 다음과 같이 신설한다.
이 경우 국세청장은 국회의 인사청문을 거쳐 대통령이 임명한다.
③ 검찰청법 중 다음과 같이 개정한다.
제34조의 제목 "(檢事의 任命 및 補職)"을 "(검사의 임명 및 보직 등)"으로 하고, 동조에 후단을 다음과 같이 신설한다.
이 경우 검찰총장은 국회의 인사청문을 거쳐야 한다.
④ 경찰법 중 다음과 같이 개정한다.
제11조 제2항에 후단을 다음과 같이 신설한다.
이 경우 국회의 인사청문을 거쳐야 한다.
⑤ 기금관리기본법 중 다음과 같이 개정한다.
제7조 제1항 전단 중 "80일"을 "90일"로 한다.

부칙 〈제6930호, 2003.7.18〉
이 법은 공포 후 3월이 경과한 날부터 시행한다.

부칙(수산업협동조합법) 〈제7311호, 2004.12.31〉
제1조 (시행일) 이 법은 공포 후 6월이 경과한 날부터 시행, 〈후문 생략〉.
제2조 내지 제14조 생략
제15조 (다른 법률의 개정)
① 국회법 중 다음과 같이 개정한다.
제29조 제1항 제5호 중 "수산업협동조합"을 "수산업협동조합법에 의한 조합과 중앙회"로 한다.
② 내지 ⑬ 생략
제16조 생략

부칙 〈제7614호, 2005.7.28〉
제1조 (시행일) 이 법은 공포한 날부터 시행한다. 다만, 제40조의2 및 제69조제4항의 개정규정은 2006년 6월 1일부터 시행한다.
제2조 (경과조치) 이 법 시행 당시 여성위원회의 위원 및 위원장은 이 법에 의한 여성가족위원회의 위원 및 위원장으로 선임된 것으로 본다.
제3조 (다른 법률의 개정)
① 국가공무원법 일부를 다음과 같이 개정한다.
제31조의2를 다음과 같이 신설한다.
제31조의2 (국무위원 임명 전 인사청문 실시) 대통령은 국무위원을 임명하고자 하는 경우에는 미리 국회의 인사청문을 거쳐야 한다.
② 대통령직인수에관한법률 일부를 다음과 같이 개정한다.
제5조 제1항 및 제2항 중 "국무총리후보자"를 각각 "국무총리 및 국무위원 후보자"로 하고, 같은 조 제1항에 후단을 다음과 같이 신

설한다.
이 경우 국무위원후보자에 대하여는 국무총리후보자의 추천이 있어야 한다.

③ 선거관리위원회법 일부를 다음과 같이 개정한다.
제4조 제1항에 후단을 다음과 같이 신설한다.
이 경우 위원은 국회의 인사청문을 거쳐 임명·선출 또는 지명하여야 한다.

부칙(제주특별자치도 설치 및 국제자유도시 조성을 위한 특별법) 〈제7849호, 2006.2.21〉
제1조 (시행일) 이 법은 2006년 7월 1일부터 시행한다. 〈단서 생략〉
제2조 내지 제39조 생략
제40조 (다른 법령의 개정)
① 내지 ⑩ 생략
⑪ 국회법 일부를 다음과 같이 개정한다.
제144조제2항·제3항, 제150조 본문 및 제153조제2항 중 "警察官"을 각각 "국가경찰공무원"으로 한다.
제154조제1항 중 "警察官署"를 "국가경찰관서"로 한다.
⑫ 내지 〈47〉생략
제41조 생략

國會議員再選擧에 關한 件

〔제정 1949.3.21 대통령령 제70호〕 최근개정법령

檀紀4281年 6月 10日附 南朝鮮過渡政府行政命令第22號 "濟州道再選擧의 無期延期"는 이를 解止하고 同選擧區의 再選擧는 檀紀4282年 5月 10日 施行한다.

附則 〈제70호, 1949.3.21〉
本令은 公布한 날로부터 施行한다.

國會議員在籍數에 關한 特別措置法

〔제정 1950.12.21 법률 제173호〕 최근개정법령

6·25事變으로 因하여 行方不明이 된 別表에 列記한 議員은 國會에 다시 登錄할 때까지 在籍議員數에 算入하지 아니한다.

附則 〈제173호, 1950.12.21〉
本法은 公布日로부터 施行한다.

국회의원수당 등에 관한 법률

〔일부개정 2005.7.29 법률 7628호〕 최근개정법령

국회의원윤리실천규범

〔일부개정 1993.7.13 국회규칙 제73호〕 최근개정법령

부칙 〈제58호, 1991.5.20〉
이 규칙은 의결된 날부터 시행한다.

附則 〈제73호, 1993.7.13〉
이 規則은 議決한 날부터 施行한다.

第1條 (目的) 이 法은 國民에게 奉仕하는 國會議員의 職務活動과 品位維持에 필요한 最小限의 實費를 補塡하기 위한 手當 등에 관한 事項을 規定함을 目的으로 한다.

第2條 (手當의 支給基準) 國會議員에게 別表 1의 手當을 每月 支給한다. 다만, 手當을 調整하고자 할 때에는 이 法이 改正될 때까지 公務員報酬의 調整比率에 따라 國會規則으로 정할 수 있다. 〈개정 1984.12.31〉

第3條 (手當의 支給日) 國會議員의 手當은 每月 20日에 支給한다. 다만, 支給하는 날이 公休日인 때에는 그 前日로 한다.

제4조 (수당의 계산) 국회의원의 임기가 개시된 날과 국회의원의 직을 상실하는 날이 속하는 월의 수당은 제2조의 규정에 의한 수당 중 그 월의 재직일수에 해당하는 금액을 지급한다.

〔전문개정 2001.3.28〕

第5條 (兼職議員의 手當) 國會議員이 法律이 許容하는 다른 公務員의 職을 兼한 때에는 國會議員의 手當과 兼職의 報酬 중 많은 것을 支給받는다.

第6條 (立法活動費)

① 國會議員의 立法基礎資料의 蒐集·研究 등 立法活動을 위하여 別表 2의 立法活動費를 每月 支給한다. 다만, 立法活動費를 調整하고자 할 때에는 이 法이 改正될 때까지 國會規則으로 정할 수 있다. 〈개정 1984.12.31〉

② 立法活動費의 支給日 및 計算方法에 관하여는 第3條 및 第4條의 規定을 準用한다.

第7條 (特別活動費)

① 國會議員의 會期 중 立法活動을 특히 支援하기 위하여 特別活動費를 支給한다.

② 特別活動費는 別表 3에 의한 支給額의 30分의 1에 해당하는 額에 會期日數를 곱하여 算出하고 會期中에 支給한다.

제7조의2 (입법 및 정책개발비)

① 국회의원의 입법 및 정책개발 활동을 지원하기 위하여 예산의 범위 안에서 입법 및 정책개발비를 지급할 수 있다.

② 제1항의 규정에 따른 입법 및 정책개발비의 지급기준·절차 등에 관하여 필요한 사항은 국회의장이 각 교섭단체대표의원과 협의하여 정한다.

〔본조신설 2005.7.29〕

第8條 (旅費)

① 國會議員이 本會議 또는 委員會의 議決이나 國會議長의 命에 의하여 公務로 旅行할 때에는 旅費를 支給한다.

② 旅費의 支給基準은 國會規則으로 정한다. 〈개정 1984.12.31〉

③ 國外旅費는 旅行目的을 考慮하여 國外公式活動에 필요한 最小限度의 범위 안에서 支給한다.

第9條 (補助職員)

① 國會議員의 立法活動을 支援하기 위하여 補佐官 등 補助職員을 둔다. 〈개정 1984.12.31〉

② 補助職員에 대하여는 別表 4에 정한 定員의 범위 안에서 報酬를 支給한다. 〈개정 1984.12.31〉

第10條 (傷害·死亡)國會議員이 職務로 인하여 身體에 傷害를 입은 때에는 그 治療費의 全額을 支給하고, 그 傷害로 不具가 된 때에는 手當의 6月分相當額을, 그 傷害 또는 職務로 인한 疾病으로 死亡한 때에는 手當의 1年分相當額을 支給한다.

第11條 삭제 〈1988.12.29〉

지방의회 의원 법

제1조 (윤리강령준수) 국회의원은 국회의원윤리강령을 성실히 준수하여야 한다.

제2조 (품위유지) 국회의원은 직무를 수행함에 있어서 국회의원의 품위를 손상하는 행위를 하여서는 아니 된다.

제3조 (청렴의무) 국회의원은 직무와 관련하여 청렴하여야 하며, 공정을 의심받는 행동을 하여서는 아니 된다.

제4조 (직권남용금지)

① 국회의원은 그 지위를 남용하여 부당한 영향력을 행사하거나 그로 인한 대가를 받아서는 아니 된다.

② 국회의원은 그 지위를 남용하여 국가·공공단체 또는 기업체와의 계약이나 그 처분에 의하여 재산상의 권리·이익 또는 직위를 취득하거나 타인을 위하여 그 취득을 알선하여서는 아니 된다.

제5조 (직무관련 금품 등 취득금지) 국회의원은 법률안 기타 의안과 관련하여 직접적인 이해관계가 있는 자로부터 직접 또는 간접으로 금품 기타 재산상의 이익을 취득하거나 정치적인 목적으로 이를 공여하여서는 아니 된다.

제6조 (국가기밀의 누설금지) 국회의원은 직무상 지득한 국가안전보장에 중대한 영향을 미치는 국가기밀을 정당한 사유 없이 누설하여서는 아니 된다.

제7조 (사례금) 국회의원은 강연, 출판물에 대한 기고, 기타 유사한 활동과 관련하여 개인·단체 또는 기관으로부터 통상적이고 관례적인 기준을 넘는 사례금을 받아서는 아니 된다.

제8조 (겸직금지 등)

① 의장 또는 부의장은 법률로 정한 것을 제외하고는 다른 직을 겸하여서는 아니 된다.

② 상임위원회·특별위원회의 위원장은 그 소관업무와 관련되는 기업체 또는 단체에서 보수를 받는 임·직원의 직을 겸하여서는 아니 된다.

제9조 (겸직신고) 국회의원은 보수를 받고 있는 다른 직을 겸하고 있

는 경우 그 기업체 또는 단체의 명칭과 임무 등을 의장에게 신고하여야 한다.

제10조 (회피의무) 국회의원은 심의대상 안건이나 국정감사 또는 국정조사의 사안과 직접적인 이해관계를 가지는 경우에는 이를 사전에 소명하고, 관련 활동에 참여하여서는 아니 된다.

제11조 (재산신고) 국회의원은 공직자윤리법의 규정에 의한 재산등록 및 신고의 의무를 성실히 이행하여야 한다.

第12條 (寄附行爲의 금지 등)
① 國會議員은 慶弔事 및 地域區 行事 등에 花環이나 花盆을 보내서는 아니 된다.
② 國會議員은 慶弔事 및 地域區 行事 등에 의례적인 범위를 넘는 慶弔金·贊助金 또는 物品을 보내서는 아니 된다.
③ 國會議員은 연말연시와 명절 등에 연하장, 달력 기타 膳物을 하여서는 아니 된다. 다만, 議政活動報告를 겸한 인사장은 그러하지 아니하다.
〔전문개정 1993.7.13〕

제13조 (國外活動 〈개정 1993.7.13〉)
① 국회의원은 직무상 국외활동을 하는 경우에 성실히 보고 또는 신고를 하여야 한다.
② 國會議員은 정당한 이유 없이 장기간의 海外活動이나 滯留를 하여서는 아니 된다. 〈신설 1993.7.13〉

第14條 (會議出席)
① 國會議員은 請暇書나 缺席屆를 제출한 경우 또는 公式海外出張 등의 경우를 제외하고는 國會의 각종 會議에 성실히 出席하여야 한다.
② 國會議員은 結婚式 主禮나 地域區 活動 등을 이유로 國會의 각종 會議에 不參하여서는 아니 된다.
〔전문개정 1993.7.13〕

제15조 (보조직원관리) 국회의원은 그 보조직원을 성실하게 지휘·감독하고, 국회가 그 직원에게 지급할 목적으로 책정한 급여를 다른 목적에 사용하여서는 아니 된다.

地方議會議員選擧法

〔일부개정 1991.5.23 법률 제4368호〕 최근개정법령

附則 〈제4311호, 1990.12.31〉

第1條 (施行日) 이 法의 公布한 날부터 施行한다.

第2條 (公務員 등의 立候補) 이 法 施行 후 최초로 실시하는 地方議會議員選擧에 있어서는 第35條第1項 各號의 1에 해당하는 者로서 候補者가 되고자 하는 者는 選擧日公告日부터 5日 이내에 그 職에서 解任되어야 한다.

第3條 (鄕土豫備軍 小隊長 등의 選擧運動) 이 法 施行 후 최초로 실시하는 地方議會議員選擧에 있어서는 第41條第3項에 해당하는 者로서 選擧事務長·選擧連絡所의 責任者·選擧事務員 또는 投·開票參觀人이 되고자 하는 者는 選擧日公告日부터 5日 이내에 그 職에서 解任되어야 한다.

第4條 (寄附行爲의 제한) 이 法 施行 후 최초로 실시하는 地方議會議員選擧에 있어서는 第79條에 規定된 "任期滿了日 전 90日"을 "選擧日公告日"로 한다.

第5條 (被選擧權에 관한 經過措置) 이 法 施行 후 최초로 실시하는 地方議會議員選擧에 있어서는 第10條第1項 및 地方自治法 第23條第3項에 規定된 "選擧日 현재로 계속하여 90日 이상 그 地方自治團體의 管轄區域 안에 住民登錄이 되어 있는 者"를 "選擧日公告日 현재 그 地方自治團體의 管轄區域 안에 住民登錄이 되어 있는 者"로 한다.

附則 〈제4368호, 1991.5.23〉

이 法은 公布한 날부터 施行한다.

第1章 總則

第1條 (目的) 이 法은 住民의 自由意思에 의하여 地方自治團體의 議會議員(이하 "地方議會議員"이라 한다)을 공정히 選擧함으로써 地方自治와 民主政治의 발전에 기여함을 目的으로 한다.

第2條 (選擧人의 定義) 이 法에서 "選擧人"이라 함은 選擧權이 있는 者로써 選擧人名簿에 登載된 者를 말한다.

第3條 (選擧管理) 地方議會議員選擧事務는 이 法에 특별한 規定이 있는 경우를 제외하고는 中央選擧管理委員會가 統轄·管理하며, 下級選擧管理委員會의 違法·부당한 處分에 대하여 이를 取消하거나 變更할 수 있다.

第4條 (選擧區選擧管理)

① 特別市·直轄市·道議會議員(이하 "市·道議會議員"이라 한다) 및 區(地方自治法 第2條第2項의 自治區를 말한다. 이하 같다)·市·郡議會議員(이하 "區·市·郡議會議員"이라 한다) 選擧區의 選擧事務(開票事務를 포함한다. 이하 같다)는 그 選擧區域을 관할하는 區·市·郡選擧管理委員會(選擧管理委員會法 第2條第6項의 規定에 의하여 選擧區의 選擧事務를 행할 區·市·郡選擧管理委員會를 지정한 경우에는 그 지정을 받은 區·市·郡選擧管理委員會를 말한다. 이하 "選擧區選擧管理委員會"라 한다)가 행한다.

② 選擧區選擧管理委員會가 地方議會議員이 選擧管理를 위하여 특히 필요하다고 인정되는 때에는 特別市·直轄市·道選擧管理委員會(이하 "市·道選擧管理委員會"라 한다)가 정하는 바에 따라 選擧區域 안의 投票區選擧管理委員會 또는 그 委員으로 하여금 그 選擧區 안에서 행하여질 選擧區選擧管理委員會의 職務를 행하게 할 수 있다.

③ 第2項의 경우 그 投票區選擧管理委員會委員은 區·市·郡選擧管理委員會委員의 定數에 算入하지 아니하며, 區·市·郡選擧管理委員會의 議決에 참가할 수 없다.

第5條 (選擧事務의 協助) 官公署 기타의 公共機關은 選擧事務에 관하여 필요한 協助의 요구를 받은 때에는 우선적으로 이에 응하여야 한다.

第6條 (選擧權行使에 대한 보장) 公務員·學生 또는 다른 사람에게 雇傭된 者가 選擧人名簿의 閱覽 또는 投票를 하기 위하여 필요한 時間은 보장되어야 하며, 이를 休務 또는 休業으로 보지 아니한다.

第7條 (人口의 基準) 이 法에 規定된 人口의 基準은 住民登錄法의 規定에 의한 住民登錄票에 의하여 調査한 최근의 人口統計에 의한다.

第8條 (議員의 任期開始) 地方議會議員의 任期는 당해 地方議會議員의 任期滿了日의 다음 날부터 開始된다. 다만, 補闕選擧 및 第17條의 增員選擧 등에 의한 議員의 任期는 當選된 날부터 開始되어 종전의 地方議會議員의 殘任期間으로 한다.

第2章 選擧權과 被選擧權

第9條 (選擧權) 選擧日 현재 20歲 이상의 國民으로서 選擧日公告日 현재 당해 地方自治團體의 管轄區域 안에 住民登錄이 된 者는 그 區成에서 選擧하는 地方議會議員의 選擧權이 있다.

第10條 (被選擧權)

① 地方議會議員의 選擧權이 있는 25歲 이상의 住民으로서 選擧日 현재로 계속하여 90日 이상 그 地方自治團體의 管轄區域 안에 住民登錄이 되어 있는 者는 그 地方議會議員의 被選擧權이 있다.

② 第1項의 90日의 期間는 그 地方自治團體의 廢置·分合·境界變更 또는 新設에 의하여 중단되지 아니한다.

第11條 (選擧權이 없는 者) 다음 各號의 1에 해당하는 者는 選擧權이 없다.

1. 禁治産 또는 限定治産의 宣告를 받은 者
2. 禁錮 이상의 刑의 宣告를 받고 그 執行이 종료되지 아니하거나 그 執行을 받지 아니하기로 확정되지 아니한 者
3. 選擧犯으로서 50萬 원 이상의 罰金刑의 宣告를 받은 후 2年을 경과하지 아니한 者나 禁錮 이상의 刑의 宣告를 받고 그 執行을 받지 아니하기로 확정된 후 또는 그 形의 執行이 종료되거나 免除된 후 4年을 경과하지 아니한 者
4. 法院의 判決에 의하여 選擧權이 정지 또는 喪失된 者

第12條 (被選擧權이 없는 者) 다음 各號의 1에 해당하는 者는 被選擧權이 없다.

1. 第11條第1號 또는 第4號에 해당하는 者
2. 禁錮 이상의 刑의 宣告를 받고 그 刑이 失效되지 아니한 者
3. 選擧犯으로서 50萬 원 이상의 罰金刑의 宣告을 받은 후 6年을 경과하지 아니한 者(刑의 失效等에關한法律에 의하여 刑이 失效된 者를 포함한다) 또는 刑의 執行猶豫의 宣告를 받은 후 6年을 경과하

지 아니한 者
4. 法院의 判決 또는 다른 法律에 의하여 被選擧權이 정지 또는 喪失된 者

第3章 選擧區成과 議員定數

第13條 (市·道議會의 議員定數)
① 市·道議會의 議員定數는 그 管轄區域 안의 自治區·市·郡(하나의 自治區·市·郡이 2이상의 國會議員選擧區로 된 경우에는 國會議員選擧區를 말한다. 이하 같다)마다 3人으로 하되, 人口 30萬을 넘는 自治區·市·郡에 있어서는 30萬을 초과하는 每 20萬까지마다 1人을 더하고 人口가 7萬 미만이 되는 自治區·市·郡은 2人으로 한다.
② 第1項의 規定에 의하여 議員定數를 算定함에 있어 行政區域의 변경 등으로 國會議員選擧區와 行政區域이 合致되지 않는 경우에는 行政區域을 單位로 議員定數을 算定한다.
③ 第1項의 基準에 의하여 算定된 議員定數가 23人 미만이 되는 直轄市는 그 定數를 23人으로 하고, 17人 미만이 되는 道는 17人으로 한다.

第14條 (區·市·郡議會의 議員定數) 自治區·市·郡議會議員定數는 그 管轄區域 안의 邑·面·洞(地方自治法 第4條第5項의 規定에 의한 行政洞을 말한다. 이하 같다)마다 1人으로 하되, 人口 2萬을 넘는 邑·面·洞에 있어서는 2萬을 초과하는 每 2萬까지마다 1人을 더한다. 이 경우 그 基準에 의하여 算定된 議員定數가 7人 미만이 되는 때에는 그 定數를 7人으로 하고, 45人을 초과하는 때에는 그 定數를 45人으로 한다. 다만, 人口 70萬을 초과하는 區·市·郡의 定數는 50人으로 한다.

第15條 (選擧區의 劃定)
① 市·道議會議員의 選擧區는 自治區·市·郡을 分割하여 人口·行政區城·地勢·交通 기타 조건을 고려하여 劃定하되, 하나의 選擧區에서 選出되는 議員定數는 1人으로 하며 選擧區와 그 管轄區城은 別表와 같이한다.
② 自治區·市·郡議會議員의 選擧區는 邑·面·洞單位로 하되 選擧區와 選擧區別 議員定數는 市·道條例로 정한다.
③ 第1項의 規定에 의하여 選擧區를 劃定하는 경우 1個의 邑·面·洞의 일부를 分割하여 다른 選擧區에 소속하게 하지 못한다.

第16條 (議員定數의 調整)

① 地方議會의 議員定數는 總選擧를 실시할 때가 아니면 增減하지 못한다.

② 第1項의 規定에 불구하고 地方自治團體의 區城變更이나 廢置·分合 또는 新設이 있는 때에는 다음 各號에 의하여 당해 地方議會의 議員定數를 調整한다.

1. 選擧區에 해당하는 區城이 擴張되거나 縮小된 때에는 그 變更된 選擧區에서 選出된 地方議會議員은 종전의 地方議會議員의 資格을 喪失하고 새로운 地方議會議員의 資格을 취득하되, 종전의 地方議會議員의 殘任期間 동안 在任한다. 이 경우 그 殘任期間 동안에는 第13條 또는 第14條의 規定에 불구하고 그 在職議員數를 각각 議員定數로 한다.
2. 2個 이상의 地方自治團體가 合하여져 새로운 地方自治團體가 設置된 때에는 종전의 모든 議員은 統合 전 殘任期間 중 짧은 편의 殘任期間 동안 在任하며, 그 殘任期間 동안에는 第13條 또는 第14條의 規定에 불구하고 그 在職議員數를 議員定數로 한다.
3. 1個의 地方自治團體가 分割되어 2個 이상의 地方自治團體가 設置된 때에는 종전의 地方議會議員은 候補者登錄 당시의 選擧區를 관할하는 地方自治團體의 議會議員으로 되어 分割 전 殘任期間 동안 在任하며, 그 殘任期間 동안에는 第13條 또는 第14條의 規定에 의한 새로운 議員定數의 3分의 2에 미달하는 때에는 議員定數에 미달하는 數만큼의 增員選擧를 실시한다.
4. 市가 直轄市로 된 때에는 종전에 市議會議員과 당해 地城에서 選出된 道議會議員은 종전의 地方議會議員의 資格을 각각 喪失하고 直轄市議會議員의 資格을 취득하되, 종전의 市議會議員의 殘任期間 동안 在任하며, 그 殘任期間 동안에는 第13條의 規定에 불구하고 在職議員數를 議員定數로 한다.
5. 邑 또는 面이 市로 된 때에는 市議會를 새로 구성하되, 최초로 選擧하는 議員의 數는 第14條의 規定에 의한 議員定數로부터 당해 地域에서 이미 選出된 郡議會議員의 數를 뺀 數로 하고, 종전의 郡議會議員은 市議會議員이 된다. 郡議會議員과 새로 選出된 市議會議員은 종전의 郡議會議員의 殘任期間 동안 在任한다.
6. 第4號의 경우 自治區가 아닌 區가 自治區로 된 때에는 自治區議會를 새로 構成하고 그 議員定數는 第14條의 規定에 의한 議員定數로 한다. 이 경우 새로 選出된 自治區議會議員은 종전의 市議會議員의 殘任期間 동안 在任한다.

第17條 (行政區城의 變更 등으로 인한 增員選擧)

① 第16條第2項第3號·第5號 및 第6號의 規定에 의한 增員選擧는

第15條의 規定에 의하여 새로 정한 選擧區에 의하되, 第2項의 規定에 의한 종전 議員이 없거나 종전 議員의 數가 그 選擧區의 議員定數에 미달되는 選擧區에 대하여 실시한다.

② 第1項의 選擧區劃定에 있어서 종전 議員의 그 選擧區는 그 議員의 候補者登錄 당시의 住所地를 관할하는 選擧區로 하며 새로 劃定한 1個의 選擧區 안에 종전 議員의 數가 選擧區의 새로 정한 議員定數를 초과하는 때에는 다음 總選擧를 실시할 때까지 그 초과하는 議員數를 合한 數를 당해 選擧區의 議員定數로 한다.

③ 第1項의 增員選擧에 관한 事務는 당해 區·市·郡選擧管理委員會가 설치되지 아니하였을 경우에는 市·道選擧管理委員會가 지정하거나 그 區城을 관할하던 종전의 區·市·郡選擧管理委員會로 하여금 그 選擧事務를 행하게 할 수 있다.

第18條 (開票區) 區·市(區가 設置되지 아니한 市를 말한다. 이하 같다)·郡을 開票區로 한다. 다만, 選擧日公告日 현재로 하나의 區·市·郡 안에 選擧管理委員會法에 의한 區·市·郡選擧管理委員會가 2이상이 있는 경우에는 그 選擧管理委員會의 管轄區城을 각각 開票區로 한다.

第19條 (投票區) 投票區는 選擧日公告日 현재의 國會議員選擧法에 의한 投票區로 한다.

第4章 選擧人名簿

第20條 (名簿作成)

① 選擧를 실시하는 때에는 그때마다 區廳長(地方自治法 第3條第3項의 區의 長을 포함한다. 이하 같다)·市長·邑長·面長(이하 "區·市·邑·面의 長"이라 한다)은 選擧日公告日 현재로 그 管轄區城 안에 住民登錄이 된 選擧權者를 投票區別로 調査하여 選擧日公告日부터 5日 이내에 選擧人名簿를 작성하여야 한다.

② 選擧人名簿에 登載된 國內居住者 중 다음 各號의 1에 해당하는 者로서 자신이 投票所에서 投票할 수 없는 때에는 大統領令이 정하는 바에 따라 選擧日公告日부터 5日 이내에 區·市·邑·面의 長에게 不在者申告를 할 수 있다. 이 경우에 郵便은 無料로 한다.

1. 選擧人名簿에 登載된 投票區를 管轄하는 區·市·郡 밖에 長期旅行하는 者
2. 法令에 의하여 營內 또는 艦艇에 長期寄居하는 軍人
3. 病院·療養所·收容所·矯導所 또는 船舶 등에 長期寄居하는 者

③ 第2項의 規定에 의한 申告가 있는 때에는 區·市·邑·面의 長은 選擧人名簿에 이를 표시하고 不在者申告人名簿를 投票區別로 따로 작성하여야 한다.
④ 選擧人名簿 및 不在者申告人名簿에는 選擧權者의 姓名·住所·性別·生年月日 기타 필요한 사항을 기재하여야 한다.
⑤ 누구든지 同一選擧에 있어서는 2個 이상의 選擧人名簿에 登載될 수 없다.
⑥ 選擧人名簿 및 不在者申告人名簿의 작성 등 필요한 사항은 大統領令으로 정한다.
⑦ 區·市·邑·面의 長은 選擧人名簿 및 不在者申告人名簿를 작성한 때에는 즉시 그 謄本 1通을 管轄區·市·郡選擧管理委員會에 송부하여야 한다.
⑧ 1投票區의 選擧權者의 數가 1千人을 초과하는 때에는 그 選擧人名簿를 選擧人數 1千人을 單位로 하여 分綴할 수 있다.

第21條 (名簿作成의 監督)
① 選擧人名簿의 작성에 관하여는 管轄區·市·郡選擧管理委員會와 投票區選擧管理委員會가 이를 監督한다.
② 區·市·邑·面의 長과 選擧人名簿作成에 종사하는 公務員이 任免된 때에는 당해 區·市·邑·面의 長은 지체 없이 管轄區·市·郡選擧管理委員會에 통보하여야 한다. 區·市·邑·面의 長이 事故로 인하여 다른 者가 그 職務를 代理하게 된 때에도 또한 같다.
③ 選擧人名簿의 作成期間 중에 區·市·邑·面의 長과 選擧人名簿作成에 종사하는 公務員을 解任하고자 하는 때에는 그 任免權者는 管轄區·市·郡選擧管理委員會 또는 市·道選擧管理委員會와 協議하여야 한다.
④ 區·市·邑·面의 長과 選擧人名簿作成에 종사하는 公務員이 정당한 이유 없이 選擧人名簿作成에 관하여 管轄區·市·郡選擧管理委員會의 指示·命令 또는 是正要求에 不應하거나 그 職務를 태만히 하거나 違法·부당한 행위를 한 때에는 管轄區·市·郡選擧管理委員會 또는 市·道選擧管理委員會는 任免權者에게 그 替任을 요구할 수 있다.
⑤ 第4項의 替任要求가 있는 때에는 任免權者는 정당한 이유를 제시하지 아니하는 한 이에 응하여야 한다.

第22條 (選擧權者의 名簿閱覽)
① 區·市·邑·面의 長과 選擧人名簿作成滿了日의 다음 날부터 3日間 場所를 정하여 選擧人名簿을 閱覽하게 하여야 하며, 選擧權者의 편의를 위하여 閱覽期間 중 區·市에 있어서는 統別, 邑·面에 있어서는 里別의 選擧人名簿謄本을 統·里의 長이 지정하는 場所

에 비치하여 供覽하게 하여야 한다.
② 選擧權者는 누구든지 選擧人名簿를 自由로이 閱覽할 수 있다.
③ 第1項의 場所와 閱覽期間은 閱覽開始日 전 3日까지 公告하여야 한다.

第23條 (異議申請과 決定)
① 選擧權者는 누구든지 選擧人名簿에 漏落 또는 誤記가 있거나 資格이 없는 選擧人이 登載되어 있다고 인정하는 때에는 閱覽期間 내에 口述 또는 書面으로 당해 區·市·邑·面의 長에게 異義를 申請할 수 있다.
② 第1項의 申請이 있는 때에는 區·市·邑·面의 長은 2日 이내에 審査·決定하되, 그 申請이 이유 있다고 決定한 때에는 즉시 選擧人名簿를 修正하고 申請人·관계인과 管轄區·市·郡選擧管理委員會에 통지하여야 하며, 이유 없다고 決定한 때에는 그 뜻을 申請人과 管轄區·市·郡選擧管理委員會에 통지하여야 한다.

第24條 (決定에 대한 不服申請)
① 第23條第2項의 規定에 의한 決定에 대하여 불복이 있는 申請人이나 관계인은 그 통지를 받은 날의 다음 날까지 管轄區·市·郡選擧管理委員會에 書面으로 불복을 申請할 수 있다.
② 第1項의 申請이 있는 때에는 管轄區·市·郡選擧管理委員會는 2日 이내에 審査·決定하되, 그 申請이 이유 있다고 決定한 때에는 즉시 관계 區·市·邑·面의 長에게 통지하여 選擧人名簿를 修正하게 하고 申請人과 관계인에게 통지하여야 하며, 이유 없다고 決定한 때에는 그 뜻을 申請人과 관계 區·市·邑·面의 長에게 통지하여야 한다.

第25條 (名簿의 확정과 效力) 選擧人名簿는 選擧日 전 5日에, 不在者申告人名簿는 그 申告期間滿了日의 다음 날에 각각 확정되며 당해 選擧에 한하여 效力을 가진다. 다만, 市·道議會議員選擧와 區·市·郡議會議員選擧를 同時에 실시하는 경우에는 하나의 選擧人名簿가 兩選擧에 모두 效力을 가진다.

第26條 (名簿의 再作成)
① 天災·地變 기타의 事故로 인하여 필요한 때에는 區·市·邑·面의 長은 다시 選擧人名簿를 작성하여야 한다. 다만, 第20條第7項의 規定에 의하여 송부한 選擧人名簿謄本이 있는 때에는 選擧人名簿를 다시 작성하지 아니하고 그 選擧人名簿謄本에 의한다.
② 第1項의 選擧人名簿의 작성·閱覽·확정·有效期間 기타 필요한 사항은 大統領令으로 정한다.

第27條 (名簿 寫本의 교부)

① 區·市·邑·面의 長은 당해 地方議會議員候補者(이하 "候補者"라 한다)·選擧事務長 또는 選擧連絡所의 責任者의 申請이 있는 때에는 확정된 選擧人名簿 또는 不在者申告人名簿의 寫本 1通을 그 名簿가 확정된 후 지체 없이 교부하여야 한다.

② 第1項의 規定에 의한 選擧人名簿 寫本 및 不在者申告人名簿 寫本의 父付申請은 選擧人名簿 또는 不在者申告人名簿의 確定日前日까지 당해 區·市·邑·面의 長에게 하여야 한다.

③ 區·市·邑·面의 長은 第1項의 規定에 의하여 選擧人名簿 및 不在者申告人名簿의 寫本을 교부한 때에는 그 교부내용과 作成費用을 區·市·郡選擧管理委員會에 통보하고, 區·市·郡選擧管理委員會는 그 費用을 區·市·郡에 납부하여야 한다.

④ 選擧人名簿 寫本 또는 不在者申告人名簿 寫本의 交付申請 및 費用納付 등에 관하여 필요한 사항은 大統領令으로 정한다.

第5章 候補者

第28條 (登錄)

① 候補者가 되고자 하는 者는 選擧日公告日부터 5日 이내에 管轄選擧區選擧管理委員會에 登錄을 申請하여야 한다.

② 市·道議會議員選擧에 있어서 候補者로 登錄을 하고자 하는 者가 政黨의 黨員인 때에는 그 所屬政黨의 推薦書를, 政黨의 黨員이 아닌 때에는 그 選擧區 안에 住民登錄이 된 選擧權者 200人 이상 300人 이하가 記名·捺印(拇印은 허용하지 아니한다. 이하 같다)한 推薦狀(管轄選擧區選擧管理委員會가 檢印한 推薦狀을 말한다. 이하 같다)을 登錄申請書에 첨부하여야 한다.

③ 區·市·郡議會議員選擧에 있어서 候補者登錄을 하고자 하는 者는 그 選擧區 안에 住民登錄이 된 選擧權者 50人 이상 100人 이하가 記名·捺印한 推薦狀을 登錄申請書에 첨부하여야 한다. 다만, 人口 1千人 미만의 選擧區에서는 選擧權者 30人 이상 70人 이하의 推薦狀을 첨부하여야 한다.

④ 市·道議會議員選擧에 있어서 政黨의 黨員인 者는 選擧日公告日로부터 候補者登錄 마감일까지 그 所屬政黨으로부터 脫黨하거나 黨籍을 變更하거나 除名된 경우에는 당해 選擧에 있어서 候補者로 登錄될 수 없다. 所屬地區黨의 解散이나 그 登錄의 取消 또는 中央黨의 地區黨創黨承認取消로 인하여 黨員資格이 喪失된 경우에도 또한 같다.

⑤ 候補者登錄申請書의 접수는 公休日에 불구하고 매일 上午 9時부터 下午 5時까지로 한다.
⑥ 選擧區選擧管理委員會는 候補者登錄申請이 있는 때에는 즉시 이를 受理하여야 하며, 候補者의 被選擧權에 관한 證明書類가 첨부되지 아니한 경우에는 당해 選擧區選擧管理委員會가 그 사항을 調査하여야 한다.
⑦ 候補者의 登錄申請書와 推薦狀의 書式 및 교부방법 등은 中央選擧管理委員會規則으로 정한다.

▤ 第29條 (二重登錄의 금지)
① 地方議會議員選擧에서 候補者로 登錄된 者가 동시에 다른 選擧의 候補者로 登錄된 때에는 그 登錄을 모두 無效로 한다.
② 第1項의 "다른 選擧"라 함은 法律에 의하여 실시되는 國家 또는 地方自治團體의 公職選擧로서 그 選擧日公告日부터 選擧日까지의 期間이 당해 選擧日公告日부터 選擧日까지의 期間과 서로 重疊되는 選擧를 말한다.

▤ 第30條 (選擧權者의 候補者推薦)
① 選擧權者는 候補者 1人을 추천할 수 있으며, 2人 이상을 추천한 때에는 먼저 登錄申請한 候補者에 대한 추천만을 有效로 한다.
② 選擧權者는 候補者에 대한 추천을 取消 또는 變更할 수 없다.

▤ 第31條 (政黨의 候補者推薦)
① 市·道議會議員選擧에 있어서 政黨은 所屬黨員 중에서 選擧區別로 候補者 1人을 추천할 수 있다.
② 政黨은 候補者에 대한 추천을 取消 또는 變更할 수 없다. 다만, 候補者가 辭退·死亡하거나 所屬政黨의 除名 이외의 사유로 인하여 登錄이 無效로 된 때에는 그러하지 아니하다.

▤ 第32條 (登錄無效)
① 候補者登錄 후에 候補者의 被選擧權이 없는 것이 발견된 때, 第28條의 規定에 위반하여 登錄된 때 또는 政黨의 추천을 받은 候補者(이하 "政黨推薦候補者"라 한다)의 所屬政黨이 解散되거나 政黨推薦候補者가 黨籍을 離脫·變更한 때에는 그 登錄을 無效로 한다.
② 候補者의 登錄이 無效로 된 때에는 당해 選擧區選擧管理委員會는 지체 없이 그 候補者와 所屬政黨(政黨推薦候補者에 한한다)에 登錄無效의 사유를 명시하여 이를 통지하여야 한다.

▤ 第33條 (候補者 辭退의 申告) 候補者가 辭退하고자 하는 때에는 本人이 직접 당해 選擧區選擧管理委員會에 가서 書面으로 申告하되, 政黨推薦候補者가 辭退하고자 하는 때에는 所屬政黨의 辭退承認書를 첨

부하여야 한다.

第34條 (候補者登錄 등에 관한 公告) 候補者가 登錄·辭退·死亡하거나 登錄이 無效로 된 때에는 당해 選擧區選擧管理委員會는 지체 없이 이를 公告하며, 上級選擧管理委員會에 보고하고 下級選擧管理委員會에 통지하여야 한다.

第35條 (公務員 등의 立候補)

① 다음 各號의 1에 해당하는 者로서 候補者가 되고자 하는 者는 地方議會議員의 任期滿了日 전 90日까지 그 職에서 解任되어야 한다. 다만, 任期滿了에 의하지 아니하는 再選擧·補闕選擧·增員選擧 또는 選擧를 延期한 경우에 있어서는 候補者登錄 전까지 그 職에서 解任되어야 한다. 그러나 地方議會議員이 당해 地方議會議員選擧에 候補者가 되는 경우에는 그러하지 아니하다. 〈개정 1991.5.23〉

1. 國會議員·地方自治團體의 長 및 地方議會議員
2. 國家公務員法 第2條에 規定된 國家公務員과 地方公務員法 第2條에 規定된 地方公務員. 다만, 政黨法 第17條의 規定에 의하여 政黨의 黨員이 될 수 있는 公務員은 그 職을 가지고 候補者가 될 수 있다.
3. 憲法裁判所裁判官·各級選擧管理委員會委員·敎育委員會의 敎育委員
4. 다른 法令의 規定에 의하여 公務員의 身分을 가진 者
5. 政黨法 第17條 但書의 規定에 의하여 政黨의 黨員이 될 수 없는 敎員 및 言論人
6. 政府投資機關管理基本法 第2條에 規定된 政府投資機關(韓國銀行을 포함한다)의 任·職員
7. 農業協同組合·水産業協同組合·畜産業協同組合·農地改良組合·山林組合·葉煙草生産協同組合·人蔘協同組合의 常勤 任·職員
8. 地方自治法 第138條 또는 地方公企業法 第2條에 規定된 地方公社와 地方公團의 任·職員

② 第1項의 경우의 解任은 그 所屬機關의 長 또는 所屬委員會에 辭職願이 접수된 때에 解任된 것으로 본다. 〔91헌마 67, 1995.5.25구 지방의회의원선거법(1990.12.31. 법률 제4311호로 전문개정, 1994.3.16. 법률 제4739호 공직선거 및 선거부정방지법으로 폐지되기 전의 것) 제35조제1항제6호의 "정부투자기관의 임·직원" 중 "직원" 부분에 "정부투자기관관리기본법시행령(1984.3.20. 공포 대통령령 제11395호) 제13조 제1항에서 정하는 집행간부"가 아닌 직원을 포함시키는 것은 헌법에 위반된다.〕

第36條 (寄託金)

① 候補者가 되려고 하는 者는 登錄申請時에 大統領令이 정하는 바에 따라 市·道議會議員候補者는 400萬 원, 區·市·郡議會議員候補者는 200萬 원의 寄託金을 管轄選擧區選擧管理委員會에 寄託하여야 한다. 〈개정 1991.5.23〉

② 第1項의 寄託金은 滯納處分이나 强制執行의 대상이 될 수 없다.

第37條 (寄託金의 귀속 등)

① 第36條第1項의 規定에 의한 寄託金은 候補者가 辭退하거나 登錄이 無效로 된 때 또는 候補者의 得票數가 有效投票總數를 候補者數로 나눈 數의 5分의 1을 초과하지 못하는 때에는 宣傳壁報의 작성 및 첩부비용(區·市·郡議會議員選擧는 첩부비용을 말한다), 選擧公報의 작성·발송비용(區·市·郡·議會議員選擧는 발송비용을 말한다), 合同演說會開催費用(告知壁報에 관한 費用을 포함한다), 選擧人名簿 寫本(不在者申告人名簿 寫本을 포함한다) 作成費用과 投票·開票參觀人手當(이하 "公營費用"이라 한다)을 控除한 후 당해 地方自治團體에 귀속한다. 다만, 候補者가 當選되거나 死亡한 때에는 公營費用을 控除한 나머지 금액은 이를 반환한다. 이 경우 寄託金이 公營費用에 부족한 때에는 당해 地方自治團體에서 負擔한다. 〈개정 1991.5.23〉

② 寄託金의 地方自治團體에의 귀속과 반환에 관하여 필요한 사항은 中央選擧管理委員會規則으로 정한다.

③ 選擧區選擧管理委員會는 選擧日 후 10日 이내에 第1項의 公營費用額을 公示하여야 한다.

第6章 選擧運動

第38條 (定義) 이 法에서 "選擧運動"이라 함은 當選되거나 되게 하거나 되지 못하게 하기 위한 행위를 말한다. 다만, 選擧에 관한 단순한 의견의 開陳, 意思의 표시와 立候補를 위한 準備行爲는 選擧運動으로 보지 아니한다.

第39條 (選擧運動의 期間 및 事前選擧運動 금지)

① 選擧運動은 당해 候補者의 登錄이 끝난 때부터 選擧日前日까지에 한하여 이를 할 수 있다.

② 第1項의 選擧運動期間 이외에는 일체의 選擧運動을 할 수 없다.

第40條 (選擧運動의 限界) 選擧運動은 이 法에 規定된 방법 이외의 방법으로는 이를 할 수 없다.

第41條 (選擧運動을 할 수 없는 者)

① 政黨(市·道議會議員選擧에 한한다)·候補者·選擧事務長·選擧連絡所의 責任者 또는 選擧事務員이 아닌 者는 選擧運動을 할 수 없다.

② 選擧權이 없는 者 및 第35條第1項 各號의 1에 해당하는 者(다만, 國會議員 및 地方議會議員은 제외한다)는 選擧事務長·選擧連絡所의 責任者 또는 選擧事務員이 될 수 없다.

③ 鄕土豫備軍 小隊長級 이상의 幹部 및 里·統·班의 長은 選擧日公告日 전 10日까지 그 職에서 解任되지 아니하고는 選擧事務長·選擧連絡所의 責任者·選擧事務員 또는 投票參觀人이 될 수 없다.

第42條 (選擧事務所와 選擧連絡所의 設置)

① 政黨(市·道議會議員選擧에 한한다)과 候補者는 당해 選擧區 안에 選擧事務所 1個所와, 選擧事務所를 두지 아니하는 地域에 選擧連絡所를 둘 수 있다.

② 第1項의 規定에 의한 選擧連絡所는 政黨은 選擧區 안에 1個所, 候補者는 邑·面·洞單位로 1個所를 둘 수 있다.

③ 第1項의 規定에 의한 選擧事務所와 選擧連絡所에는 大統領令이 정하는 바에 의하여 看板을 달 수 있다.

第43條 (選擧事務所와 選擧連絡所의 設置申告) 政黨(市·道議會議員選擧에 한한다)과 候補者는 選擧事務所 또는 選擧連絡所를 設置한 때에는 지체 없이 그 所在地와 選擧事務長 또는 選擧連絡所의 責任者의 姓名·住所를 管轄選擧區選擧管理委員會에 申告하여야 한다. 申告事項에 變更이 있는 때에도 또한 같다.

第44條 (類似機關의 設置 금지)

① 第42條의 選擧事務所 또는 選擧連絡所 이외에는 候補者 또는 候補者가 되고자 하는 者를 위하여 選擧推進委員會·後援會 기타 名稱의 여하를 불문하고 이와 유사한 機關·團體 또는 施設을 設置할 수 없다. 그러나 市·道議會議員選擧에 있어서 政黨의 中央黨·地區黨·黨支部 또는 黨連絡所에 設置되는 各 1個의 選擧對策機構는 그러하지 아니하다.

② 選擧管理委員會는 第42條의 規定에 위반한 選擧事務所·選擧連絡所 또는 第1項의 規定에 위반한 機關·團體나 施設을 발견한 때에는 지체 없이 그 閉鎖를 命하여야 한다.

第45條 (選擧事務長과 選擧事務員 등)

① 政黨(市·道議會議員選擧에 한한다)과 候補者는 選擧事務所에 選擧事務長 1人을, 選擧連絡所에 責任者 1人을 두어야 하며, 選擧事務長은 選擧事務所와 選擧連絡所에 選擧事務員을 둘 수 있다.

② 選擧事務長이 둘 수 있는 選擧事務員의 數는 다음 各號에 의한다.
1. 市·道議會議員選擧에 있어서는 選擧事務所에 15人 이내, 選擧連絡所에 4人 이내와 投票區마다 2人 이내
2. 區·市·郡議會議員選擧에 있어서는 選擧事務所에 10人 이내, 投票區마다 2人 이내

③ 政黨(市·道議會議員選擧에 한한다)과 候補者 또는 選擧事務長은 選擧事務長·選擧連絡所의 責任者 또는 選擧事務員을 選任하거나 解任한 때에는 지체 없이 그 姓名과 住所를 管轄選擧區選擧管理委員會에 申告하여야 한다.

④ 選擧事務長·選擧連絡所의 責任者 및 選擧事務員은 당해 選擧區選擧管理委員會에서 발행하는 身分證明書를 휴대하여야 하며, 解任된 때에는 즉시 이를 반환하여야 한다.

⑤ 選擧區選擧管理委員會가 第4項의 身分證明書의 交付申請을 받은 때에는 즉시 이를 교부하여야 한다.

第46條 (候補者 등의 身分保障) 候補者·選擧事務長·選擧連絡所의 責任者·選擧事務員과 投票參觀人 및 開票參觀人은 候補者의 登錄이 끝난 때부터 開票終了時까지 內亂·外患·國交·爆發物·放火·痲藥·通貨·有價證券·郵票·印章·殺人·暴行·逮捕·監禁·竊盜·强盜 및 國家保安法의 위반의 罪를 犯하거나 이 法의 罰則規定에 해당하는 행위를 한 경우를 제외하고는 現行犯人이 아니면 逮捕 또는 拘束되지 아니하며 兵役召集의 猶豫를 받는다.

第47條 (宣傳壁報)

① 選擧運動에 사용하는 宣傳壁報는 區·市에서는 人口 200人에 1枚, 郡에서는 人口 200人에 5枚의 比率을 限度로 市·道議會議員選擧에서는 選擧區選擧管理委員會가 작성·첩부하며, 區·市·郡議會議員選擧에서는 候補者가 작성하여 제출한 宣傳壁報를 選擧區選擧管理委員會가 확인·첩부한다. 다만, 區·市에 있어서는 人口密集狀態 및 貼付場所 등을 감안하여 中央選擧管理委員會가 정하는 바에 따라 人口 500에 1枚의 比率까지 調整하여 첩부할 수 있다.

② 第1項의 壁報에는 候補者의 記號(第100條第2項의 規定에 의하여 投票用紙에 印刷할 候補者의 揭載順位의 番號를 말한다. 이하 같다)·寫眞·姓名·年齡·職業·經歷·政見과 政黨推薦候補者의 所屬政黨名 및 政綱·政策 이외의 사항을 게재할 수 없다.

③ 區·市·郡議會議員選擧에 있어서 候補者는 宣傳壁報를 작성하여 候補者登錄 마감일부터 3日 이내에 選擧區選擧管理委員會에 제출하여야 하며, 그때까지 제출하지 아니한 候補者의 宣傳壁報는 첩부하지 아니한다.

④ 第1項의 壁報의 規格·작성·제출·확인·첩부장소·첩부방법 기타 필요한 사항은 大統領令으로 정한다.

第48條 (宣傳壁報의 原稿)

① 第47條第1項의 壁報에 게재할 原稿는 候補者가 候補者登錄 마감일까지 管轄選擧區選擧管理委員會에 제출하여야 한다.

② 第1項의 規定에 의하여 제출된 原稿는 撤回 또는 修正할 수 없다. 다만, 原稿의 내용 중 經歷·學歷 등에 있어서 허위사실을 게재하여 異議提起가 있는 때에는 당해 選擧區選擧管理委員會가 候補者에게 그 사유를 증명하는 書類의 제출을 요구할 수 있으며, 그 증명서의 제출이 없는 때에는 해당사항을 修正 또는 削除할 수 있다. 다만, 宣傳壁報가 작성·첩부되어 修正 또는 削除할 수 없을 때에는 그 사실을 公告하여야 한다.

第49條 (選擧公報의 발행)

① 市·道議會議員選擧에 있어서 選擧區選擧管理委員會는 候補者의 記號·寫眞·姓名·住所·年齡·經歷·政見과 政黨推薦候補者의 所屬政黨名 및 政綱·政策을 게재한 選擧公報를 1回 발행하여야 한다.

② 區·市·郡議會議員選擧에 있어서는 候補者가 記號·寫眞·姓名·住所·年齡·經歷·政見을 게재한 選擧公報를 작성하여 候補者登錄 마감일로부터 3日 이내에 選擧區選擧管理委員會에 제출하여야 하며, 그때까지 제출하지 아니한 候補者의 選擧公報는 송부하지 아니한다.

③ 候補者는 選擧公報에 게재할 原稿와 寫眞을 候補者登錄 마감일까지 管轄選擧區選擧管理委員會에 제출하여야 한다.

④ 第2項의 選擧公報와 第3項의 原稿는 3千字를 초과할 수 없으며, 選擧公報는 單色으로 印刷하여야 한다.

⑤ 市·道議會議員選擧에서 選擧公報에 게재할 候補者의 順序는 記號順에 의한다.

⑥ 選擧公報의 規格·작성·제출 기타 필요한 사항은 大統領令으로 정한다.

⑦ 第48條第2項의 規定은 選擧公報에 이를 準用한다.

第50條 (選擧公報의 송부)

① 區·市·郡選擧管理委員會는 選擧公報를 不在者申告人名簿에 登載된 選擧人에게는 選擧日 전 7日까지, 管轄區域 안의 每世帶에 대하여는 選擧日 전 4日까지 각각 郵便으로 송부하여야 한다. 다만, 區·市·郡議會議員選擧의 경우에는 候補者가 작성·제출한 選擧公報를 확인하여 송부한다. 위의 각 경우에 郵便은 無料로 한다.

② 第1項의 경우에 不在者申告人名簿에 登載된 選擧人에게는 選擧公報를 第104條第3項의 規定에 의한 不在者郵便投票用紙와 同封하여 송부할 수 있다.

第51條 (合同演說會)

① 選擧區選擧管理委員會는 候補者의 合同演說會를 開催하여야 한다.

② 第1項의 規定에 의한 合同演說會는 候補者登錄 마감일에 적당한 日時와 場所를 정하여 2回 이를 開催하되, 演說時間은 候補者마다 20分의 범위 안에서 균등하게 配定하여야 한다.

③ 당해 選擧區의 候補者가 아니면 合同演說會에 참가하여 演說할 수 없다.

第52條 (合同演說會의 告知壁報)

① 選擧區選擧管理委員會는 合同演說會의 告知를 위하여 壁報를 작성·첩부하여야 한다.

② 第1項의 壁報의 枚數는 演說會 1回에 市·道議會議員의 選擧에 있어서는 100枚 이내, 區·市·郡議會議員의 選擧에 있어서는 50枚 이내로 하되, 그 規格과 기재사항은 中央選擧管理委員會規則으로 정한다.

第53條 (合同演說會場의 秩序維持)

① 選擧區選擧管理委員會委員長이나 그가 지정한 委員은 合同演說會에서 候補者가 法令에 위반된 내용을 발표하는 때에는 이를 制止할 수 있으며 그 命令에 不應하는 때에는 演說의 중지 기타 필요한 措置를 취하여야 한다.

② 選擧區選擧管理委員會委員長이나 그가 지정한 委員은 合同演說會場에서 演說을 방해하거나 合同演說會場의 秩序를 문란하게 하는 者가 있는 때에는 이를 制止하고 그 命令에 不應하는 때에는 合同演說會場 밖으로 退場시킬 수 있다.

③ 選擧區選擧管理委員會는 合同演說會의 演說內容을 錄音할 수 있다.

第54條 (小型印刷物의 配付 등)

① 政黨(市·道議會議員選擧에 한한다)과 候補者는 記號·姓名·寫眞·年齡·職業·經歷·政見 및 政黨推薦候補者의 所屬政黨名과 政綱·政策을 표시하는 小型印刷物을 製作하여 配付할 수 있다.

② 第1項의 小型印刷物에는 허위사실이나 候補者를 誹謗하는 내용을 게재할 수 없다.

③ 第1項의 小型印刷物의 종류는 政黨은 2種, 候補者는 3種으로 하고, 規格은 길이 27센티미터 너비 19센티미터 이내로 하며, 製作·配付할 수 있는 枚數는 종류별로 選擧區 안의 有權者數를 초과하지

못한다.

④ 小型印刷物은 合同演說會場·選擧事務所 및 選擧連絡所에서의 配付·街頭配付와 郵便配達에 한하고 戶別訪問에 의한 配付·新聞挿入에 의한 配付와 첩부행위·撒布行爲는 할 수 없다.

第55條 (懸垂幕)

① 候補者는 選擧運動을 위한 懸垂幕을 작성하여 管轄區·市·郡選擧管理委員會의 檢印을 받아 당해 選擧區區域 안에 게시할 수 있다.

② 第1項의 規定에 의하여 候補者가 게시할 수 있는 懸垂幕은 市·道議會議員選擧에 있어서는 邑·面·洞마다 2枚로, 區·市·郡議會議員選擧에 있어서는 投票區마다 2枚로 한다.

③ 第1項의 懸垂幕에는 候補者의 姓名·記號 및 政黨推薦候補者의 所屬政黨名 이외의 사항은 게재할 수 없다. 이 경우에 市·道議會議員選擧에 있어서 政黨의 추천을 받지 아니한 候補者(이하 "無所屬候補者"라 한다)의 所屬政黨名의 표시는 "無所屬"으로 한다.

④ 第1項의 懸垂幕의 規格·작성·게시방법 기타 懸垂幕에 관하여 필요한 사항은 大統領令으로 정한다.

第56條 (無所屬候補者의 政黨表記 금지 등) 市·道議會議員選擧에 있어서 無所屬候補者와 區·市·郡議會議員選擧의 候補者는 第47條의 宣傳壁報·第49條의 選擧公報·第54條의 小型印刷物·第55條의 懸垂幕에 特定政黨에 소속함을 表記하거나 特定政黨의 支持 또는 추천 등에 관한 내용을 表記할 수 없다. 다만, 經歷欄에 政黨의 黨員經歷의 表記는 그러하지 아니한다.

第57條 (施設物設置 등의 금지) 누구든지 選擧運動期間 중 選擧에 영향을 미치게 하기 위하여 이 法의 規定에 의한 경우를 제외하고는 어떠한 방법으로라도 懸垂幕·立看板·廣告塔·廣告板 기타의 施設을 設置·게시하거나 標札 등 着用物을 着用 또는 印刷物을 製作·配布할 수 없다.

第58條 (錄音器 등의 사용금지) 누구든지 選擧運動期間 중 錄畵器와 錄音器을 사용하여 選擧運動을 할 수 없다.

第59條 (擴聲裝置의 사용금지) 누구든지 第51條의 規定에 의한 合同演說會의 경우를 제외하고는 選擧運動期間 중 選擧運動을 위하여 擴聲裝置를 사용할 수 없다.

第60條 (自動車 등의 사용제한)

① 選擧運動을 위하여 사용하는 自動車와 船舶의 數는 管轄選擧區選擧管理委員會가 決定한다.

② 第1項의 自動車와 船舶은 選擧運動期間 중 그 運行區間의 제한을 받지 아니하며 中央選擧管理委員會規則이 정하는 標識을 하여야 한다.

第61條 (自動車 위에서의 選擧運動의 금지) 누구든지 第60條第1項의 規定에 의한 自動車에 乘車하여 選擧運動을 할 수 없다.

第62條 (新聞 등에 의한 廣告의 금지) 누구든지 選擧運動期間 중 選擧運動을 위하여 이 法의 規定에 의한 경우를 제외하고는 新聞·雜誌 기타의 刊行物이나 放送(放映을 포함한다. 이하 같다)施設을 통하여 廣告할 수 없다.

第63條 (虛僞放送의 금지) 放送施設을 경영 또는 管理하는 者는 候補者 또는 選擧에 관하여 허위의 사실을 放送하거나 사실을 歪曲하는 放送을 하여 選擧의 공정을 害하여서는 아니 된다.

第64條 (新聞·雜誌 등의 不法利用의 제한) 누구든지 特定人을 當選되게 하거나 되지 못하게 할 目的으로 放送·新聞(通信을 포함한다. 이하 같다)·雜誌 기타의 刊行物을 編輯·경영하는 者 또는 放送·新聞·雜誌 기타의 刊行物에 게재하기 위하여 取材·執筆·報道하는 者에게 金品·饗應 기타의 이익을 제공하거나 제공할 意思의 표시 또는 그 제공을 約束하여 특정한 政黨 또는 候補者의 選擧에 관한 報道 기타의 論評을 게재하게 할 수 없다.

第65條 (虛僞報道·論評의 금지) 放送·新聞·雜誌 기타 刊行物을 編輯·경영하는 者 또는 取材·執筆·報道하는 者는 特定候補者를 當選되게 하거나 되지 못하게 할 目的으로 選擧에 관하여 허위의 사실을 報道하거나 사실을 歪曲하여 報道 또는 論評을 할 수 없다.

第66條 (新聞·雜誌 등의 통상방법 이외의 配付 금지) 누구든지 選擧에 관한 記事를 게재한 新聞·雜誌 기타의 刊行物을 통상방법 이외의 방법으로 配付할 수 없다.

第67條 (脫法方法에 의한 著述 등의 금지)

① 누구든지 選擧運動期間 중 政黨 기타의 政治團體 또는 候補者를 支持·추천하거나 反對하는 내용을 표시한 著述·演藝·映畵·廣告·寫眞 기타 이와 유사한 것을 이 法에 規定된 방법 이외의 방법으로 配付·上演 또는 게시할 수 없다.

② 各級選擧管理委員會는 第1項의 規定에 위반되는 것을 발견한 때에는 지체 없이 그 중지 또는 撤去를 命하고 필요한 措置를 취하여야 한다.

第68條 (各種集會 등의 제한) 누구든지 各級選擧의 選擧運動期間 중에는 選擧에 영향을 미치게 할 目的으로 團合大會(政黨活動은 제외한다)·鄕友會·野遊會·宗親會 및 同窓會 등의 集會를 開催할 수 없다.

第69條 (특수관계를 이용한 選擧運動의 금지)
① 누구든지 未成年者 또는 選擧權이 없는 者에 대한 특수관계를 이용하여 選擧運動을 할 수 없다.
② 누구든지 敎育機關이나 宗敎的·職業的 團體에 대한 특수관계를 이용하여 選擧運動을 할 수 없다.

第70條 (戶別訪問의 금지)
① 누구든지 選擧運動을 위하여 戶別로 訪問할 수 없다. 다만, 冠婚喪祭의 儀式이 거행되는 場所와 市場·百貨店·商街·驛廣場 등 多數人이 往來하는 公開된 場所의 訪問은 그러하지 아니하다.
② 누구든지 合同演說會의 통지를 위하여 戶別로 訪問할 수 없다.

第71條 (署名·捺印運動의 금지) 누구든지 選擧運動의 目的으로 署名이나 捺印을 받을 수 없다.

第72條 (人氣投票 등의 금지) 누구든지 選擧에 관하여 政黨에 대하여나 또는 當選人을 豫想하는 人氣投票나 模擬投票를 할 수 없다.

第73條 (行列 등의 금지) 누구든지 選擧運動을 위하여 自動車에 의한 行列을 하거나 隊伍를 組織하고 街路를 行進하거나 候補者를 위하여 연달아 소리 지르는 행위를 할 수 없다.

第74條 (他 演說會의 금지) 누구든지 第51條의 規定에 의한 合同演說會를 제외하고는 選擧運動期間 중 多數人을 集合하게 하여 選擧運動을 위한 個人政見發表會·座談會·時局講演會 기타의 演說會를 開催할 수 없다.

第75條 (合同演說會場에서의 騷亂行爲의 금지) 누구든지 合同演說會場에서 暴行·脅迫 기타 어떠한 방법으로도 演說會場의 秩序를 문란하게 하거나 그 進行을 방해하는 행위를 할 수 없다.

第76條 (街頭放送의 금지) 누구든지 選擧運動을 위하여 街頭放送을 할 수 없다.

第77條 (候補者 등의 誹謗금지) 누구든지 選擧에 관하여 當選되거나 되게 하거나 되지 못하게 할 目的으로 候補者의 身分·經歷·人格 또는 그 所屬政黨 등에 대하여 허위의 사실을 陳述하거나 流布할 수 없으며, 公然히 사실을 摘示하여 개인을 誹謗할 수 없다.

第78條 (飮食物提供의 금지) 누구든지 選擧運動을 위하여 어떠한 場所에서나 어떠한 名目으로라도 飮食物을 제공할 수 없다.

第79條 (寄附行爲의 제한)

① 候補者 또는 候補者가 되고자 하는 者는 당해 地方議會議員의 任期滿了日 전 90日(再選擧·補闕選擧·地方自治團體의 廢置·分合과 新設에 따른 選擧 또는 選擧를 延期한 경우에 있어서는 選擧日公告日. 이하 같다)부터 選擧日까지에 당해 選擧에 관하여 選擧區 안에 있는 者에 대하여 寄附行爲를 할 수 없다.

② 政黨, 候補者의 父母·配偶者·子 및 兄弟姉妹(이하 "家族"이라 한다), 選擧事務長, 選擧連絡所의 責任者, 選擧事務員 또는 候補子와 관계있는 會社 기타의 法人·團體는 당해 地方議會議員의 任期滿了日 전 90日부터 選擧日까지에 당해 選擧에 관하여 選擧區 안에 있는 者에 대하여 名稱의 여하를 불문하고 候補者가 하는 것으로 推定될 수 있는 방법으로 寄附行爲를 할 수 없다.

③ 政黨·候補者 또는 그 家族·選擧事務長·選擧連絡所의 責任者와 選擧事務員이 당해 地方議會議員 任期滿了日 전 90日부터 選擧日까지에 당해 選擧에 관하여 選擧區 안의 選擧人 또는 그 家族에 대하여 金錢의 제공, 物品이나 施設의 無償貸與나 無償讓渡, 債務의 免除나 輕減 기타의 이익을 제공하는 행위 등은 이를 寄附行爲로 본다.

④ 第1項 내지 第3項의 경우에 候補者登錄時까지의 儀禮的이거나 職務上의 행위는 이를 寄附行爲로 보지 아니한다.

第80條 (寄附의 勸誘·요구 등의 금지) 누구든지 選擧에 관하여 政黨·候補者 또는 그 家族·選擧事務長·選擧連絡所의 責任者·選擧事務員 및 候補者와 관계있는 會社 등에게 寄附를 勸誘 또는 요구하거나 그로부터 寄附를 받을 수 없다.

第81條 (寄附받는 행위 등의 금지) 누구든지 選擧에 관하여 外國人·外國法人 또는 外國團體에게 寄附를 요구하거나 그로부터 寄附를 받을 수 없다.

第82條 (交通施設 편의제공의 금지) 누구든지 選擧運動의 目的으로 選擧人에 대하여 自動車 기타 交通施設의 편의를 제공할 수 없다.

第83條 (選擧日 후 答禮의 금지) 누구든지 選擧日 후에 當選되거나 되지 아니한 데 대하여 選擧人에게 祝賀·慰勞 기타의 饗應을 제공할 수 없다.

第7章 選擧費用

第84條 (定義・부담)

① 이 法에서 "選擧費用"이라 함은 候補者登錄時부터 當選決定日까지에 소요되는 第2項 各號의 金錢・物品・確定債務 기타 모든 財産上의 價値를 말한다.

② 다음 各號의 經費는 政黨(市・道議會議員選擧에 한한다) 또는 候補者가 부담한다.

1. 選擧事務所와 選擧連絡所의 賃借料 또는 維持費
2. 選擧事務長・選擧連絡所의 責任者 및 選擧事務員의 手當과 實費補償
3. 小型印刷物의 작성・配付費用과 懸垂幕의 작성 게시 및 區・市・郡議會議員選擧에서의 宣傳壁報와 選擧公報의 작성에 필요한 經費
4. 自動車・船舶의 賃借料 또는 維持費
5. 候補者 자신의 選擧運動에 필요한 經費
6. 기타 選擧事務의 連絡에 필요한 經費

③ 이 法에서 "支出"이라 함은 選擧費用의 제공・교부 또는 그 約束을 말한다.

第85條 (選擧費用의 制限額) 候補者의 選擧費用은 第84條第2項의 規定에 의한 費目別로 市・道選擧管理委員會의 승인을 얻어 管轄選擧區選擧管理委員會가 정하는 금액의 限度 안에서 支出하여야 한다.

第86條 (選擧費用制限額의 公示) 選擧區選擧管理委員會는 選擧日公告日부터 3日 이내에 第85條의 規定에 의한 금액을 公示하여야 한다.

第87條 (會計事務의 담당)

① 選擧事務長은 選擧費用의 支出에 관한 事務를 담당한다.

② 選擧事務長은 選擧事務員 중에서 1人의 會計事務補助者를 둘 수 있다.

第88條 (會計帳簿의 비치・기재)

① 選擧事務長은 會計帳簿를 비치하고 다음 各號의 사항을 기재하여야 한다.

1. 選擧費用의 모든 支出內譯
2. 選擧費用의 支出을 받은 者의 姓名・住所・住民登錄番號・職業・支出年月日과 支出金額(金錢 이외의 財産上 이익의 제공에 있어서는 그 價額)

② 第1項의 會計帳簿의 規格・종류와 그 기재방법은 中央選擧管理委員會規則으로 정한다.

第89條 (選擧事務長 이외의 支出금지) 選擧費用의 支出은 選擧事務長이 아니면 이를 할 수 없다.

第90條 (領收證 기타 證憑書類) 選擧事務長이 選擧費用의 支出을 한 때에는 領收證 기타 證憑書類를 具備하여야 한다.

第91條 (支出報告書)

① 選擧事務長은 選擧費用의 내용을 第88條第1項의 規定에 의한 會計帳簿記載事項別로 기재하여 選擧日 후 15日까지 당해 選擧區選擧管理委員會에 보고하여야 한다.

② 支出報告書에 관하여 필요한 사항은 中央選擧管理委員會가 정한다.

第92條 (會計帳簿 기타 書類의 보존)

① 選擧事務長은 第88條의 規定에 의한 會計帳簿와 第90條의 規定에 의한 領收證 기타의 證憑書類를 選擧日부터 1年間 보존하여야 한다.

② 選擧事務長은 第1項의 會計帳簿 기타 證憑書類의 보존을 管轄選擧區選擧管理委員會에 의뢰할 수 있다.

第93條 (會計帳簿 등 閱覽과 資料提出의 요구) 당해 選擧區選擧管理委員會 또는 上級選擧管理委員會는 支出報告書에 관하여 會計帳簿 기타의 出納書類를 閱覽하거나 候補者·選擧事務長 기타의 관계인에 대하여 보고 또는 필요한 資料의 제출을 요구할 수 있다.

第94條 (選擧費用으로 인정되지 아니하는 費用) 다음 各號의 1에 해당하는 費用은 이를 이 章의 規定에 의한 選擧費用으로 보지 아니한다.

1. 選擧에 관하여 國家·地方自治團體 또는 選擧管理委員會에 寄託하거나 支給하는 寄託金과 모든 納付金 및 手數料
2. 選擧事務所와 選擧連絡所의 電話·電氣 및 水道의 使用料 기타의 維持費로서 選擧日公告日 이전부터 候補者가 支出하여 온 經費
3. 選擧日 후의 殘務處理費用

第95條 (選擧事務關係者 등에 대한 手當과 實費補償)

① 選擧事務長·選擧連絡所의 責任者 및 選擧事務員에 대하여는 手當을 支給하는 이외에 實費를 補償할 수 있다.

② 第1項의 手當 및 實費補償의 종류와 금액은 中央選擧管理委員會가 정한다.

第8章 選擧日과 投票

第96條 (選擧日)

① 地方議會議員의 任期滿了로 인한 總選擧는 任期滿了日 전 90日부터 20일까지 실시한다.

② 增員選擧는 地方自治團體의 新設 또는 增設 등 選擧實施事由가 發生한 날부터 60日 이내에 실시한다.

③ 補闕選擧는 그 地方議會議長의 闕員通知를 받은 날부터 180日 이내에 실시한다.

④ 總選擧와 增員選擧 및 補闕選擧의 選擧日은 늦어도 選擧日 전 18日에 公告하되, 總選擧는 大統領이, 補闕選擧 및 增員選擧는 당해 地方自治團體의 長이 公告하여야 한다.

第97條 (選擧方法)

① 選擧는 記票方法에 의한 投票로써 한다.

② 投票는 직접 또는 郵便으로 하되 1人 1票로 한다.

③ 投票를 함에 있어서는 選擧人의 姓名을 표시하여서는 아니 된다.

第98條 (投票所의 設置)

① 投票所는 投票區마다 設置하되, 投票區選擧管理委員會가 選擧日 전 10日까지 그 名稱과 住所地를 公告하여야 한다. 다만, 天災·地變 기타 불가피한 사유가 있는 때에는 이를 變更할 수 있다.

② 第1項 但書의 경우에는 즉시 이를 公告하여 選擧人에게 周知시켜야 한다.

③ 投票所는 學校, 邑·面·洞 또는 里事務所와 公會堂 중에서 投票하기 편리한 곳에 設置한다. 다만, 부득이한 사유로 인하여 다른 場所에 設置하는 때에는 管轄區·市·郡選擧管理委員會의 決定에 의하여야 한다.

④ 兵營 안에는 投票所를 設置하지 못한다.

⑤ 投票所의 記票所는 다른 사람이 엿볼 수 없도록 設備하여야 하며, 어떠한 標識도 하여서는 아니 된다.

⑥ 候補者 또는 그 選擧事務長과 選擧連絡所의 責任者는 投票所의 設備에 대하여 그 是正을 요구할 수 있다.

⑦ 投票所에는 投票事務를 補助하게 하기 위하여 投票事務從事員을 둔다.

⑧ 投票事務從事員은 당해 區域을 관할하는 關係行政機關의 公務員 또는 教育公務員 중에서 投票區選擧管理委員會가 위촉하되, 選擧日 전 3日까지 그 姓名을 公告하여야 한다.

第99條 (投票時間)

① 投票所는 上午 7時에 열고 下午 6時에 닫는다. 그러나 마감할 때에 投票所에서 投票를 하기 위하여 待機하고 있는 選擧人에게는 投票를 하게 한 후 닫아야 한다.

② 投票를 開始하는 때에는 投票區選擧管理委員會委員은 投票函 및 記票所 내외의 異狀有無에 관하여 檢査하여야 하며, 이에는 投票參觀人이 관여하여야 한다. 다만, 投票開始時刻까지 投票參觀人이 참석하지 아니한 때에는 최초의 選擧人으로 하여금 관여하게 하여야 한다.

③ 郵便投票는 選擧日의 下午 6時까지 管轄區·市·郡選擧管理委員會에 到着되어야 한다.

第100條 (投票用紙)

① 投票用紙에는 候補者의 記號·政黨推薦候補者의 所屬政黨名 및 姓名을 印刷하여야 한다. 이 경우 市·道議會議員選擧에 있어서 無所屬候補者의 所屬政黨名의 欄에는 "無所屬"으로 표시한다.

② 記號는 投票用紙에 印刷할 候補者의 揭載順位에 의하여 "1, 2, 3" 등으로 표시하여야 하며, 所屬政黨名과 候補者의 姓名은 한글로 기재하여야 한다.

③ 市·道議會議員選擧의 候補者의 揭載順位는 候補者登錄 마감일 현재 國會에서 議席을 가지고 있는 政黨推薦候補者, 國會에서 議席을 가지고 있지 아니한 政黨推薦候補者, 無所屬候補者의 順으로 한다.

④ 選擧區選擧管理委員會가 第3項의 規定에 의하여 候補者의 揭載順位를 정함에 있어서는 候補者登錄 마감일에 國會에서 議席을 가지고 있는 政黨推薦候補者間의 揭載順位는 國會에서 多數議席順으로 하며, 國會에서 議席을 가지고 있지 아니한 政黨推薦候補者間의 揭載順位는 그 所屬政黨의 名稱의 가, 나, 다順에 의하고, 無所屬候補者間의 揭載順位는 候補者의 姓名의 가, 나, 다順에 의한다.

⑤ 第4項의 경우에 동일한 揭載順位에 해당하는 政黨 또는 候補者가 2이상이 있을 때에는 候補者나 그 代理人의 참여하에 選擧區選擧管理委員會에서 候補者登錄 마감일에 抽籤하여 決定한다. 다만, 抽籤時間에 候補者나 그 代理人이 참여하지 아니하는 경우에는 選擧區選擧管理委員會委員長이 그 候補者를 代理하여 抽籤할 수 있다.

⑥ 區·市·郡議會議員選擧의 候補者의 揭載順位는 候補者登錄 마감 후 즉시 候補者나 그 代理人이 抽籤하여 決定한다. 다만, 抽籤時間에 候補者나 그 代理人이 참여하지 아니하는 경우에는 選擧區選擧管理委員會委員長이 그 候補者를 代理하여 抽籤할 수 있다.

⑦ 候補者登錄期間이 지난 후에 候補者가 辭退·死亡하거나 登錄이 無效로 된 때라도 投票用紙에서 그 候補者의 記號·政黨推薦候補者의 所屬政黨名 및 姓名을 抹消하지 아니한다.
⑧ 投票用紙에는 一連番號를 記入하여야 한다.

第101條 (投票用紙와 投票函의 작성 등)
① 投票用紙와 投票函은 區·市·郡選擧管理委員會가 작성하여 選擧日前日까지 投票區選擧管理委員會에 송부하며, 投票用紙의 規格은 大統領令으로 정하고 投票函의 規格은 中央選擧管理委員會規則으로 정한다.
② 第1項의 規定에 의한 投票函의 數는 1個의 投票區마다 2個 이내로 한다. 그러나 投票에 있어서 동시에 2個의 投票函은 사용할 수 없다.
③ 郵便投票用投票函은 따로 작성하여야 한다.
④ 投票用紙에는 大統領令이 정하는 바에 의하여 區·市·郡選擧管理委員會의 廳印을 捺印하여야 한다.
⑤ 投票用紙에는 區·市·郡選擧管理委員會에서 市·道議會議員選擧의 경우에는 候補者를 추천한 政黨의 抽籤에 의한 2人의 政黨代理人이, 區·市·群議會議員選擧의 경우에는 候補者 또는 選擧事務長의 抽籤에 의한 2人의 代理人이 加印하여야 한다.
⑥ 第5項의 規定에 의한 代理人이 없거나 事故로 인하여 加印할 수 없는 경우에는 區·市·郡選擧管理委員會委員長이 加印하여야 한다.

第102條 (投票用紙模型의 公告)
① 區·市·郡選擧管理委員會는 投票用紙의 模型을 選擧日 전 7日까지 各 投票區마다 公告하여야 한다.
② 區·市·郡選擧管理委員會는 投票用紙를 印刷할 印刷所를 決定한 때에는 지체 없이 그 印刷所의 名稱과 所在地를 公告하여야 한다.

第103條 (投票通知票의 교부)
① 區·市·邑·面의 長은 投票通知票를 選擧人名簿에 登載된 選擧人(選擧人이 不在중인 때에는 戶主·世帶主·家族·同居人의 順으로 事理를 分別할 수 있는 者)에게 選擧日 전 2日까지 교부하여야 한다.
② 第1項의 投票通知票에는 選擧人의 住所·姓名·性別·生年月日과 選擧人名簿登載番號 및 投票場所를 기재하여야 한다.
③ 投票通知票를 교부하는 때에는 受領證을 받아야 하며, 投票通知票의 교부가 끝난 후 投票區別로 投票通知票交付錄을 작성하여 受領證 및 교부되지 아니한 殘餘投票通知票와 함께 지체 없이 投票區選擧管理委員會에 송부하여야 한다.

④ 投票區選擧管理委員會는 교부되지 아니한 殘餘投票通知票를 第1項의 規定에 準하여 選擧日前日까지 受領證을 받고 교부하고, 교부하지 못한 投票通知票에 대하여는 投票通知票受領證에 그 사유를 명시하여야 한다.

⑤ 區·市·邑·面의 長과 投票區選擧管理委員會는 投票通知票를 교부하는 때에는 候補者 또는 選擧事務長이나 選擧連絡所의 責任者가 당해 選擧區의 區域 안에 居住하는 選擧權者 중에서 지명하는 者(이하 "投票通知票交付立會人"이라 한다)를 1人씩 立會하게 한다. 다만, 投票通知票交付立會人이 없거나 참여하지 아니한 때에는 그러하지 아니하다.

⑥ 投票通知票交付立會人은 投票洞知票의 교부를 방해·간섭 또는 遲延시키거나 특정한 政黨이나 候補者의 支持 또는 反對를 勸誘하거나 기타 어떠한 방법으로든지 選擧에 영향을 주는 행위를 하여서는 아니 되며, 腕章, 胸章 기타 選擧에 관한 어떠한 標識도 附着 또는 휴대할 수 없다.

⑦ 投票通知票와 受領證은 1枚로 印刷하여 100枚單位로 綴하고 受領證에는 一連番號를 붙이며 選擧人에게 교부할 때마다 投票通知票를 切取하여야 한다.

第104條 (投票用紙의 受領)

① 選擧人은 자신이 投票所에 가서 投票參觀人의 참여하에 住民登錄證과 投票通知票를 제시하고 本人임을 확인받은 후 投票區選擧管理委員會委員 앞서 選擧人名簿에 捺印 또는 拇印하고 投票用紙 1枚를 받아야 한다.

② 投票區選擧管理委員會委員長은 區·市·郡選擧管理委員會로부터 송부된 投票用紙를 封緘하여 보관하였다가 選擧日에 選擧人에게 교부하는 때에는 10枚 이내의 投票用紙에 私印을 미리 捺印하여 그때마다 교부하여야 한다. 이 경우 投票區選擧管理委員會는 候補者登錄 마감일 현재 國會의 多數議席順에 의한 第1黨과 第2黨이 추천한 政黨推薦委員 各 1人으로 하여금 投票開始時刻 전까지 大統領令으로 정하는 時間에 投票用紙에 加印하도록 하여야 한다. 다만, 당해 政黨에서 추천한 委員이 없거나 정당한 이유 없이 加印을 거부하는 委員이 있을 때에는 그 權限을 포기한 것으로 보고 그 사유를 投票錄에 기재하여야 한다.

③ 郵便投票의 投票用紙는 選擧日 전 9日 上午 9時부터 管轄區·時·郡選擧管理委員會에서 候補者 또는 그 代理人의 參觀下에 投票用紙의 一連番號를 切取한 후 投票用紙를 封套에 넣어 回送用外封套에 넣고 다시 發送用外封套에 넣어 封緘하고 2日 이내에 發送하여야 한다. 이 경우 候補者 또는 그 代理人이 그 時刻까지 참석하지 아니한 때에는 參觀을 포기한 것으로 본다.

④ 郵便投票의 發送과 回送은 無料登記郵便으로 한다.
⑤ 投票區選擧管理委員會委員長은 住民登錄證을 제시하지 아니한 選擧人에게 投票用紙를 교부하여서는 아니 된다.
⑥ 投票區選擧管理委員會委員長은 第103條의 規定에 의한 投票通知票를 持參하지 아니한 選擧人이라도 選擧人名簿에 登載된 選擧人임이 확인된 때에는 投票用紙를 교부하여야 한다.

第105條 (投票의 제한)
① 選擧人名簿에 登載되지 아니한 者는 投票할 수 없다. 다만, 第23條第2項 또는 第24條第2項의 決定書를 持參한 者는 投票할 수 있다.
② 選擧人名簿에 登載되었더라도 選擧日에 選擧權이 없는 者는 投票할 수 없다.
③ 不在者申告人名簿에 登載된 選擧人은 郵便投票에 의하지 아니하고는 投票할 수 없다.

第106條 (記票節次)
① 選擧人은 投票用紙를 받은 후 投票區選擧管理委員會委員과 投票參觀人의 앞서 番號紙를 떼어 番號紙函에 넣은 다음 記票所에서 投票用紙에 候補者가 기재된 欄 중 하나를 選擇하는 標를 한 후 그 자리에서 보이지 아니하게 접어 投票區選擧管理委員會委員과 投票參觀人의 앞서 投票函에 넣어야 한다.
② 選擧人이 投票用紙를 汚損한 때라도 다시 교부하지 아니한다.
③ 盲人 기타 身體의 不具로 인하여 자신이 標를 할 수 없는 選擧人은 그 家族 또는 本人이 지정한 者 2人을 同伴하여 投票를 補助하게 할 수 있다.
④ 第3項의 경우를 제외하고는 同一記票所 안에 2人 이상이 동시에 들어갈 수 없다.
⑤ 第20條第2項第2號 및 第3號에 해당하는 者로서 第105條第3項의 規定에 의하여 郵便投票를 하는 者가 소속하는 機關 또는 施設의 長은 郵便投票를 하는 者가 投票用紙에 記票를 하고 郵便投票用紙封套를 封緘할 수 있도록 營內·艦艇·病院·療養所·收容所·矯導所 및 船舶 안에 記票所를 設置하고 이를 즉시 告示하여야 한다. 이 경우 記票所는 第98條第5項의 規定에 적합하도록 하여야 한다.
⑥ 第5項의 規定에 의한 郵便投票用 記票所의 設置對象과 基準 등 필요한 사항은 大統領令으로 정한다.

第107條 (記票方法) 選擧人이 投票用紙에 標를 하는 때에는 "○"標를 하여야 한다.

第108條 (選擧管理委員會委員의 참석) 投票所에는 投票區選擧管理委員會委員 過半數가 참석하여야 하며, 늦어도 投票開始 1時間 전까지는 출석하여야 한다.

第109條 (投票參觀)

① 投票區選擧管理委員會는 投票參觀人으로 하여금 投票用紙의 交付狀況과 投票狀況을 參觀하게 하여야 한다.

② 候補者는 選擧日 전 3日까지 당해 選擧區區域 안에 居住하는 選擧權者 중에서 投票參觀人 2人을 선정하여 投票區選擧管理委員會에 申告하여야 한다.

③ 投票參觀人은 12人으로 하되, 第2項의 規定에 의하여 선정한 人員數가 12人을 초과할 때에는 投票區選擧管理委員會가 抽籤에 의하여 지정하는 12人 이 投票參觀人이 되며, 投票參觀人의 선정이 없거나 人員數가 12人에 미달할 때에는 그 投票區를 관할하는 區·市·郡의 區域 안에 居住하는 學識과 德望이 있는 選擧權者 중에서 投票區選擧管理委員會가 本人의 승낙을 받아 12人에 達할 때까지 선정한 者를 投票參觀人으로 한다.

④ 投票區選擧管理委員會가 第3項의 規定에 의하여 抽籤으로 投票參觀人을 지정할 때에는 먼저 候補者別로 1人씩 선정하여 지정하고 1人씩 선정한 者가 12人에 미달할 때에는 나머지 人員 중에서 12인에 達할 때까지 抽籤하여 지정한다.

⑤ 第2項의 規定에 의하여 선정·申告된 者 또는 第3項 및 第4項의 規定에 의하여 지정된 者 중 候補者는 그가 선정한 投票參觀人에 대하여는 필요에 따라 投票區選擧管理委員會에 申告 후 언제든지 交替할 수 있으며, 選擧日에는 投票所에서 申告할 수 있다.

⑥ 選擧權이 없는 者·第35條第1項 各號의 1에 해당하는 者·候補者·選擧事務長·選擧連絡所의 責任者 및 選擧事務員은 投票參觀人이 될 수 없다.

⑦ 第3項에 規定에 의하여 投票區選擧管理委員會가 선정한 投票參觀人은 정당한 이유 없이 參觀을 거부하거나 그 職을 辭任할 수 없다.

⑧ 投票區選擧管理委員會는 投票參觀人을 6人씩 交代하여 參觀하게 하되, 한 候補者가 선정한 2人을 동시에 參觀하게 하여서는 아니된다.

⑨ 投票區選擧管理委員會는 投票用紙의 交付狀況과 投票狀況을 쉽게 볼 수 있는 場所에 投票參觀人席을 設置하여야 한다.

⑩ 投票參觀人은 投票事務에 간섭하거나 投票를 勸誘하거나 기타 어떠한 방법으로든지 投票에 영향을 미치는 행위를 하여서는 아니 된다.

⑪ 投票區選擧管理委員會는 投票參觀人이 投票干涉·不正投票 기타 이 法의 規定에 위반하는 사실을 발견하여 그 是正을 요구한 경우에 그 요구가 정당하다고 인정한 때에는 이를 是正하여야 한다.

⑫ 投票參觀人은 投票所 안에서 事故가 발생한 때에는 投票狀況을 촬영할 수 있다.

⑬ 投票參觀人의 手當은 中央選擧管理委員會規則이 정하는 바에 의하여 候補者가 선정한 者는 候補者寄託金 중에서, 投票區選擧管理委員會가 선정한 者는 당해 地方自治團體에서 부담한다.

第110條 (投票所의 出入制限)

① 投票者·投票區選擧管理委員會와 그 上級選擧管理委員會의 委員이나 職員·投票事務從事員 및 投票參觀人을 제외하고는 누구든지 投票所 안에 들어갈 수 없다.

② 選擧管理委員會의 委員이나 職員·投票事務從事員 및 投票參觀人이 投票所에 出入하는 때에는 中央選擧管理委員會規則이 정하는 바에 따라 政黨推薦候補者가 추천한 參觀人은 그 政黨名을, 기타 그 參觀人은 그 候補者姓名을 표시하는 記章을 가슴에 附着하여야 하며, 이 規定에 의한 附着物 이외는 選擧에 관련한 어떠한 表示物도 附着할 수 없다.

③ 第2項의 附着物은 다른 사람에게 讓渡·讓與할 수 없다.

第111條 (投票所의 秩序維持)

① 投票區選擧管理委員會委員長이나 委員 및 職員은 投票所의 秩序가 심히 문란하여 공정한 投票가 실시될 수 없다고 인정하는 때에는 投票所의 秩序를 유지하기 위하여 正服을 한 警察公務員 또는 警察官署長의 援助를 요구할 수 있다.

② 第1項의 規定에 의한 援助要求를 받은 警察公務員 또는 警察官署長은 즉시 이에 응하여야 한다.

③ 第1項의 援助要求에 의하여 投票所에 들어간 警察公務員 또는 警察官署長은 投票區選擧管理委員會委員長의 指示를 받아야 하며, 秩序가 회복되거나 委員長의 요구가 있는 때에는 즉시 投票所에서 退去하여야 한다.

第112條(武器등의 휴대금지) 第111條第1項의 경우를 제외하고는 누구든지 投票所 안에서 武器나 凶器 또는 爆發物을 휴대할 수 없다.

第113條 (投票所 내외에서의 騷亂言動의 금지 등)

① 投票所 안에서 또는 投票所로부터 100미터 안에서 騷亂한 言動을 하거나 選擧에 영향을 미치는 행위를 하는 者가 있는 때에는 投票區選擧管理委員會委員長이나 委員 및 職員은 이를 制止하고 그 命令에 不應하는 때에는 投票所 또는 그 制限距離 밖으로 退去하게 할 수 있다.

② 第1項의 規定에 의하여 退去당한 選擧人은 최후에 投票하게 한다. 그러나 投票區選擧管理委員會委員長은 投票所의 秩序를 문란

하게 할 우려가 없다고 인정되는 때에는 그 전에라도 投票하게 할 수 있다.

③ 누구든지 選擧日에 選擧와 관련한 腕章·胸章 등의 着用 기타의 방법으로 選擧에 영향을 미칠 우려가 있는 標識를 할 수 없다. 다만, 第110條第2項의 規定에 의한 記章은 그러하지 아니하다.

④ 第1項의 規定에 의한 投票所의 秩序維持를 위하여 投票區選擧管理委員會委員長이나 委員 및 職員으로부터 필요한 措置의 요구를 받은 警察公務員 또는 警察官署長은 즉시 이에 응하여야 한다.

第114條 (投票의 秘密保障)

① 投票의 秘密은 보장되어야 한다.

② 選擧人은 投票한 候補者의 姓名이나 그 記號 또는 政黨을 누구에게도 陳述할 義務가 없으며, 國家 또는 어떠한 機關이라도 이를 質問하거나 그 陳述을 요구할 수 없다.

③ 選擧人은 자신이 記票한 投票紙의 내용을 公開할 수 없으며, 公開한 投票紙는 無效로 한다.

第115條 (投票函의 封鎖)

① 投票區選擧管理委員會委員長은 投票所를 닫는 時刻이 된 때에는 投票所의 入口를 닫아야 하며, 投票所 안에 있는 選擧人의 投票가 끝나면 投票參觀人의 참여하에 출석한 委員全員과 함께 投票函과 그 자물쇠를 封鎖·封印하여야 한다. 다만, 정당한 이유 없이 封鎖·封印을 거부하는 委員이나 참여를 거부하는 投票參觀人이 있는 때에는 그 權限을 포기한 것으로 보고 投票錄에 그 사유를 기재하여야 한다.

② 投票函의 열쇠와 殘餘投票用紙·投票通知票 및 番號紙는 第1項의 規定에 準하여 각각 封印하여야 한다.

第116條 (投票錄의 작성) 投票區選擧管理委員會는 投票錄을 작성하여 委員長과 출석한 委員全員이 署名·捺印하여야 한다. 다만, 정당한 이유 없이 署名·捺印을 거부하는 委員이 있는 때에는 그 權限을 포기한 것으로 보고 投票錄에 그 사유를 기재하여야 한다.

第117條 (投票函 등의 송부)

① 投票區選擧管理委員會委員長은 投票가 끝난 후 지체 없이 投票函 및 그 열쇠·投票錄과 殘餘投票用紙를 管轄區·市·郡選擧管理委員會에 송부하여야 한다.

② 第1項의 規定에 의하여 投票函을 송부하는 때에는 候補者가 지정하는 投票參觀人 1人씩을 同伴할 수 있으며, 護送에 필요한 正服을 한 警察公務員을 2人에 한하여 同伴할 수 있다. 이 경우 同伴

하는 投票參觀人은 10人을 초과하지 못하며 10人을 초과하는 때에는 投票區選擧管理委員會의 抽籤에 의한다.

第118條 (投票關係書類의 引繼) 投票區選擧管理委員會는 投票가 끝난 후 選擧人名簿 기타 選擧에 관한 모든 書類를 管轄區·市·郡選擧管理委員會의 委員長에게 引繼하여야 한다.

第9章 開票

第119條 (開票管理)

① 開票事務는 區·市·郡選擧管理委員會가 이를 행한다.

② 開票하는 때에는 區·市·郡選擧管理委員會委員 過半數가 참석하여야 한다.

③ 區·市·郡選擧管理委員會는 選擧日 전 5日까지 그 區·市·郡廳所在地에 設置할 開票場所를 公告하여야 한다.

④ 區·市·郡選擧管理委員會에 開票事務를 補助하게 하기 위하여 開票事務從事員을 둔다.

⑤ 開票事務從事員은 당해 區域을 관할하는 關係行政機關이나 法院의 公務員 또는 敎育公務員 중에서 區·市·郡選擧管理委員會가 위촉하되, 選擧日 전 3日까지 그 姓名을 公告하여야 한다. 다만, 關係行政機關의 公務員은 開票事務從事員 總數의 3分의 1을 초과하지 못한다. 그러나 法院의 公務員과 敎育公務員만으로서는 開票事務從事員 總數의 3分의 2에 미달하는 때에는 그러하지 아니하다.

第120條 (開票所의 出入制限과 秩序維持)

① 區·市·郡選擧管理委員會와 그 上級選擧管理委員會의 委員이나 職員·開票事務從事員 및 開票參觀人을 제외하고는 누구든지 開票所에 들어갈 수 없다.

② 選擧管理委員會의 委員이나 職員·開票事務從事員 및 開票參觀人이 開票所에 出入하는 때에는 中央選擧管理委員會規則에 정하는 바에 따라 政黨推薦候補者자 推薦한 參觀人은 그 政黨名을, 기타 參觀人은 그 候補者 姓名을 표시하는 記章을 가슴에 附着하여야 한다.

③ 區·市·郡選擧管理委員會委員長이나 委員은 開票所의 秩序가 심히 문란하여 공정한 開票가 실시될 수 없다고 인정될 때에는 開票所의 秩序을 유지하기 위하여 正服을 한 警察公務員 또는 警察官署長의 援助를 요구할 수 있다.

④ 第3項의 援助要求에 의하여 開票所 안에 들어간 警察公務員 또는 警察官署長은 區·市·郡選擧管理委員會委員長의 指示를 받아야 하며, 秩序가 회복되거나 委員長의 요구가 있는 때에는 즉시 開票所에서 退去하여야 한다.

⑤ 第3項의 경우를 제외하고는 누구든지 開票所 안에서 武器나 凶器 또는 爆發物을 휴대할 수 없다.

第121條 (開票의 開始)

① 開票는 投票區選擧管理委員會로부터 投票函이 전부 到着된 후에 특별한 사유가 없는 한 投票函의 到着順位에 따라 행한다. 다만, 交通 기타 부득이한 事情에 의하여 일부 投票函의 到着이 遲延되는 경우에는 投票函의 3分의 2이상이 到着하면 開票를 開始할 수 있다.

② 開票參觀人은 投票函이 到着된 때에는 그 封鎖·封印을 檢査하고 管理狀況을 參觀할 수 있다.

③ 區·市·郡選擧管理委員會는 郵便投票를 접수한 때에는 이를 즉시 郵便投票用投票函에 投入·보관하여야 하며, 選擧日 下午 6時부터 開票參觀人의 참여하에 本人이 發送한 것인지의 여부를 확인하고 回送用外封套를 開封하여 一般投票函의 投票紙와 別途로 먼저 開票한다.

第122條 (投票函의 開函)

① 投票函을 開函하는 때에는 區·市·郡選擧管理委員會委員長은 그 뜻을 宣布하고, 출석한 委員全員과 함께 投票函의 封鎖와 封印을 檢査한 후 이를 열어야 한다. 다만, 정당한 이유 없이 檢査를 거부하는 委員이나 참여를 거부하는 開票參觀人이 있는 때에는 그 權限을 포기한 것으로 보고 開票錄에 그 사유를 기재하여야 한다.

② 區·市·郡選擧管理委員會委員長은 投票函을 開函한 후 投票數를 計算하여 投票錄에 기재된 投票用紙交付數와 對照하여야 한다.

③ 開票는 開票區別로 하되, 投票函은 順次的으로 開函하며 동시에 計票하는 投票函은 2個 이내로 한다.

④ 區·市·郡選擧管理委員會委員長은 投票區單位로 候補者別 得票數를 발표하되, 출석한 區·市·郡選擧管理委員會委員은 발표 전에 得票數를 檢閱하여야 한다. 다만, 정당한 이유 없이 開票事務를 遲延시키는 委員이 있는 때에는 그 權限을 포기한 것으로 보고 開票錄에 그 사유를 기재하여야 한다.

⑤ 누구든지 第4項의 規定에 의한 候補者別 得票數의 발표 전에는 이를 報道할 수 없다.

第123條 (開票參觀)

① 區·市·郡選擧管理委員會는 開票參觀人으로 하여금 開票所 안에서 開票狀況을 參觀하게 하여야 한다.

② 第1項의 開票參觀人은 市·道議會議員選擧에 있어서는 政黨推薦候補者는 8人을, 無所屬候補者는 4人을 선정하고, 區·市·郡議會議員選擧에 있어서는 候補者별로 2人을 선정하여 開票日 전 3日까지 당해 區·市·郡選擧管理委員會에 申告하여야 한다.

③ 區·市·郡議會議員選擧에 있어서 開票參觀人은 12人으로 하되, 第2項의 規定에 의하여 선정한 人員數가 12人을 초과하는 때에는 區·市·郡選擧管理委員會가 抽籤에 의하여 지정한 者를 開票參觀人으로 하며, 開票參觀人의 선정이 없거나 선정한 人員數가 12人에 미달하는 때에는 區·市·郡選擧管理委員會가 그 管轄區域 안에 居住하는 學識과 德望이 있는 選擧權者 중에서 本人의 승낙을 받아 12人에 達할 때까지 선정한 者를 開票參觀人으로 한다.

④ 區·市·郡選擧管理委員會가 第3項의 規定에 의하여 開票參觀人을 지정하는 때에는 먼저 候補者別로 1人씩 선정하여 지정하고, 1人씩 선정한 者가 12人에 미달하는 때에는 나머지 人員 중에서 12人에 達할 때까지 抽籤하여 지정한다.

⑤ 第2項의 規定에 의하여 선정·申告된 者 또는 第3項 및 第4項의 規定에 의하여 지정된 者 중 候補者는 그가 선정한 開票參觀人에 대하여는 필요에 따라 區·市·郡選擧管理委員會에 申告 후 언제든지 交替할 수 있으며, 開票日에는 開票所에서 申告할 수 있다.

⑥ 選擧權이 없는 者·第35條第1項 各號의 1에 해당하는 者(다만, 國會議員 및 地方議會議員은 제외한다)·候補者·選擧事務長·選擧連絡所의 責任者 및 選擧事務員은 開票參觀人이 될 수 없다.

⑦ 區·市·郡選擧管理委員會는 開票參觀人을 市·道議會議員選擧에 있어서는 候補者별로 선정한 者 중에서 政黨推薦候補者는 4人씩, 無所屬候補者는 2人씩을 交代하여 參觀하게 하고, 區·市·郡議會議員選擧에 있어서는 6人씩 交代하여 參觀하게 하되 한 候補者가 선정한 參觀人 全員을 동시에 參觀하게 하여서는 안 된다.

⑧ 區·市·郡選擧管理委員會는 開票參觀人이 開票內容을 識別할 수 있는 가까운 거리(1미터 이상 2미터 이내)에서 參觀할 수 있도록 開票事務從事員의 맞은편에 開票參觀人席을 設置하여야 한다.

⑨ 開票參觀人은 언제든지 巡廻·監視할 수 있다.

⑩ 區·市·郡選擧管理委員會는 開票參觀人이 開票에 관한 違法事項을 발견하여 그 是正을 요구한 경우에 그 요구가 정당하다고 인정한 때에는 이를 是正하여야 한다.

⑪ 開票參觀人은 開票所 안에서 開票狀況을 촬영할 수 있다.

⑫ 一般人은 區·市·郡選擧管理委員會가 발행하는 觀覽證을 받아 區劃된 場所에서 開票狀況을 觀覽할 수 있다.
⑬ 第12項의 觀覽證의 枚數는 開票場所를 참작하여 적당한 數로 하되 候補者別로 균등하게 配付되도록 하여야 한다.
⑭ 區·市·郡選擧管理委員會는 一般觀覽人席에 대하여 秩序維持에 필요한 設備를 하여야 한다.
⑮ 開票參觀人은 手當은 中央選擧管理委員會規則이 정하는 바에 의하여 候補者가 선정한 者는 候補者寄託金 중에서, 區·市·郡選擧管理委員會가 선정한 者는 당해 地方自治團體에서 부담한다.

第124條 (無效投票)
① 다음 各號의 1에 해당하는 投票는 無效로 한다.
1. 正規의 投票用紙을 사용하지 아니한 것
2. 어느 欄에도 標를 하지 아니한 것
3. 2個 이상의 欄에 標를 한 것
4. 어느 欄에 標를 한 것인지 識別할 수 없는 것
5. ○標를 하지 아니하고 文字 또는 物形을 記入한 것
6. ○標 이외에 다른 사항을 記入한 것
7. 郵便投票의 경우 內封套 또는 外封套가 封緘되지 아니한 것
8. 郵便投票의 경우 選擧人이 本人인지의 여부가 확인되지 아니한 것
② 다음 各號의 1에 해당하는 投票는 無效로 하지 아니한다.
1. ○標가 一部分 표시되거나 ○標안이 메워진 것으로서 당해 投票區選擧管理委員會의 記票用具를 사용하여 記票한 것이 명확한 것
2. 同一候補者欄에만 2個 이상 記票되거나 重疊記票된 것
3. 記票欄 외에 記票된 것으로서 어느 候補者에게 記票한 것인지가 명확한 것
4. 두 候補者欄의 區分線上에 記票된 것으로서 어느 候補者에게 記票한 것인지가 명확한 것
5. 記票한 것이 轉寫된 것으로서 어느 候補者에게 記票한 것인지가 명확한 것
6. 印肉으로 汚損된 것으로서 어느 候補者에게 記票한 것인지가 명확한 것
7. 郵便投票의 경우 記票用具 이외의 用具에 의하여 記票된 것

第125條 (投票의 效力에 관한 異議에 대한 決定) 投票의 效力에 관하여 異義가 있는 때에는 區·市·郡選擧管理委員會는 委員 過半數의 출석과 出席委員過半數의 議決로 이를 決定하여야 한다.

第126條 (投票紙의 구분) 開票가 끝난 때에는 投票區別로 投票를 有效·無效로 구분하고 有效投票紙는 다시 候補者別로 구분하여 각각

封套에 넣고 區·市·郡選擧管理委員會委員長과 출석한 委員全員이 封印하여야 한다. 다만, 정당한 이유 없이 封印을 거부하는 委員이 있는 때에는 그 權限을 포기한 것으로 보고 開票錄에 그 사유를 기재하여야 한다.

第127條 (開票錄·選擧錄의 작성 등)

① 區·市·郡選擧管理委員會는 開票結果를 즉시 公表하고 開票錄에 作成, 管轄選擧區選擧管理委員會에 송부하여야 한다.

② 選擧區選擧管理委員會는 第1項의 開票錄을 송부받은 때에는 지체 없이 候補者의 得票數를 計算·公表하여야 하며, 選擧錄을 작성하고 開票錄을 첨부하여 市·道選擧管理委員會에 보고하여야 한다.

③ 開票錄 및 選擧錄에는 委員長과 출석한 委員全員이 署名·捺印하여야 한다. 다만, 정당한 이유 없이 署名·捺印을 거부하는 委員이 있는 때에는 그 權限을 포기한 것으로 보고 開票錄 및 選擧錄에 그 사유를 기재하여야 한다.

④ 開票錄 및 選擧錄의 書式은 中央選擧管理委員會規則으로 정한다.

第128條 (投票紙·投票錄·選擧錄 등의 보관) 區·市·郡選擧管理委員會는 投票紙·投票函·投票錄 및 選擧錄 기타 選擧에 관한 모든 書類를, 市·道選擧管理委員會는 選擧錄 기타 選擧에 관한 모든 書類를 그 當選人의 任期 중 각각 보관하여야 한다. 다만, 第145條 또는 第147條의 規定에 의한 選擧에 관한 爭訟이 제기되지 아니하거나 係屬되지 아니하게 된 때에는 中央選擧管理委員會規則이 정하는 바에 의하여 그 保存期間을 短縮할 수 있다.

第10章 當選人

第129條 (當選人의 決定)

① 選擧區選擧管理委員會는 당해 選擧區에서 有效投票의 多數를 얻은 者를 當選人으로 決定한다. 다만, 最高得票者가 2人 이상인 때에는 年長者順에 의하여 決定한다.

② 候補者登錄 마감일에 候補者가 당해 選擧區에서 選擧할 議員定數를 초과하지 아니하는 때에는 投票를 실시하지 아니한다. 候補者登錄 마감 후 選擧日前日까지에 候補者가 辭退·死亡하거나 登錄이 無效로 되어 候補者數가 당해 選擧區에서 選擧할 議員定數를 초과하지 아니하게 된 때에도 또한 같다.

③ 第2項의 規定에 의하여 投票를 실시하지 아니하는 때에는 당해 選擧區選擧管理委員會는 지체 없이 이를 公告하며, 上級選擧管理委員

會에 보고하고 下級選擧管理委員會에 통지하여야 한다.

④ 第2項의 規定에 의하여 投票를 실시하지 아니한 때에는 選擧日에 당해 選擧區選擧管理委員會가 候補者를 當選人으로 決定한다.

第130條 (當選人通知와 公告) 當選人이 決定된 때에는 選擧區選擧管理委員會는 이를 公告하고 지체 없이 當選人에게 當選通知를 하고 上級選擧管理委員會에 보고하여야 한다.

第131條 (被選擧權喪失 등으로 인한 當選無效 등)

① 選擧日에 被選擧權이 없는 者는 當選人이 될 수 없다.

② 當選人이 任期開始 전에 被選擧權이 없게 된 때에는 當選의 效力이 喪失된다. 이 경우 管轄選擧區選擧管理委員會는 그 사실을 公告하고 당해 當選人 및 當選人의 所屬政黨(市·道議員에 한한다)과 地方議會議長에게 통지하여야 한다.

第132條 (當選決定의 錯誤是正)

① 選擧區選擧管理委員會는 當選決定에 명백한 錯誤가 있는 것을 발견한 때에는 選擧日 후 10日 이내에 當選人의 決定을 是正하여야 한다.

② 選擧區選擧管理委員會가 第1項의 規定에 의한 是正을 하는 때에는 市·道選擧管理委員會의 審査를 받아야 한다.

第133條 (當選人의 再決定) 第129條의 規定에 의한 當選人決定의 違法을 이유로 當選無效의 判決이 있는 때에는 管轄選擧區選擧管理委員會는 지체 없이 當選人을 다시 決定하여야 한다.

第11章 再選擧와 補闕選擧

第134조 (再選擧)

① 다음 各號의 1에 해당하는 때에는 再選擧를 실시한다.

1. 當選人이 없거나 당해 選擧區의 候補者가 없을 때
2. 選擧의 全部無效의 判決 또는 決定이 있는 때
3. 當選人이 任期開始 전에 辭退·死亡하거나 被選擧權이 없게 된 때
4. 第186條 내지 第188條의 規定에 의하여 그 當選이 無效로 된 때

② 第1項의 規定에 의한 再選擧는 그 사유가 확정된 날부터 60日 이내에 실시하여야 하며, 그 選擧日은 第96條第4項의 規定에 準하여 당해 地方自治團體의 長이 公告한다.

第135條 (選擧의 延期) 天災·地變 기타 불가피한 사유로 인하여 選擧를 실시할 수 없을 때에는 당해 地方自治團體의 長은 選擧를 延期하거나 다시 選擧日을 정하여야 한다.

第136條 (選擧의 一部無效로 인한 再選擧)
① 選擧의 一部無效의 決定이나 判決이 확정된 때에는 管轄選擧區選擧管理委員會는 選擧가 無效로 된 당해 投票區의 再選擧를 실시한 후 다시 當選人을 決定하여야 한다.
② 第1項의 規定에 의한 再選擧(이하 "一部再選擧"라 한다)는 確定判決의 통지를 받은 후 또는 決定이 확정된 후 20日 이내에 실시하되, 管轄選擧區選擧管理委員會는 選擧日 전 15日까지 再選擧日을 公告하여야 한다.
③ 一部再選擧의 경우에는 決定 또는 判決에 특별한 명시가 없는 한 第25條의 規定에 불구하고 당초 選擧에 사용된 選擧人名簿를 사용한다.
④ 市·道議會議員選擧의 一部再選擧를 실시함에 있어 政黨이 合黨한 경우 合黨된 政黨은 그 再選擧日이 公告된 날로부터 5日 이내에 管轄選擧區選擧管理委員會에 合黨전 候補者를 候補者로 추천하여야 한다.
⑤ 第4項의 期間 내에 추천이 없는 때에는 合黨 전 政黨의 당해 選擧區候補者의 登錄은 모두 無效로 한다.
⑥ 第4項의 規定에 의하여 추천된 候補者의 得票計算에 있어서는 合當으로 인하여 추천을 받지 못한 候補者의 得票는 이를 加算하지 아니한다.
⑦ 一部再選擧에 있어서의 選擧運動·選擧費用 등에 관하여 필요한 사항은 이 法의 범위 안에서 管轄選擧區選擧管理委員會가 정한다.

第137條 (天災·地變 등으로 인한 再投票 등)
① 天災·地變 기타 불가피한 사유로 인하여 1個의 投票區 또는 2個 이상의 投票區의 投票를 실시하지 못한 때와 投票函의 紛失·滅失 등의 사유가 발생한 때에는 再投票를 실시한 후 當選人을 決定한다.
② 第1項의 사유가 選擧結果에 영향을 미칠 우려가 없는 때는 再投票를 실시하지 아니하고 當選人을 決定한다.
③ 第1項의 規定에 의하여 市·道議會議員選擧의 再投票를 실시함에 있어서 政黨이 合黨한 경우 合黨된 政黨은 投票日이 公告된 날부터 5日 이내에 당해 選擧區選擧管理委員會에 合黨 전 候補者를 候補者로 추천하여야 한다.
④ 第3項의 期間 이내에 추천이 없는 때에는 合黨 전 政黨의 당해 選擧區候補者의 登錄은 모두 無效로 한다.

⑤ 第3項의 規定에 의하여 추천된 候補者의 得票計算에 있어서는 合黨으로 인하여 추천을 받지 못한 候補者의 得票는 이를 加算하지 아니한다.
⑥ 第1項의 再投票는 그 원인이 제거된 날부터 20日 이내에 실시하되, 管轄選擧區選擧管理委員會는 投票日 전 15日까지 그 投票日을 公告하여야 한다.
⑦ 第1項의 再投票에 있어서는 選擧運動·選擧費用 등에 관하여 필요한 사항은 이 法의 범위 안에서 管轄選擧區選擧管理委員會가 정한다.

第138條 (延期된 選擧등의 실시) 第134條第1項第1號·第135條 또는 第137條의 사유로 인하여 選擧를 延期하였거나, 실시하지 못하였거나, 選擧가 종료되지 아니한 選擧區의 再選擧와 再投票는 가능한 한 동시에 실시하여야 한다.

第139條 (補闕選擧)
① 選擧區에서 選出된 議員에 闕員이 생긴 때에는 補闕選擧를 실시한다. 다만, 區·市·郡議會議員選擧의 경우 당해 選擧區에서 選出된 議員의 3分의 2이상이 闕員되지 아니한 경우에는 補闕選擧를 실시하지 아니할 수 있다.
② 地方議會議長은 議員에 闕員이 생긴 때에는 당해 地方自治團體의 長과 管轄選擧區選擧管理委員會에 이를 통지하여야 한다.

第140條 (再選擧 등에 관한 特例)
① 再選擧·延期된 選擧·一部再選擧·再投票와 補闕選擧는 그 選擧 또는 投票에 의하여 當選되는 地方議會議員의 殘餘任期가 1年 미만인 경우에는 이를 실시하지 아니한다.
② 第145條 및 第147條의 規定에 의한 當選의 效力에 관한 爭訟이 係屬 중인 때에는 補闕選擧를 실시하지 아니한다.

第12章 同時選擧에 관한 特例

第141條 (同時選擧의 定義) 選擧日이 같은 2이상의 地方選擧를 同時選擧라 한다.

第142條 (選擧人名簿 등에 관한 特例)
① 同時選擧에 있어 選擧人名簿와 不在者申告人名簿는 第25條(名簿의 확정과 效力)의 規定에 불구하고 한 選擧人名簿와 不在者申告人名簿에 의하여, 동시에 실시하는 각 選擧의 選擧期間이 서로 다른 때에 사용할 選擧人名簿와 不在者申告人名簿의 작성 및 確定

47條, 第49條, 第54條, 第55條의 揭載內容 이외에 選擧의 종류를 表示할 수 있다. 節次는 選擧期間이 긴 選擧의 예에 의한다.
② 同時選擧에 있어 投票通知票는 第103條(投票通知票의 교부)의 規定에 불구하고 하나의 投票通知票로 한다.
③ 同時選擧에 사용할 選擧人名簿의 표지와 投票通知票의 書式 기타 필요한 사항은 大統領令으로 정한다.
④ 同時選擧에 있어서 宣傳壁報, 選擧公報, 小型印刷物, 懸垂幕에는 第

第143條 (投票에 관한 特例)
① 同時選擧의 投票는 選擧別로 1人 1票로 한다.
② 同時選擧에 있어 1個投票區의 投票函數는 第101條第2項의 規定에 불구하고 필요시에는 5個 이내까지 할 수 있다.

第144條 (中央選擧管理委員會規則에의 委任)
① 同時選擧에 있어 投票所의 設備와 投票函의 작성, 投票의 順序와 節次, 不在者郵便投票用紙의 發送과 접수의 절차 및 방법, 投票錄·開票錄·選擧錄의 작성 등 投票管理節次에 관하여 필요한 사항은 中央選擧管理委員會規則으로 정한다.
② 同時選擧에 있어 開票所의 設備, 開票順序, 開票 후의 投票紙區分 등 開票管理節次에 관하여 필요한 사항은 中央選擧管理委員會規則으로 정한다.
③ 同時選擧에 있어 投·開票參觀人의 선정 및 參觀方法 등의 필요한 사항은 中央選擧管理委員會規則으로 정하되, 第109條 및 第123條의 規定에 準하여 候補者別로 參觀人數 등이 公平하여야 한다.

第13章 選擧에 관한 爭訟

第145條 (選擧訴請)
① 選擧의 效力에 관하여 異義가 있는 選擧人·政黨(候補者를 추천한 政黨에 한한다. 이하 이 章에서 같다) 또는 候補者나 當選의 效力에 관하여 異義가 있는 候補者는 選擧의 效力에 관하여는 選擧日부터, 當選의 效力에 관하여는 當選人決定日부터 각각 14日 이내에 市·道選擧管理委員會는 訴請할 수 있다.
② 第1項의 規定에 의한 選擧의 效力에 관한 訴請에 있어서는 選擧區選擧管理委員會委員長을, 當選의 效力에 관한 訴請에 있어서는 當選人을 被訴請人으로 하여야 한다. 다만, 第129條第1項 또는 第131條第1項의 規定에 의한 決定의 違法을 이유로 訴請을 하는 때에는 그 選擧區選擧管理委員會委員長을 被訴請人으로 한다.

③ 第2項의 規定에 의하여 被訴請人으로 될 委員長이 闕位된 때에는 그 選擧區選擧管理委員會委員全員을 被訴請人으로 한다.
④ 第2項의 規定에 의하여 被訴請人으로 될 當選人이 辭退 또는 死亡하거나 任期開始 전에 被選擧權의 喪失로 인하여 當選의 效力이 喪失된 때에는 그 選擧區選擧管理委員會委員長을, 委員長이 闕位된 때에는 그 選擧區選擧管理委員會委員全員을 被訴請人으로 한다.

第146條 (訴請에 대한 決定)
① 第145條第1項의 訴請을 접수한 市·道選擧管理委員會는 그 접수한 날부터 60日 이내에 그 訴請에 대한 決定을 하여야 한다.
② 決定은 書面으로 하되, 主文과 이유를 기재하여야 한다.
③ 決定書는 訴請人 및 被訴請人에게 송부하여야 하며, 그 요지를 公告하여야 한다.
④ 選擧訴請에 있어서 이 法에 規定된 이외에는 行政審判法 第7條(委員의 除斥·기피·回避), 제11條(選定代表者), 第13條(被請求人의 適格 및 更正), 第14條(代理人의 選任), 第15條(代表者 등의 資格), 第16條(審判參加), 第19條(審判請求의 方式), 第20條(請求의 變更), 第21條(執行停止)第1項, 第23條(補正), 第24條(答辯書의 제출), 第25條(主張의 補充), 第26條(審理의 方式), 第27條(證據書類 등의 제출), 第28條(證據調査), 第29條(節次의 倂合 또는 分離), 第30條(請求 등의 취하), 第32條(裁決의 구분), 第38條(裁決의 송달과 效力發生), 第39條(再審判請求의 금지), 第40條(證據書類 등의 반환), 第41條(書類의 송달)의 規定을 準用하고, 選擧訴請費用에 관하여는 民事訴訟法을 準用하되, 行政審判法을 準用하는 경우에는 "行政審判"을 "選擧訴請"으로, "請求人"을 "訴請人"으로, "被請求人"을 "被訴請人"으로 한다.
⑤ 이 法에서 規定된 訴請에 필요한 사항에 대하여는 中央選擧管理委員會規則으로 정한다.

第147條 (法院에의 提訴)
① 第146條의 決定에 불복이 있는 訴請人 또는 當選人인 被訴請人(第145條第2項의 規定에 의하여 選擧區選擧管理委員會委員長이 被訴請人인 경우에는 그 當選人을 포함한다)은 決定書를 받은 날부터 10日 이내에, 第146條第1項의 期間 내에 決定하지 아니할 때에는 그 期間이 종료된 날부터 10日 이내에 그 選擧區를 관할하는 高等法院에 提訴할 수 있다.
② 被告로 될 選擧區選擧管理委員會委員長이 闕位된 때에는 그 選擧區選擧管理委員會委員全員을 被告로 한다.
③ 被告로 될 當選人이 辭退 또는 死亡하거나 任期開始 전에 被選擧

權의 喪失로 인하여 當選의 效力이 喪失된 때에는 그 選擧區選擧管理委員會委員長을 被告로 한다.

第148條 (選擧 등 無效의 判決 등) 訴請이나 訴狀을 접수한 選擧管理委員會 또는 당해 高等法院은 選擧爭訟에 있어 選擧에 관한 規定에 위반된 사실이 있는 때라도 選擧의 결과에 영향을 미쳤다고 인정되는 때에 한하여 選擧의 전부나 일부의 無效 또는 當選無效의 決定 또는 判決을 한다.

第149條 (訴訟 등의 처리) 選擧에 관한 訴請이나 訴訟은 다른 爭訟에 우선하여 신속히 決定 또는 裁判하여야 하며, 訴訟에 있어서는 訴가 제기된 날부터 1年 이내에 처리하여야 한다.

第150條 (行政訴訟法의 準用 등)

① 選擧에 관한 訴訟에 있어서 이 法에 規定된 이외에는 行政訴訟法 第8條(法適用例)·第26條(職權審理)의 規定을 準用한다. 다만, 民事訴訟法 중 第135條(和解의 勸告)·第138條(失機한 攻擊, 防禦方法의 却下)·第139條(擬制自白)第1項·第206條(和解·抛棄·認諾調書의 效力)·第259條(準備節次終結의 效果)와 第261條(不要證事實)의 規定은 準用하지 아니한다.

② 候補者·政黨은 開票完了 후에 選擧爭訟을 제기하는 때의 증거를 보전하기 위하여 그 選擧區를 관할하는 地方法院 또는 그 支院에 投票紙·投票函·投票錄 등의 保全申請을 할 수 있다.

③ 法官은 第2項의 申請이 있는 때에는 現場에 出張하여 調書를 작성하고 적절한 보관방법을 취하여야 한다. 다만, 訴請審査에 필요한 경우에는 管轄市·道選擧管理委員會는 證據保全申請者의 申請에 의하여 관여 法官의 立會下에 證據保全物品에 대한 檢證을 할 수 있다

④ 第3項의 處分은 第145條에 規定에 의한 選擧訴請의 제기가 없는 때에는 그 效力을 喪失한다.

⑤ 選擧에 관한 訴訟에 있어서 高等法院은 地方法院 또는 그 支院에 證據調査를 촉탁할 수 있다.

第151條 (印紙貼付에 관한 特例) 選擧에 관한 訴訟에 있어서는 民事訴訟法등印紙法의 規定에 불구하고 訴訟書類에 貼付하여야 할 印紙는 民事訴訟法 등 印紙法에 規定된 額의 10倍로 한다.

第152條 (選擧에 관한 訴訟 등의 통지)

① 이 章의 規定에 의하여 訴請이 제기된 때 또는 訴請이 係屬되지 아니하게 되거나 決定된 때에는 市·道選擧管理委員會는 그 사실을 당해 地方自治團體와 管轄選擧區選擧管理委員會에 통지하여야 한다.

② 이 章의 規定에 의하여 訴가 제기된 때 또는 訴訟이 係屬되지 아니하게 되거나 判決이 확정된 때에는 高等法院長은 그 사실을 당해 地方自治團體와 市·道選擧管理委員會 및 당해 選擧區選擧管理委員會에 통지하여야 한다.

第153條 (判決에 관한 통지) 選擧費用의 超過支出, 當選人의 選擧犯罪, 選擧事務長의 選擧犯罪로 인하여 當選이 無效로 되는 犯罪에 관한 確定判決을 행한 裁判長은 그 判決書謄本을 당해 地方自治團體와 市·道選擧管理委員會 및 管轄選擧區選擧管理委員會에 송부하여야 한다. 이 경우 市·道議會議員選擧에 있어서는 關係政黨에도 통보하여야 한다.

第14章 罰則

第154條 (買收 및 利害誘導罪)

① 다음 各號의 1에 해당하는 者는 3年 이하의 懲役이나 禁錮 또는 300萬 원 이하의 罰金에 處한다.

1. 當選되거나 되게 하거나 되지 못하게 할 目的으로 選擧人 또는 다른 政黨이나 候補者의 選擧事務長·選擧連絡所의 責任者·選擧事務員 또는 參觀人에게 金錢·物品·車馬·饗宴 기타 財産上의 이익이나 公私의 職을 제공하거나 그 제공의 意思를 표시 또는 제공을 約束한 者
2. 投票를 하거나 하지 아니하거나 選擧運動을 하거나 하지 아니하거나 또는 그 알선·勸誘에 대한 報酬를 目的으로 選擧人 또는 다른 政黨이나 候補者의 選擧事務長·選擧連絡所의 責任者·選擧事務員 또는 參觀人에게 第1號에 規定된 행위를 한 者
3. 選擧運動에 이용할 目的으로 學校 기타의 公共機關·社會團體 또는 青年團體·氏族團體 등에게 金錢·物品등 財産上의 이익을 제공하거나 그 제공의 意思를 표시한 者
4. 選擧運動에 이용할 目的으로 野遊會·同窓會·親睦會·鄕友會·契모임 등에게 金錢·物品·飮食物 등을 제공하거나 그 제공의 意思를 표시한 者
5. 第1號 내지 第4號에 規定된 행위에 관하여 알선 또는 勸誘한 者
6. 第1號 내지 第3號에 規定된 이익 또는 職의 제공을 받거나 요구하거나 그 제공의 意思表示를 승낙한 者

② 選擧管理委員會의 委員이나 職員 또는 그 選擧事務에 관계있는 公務員이나 警察公務員이 第1項의 各號에 規定된 행위를 한 때에는 4年 이하의 懲役 또는 禁錮에 處한다.

第155條 (多數人에 대한 買收 및 利害誘導罪) 다음 各號의 1에 해당하는 者는 5年 이하의 懲役이나 禁錮 또는 100萬 원 이상 500萬 원 이하의 罰金에 處한다.

1. 財産上의 이익을 도모할 目的으로 政黨 또는 候補者를 위하여 多數의 選擧人·選擧事務長·選擧連絡所의 責任者·選擧事務員 또는 參觀人에 대하여 第154條第1項 各號에 게기된 행위를 하거나 하게 한 者
2. 第1號에 規定된 행위를 할 것을 請託받거나 請託받게 한 者

第156條 (候補者에 대한 買收 및 利害誘導罪)

① 다음 各號의 1에 해당하는 者는 5年 이하의 懲役이나 禁錮 또는 100萬 원 이상 500萬 원 이하의 罰金에 處한다.

1. 候補者가 되지 아니하게 하거나 候補者가 된 것을 辭退하게 할 目的으로 候補者가 되고자 하는 者나 候補者에게 第154條第1項第1號에 規定된 행위를 한 者
2. 候補者자 되고자 하는 것을 중지하거나 候補者자 된 것을 辭退한데 대한 報酬를 目的으로 候補者가 되고자 하였던 者나 候補者였던 者에게 第154條第1項第1號에 規定된 행위를 한 者
3. 第1號 또는 第2號에 規定된 행위에 관하여 알선 또는 勸誘를 한 者

② 第1項第1號 또는 第2號에 規定된 이익 또는 職의 제공을 받거나 요구하거나 그 제공의 意思表示를 승낙한 者는 3年 이하의 懲役이나 禁錮 또는 300萬 원 이하의 罰金에 處한다.

③ 選擧管理委員會의 委員이나 職員 또는 그 選擧事務에 관계있는 公務員이나 警察公務員이 당해 選擧에 관하여 第1項의 행위를 한 때에는 6年 이하의 懲役 또는 禁錮에 處한다.

第157條 (當選人에 대한 買收 및 利害誘導罪)

① 다음 各號의 1에 해당하는 者는 1年 이상 7年 이하의 懲役 또는 禁錮에 處한다.

1. 當選을 辭退하게 할 目的으로 當選人에 대하여 第154條第1項第1號에 規定된 행위를 하거나 하게 한 者
2. 第1號에 規定된 이익 또는 職의 제공을 받거나 요구하거나 그 제공의 意思表示를 승낙한 者

② 第1項에 規定된 행위에 관하여 알선 또는 勸誘한 者는 5年 이하의 懲役이나 禁錮 또는 100萬 원 이상 500萬 원 이하의 罰金에 處한다.

第158條 (當選無效誘導罪) 第186條 또는 第188條에 해당되어 候補者의 當選을 無效로 되게 할 目的으로 당해 候補者 이외의 候補者 또는 그 候補者의 選擧運動에 종사하는 者와 通謀하여 당해 候補者의 選擧事務長을 誘導 또는 挑發하여 그 者로 하여금 第154條 내지 第

157條 또는 第183條第1項의 罪를 犯하게 한 者는 3年 이하의 懲役이나 禁錮 또는 300萬 원 이하의 罰金에 處한다.

第159條 (新聞·雜誌 등 不法利用罪) 第64條 내지 第66條의 規定에 위반한 者는 3年 이하의 懲役이나 禁錮 또는 300萬 원 이하의 罰金에 處한다.

第160條 (買收와 利害誘導罪로 인한 이익의 沒收) 第154條 내지 第157條 또는 第159條의 罪를 犯한 者가 받은 이익은 이를 沒收한다. 다만, 그 전부 또는 일부를 沒收할 수 없는 때에는 그 價格을 追徵한다.

第161條 (選擧의 自由妨害罪)

① 選擧에 관하여 다음 各號의 1에 해당하는 者는 5年 이하의 懲役이나 禁錮 또는 100萬 원 이상 500萬 원 이하의 罰金에 處한다.

1. 選擧人·候補者·候補者가 되고자 하는 者·選擧事務長·選擧連絡所의 責任者·選擧事務員·投票參觀人 및 開票參觀人·選擧事務從事員(投票·開票事務從事員을 포함한다) 또는 當選人을 暴行·脅迫 또는 誘引하거나 不法으로 逮捕 또는 監禁한 者
2. 集會·演說 또는 交通을 방해하거나 僞計·詐術 기타 부정한 방법으로 選擧의 自由를 방해한 者

② 檢事·警察公務員이나 軍人이 第1項의 各號에 規定된 행위를 한 때에는 1年 이상 10年 이하의 懲役 또는 禁錮와 5年 이하의 資格停止에 處한다.

第162條 (軍人에 의한 選擧自由妨害罪) 軍人이 특정한 候補者를 當選되게 하거나 되지 못하게 하기 위하여 그 隷下軍人 또는 軍務員의 選擧權行使를 暴行·脅迫 또는 그 밖의 방법으로 방해한 者는 1年 이상 10年 이하의 懲役 또는 禁錮에 處한다.

第163條 (職權濫用에 의한 選擧의 自由妨害罪) 選擧에 관하여 選擧管理委員會의 委員이나 職員, 그 選擧事務에 종사하는 公務員이나 選擧人名簿作成에 관계있는 者 또는 警察公務員이 職權을 濫用하여 다음 各號의 1에 해당하는 행위를 한 때에는 5年 이하의 懲役이나 禁錮 또는 500萬 원 이하의 罰金에 處한다.

1. 選擧人名簿의 閱覽을 방해하거나 選擧人名簿의 閱覽에 관한 職務를 遺棄한 때
2. 投票通知票를 교부하지 아니한 때
3. 정당한 이유 없이 候補者를 尾行하거나 그 住宅·選擧事務所 또는 選擧連絡所에 승낙 없이 들어가거나 退去를 요구하여도 退去하지 아니한 때

第164條 (壁報 등에 대한 妨害罪)
① 정당한 이유 없이 選擧에 관한 壁報·懸垂幕 기타 宣傳施設의 작성·게시·첩부 또는 設置를 방해하거나 이를 훼손·撤去한 者는 2年 이하의 懲役이나 禁錮 또는 200萬 원 이하의 罰金에 處한다.
② 選擧管理委員會의 委員이나 職員 또는 그 選擧事務에 관계있는 公務員이나 警察公務員이 第1項의 행위를 한 때에는 3年 이하의 懲役이나 禁錮 또는 300萬 원 이하의 罰金에 處한다.

第165條 (壁報 등 부정작성 등의 罪) 選擧管理委員會의 委員이나 職員 또는 그 選擧事務에 종사하는 者가 第47條의 規定에 의한 宣傳壁報 또는 第49條의 規定에 의한 選擧公報를 부정·부당하게 작성·첩부 또는 配付하거나 정당한 이유 없이 이를 실시하지 아니한 때에는 3年 이하의 懲役이나 禁錮 또는 300萬 원 이하의 罰金에 處한다.

第166條 (投票의 秘密侵害罪)
① 投票의 秘密을 침해하거나 選擧人에 대하여 그 投票하고자 하는 候補者 또는 投票한 候補者의 표시를 요구한 者는 2年이하의 懲役이나 禁錮 또는 200萬원이하의 罰金에 處한다.
② 選擧管理委員會의 委員이나 職員 또는 檢事·警察公務員·軍人이나 그 選擧事務에 관계있는 公務員이 第1項의 罪를 犯한 때에는 5年이하의 懲役 또는 禁錮에 處한다.

第167條 (投票·開票의 干涉罪)
① 投票所나 開票所에서 정당한 이유 없이 投票나 開票에 간섭한 者 또는 投票를 방해하기 위하여 住民登錄證을 일시 委託하게 하거나 引受한 者 및 投票를 勸誘하거나 投票所에서의 投票公開 등 기타 投票 또는 開票에 영향을 미치는 행위를 한 者는 3年 이하의 懲役 또는 禁錮에 處한다.
② 檢事·警察公務員이나 軍人이 第1項의 행위를 한 때에는 1年 이상 10年 이하의 懲役 또는 禁錮에 處한다.

第168條 (投票函 등에 관한 罪)
① 法令에 의하지 아니하고 投票函을 열거나 投票函 또는 投票函 안의 投票紙를 取去·破壞·훼손·은닉 또는 奪取한 者는 1年 이상 7年 이하의 懲役 또는 禁錮에 處한다.
② 檢事·警察公務員이나 軍人이 第1項의 행위를 한 때에는 1年 이상 10年 이하의 懲役 또는 禁錮에 處한다.

第169條 (選擧事務關係者·施設 등에 대한 暴行·攪亂罪) 選擧管理委員會의 委員이나 職員 또는 그 選擧事務에 관계있는 公務員을 暴行·脅迫하거나 投票所 또는 開票所를 攪亂하거나 投票用紙·投票

紙·選擧人名簿 기타 選擧에 관한 書類 또는 印章을 抑留·훼손 또는 奪取한 者는 7年 이하의 懲役이나 禁錮 또는 100萬 원 이상 700萬 원 이하의 罰金에 處한다.

第170條 (投票所 등에의 濫入罪)

① 武器·凶器·爆發物 기타 사람을 殺傷할 수 있는 물건을 휴대하고 投票所 또는 開票所에 濫入한 者는 7年 이하의 懲役 또는 禁錮에 處한다.

② 정당한 이유 없이 第1項의 規定된 물건을 휴대하고 合同演說會場에 들어간 者는 3年 이하의 懲役이나 禁錮 또는 300萬 원 이하의 罰金에 處한다.

③ 第1項 또는 第2項의 罪를 犯한 경우에 그 휴대한 물건은 이를 沒收한다.

第171條 (多數人의 選擧妨害罪)

① 多數人이 集合하여 第168條 내지 第170條의 행위를 한 때에는 다음의 구분에 따라 處罰한다.

1. 主謀者는 3年 이상의 有期懲役 또는 禁錮
2. 다른 사람들을 指揮하거나 다른 사람에 率先하여 행동한 者는 1年 이상 10年 이하의 懲役 또는 禁錮
3. 附和하여 행동하는 者는 1年 이하의 懲役이나 禁錮 또는 100萬 원 이하의 罰金

② 第168條 내지 第170條의 행위를 할 目的으로 多數人이 集合한 때에 關係公務員으로부터 3回 이상의 解散命令을 받았음에도 불구하고 解散하지 아니한 때에는 그 主導的 행위자는 5年 이하의 懲役 또는 禁錮에 處하고 기타의 者는 6月 이하의 懲役이나 禁錮 또는 50萬 원 이하의 罰金에 處한다.

第172條 (詐僞登載·虛僞捺印罪 등)

① 詐僞의 방법으로 選擧人名簿에 登載되게 한 者 또는 第104條第1項의 경우에 있어서 허위의 捺印 또는 拇印을 한 者는 6月 이하의 懲役이나 禁錮 또는 50萬 원 이하의 罰金에 處한다.

② 選擧管理委員會의 委員이나 職員, 選擧事務에 종사하는 公務員 또는 選擧人名簿作成에 관계있는 者가 選擧人名簿에 故意로 選擧權者를 기재하지 아니하거나 허위의 사실을 기재한 때에는 1年 이하의 懲役이나 禁錮 또는 100萬 원 이하의 罰金에 處한다.

第173條 (詐僞投票罪)

① 姓名을 詐稱하거나 기타 詐僞의 방법으로 投票를 하거나 投票를 하려고 한 者는 2年 이하의 懲役이나 禁錮 또는 200萬 원 이하의 罰金에 處한다.

② 選擧管理委員會의 委員이나 職員 또는 그 選擧事務에 관계있는 公務員이나 從事員이 第1項의 罪를 犯하거나 犯하게 한 때에는 3年 이하의 懲役이나 禁錮 또는 300萬 원 이하의 罰金에 處한다.

第174條 (投票僞造·增減罪)
① 投票를 僞造하거나 그 數를 增減한 者는 1年 이상 7年 이하의 懲役 또는 禁錮에 處한다.
② 選擧管理委員會의 委員이나 職員 또는 그 選擧事務에 관계있는 公務員이나 從事員이 第1項의 행위를 한 때에는 3年 이상 10年 이하의 懲役 또는 禁錮에 處한다.

第175條 (投票參觀人의 義務懈怠罪) 第109條第3項의 規定에 의하여 投票區選擧管理委員會가 선정한 投票參觀人이 정당한 이유 없이 參觀을 거부하거나 懈怠한 때에는 100萬 원 이하의 罰金에 處한다.

第176條 (虛僞事實公表罪)
① 演說·新聞·放送·雜誌·壁報·選擧公報·宣傳文書 기타 어떠한 방법을 불문하고 當選되거나 되게 하거나 되지 못하게 할 目的으로 다른 사람의 소속·思想·身分·職業 또는 經歷 등에 관하여 허위의 사실을 公表하거나 公表하게 한 者 또는 사실을 歪曲하여 公表한 者는 5年 이하의 懲役이나 禁錮 또는 500萬 원 이하의 罰金에 處한다.
② 選擧日公告日부터 投票日까지 選擧權者를 誤信하게 하기 위하여 僞計·詐術을 사용하거나 사용하게 한 者는 5年 이하의 懲役 또는 禁錮에 處한다.

第177條 (候補者誹謗罪)
① 演說·新聞·放送·雜誌·壁報·選擧公報·宣傳文書 기타 어떠한 방법을 불문하고 當選되거나 되게 하거나 되지 못하게 할 目的으로 公然히 사실을 摘示하여 候補者를 誹謗한 者는 3年 이하의 懲役이나 禁錮 또는 300萬 원 이하의 罰金에 處한다.
② 第1項의 행위가 眞實한 사실로서 오로지 公共의 이익에 관한 때에는 處罰하지 아니한다.

第178條 (虛僞放送罪) 第63條의 規定에 위반한 者는 3年 이하의 懲役이나 禁錮 또는 300萬 원 이하의 罰金에 處한다.

第179條 (姓名 등의 虛僞表示罪) 當選되거나 되게 하거나 되지 못하게 할 目的으로 眞實에 반하는 姓名·名稱 또는 身分의 표시를 하여 郵便·電報 또는 電話에 의한 通信을 한 者는 2年 이하의 懲役이나 禁錮 또는 200萬 원 이하의 罰金에 處한다.

第180條 (事前運動 등 不正運動罪)

① 다음 各號의 1에 해당하는 者는 3年 이하의 懲役이나 禁錮 또는 300萬 원 이하의 罰金에 處한다.

1. 第39條·第40條·第41條第1項·第42條·第44條 또는 第45條第1項·第2項 및 第4項의 規定에 위반하여 選擧運動을 한 者
2. 第69條 내지 第73條·第76條 또는 第78條의 規定에 위반한 者

② 公務員이 그 地位를 이용하여 選擧運動을 한 때에는 5年 이하의 懲役이나 禁錮 또는 500萬 원 이하의 罰金에 處한다.

第181條 (各種制限規定違反罪) 다음 各號의 1에 해당하는 者는 2年 이하의 懲役이나 禁錮 또는 200萬 원 이하의 罰金에 處한다.

1. 第47條·第49條·第52條·第54條 또는 第55條에 規定된 이외의 文書·圖畵·寫眞 기타의 施設을 選擧運動을 위하여 작성·사용한 者
2. 第41條第2項 및 第3項·第56條 내지 第62條·第67條第1項·第68條·第74條·第75條·第110條第1項 또는 第120條第1項의 規定에 위반한 者
3. 第53條第2項 또는 第113條第1項의 規定에 의한 選擧管理委員會委員長이나 委員 및 職員의 制止·退場 또는 退去措置命令에 불응한 者
4. 第103條第6項·第109條第10項·第111條第2項 또는 第113條第3項의 規定에 위반한 者

第182條 (寄附行爲의 금지·제한 등의 違反罪)

① 第79條第1項 또는 第2項에 規定된 者가 同條의 規定에 위반하여 寄附를 하거나 第80條 또는 第82條의 規定에 위반한 者는 3年 이하의 懲役이나 禁錮 또는 300萬 원 이하의 罰金에 處한다.

② 第81條의 規定에 위반한 者는 1年 이상 7年 이하의 懲役 또는 禁錮에 處한다. 이 경우에 500萬 원 이하의 罰金을 併科할 수 있다.

第183條 (選擧費用 超過支出 등의 罪)

① 候補者·選擧事務長 또는 會計事務補助者가 第85條의 規定에 위반하여 選擧費用을 支出하거나 하게 한 때에는 5年 이하의 懲役이나 禁錮 또는 500萬 원 이하의 罰金에 處한다.

② 選擧事務長이 第88條 내지 第92條의 規定에 위반하거나, 候補者 또는 選擧事務長이 第93條의 規定에 의한 閱覽·보고 또는 資料의 제출을 거부·방해 또는 기피한 때에는 2年 이하의 懲役이나 禁錮 또는 200萬 원 이하의 罰金에 處한다.

▤ 第184條 (各種制限違反罪)
① 第154條 내지 第183條 이외에 選擧에 관하여 이 法에 規定된 各 制限規定에 위반된 者는 50萬 원 이하의 罰金에 處한다.
② 選擧에 관하여 이 法에 規定된 申告義務를 懈怠한 者는 50萬 원 이하의 過怠料에 處한다.

▤ 第185條 (選擧犯罪煽動罪) 演說·新聞·壁報 기타 어떠한 방법으로든지 이 章에 規定된 罪를 犯할 것을 煽動한 者는 3年 이하의 懲役이나 禁錮 또는 300萬 원 이하의 罰金에 處한다.

第15章 補則

▤ 第186條 (選擧費用의 超過支出로 인한 當選無效) 第86條의 規定에 의하여 公示된 費用總額을 초과하여 支出한 이유로 選擧事務長이 懲役 또는 禁錮刑의 宣告를 받은 때에는 그 候補者의 當選을 無效로 한다. 다만, 다른 사람의 誘導 또는 挑發에 의하여 당해 候補者의 當選을 無效로 되게 하기 위하여 支出한 때에는 그러하지 아니한다.

▤ 第187條 (當選人의 選擧犯罪로 인한 當選無效) 當選人이 당해 選擧에 있어서 이 法에 規定된 罪를 犯함으로 인하여 懲役이나 禁錮 또는 100萬 원 이상의 罰金刑의 宣告를 받은 때에는 그 當選은 無效로 한다.

▤ 第188條 (選擧事務長의 選擧犯罪로 인한 當選無效) 選擧事務長이 당해 選擧에 있어 第154條 내지 第157條에 規定된 罪를 犯함으로 인하여 懲役 또는 禁錮刑의 宣告를 받은 때에는 그 候補者의 當選은 無效로 한다.

▤ 第189條 (起訴에 관한 통지) 檢事는 選擧에 관한 犯罪로 當選人·候補者 또는 選擧事務長을 起訴한 때에는 管轄選擧區選擧管理委員會에 이를 통지하여야 한다.

▤ 第190條 (公訴時效) 이 法에 規定된 罪의 公訴時效는 選擧日 후 5月을 경과함으로써 完成한다. 다만, 犯人이 逃避한 때에는 그 期間을 1年으로 한다.

▤ 第191條 (裁判의 관할) 選擧犯과 그 共犯에 관한 第1審 裁判은 地方法院合議部의 관할로 한다.

▤ 第192條 (告發의 義務) 各級選擧管理委員會의 委員長·委員 및 職員은 그 職務를 행함에 있어서 第154條 내지 第185條의 規定에 위반되는 행위가 있다고 인정하는 때에는 이를 告發하여야 한다.

第193條 (公務員 등의 出張制限) 選擧運動期間 중 公務員과 政府投資機關의 任·職員은 正常的인 業務 이외의 出張을 할 수 없다.

第194條 (選擧에 관한 申告 등의 時間) 이 法 또는 이 法의 施行을 위한 大統領令 및 中央選擧管理委員會規則에 의하여 各級行政機關과 各級選擧管理委員會에 대하여 행하는 申告·申請·제출·보고 등은 이 法에 특별한 規定이 있는 경우를 제외하고는 公休日에 불구하고 一般國家公務員의 平日의 正規勤務時間 중에 하여야 한다.

第195條 (不法施設物 등에 대한 代執行)

① 各級選擧管理委員會가 이 法의 規定에 위반한 類似機關·宣傳壁報·小型印刷物·懸垂幕·施設物 등을 발견한 때에는 지체 없이 그 중지 또는 철거를 명하고 이에 不應하는 때에는 代執行을 할 수 있다.

② 第1項의 代執行은 行政代執行法의 節次에 의하되 그 所要費用은 不法行爲를 한 者에게 부담시킬 수 있다.

地方議會議員選擧法

〔폐지 1994.3.16 법률 제4739호〕 최근개정법령

地方議會議員選擧法은 이를 廢止한다.

附則 (공직선거 및 선거부정방지법) 〈제4739호, 1994.3.16〉

第1條 (施行日) 이 法은 公布한 날부터 施行한다.

第2條 (廢止法律) 大統領選擧法·國會議員選擧法·地方議會議員選擧法 및 地方自治團體議長選擧法은 이를 廢止한다.

第3條 내지 第11條 省略

【저 자 약 력】

한 만 봉

⊙ 약 력 ⊙

1994. U.S.A. Midwest College (M.Div, Hon. D)
2002. 고려대학교 (교육정책학 석사 - 수석장학생)
2005. 성균관대학교 대학원 박사Candidate
(교육행정학 전공)

1991. 한국세무신문사 전문취재부 기자
1995. 한국어린이선교원신학교 캠퍼스 분교장
2002. 고려교육정책학회 상임회장(학진 학회검색가능)
2002. 고구려대학교 설립추진위원회 법인이사
2003. 한주신학 학술원 설립이사(교수)
2004. U.S.A. Cohen University 정책학과 cross-appointed professor
2005. U.S.A Holy People University Campus 유학담당 지도교수
2005. PHILIPPINE PRESBYTERIAN THEOLOGICAL COLLEGE 객원교수
2005. 혜전대학 adjunct professor 교수
2005. 지방분권신문사 사장 (대표 이사)

⊙ 주요논저 ⊙

우리나라의 복지행정제도에 관한 고찰 연구(1988)
Kal Barth 의 신관 연구(1988)
한국 민중문화와 민중 신학 연구(1992)

Rein hold Niebuhr & Marx에 대한 상관관계 연구(1993)
A CHRONOLOGICAL HARMONY OF THE RESURRECTION APPEARANCES OF JESUS THE MESSIAH(1994)
북한종교의 변화 전망 연구(2002)
교육위원회와 지방의회간의 갈등 현상에 관한 연구(2001)
조선조 과거시험 방식의 정책적 분석(공동, 2005)
조선의 과거제도에 대한 정책적 연구(공동, 2005)
조선왕조 과거제도 인사정책 연구(공동, 2005)
조선왕조 과거시험주기 정책적 주장 분석연구(공동, 2005)
조선왕조 과거제도가 현대 정책에 주는 의미(공동, 2005)
과거제도 시험주기의 정책 분석연구(공동, 2005)
북한 종교지형 변천 정책 분석연구(공동, 2005)
『대학생활영어 ENGLISH LANGUAGE』(공저)
『행정경제교육』(저술)
『행정정책기획론』(저술)
『의원학』(저술)
『교육정책학』(저술)
『산학협동교육학』(저술)
『현대교육학실기론』(저술)
『현대환경행정론』(공저)
『행정사무관리론』(공저)
외 다수

⊙ 연락처 ⊙

doctor@skku.edu 010-4432-8561 041-633-8561,
633-5741, 631-2094

국회의원학

• 초판 인쇄 2007년 1월 15일
• 초판 발행 2007년 1월 15일

• 지 은 이 한만봉
• 펴 낸 이 채종준
• 펴 낸 곳 한국학술정보㈜
경기도 파주시 교하읍 문발리 526-2
파주출판문화정보산업단지
전화 031) 908-3181(대표) · 팩스 031) 908-3189
홈페이지 http://www.kstudy.com
e-mail(출판사업팀사업부) publish@kstudy.com
• 등 록 제일산-115호(2000. 6. 19)
• 가 격 29,000원

ISBN 978-89-534-6222-9 93340 (Paper Book)
978-89-534-6223-6 98340 (e-Book)